TRADE
PRACTICE

무역실무론

여희정

도서출판
청람

▪ 머리말 ▪

요즘은 K-pop, K-drama, K-beauty에 이어 K-방역이라는 용어가 등장하는 등 문화, 예술뿐만 아니라 많은 분야에서 한국의 제품, 기술, 서비스가 주목받고 있다. 한국은 WTO 개발도상국의 지위를 포기하였고, 미국 무역대표부(USTR)도 개발도상국 명단에서 한국을 제외하는 등 한국은 이제 개도국 지위에 따른 혜택을 더는 받을 수 없게 되었다. 한국은 세계 정상에서 경쟁자, 추격자들과의 무역전쟁에서 실력으로 정상을 유지해야 한다. 이미 한국에서 무역은 완전자유화되어 누구나 자유롭게 국제상거래를 할 수 있다. 해외직구, 병행수입, 수입대행, 관세청의 개인통관 고유부호 등의 용어가 많은 한국인에게 '일상용어'가 되어가고 있다.

그러한 열기를 반영하듯 가능하다면 무역은 현재 종사하고 있거나 미래 종사할 분야가 아니더라도 배워놓으면 좋은 자질로 인식되고 있는 듯하다. 이 책은 무역에 필요한 실무지식을 분야별로 정리해 무역에 입문하는 학생과 관련 자격증취득 준비를 하는 일반인에게 도움을 주고자 하였다. 이 책의 구성은 다음과 같다.

1장은 전 세계와 한국의 무역에 관한 현황을 다양한 통계자료를 통해 쉽게 파악할 수 있게 구성하였다. 2장에서는 WTO, FTA 등 국가 간에 취해지고 있는 무역규범과 국가 내에서 취해지고 있는 무역관리형태를 살펴보았다. 이어지는 장에서는 해외시장조사, 무역계약, INCOTERMS, 국제운송, 해상보험, 무역결제, 수출입통관, 관세, 클레임과 상사중재 등 무역실무를 공부하면서 필수로 학습하여야 할 내용을 분야별로 정리하였다.

끝으로 이 책의 출판을 허락해 주신 도서출판 청람의 이수영 사장님과 원고를 꼼꼼하게 교정해주시고 멋진 책으로 나오게 해주신 직원 여러분께 감사드린다.

2020년 5월

여희정

■ 차례 ■

Chapter 03 해외시장조사

Chapter 04 무역계약의 기초

Chapter 05 무역계약의 기본조건

Chapter 06 INCOTERMS

Chapter 07 국제운송

Chapter 08 해상보험

Chapter

01

무역거래의 기초

제1절 무역의 의의

제2절 무역의 형태

제1절 무역의 의의

무역은 국가와 국가 간에 물품을 사고파는 상거래를 말한다. 무역은 곧 물품의 교환(exchange)이나 매매를 의미하지만 동일한 국가 내에서 이루어지는 매매에 대해서는 대체로 무역이라는 표현을 쓰지 않는다. 외국사람이나 기업과의 거래라도 같은 나라 안에서 이루어지는 거래는 무역거래라고 할 수 없으며, 반대로 같은 나라 사람이나 기업과의 거래라도 서로 다른 나라에서 이루어지는 거래는 무역거래에 포함된다.

국내거래(domestic trade)와 비교했을 때 국제무역(international trade)의 가장 큰 특징은 물품이 국경을 넘어서 이동한다는 것이며, 물품이 국경을 넘어서 이동하기 위해서는 반드시 통관절차를 거쳐야 한다. 통관절차의 유무야말로 국내거래와 무역거래를 구분할 수 있는 가장 큰 차이라고 할 수 있다.

또한 육상운송이 주가 되는 국내거래와는 달리 국제무역에서는 주로 해상운송이나 항공운송을 통해서 물품이 운송되며, 장거리운송에 따르는 사고에 대비하기 위해서 적화보험을 들어야 한다.

국제무역의 대상은 물품, 용역 및 전자적 무체물인데, 물품(goods)은 실질적인 상품을 의미하고, 용역은 경영상담업, 법무관련 서비스업, 엔지니어링 서비스업, 디자인 등 서비스를 말한다. 그리고 전자적 무체물은 소프트웨어, 영화, 게임, 애니메이션 등이다.

무역은 관점에 따라 국제무역, 세계무역, 외국무역 또는 대외무역 등으로 표현된다. 국제무역(international trade)은 일정한 지역 내의 여러 국가 사이의 무역거래를 객관적으로 볼 경우에 사용되는 표현이다. 세계무역(world trade)은 일정한 지역의 무역거래가 세계 전체로 확대될 때 사용하는 표현이다. 외국무역(foreign trade) 또는 대외무역은 주관적인 관점에서 자국과 타국과의 무역, 즉 자국의 입장을 기준으로 다른 여러 나라와 이루어지는 무역을 의미한다. 예를 들어, 거래상대방 국가와의 무역을 표시할 때 대일무역, 대미무역 등으로 표시한다.

1. 무역의 성격

무역이 지니고 있는 일반적인 성격을 살펴보면 다음과 같다.

1.1 국민경제적 성격

무역은 국가와 국가 간의 상거래이기 때문에 일국 전체의 경제에 영향을 미치는 국민경제적 성격을 지닌다. 특히 부존자원이 빈약한 한국은 대외무역에 대한 의존

표 1-1 한국의 무역의존도

(단위: 백만 달러, %)

연도	명목 GDP	수출		수입		무역의존도
		금액	의존도	금액	의존도	
2018	1,619,800	604,860	37.3	535,202	33.0	70.4
2017	1,530,200	273,694	37.5	478,478	31.3	68.8
2016	1,414,700	495,426	35.0	406,193	28.7	63.7
2015	1,382,400	526,757	38.1	436,499	31.6	69.7
2014	1,411,000	572,665	40.6	525,515	37.2	77.8
2013	1,305,400	559,632	42.9	515,586	39.5	82.4
2012	1,222,400	547,870	44.8	519,584	42.5	87.3
2011	1,202,700	555,214	46.2	524,413	43.6	89.8
2010	1,094,300	466,384	42.6	425,212	38.9	81.5
2009	902,300	363,534	40.3	323,085	35.8	76.1
2008	1,001,700	422,007	42.1	435,275	43.5	85.6
2007	1,122,700	371,489	33.1	356,846	31.8	64.9
2006	1,011,000	325,465	32.2	309,383	30.6	62.8
2005	898,000	284,419	31.7	261,238	29.1	60.8
2004	765,300	253,845	33.2	224,463	29.3	62.5
2003	680,400	193,817	28.5	178,827	26.3	54.8
2002	608,900	162,471	26.7	152,126	25.0	51.7
2001	533,100	150,439	28.2	141,098	26.5	54.7
2000	561,800	172,268	30.7	160,481	28.6	59.2

자료: 무역협회

도가 높아 무역의 중요성이 강조되고 있다. 한국은 [표 1-1]에서 알 수 있듯이 GDP 대비 무역의존도가 높은 편이다. 2011년을 정점으로 무역의존도는 점차 감소하고 있다. 이에 따라 국내총생산에서 수출과 수입이 차지하는 비중도 감소하고 있다.

1.2 대외무역의 관리

대부분의 국가들은 자국의 국제수지를 개선하고 국내산업을 보호하기 위해서 대외무역을 관리 · 통제한다.

우리가 상품을 사고팔 때 대금을 주고받는 것처럼 국제거래에서도 대금의 결제가 이루어진다. 한 나라가 일정기간 동안 국제거래를 하면, 수출이나 해외건설 등으로 벌어들인 외화와 수입이나 해외여행 등으로 지급한 외화 사이에는 차액이 발생하게 되는데 이를 국제수지라 한다. 이때 나라 안으로 들어온 외화가 나라 밖으로 나간 외화보다 많을 경우 국제수지가 흑자라고 하고, 반대의 경우는 국제수지가 적자라고 한다. 일반적으로 국제수지라 하면 경상수지를 의미하는데 이는 경상수지가 국민소득, 고용 등 경제 각 분야에 미치는 효과가 클 뿐만 아니라 수출입 등 가장 중요한 내용을 담고 있기 때문이다. 그래서 일반적으로 경상수지가 흑자이면 국제수지가 흑자라고 하고 경상수지가 적자면 국제수지가 적자라고 말한다.[01]

국제수지를 [표 1-2]에서 대략적으로 살펴보면 경상수지는 2013년 이후 지속해서 흑자를 유지하고 있다. 하지만 흑자폭은 점차 감소하고 있다. 자본수지는 2018년도에 일시적으로 흑자를 기록한 이후 만성 적자를 면치 못하고 있다.

표 1-2 국제수지

(단위: 백만 달러)

구분	2013년	2014년	2015년	2016년	2017년	2018년	2019년
경상수지	77,258.9	83,029.6	105,118.6	97,923.7	75,230.9	77,466.5	59,971.2
자본수지	-27.0	-8.9	-60.2	-46.2	-26.8	316.7	-64.2

자료: 한국은행 경제통계시스템

01 한국은행 '금융경제교실' 경제용어 해설

1.3 무역위험의 발생

무역은 장거리 대량운송으로 인해 거래상품의 도난, 분실, 파손 등과 같은 위험이 발생할 수 있으며 또한 수출업자와 수입업자 간의 거래과정에서 수출대금의 회수가 어렵다든지 수입상품을 입수할 수 없는 위험이 따른다. 그리고 무역거래에는 환율변동에 따른 환위험이 수반되며 아울러 수입제한, 환거래제한 등 정책변동으로 인한 비상위험(political risk)이 발생할 수 있다.

1.4 무역보조수단의 필요

무역은 운송, 보험, 금융 등 여러 보조수단을 필요로 한다. 무역은 해상운송과 더불어 발전해 왔지만 오늘날에는 육상운송, 항공운송 등 모든 운송수단이 국제무역에서 이용되고 있다. 또한 상품의 장거리 운송에는 많은 위험이 따르기 때문에 보험을 통한 보호조치가 반드시 필요하며 아울러 금융기관은 수출업자와 수입업자 간의 대금결제를 원활히 해준다.

1.5 전자무역의 확대

국제무역의 많은 부분이 인터넷, 전자문서교환 등 전자적 수단에 의해 수행되고 있다. 인터넷을 이용하여 해외시장정보를 얻어 거래를 제의하고 계약을 체결하기도 한다.

1.6 국제통일규칙의 준수

UN, 국제상업회의소(International Chamber of Commerce: ICC) 등 여러 국제기구들은 그동안 국제무역에서 보편화된 상관습을 수용하여 통일규칙을 제정하고 이를 당사자들의 합의에 의해 사용하도록 권고하고 있다.

2. 한국과 무역

2.1 수출

한국의 주요 수출대상국으로 2002년까지 미국이 1위였으나 2003년부터 중국이 수출대상국 1위로 부상하였다. 2010년 중국은 한국의 전체 수출의 약 25%를 차지한 후 지속해서 이 수준을 유지하고 있다. 베트남은 2015년도 한국의 네 번째 수출국으로 진입한 후 2019년도에는 3위를 차지해 한국의 3대 수출국가 중의 하나가 되었다.

표 1-3 연도별 주요 수출대상국 변화

(단위: 백만 달러, %)

구분	1990년		2000년		2010년		2015년		2019년	
	국가	수출액	국가	수출액	국가	수출액	국가	수출액	국가	수출액
1	미국	19,360 (29.8)	미국	37,611 (21.8)	중국	116,838 (25.1)	중국	137,124 (26.0)	중국	136,203 (25.1)
2	일본	12,638 (19.4)	일본	20,466 (11.9)	미국	49,816 (10.7)	미국	69,832 (13.3)	미국	73,344 (13.5)
3	홍콩	3,780 (5.8)	중국	18,455 (10.7)	일본	28,176 (6.0)	홍콩	30,418 (5.8)	베트남	48,178 (8.9)
4	독일	2,882 (4.4)	홍콩	10,708 (6.2)	홍콩	25,294 (5.4)	베트남	27,771 (5.3)	홍콩	31,913 (5.9)
5	싱가포르	1,805 (2.8)	대만	8,027 (4.7)	싱가포르	15,244 (3.3)	일본	25,577 (4.9)	일본	28,420 (5.2)
계		40,465 (62.2)		95,267 (55.3)		235,368 (50.5)		290,722 (55.3)		318,058 (58.6)
전체		65,016		172,268		466,384		526,757		542,233

자료: 무역협회

2.2 수입

한국의 2005년 이후 주요 수입대상국은 일본과 중국이었다. 2007년부터 수입대상국 1위는 중국이 차지하고 있다. 중국과 일본으로부터의 수입이 전체 수입액의 약 30%를 차지하고 있다. 베트남이 2019년도에 최초로 한국의 주요 5대 수입국으로 진입했다.

표 1-4 연도별 주요 수입대상국 변화

(단위: 백만 달러, %)

구분	1990년		2000년		2010년		2015년		2019년	
	국가	수입액	국가	수입액	국가	수입액	국가	수출액	국가	수출액
1	일본	18,754 (26.6)	미국	31,828 (19.8)	중국	71,574 (16.8)	중국	90,250 (20.7)	중국	107,229 (21.3)
2	미국	16,942 (24.3)	일본	29.242 (18.2)	일본	64,296 (15.1)	일본	45,854 (10.5)	미국	61,879 (12.3)
3	독일	3,295 (4.7)	중국	12,799 (8.0)	미국	40,403 (9.5)	미국	44,024 (10.1)	일본	47,581 (9.5)
4	호주	2,589 (3.7)	사우디 아라비아	9,641 (6.0)	사우디 아라비아	26,820 (6.3)	독일	20,957 (4.8)	사우디 아라비아	21,841 (4.3)
5	캐나다	2,268 (3.2)	호주	5,959 (3.7)	호주	20,456 (4.8)	사우디 아라비아	19,561 (4.5)	베트남	21,072 (4.2)
계		43,848 (62.8)		89,469 (55.8)		223,549 (52.6)		220,646 (50.6)		259,602 (51.6)
전체		69,844		160,481		425,212		436,499		503,343

자료: 무역협회

2.3 주요 경쟁국과 수출실적 비교

수출은 2009년도에 Top 10에 진입한 후 2010년대에 6~7위를 유지하고 있다. 중국과 미국은 2010년대에 1위와 2위를 지속해서 유지하고 있다.

표 1-5 세계수출순위

(단위: 억 달러, 전년 동기 대비 %)

순위		1	2	3	4	5	6	7	8	9	10
2012년	국가	중국	미국	독일	일본	네덜란드	프랑스	한국	영국	러시아	이탈리아
	수출	2,050,000	1,545,800	1,401,660	798,620	655,913	568,895	547,861	472,938	524,483	501,401
	증가율	7.9	4.3	-4.9	-2.9	-1.6	-4.5	-1.4	-6.5	5.8	-4.2
2013년	국가	중국	미국	독일	일본	네덜란드	프랑스	한국	이탈리아	영국	러시아
	수출	2,210,660	1,578,430	1,444,880	714,613	671,517	580,463	559,625	517,967	539,943	527,266
	증가율	7.8	2.1	3.1	-10.5	2.4	2.0	2.1	3.3	14.2	0.5

2014년	국가	중국	미국	독일	일본	네덜란드	한국	프랑스	홍콩	영국	이탈리아
	수출	2,343,220	1,620,480	1,494,160	690,213	671,745	572,651	580,160	473,964	504,582	529,670
	증가율	6.0	2.7	3.4	−3.4	0.0	2.3	−0.1	3.2	−6.5	2.3
2015년	국가	중국	미국	독일	일본	네덜란드	프랑스	한국	홍콩	이탈리아	영국
	수출	2,280,540	1,504,570	1,328,940	624,801	566,682	505,589	526,744	465,483	458,664	459,685
	증가율	−2.7	−7.2	−11.1	−9.5	−15.6	−12.9	−8.0	−1.8	−13.4	−8.9
2016년	국가	중국	미국	독일	일본	네덜란드	한국	홍콩	프랑스	이탈리아	영국
	수출	2,136,595	1,453,699	1,334,355	644,933	570,606	495,857	462,492	501,233	461,737	409,044
	증가율	−6.3	−3.4	0.4	3.2	0.7	−5.9	−0.6	−0.9	0.7	−11
2017년	국가	중국	미국	독일	일본	네덜란드	한국	프랑스	홍콩	이탈리아	영국
	수출	2,280,094	1,545,605	1,448,191	698,073	652,065	562,026	535,120	550,197	507,418	441,106
	증가율	6.7	6.3	8.5	8.2	14.3	13.3	6.8	19.0	9.9	7.8
2018년	국가	중국	미국	독일	네덜란드	일본	프랑스	한국	이탈리아	홍콩	영국
	수출	2,474,149	1,654,007	1,589,655	717,586	732,629	586,824	601,154	552,773	578,141	482,667
	증가율	8.5	7.0	9.8	10.0	5.0	9.7	7.0	8.9	5.1	9.4

자료: 무역협회

2.4 기업규모별 수출비중

기업별 수출비중을 살펴보면, 중소기업은 2016년 이후 약 18%, 중견기업은 약 17%를 유지하고 있다. 대기업은 같은 기간 동안 약 65%를 유지하고 있다.

표 1-6 대 · 중 · 소기업 수출비중 추이

(단위: %)

구분	2016년	2017년	2018년	2019년
중소기업	18.6	17.7	17.1	18.5
중견기업	17.2	15.9	16.3	17.3
대기업	64.2	66.4	66.6	64.2

자료: 통계청

3. 무역계약

일반적으로 국제무역은 국적을 달리하는 매매당사자 간의 계약에서 비롯된다.

계약(contract)이란 국제무역으로 인해 발생한 채권 · 채무관계의 해결을 위해 계약당사자 간에 의사표시의 합치에 의하여 성립되는 법률행위를 의미한다. 무역계약은 '무역물품의 매매계약'의 약칭이며, 물품매매계약은 무역계약 중에서도 가장 일반적이고 전형적인 상거래이다.

3.1 무역계약

무역계약이란 근본적으로 매매계약과 거의 다를 바가 없다. 다만 큰 차이점은 서로 다른 국가에 영업소를 둔 거래당사자 간에 체결되는 국제상거래계약이라는 점이다. 매도인은 매수인에게 계약한 물품을 인도하고 이에 대하여 매수인은 이를 인수하고 그 대금지급을 약속함으로써 성립하는 국제 간 매매계약을 말한다.

국제계약을 국내계약에 비해 특별 취급하는 것은 국제성을 지니므로 분쟁해결, 계약이행, 이행의 강제수단 등에 있어 2개국 이상의 서로 다른 주권국가의 법체계에 관련된다는 점 때문이다. 국제무역에 있어서 물품매매가 대부분을 차지하고 있을 때에는 무역계약이란 국제물품매매계약을 지칭하는 것으로 볼 수 있지만, 기술이나 용역, 금융 및 자본거래, 해외건설, 서비스무역 등은 국제물품계약이 아니라 국제 간의 모든 계약을 통칭하는 의미로 해석할 수 있다. 무역계약은 국제 간의 국제물품매매계약을 기본으로 하고, 운송계약, 보험계약 및 환거래계약(대금결제)이 부수적으로 수반된다.

3.2 물품매매계약

물품매매계약(contract of sale of goods)이란 매도인(seller)이 대금이라는 금전의 대가를 받고 매수인(buyer)에게 물품의 소유권을 이전하거나 이전하기로 약정하는 구체적 또는 포괄적인 계약을 말한다. 즉, 물품을 매수하는 매수인은 대금지급의 의무가 발생하는 동시에 물품을 인수할 권리가 주어지며, 반면 매도인은 반대로 물품을 인도할 의무와 대금을 지급받을 권리가 주어지는 것을 서로 약속하는 행위를 매매계약이라고 한다.

3.3 국제물품매매계약

국제물품매매계약(international contract of sale of goods)이란 서로 다른 국가 간의 당사자들 사이에 상품의 국제적 이동에 수반되는 국제무역, 즉 수출입거래를 위한 여러 가지 계약을 의미하는데, 매도인이 매수인에게 물품의 소유권(property in goods)을 양도하여 물품을 인도할 것을 약속하고, 매수인은 이를 수령하고 그 대금을 지급할 것을 약속함으로써 성립하는 국제 간의 물품매매계약을 의미한다.

따라서 국제물품매매계약은 합의적 계약이며, 쌍무적 계약이고, 유상적 계약이다. 영국물품매매법(Sale of Goods Act: SGA)에 따르면, '물품매매계약이라 함은 매도인이 대금이라는 금전의 대가를 받고 매수인에게 물품의 소유권을 이전하거나 또는 이전할 것을 약정하는 계약을 의미한다'라고 정의하고 있다. 또한 미국의 통일상법전(Uniform Commercial Code: UCC)에 의하면 '매매는 대가를 받고 매도인으로부터 매수인에게 권리를 이전하는 것'이라고 규정되어 있다.

그리고 한국의 민법에서도 '매매는 당사자 일방의 재산권을 상대방에게 이전할 것을 약정하고 상대방이 그 대금을 지급할 것을 약정함으로써 그 효력이 생긴다'라고 규정하고 있어서 영미법과 한국법 모두 그 취지가 같다고 할 수 있다.

제 2 절 무역의 형태

일반적인 무역거래는 자기 나라에서 만든 물품을 외국에 수출하거나 외국에서 만든 물품을 수입하고 물품대금을 주고받는 형태로 이루어진다. 하지만 국제무역 환경의 변화와 국가별 임금차이, 수출입업체 간의 이해관계에 따라 다음과 같이 다양한 형태로도 국제무역이 이루어진다.

1. 가공무역

가공무역은 외화수익을 얻기 위해 원자재의 일부 또는 전부를 외국에서 수입한 후 이를 가공하여 다시 외국으로 수출하는 모든 거래를 말한다. 가공무역 중에서 원자재를 위탁받아 가공하여 이를 위탁자 또는 그가 지정하는 자에게 수출하는 가공무역을 수탁가공무역, 그리고 그 반대를 위탁가공무역이라 한다.

1.1 수탁가공무역

수탁가공무역은 외화가득을 위해 원자재의 전부 또는 일부를 거래상대방의 위탁에 의하여 외국으로부터 수입하고, 이를 가공한 후 위탁자 또는 그가 지정하는 자에게 수출하는 거래이다. 수탁가공무역은 원자재의 조달방법에 따라서 유환 수탁가공무역과 무환 수탁가공무역으로 구분된다.

유환 수탁가공무역은 대상 원자재를 유환으로 수입하여 이를 가공한 후 완제품을 수출하는 거래로서 원자재의 수입대금과 완제품의 수출대금이 직접 지급되고 수취된다. 무환 수탁가공무역은 대상 원자재를 무환으로 수입하여 가공한 후 가공임만을 받고 그대로 수출하는 거래이다.

1.2 위탁가공무역

위탁가공무역은 가공임을 지급하는 조건으로 가공할 원자재의 전부 또는 일부를 외국의 거래상대방에게 수출(위탁)한 후 가공완제품을 자국으로 들여오거나 현지에서 제3국으로 수출하는 거래형태를 말한다. 가공을 위탁받은 업체의 입장에서 보면 수탁가공무역이 된다.

위탁가공무역은 주로 자국의 인건비 상승에 따른 가격경쟁력의 약화를 해결하기 위한 방편으로 사용하지만 외국의 특수가공기술을 활용할 목적으로 사용되기도 한다. 보통 자국에 비해서 가공임이 저렴한 국가나 기술이 상대적으로 발달한 국가로 원자재를 수출하고 가공해 줄 것을 위탁하는 경우가 많다. 한국에서는 섬유, 신발 및 일부 전자산업과 같은 노동집약적 사양산업에서 중국, 베트남, 인도네시아, 스리랑카 등지의 저렴한 노동력을 활용함으로써 수출경쟁력을 높이기 위한 방편으로 많이 활용하고 있다.

그림 1-1 위탁가공무역

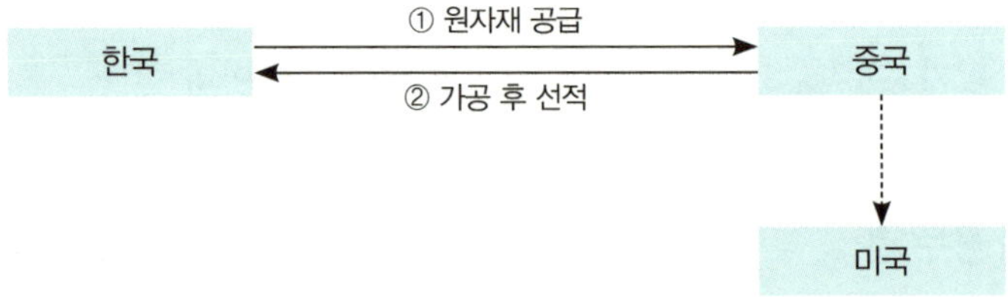

2. 수위탁판매무역

수출업자가 소유권을 이전하지 않고 물품을 수출한 후 물품이 판매된 범위 내에서만 대금을 영수하고, 판매하고 남은 물량은 수출업자에게 반송하거나 제3자에게 판매하는 방식의 거래를 뜻한다. 위와 같은 거래를 수출업자의 입장에서 보면 위탁판매수출이 되고 수입업자의 입장에서 보면 수탁판매수입이 된다. 수출업자가 자금부담 및 판매에 따르는 위험을 부담해야 하므로 본사와 지사 간의 거래나 신규해외시장 개척 시 제한적으로 활용하는 거래방식이다.

2.1 위탁판매수출

위탁판매수출(export on consignment)은 위탁자(수출업자)가 외국에 있는 수탁자(중개업자)에게 물품을 무환수출하면서 판매를 위탁하고 물품이 판매된 범위 내에서 수출대금을 회수하는 거래이다. 수출업자는 자기의 비용과 위험부담으로 물품을 위탁 · 수출하므로 물품의 소유권은 수출업자에게 있으며 판매하고 남은 물품도 수출업자에게 반송된다.

위탁판매방식은 신시장의 개척이나 신규상품인 경우 많이 이용된다. 즉, 현지 내의 광범위한 판매망을 가진 중개업자에게 판매를 위탁해서 먼저 수출대상지역의 시장성을 시험해 본 후 본격적인 거래를 시작한다. 그리고 상품의 가격변동이 심할 경우에도 정식으로 수출계약을 체결하지 않고 위탁판매를 의뢰하여 가격이 가장 유리할 때 판매하도록 한다.

2.2 수탁판매수입

수탁판매수입(import on consignment)은 물품을 무환수입하여 당해 물품이 판매된 범위 내에서 수입대금을 결제하는 거래를 말한다. 위탁판매수출을 수탁자의 입장에서 보면 수탁판매수입이 된다.

수탁자(수입업자)는 대리인으로서 위탁자가 지정한 조건에 따라 상품을 시판하고 그 판매대금에서 경비, 수수료 등을 공제한 잔액을 송금한다. 그리고 잔여분은 위탁자에게 반송한다. 따라서 수입업자는 수입에 따른 자금부담이 전혀 없을 뿐만 아니라 판매에 대한 위험도 없다.

2.3 보세창고도거래

보세창고도거래(Bonded Warehouse Transaction: BWT)는 수출업자가 자신의 비용과 위험부담으로 해당 지역에 지점, 출장소 또는 대리점을 설치하고 거래상대국 정부로부터 허가받은 보세창고(bonded warehouse)에 상품을 운송한 후 수입통관절차를 밟지 않은 상태에서 현지의 시장상황에 따라 판매하는 일종의 위탁판매방식의 거래를 말한다.

보세창고에 보관 중인 물품은 관세, 내국세 등이 부과되지 않으므로 보세상태에서 수시로 판매 또는 반송될 수 있다. 수출업자는 물품을 보세창고에 보관하면서 시장상황에 따라 적기에 판매할 수 있는 장점을 누릴 수 있다. 그렇지만 시황이 불리하여 본국으로 물품을 반송할 경우 여러 가지 비용이 발생하며 또한 일반수출에 비해 대금회수가 늦는 편이다.

수입업자는 보세창고에서 현품을 확인하고 수입하므로 국내거래와 같은 효과가 있다. 즉, 일반수입에 비해 시간, 비용 등을 절약할 수 있고 수입시차에 따른 손실을 최대한으로 줄일 수 있다.

참고 | 한국의 보세창고

한국은 파나마의 콜롱(Colon)에 이러한 보세창고를 설치 · 운영하고 있다. 한국과 북미 혹은 남미는 운송기간이 상당히 소요되는 먼 거리의 지역들이다. 이런 시장에서 유행성 제품이나 계절적 상품을 시기적절하게 공급하기 위해서는 중간 지점에 미리 이런 물품들을 적치해 두고 시장상황에 따라 민첩하게 대처하는 것이 좋은 수출전략이라 할 수 있다. 파나마는 창고 설치비용도 저렴하고 지리적으로 중간 위치에 있어 한국이 보세창고를 운영하고 있다.

그리고 한국의 중요한 시장이 EU시장이다. 유럽 중에서도 중간 위치에 있고 무역이 발달한 나라가 네덜란드인데, 네덜란드의 로테르담(Rotterdam)에도 보세창고와 유사한 CTS(Central Terminal Station)시설을 운영하고 있다. CTS는 수출업자가 해외에 현지법인을 설립하여 그 법인 명의로 물품을 위탁 · 수출하고, 판매된 범위 내에서 대금을 결제하는 거래를 말한다.

3. 임대차무역

임대차계약을 체결하고 수출하거나 수입한 고가의 생산설비나 의료장비 등을 임대차계약이 종료된 후 재수입 또는 재수출하거나, 임대차계약기간 종료 전 또는 종료 후에 소유권을 이전하는 거래방식을 뜻한다.

3.1 임대수출

임대수출은 임대(사용임대 포함)계약에 의하여 물품을 수출하고 일정기간 후 이를 재수입하거나 또는 임대기간이 만료되기 전이나 만료된 후 당해 물품의 소유권을 수입업자에게 이전해 주는 수출을 말한다. 시설, 기자재 등은 가액이 높기 때문에 임대기간 동안 임대료를 분할 · 지급받는 조건의 방식으로 많이 수출된다.

임대조건으로 수출하면 수입업자의 자금부담이 완화되어 시설, 기자재 등의 수출판로가 확대되며 또한 이들의 가동에 필요한 기술제공에 따라 양국 간의 경제협력체제를 이룰 수 있다. 그리고 노임, 원료 등 기타 생산여건이 불리할 경우 이들 조건이 유리한 국가로 시설, 기자재 등을 이전하고 동 시설을 이용하여 생산된 완제품을 수입할 수 있다.

3.2 임차수입

임차수입은 임차(사용임차 포함)계약에 의하여 물품을 수입하고 일정기간 후 다시 수출하거나 또는 임차기간이 만료되기 전이나 후에 당해 물품의 소유권을 이전받는 수입을 말한다. 임대수출을 반대의 입장에서 보면 임차수입이 된다.

임차수입을 하면 수입업자는 시설, 기자재 등 고액의 자본재를 자금부담 없이 확보할 수 있으며 또한 임대인의 기술제공에 따라 시설가동에 필요한 새로운 기술을 도입할 필요가 없다. 그리고 임차한 시설을 이용하여 생산된 제품은 모두 임대인에게 수출할 수 있다.

그러나 임대인이 생산된 제품을 모두 수입해 가기 때문에 가격이 임차인에게 불리하게 결정되는 경우가 많다. 또한 시장경기가 좋아서 수출전망이 있어도 임대인이 제시하는 수량 이상의 생산은 불가능한 단점이 있다.

4. 외국인도수출과 외국인수수입

4.1 외국인도수출

외국인도수출은 수출업자가 국내에서 통관되지 않은 물품을 외국에서 외국으로 인도하여 수출하고 그 대금은 국내에서 영수하는 거래방식을 말하는데 외국에 있는 한국물품을 외국으로 직접 수출할 때 이용된다.

예를 들어, 해외건설현장에서 사용하던 기자재를 국내로 들여오지 않고 현지에서 인도하거나, 원양어선이 해외에서 채취한 수산물을 현지에서 인도하는 경우가 외국인도수출에 해당한다. 또한 위탁가공무역방식에 의해 해외의 가공업체에서 가

그림 1-2 외국인도수출

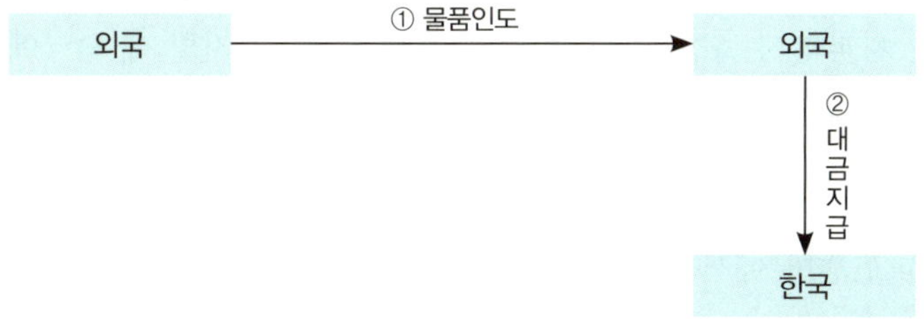

공한 물건을 현지에서 제3국으로 수출하는 것도 외국인도수출이라고 할 수 있다.

4.2 외국인수수입

외국인수수입은 국내에서 수입업자가 수입대금을 지급하지만 물품은 외국의 사업현장으로 직접 운송되도록 하는 거래방식이며 해외건설, 해외투자, 위탁가공 등 해외의 사업현장에 필요한 기자재를 외국에서 수입할 때 많이 이용된다.

예를 들어, 해외건설현장에서 필요한 기자재를 국내를 거치지 않고 바로 현장에서 인수하는 경우가 외국인수수입에 해당한다.

그림 1-3 외국인수수입

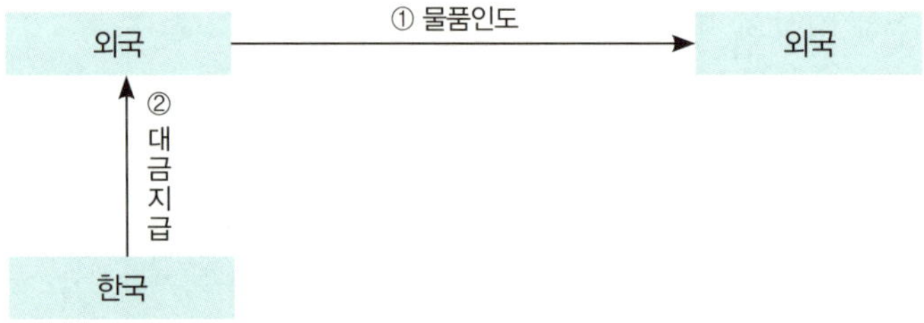

5. 제3국과 관련된 무역

5.1 중계무역

중계무역(intermediate trade)은 물품을 외국으로부터 수입하여 이를 가공하지 않고 원형 그대로 제3국에 수출하는 무역거래를 말한다. 중계무역상은 외국의 공급업체 및 수입업체와 각각 별도의 계약을 체결해야 하며 물품은 공급업체에서 수입업체로 직접 보내게 할 수도 있고 중계국을 경유해서 보낼 수도 있다.

중계무역은 자국의 수출경쟁력이 낮거나 공급능력이 모자랄 때 외국에서 물품을 조달함으로써 자국의 공급여건과 상관없이 해외시장을 관리할 수 있는 방편으로 활용할 수 있다. 이때 수출대금에서 공급자에게 지급한 물품대금을 뺀 차액을 중계차익이라고 하고, 한국에서는 이 중계차익만을 수출실적으로 인정된다.

중계무역상을 통해서 거래를 하는 이유는 여러 가지가 있다. 우선 수출업자와 수입업자가 서로 상대방에 대한 정보가 없어서 중계무역상을 통해서 거래하는 경우이다. 이런 경우는 장기적으로 중계무역상을 배제하고 직접 거래에 나설 가능성이 높다.

본격적인 중계무역은 주로 해상운송이 편리한 중계무역항을 통해서 이루어진다. 관세가 부과되지 않고 물류비가 절감되는 자유무역항을 통해서 거래가 이루어짐으로써 당사자 간에 직접 거래하는 것보다 경쟁력이 있기 때문이다. 이와 같은 중계무역이 활발하게 이루어지는 중계무역 국가로는 유럽의 네덜란드와 벨기에, 동남아시아의 홍콩과 싱가포르, 중남미의 파나마, 중동의 두바이 등이 있다.

마지막으로 수출업체나 수입업체의 입장에서 중계무역상을 통해서 거래를 하는 것이 거래의 안정성을 확보할 수 있을 때도 중계무역이 성립된다. 예를 들어, 수입업자의 입장에서 수출업자와 직접 거래를 하게 되면 품질도 믿을 수 없고 선적이 제때 이루어진다는 보장이 없거나, 수출업자의 입장에서 수입업자의 신용을 믿을 수 없는 경우 믿을 수 있는 중계무역상을 통해서 거래를 함으로써 거래의 안전을 도모할 수 있기 때문이다. 현재 한국의 중계무역상을 통해서 이루어지는 중계무역의 대부분은 마지막 경우에 해당한다.

그림 1-4 중계무역

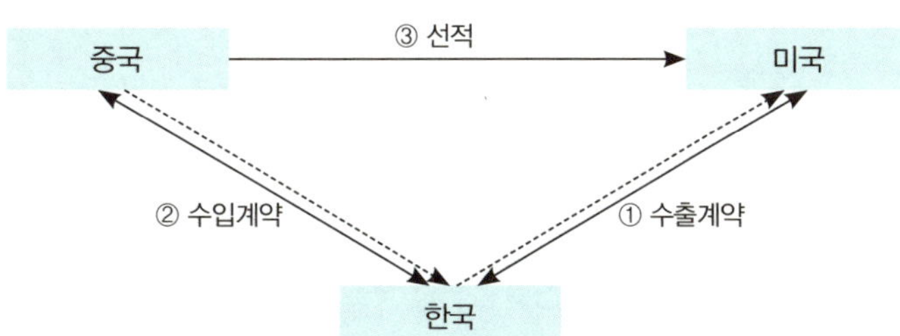

5.2 중개무역

중개무역(merchandising trade)은 제3국의 중개업자가 개입된 국제무역을 말한다. 중개업자들은 자신들이 가지고 있는 무역정보망을 이용하여 수출업자와 수입업자 간의 거래를 알선하고 중개수수료를 받는데 이런 형태의 무역거래를 제3국의 입장에서 중개무역이라 한다.

중개무역상은 계약당사자가 아니며 외국의 수출업체와 수입업체가 계약의 당사자로서 계약체결에서 물품선적, 대금결제까지의 무역거래의 전 과정을 직접 처리한다. 애초에 수출업체와 수입업체가 서로 상대방에 대한 정보가 없을 때 중개무역상의 개입에 의해서 거래를 성사시킬 수 있다. 하지만 이런 방식의 중개무역은 오래 지속될 수 없다. 첫 거래를 통해서 서로 상대방에 대한 정보를 알게 된 수출업체와 수입업체가 다음 오더부터 중개무역상을 배제할 가능성이 높기 때문이다.

지속적인 중개무역이 이루어지려면 중개무역상이 수출업체 또는 수입업체의 에이전트로서 시장정보제공, 오더협상, 사후관리 등의 역할을 수행해야 한다. 미국이나 유럽의 수출입업체들이 홍콩이나 싱가포르 중개무역상을 동남아시아시장 전체를 담당하는 에이전트로 활용하는 경우가 이에 해당한다.

그림 1-5 중개무역

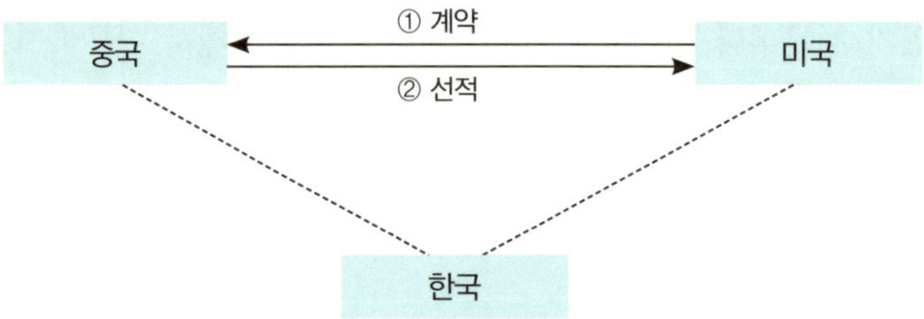

5.3 통과무역

통과무역(transit trade)은 물품이 수출국에서 수입국으로 직접 운송되지 않고 제3국을 경유하는 경우에 제3국의 입장에서 본 무역을 말한다. 예를 들어, 한국의 수출업자가 가전제품을 시베리아 대륙 횡단철도를 이용해서 폴란드로 수출할 경우 이를 러시아의 입장에서 보면 통과무역이 된다. 통과국은 물품이 통과 · 운송되는 동안 운송료, 보험료, 보관료 등의 수익을 얻을 수 있어 각국은 통과무역을 장려하고 있다.

6. 연계무역

양국 간의 수출입 균형을 유지하기 위해 수출과 수입을 연계시킨 거래를 연계무역(counter trade)이라 하며, 물품대금결제의 유무 및 계약방식 등에 따라 물물교환, 구상무역, 대응구매, 산업협력 등이 있다.

6.1 물물교환

당사국 간에 외환거래가 없이 물품만을 서로 교환하는 무역거래를 물물교환(barter trade)이라 한다. 물물교환은 하나의 매매계약서로 수출입거래가 이루어지고 상품의 양과 질에 의해 쌍방 간의 지급의무가 상계된다. 물물교환은 가장 초보적인 연계무역의 형태이며 양국 간에 수출 · 수입할 수 있는 물품이 적절할 경우에만 이용될 수 있는 한계점이 있다.

6.2 구상무역

구상무역(compensation trade)은 수출입물품의 대금의 일부 또는 전부를 그에 상응하는 수입 또는 수출로 상쇄하는 무역거래를 말한다. 즉, 수출한 만큼 수입하고, 수입한 만큼 수출함으로써 수출과 수입을 서로 상쇄시킨다.

구상무역은 물물교환과 마찬가지로 하나의 계약서로 수출입거래가 이루어지지만 환거래가 발생하여 쌍방 간에 합의된 통화로 대금이 결제된다. 구상무역에서는 수입의무를 제3국으로 전가시킬 수 있는데 이 경우를 삼각구상무역(triangular compensation trade)이라 한다.

6.3 대응구매

대응구매(counter purchase)는 연계무역의 가장 보편적인 형태로 수출액의 일정비율만큼을 반드시 구매하겠다는 계약서를 체결하고 수출하는 거래방식이다. 구상무역과 별 차이는 없지만 두 개의 계약서에 의해 쌍방 간의 거래가 이루어진다는 점이 다르다.

하나의 계약에 의해 수출입거래가 이루어지는 구상무역과 달리 수출과 수입이 거래내용상으로 상호 연계되어 있으나, 형식상으로는 각각 수출계약 및 대응구매 계약이라는 별개의 계약에 의해서 거래가 이루어진다. 대응구매는 형식상 완전히 분리된 별도거래(two-way trade)이며 대응수입의무를 제3국으로 전가시킬 수 있다.

참고 | 선구매

대응구매와 정반대의 거래가 선구매(advance purchase)이다. 선구매는 수출업자가 수출하기에 앞서 수입업자로부터 제품을 먼저 구매하고 일정기간 후 수입업자로 하여금 수출업자의 제품을 수입하도록 약속하는 거래방식이다.

6.4 산업협력

산업협력(industrial cooperation)은 수입국의 산업을 발전시킬 목적으로 자본거래, 기술 등을 공여하는 것을 말하는데 주로 환매거래와 합작투자방식으로 이루

표 1-7 연계무역의 비교

구분	물물교환	구상무역	대응구매	산업협력
계약서	하나의 계약서	하나의 계약서	수출 · 수입 별도의 계약서	수출 · 수입 별도의 계약서
상계방법	• 환거래 없음 • 상품에 의한 상계	• 환거래 발생 • 합의된 결제통화로 상계	• 환거래 발생 • 합의된 결제통화로 상계	• 환거래 발생 • 합의에 의한 결제
대응수입비율	100%	합의에 의해 결정 (10~100%)	합의에 의해 결정 (10~100%)	합의에 의해 결정 (100% 초과 가능)
대응수입기간	통상1년 이내 (대부분 동시에 교환됨)	통상 3년 이내	통상 5년 이내	통상 3~25년 이내 (대응수입이 1회에 한하지 않고 계속됨)
수입의무의 제3국 전가 여부	불가	가능	가능	가능

어진다. 환매거래(buy-back deal)는 수출업자가 플랜트, 장비, 기술 등을 수출하고 이에 대응하여 동 설비나 기술로 생산된 제품을 다시 구매하는 것을 말하며, 저개발국에 대한 산업협력 차원에서 이루어진다. 합작투자(joint venture)는 수출업자가 자본참여, 판매망제공 등으로 수입업자와 합작하여 생산된 제품을 대응구매계약에 의해 수입해 가는 것을 뜻한다.

지금까지 설명된 네 가지 형태의 연계무역을 비교 · 요약하면 [표 1-7]과 같다.

7. 기타의 무역

7.1 OEM방식 수출

OEM(Original Equipment Manufacturing)방식의 수출은 외국의 수입업자로부터 제품의 생산을 의뢰받아 생산된 제품에 주문자의 상표를 부착하여 인도하는 주문자 상표부착방식의 수출을 말한다.

이 방식의 거래는 주문자의 요청에 따라 생산된 제품은 모두 수출되므로 수출확대와 기술축적의 계기는 될 수 있지만, 주문량이 줄어들거나 중단될 경우 수출도 자동으로 영향을 받아 독자적인 수출활동이 어려운 점이 있다.

7.2 녹다운방식 수출

녹다운(knock-down)방식의 수출은 완제품을 수출하는 것이 아니라 조립생산 설비를 갖춘 거래처에 부품이나 반제품을 수출하고 실수요지에서 제품을 완성하는 현지조립방식의 수출을 말한다. 부품이나 반제품의 형태로 수출함으로써 완제품에 대한 수입제한이나 고율의 관세가 부과되는 것을 피할 수 있다. 자동차 등 기계류의 수출에 이 방식이 많이 이용된다.

Chapter

02

무역규범

무역이 각국의 경제후생을 증진시킨다는 국제무역이론의 결론 또는 주장을 현실경제와 비교해 보면 상당히 비현실적이라는 느낌을 받는다. 우선 어느 나라든 재화와 서비스의 자유로운 이동을 막는 여러 가지 무역장벽이 존재하고 있다. 관세, 수입쿼터, 자율적 수출규제, 부품 국산화율규제 등은 우리에게 낯익은 용어들이다.

무역이 각국의 경제적 후생을 증진시킨다면, 각국은 서로 자국시장을 개방해서 외국으로부터의 수입을 증대시키기 위해서 노력할 것이고, 일방적 무역시장개방을 적극적으로 추진할 것이다. 그러나 각국의 무역협상에서 주된 과제는 항상 어떻게 하면 외국으로부터의 수입을 줄이고, 외국시장에 대한 자국의 수출을 증대시킬 것인가 하는 측면에 노력이 집중되고 있다.

제 1 절 무역규범의 개념

무역은 한 나라의 경제발전에 많은 영향을 미치기 때문에 대부분의 국가들은 대외무역을 관리하고 있는 실정이다.

한국의 경우 대외무역을 진흥하고 공정한 수출입거래질서를 확립하여 국제수지의 균형과 통상의 확대를 도모함으로써 국민경제의 발전에 이바지함을 목적으로 대외무역을 관리하고 있다. 무역규범은 무역자유화라는 국제적 논리에 따라 국제무역을 제한하는 관리형태는 가급적 최소화하려는 경향이 있다.

1. 국제무역규범

1.1 다자간 무역협정(multilateral trade agreement): WTO

WTO(World Trade Organization: 세계무역기구)는 우루과이라운드(UR)협상에 따라 새로운 국제무역질서를 관할하기 위해 1995년 1월 창설된 무역기구이다. 다자 간 무역체제의 확립을 통해 전 세계의 자유무역을 확대하고 국가 간의 공정무역질서를 확립하는 것을 목표로 한다. 이에 따라 무역자유화에 부합하는 방향으로 전 세계 무역규범을 정립해 나가고 있다.

WTO가 추구하는 주요 원칙은 차별 없는 무역의 보장, 시장접근 보장, 공정경쟁 촉진, 그리고 경제개발과 개혁의 장려이다. 개념적으로는 자유무역을 추구하나, 불

표 2-1 2012년 대중국 수입기본관세율 및 WTO 일반협정관세율

부 (section: 대분류)	류 (chapter: 중분류)	코드수 (HSC10)	기본세율 (단순평균, %)	WTO		
				협정 관세율(%)	관세 코드수	쿼터 코드수
1부	01~05류	760	16.9	18.0	350	71
2부	06~14류	676	18.7	27.5	517	152
3부	15류	108	8.0	20.1	107	1
4부	16~24류	539	19.6	34.6	457	32
5부	25~27류	392	3.8	6.3	332	
6부	28~38류	2,298	7.5	6.2	2,185	11
7부	39~40류	381	7.5	8.5	376	
8부	41~43류	242	7.7	12.4	189	
9부	44~46류	314	5.5	9.5	214	
10부	47~49류	288	6.1	0.0	287	
11부	50~63류	1,302	9.5	18.4	1,296	5
12부	64~67류	100	10.1	13.0	100	
13부	68~70류	343	7.8	13.5	290	
14부	71류	118	5.2	8.2	118	
15부	72~83류	1,035	6.9	7.2	1,030	
16부	84~85류	2,044	7.8	8.6	1,714	
17부	86~89류	333	6.3	8.1	251	
18부	90~92류	586	7.9	9.2	554	
19부	93류	81	3.4	5.9	81	
20부	94~96류	277	8.0	9.2	272	
21부	97류	15	0.0	0.0	15	
전체	97류	12,232	9.2	11.5	10,735	272

자료: 관세청

공정무역에 대한 보복관세나 예외적 상황에서 보호무역조치를 허용하고 있다. 이를 통해 개방적이며 공정하고 왜곡 없는 경쟁을 촉진하고자 한다.

WTO는 UR협상 결과를 각국이 잘 준수하는지 감독하고 분쟁이 생길 때 조정하거나 심판한다. WTO는 법적 강제력을 가지고 운영하기 위해 그 산하에 분쟁해결기구(Dispute Settlement Body: DSB)를 별도로 두고 있다.

참고 | GATT

GATT는 WTO의 전신으로 관세 및 무역에 관한 일반협정(General Agreement on Tariffs and Trade)으로서 1993년 우루과이라운드(UR)가 타결되기 전까지 세계무역의 질서를 이루어 왔다. 지금도 GATT는 존속하고 있지만 사실상 그 기능이 WTO로 흡수되어 GATT체제는 명목만 유지하고 있다.

1.2 양자 간 무역협정(regional trade agreement): FTA

FTA(Free Trade Agreement: 자유무역협정)는 역내국 간 경제협력 강화 및 관세 등 무역제한조치를 철폐하여 역내 자유무역 달성을 추구하는 가장 느슨한 형태의 지역경제통합의 형태를 말한다. 한편, 역외 비가맹국에 대해서는 각국이 독자적인 관세정책 및 무역제한조치를 취하게 된다. 일부 특정국가들과 특혜 무역협정을 체결함으로써 상호 수입품에 대한 관세율을 역외국으로부터의 수입품보다 낮게 부과하거나 철폐하는 것을 의미한다.

양자 간 지역무역협정을 체결할 경우 역외의 상품이 역내 저관세국을 통하여 수입되어 역내 다른 국가에 수출될 가능성이 항상 있다. 이를 방지하기 위해 수입상품의 원산지규정과 현지부품조달의무 등의 무역규범을 통해 FTA 체결국 간의 경제적 이해를 보호하고 있다.

2. 국내의 무역관계법규

국제무역과 관련한 국내법규로는 대외무역법, 외국환거래법, 관세법 등이 있으며 이들 세 가지 법을 무역관련 3대 법규라고 한다. 국제무역은 이와 같은 3대 법규 외에도 품목별로 관련개별법의 적용을 받으며 이들 법규의 구체적인 내용은 다음과 같다.

그림 2-1 **무역관련 국내법규**

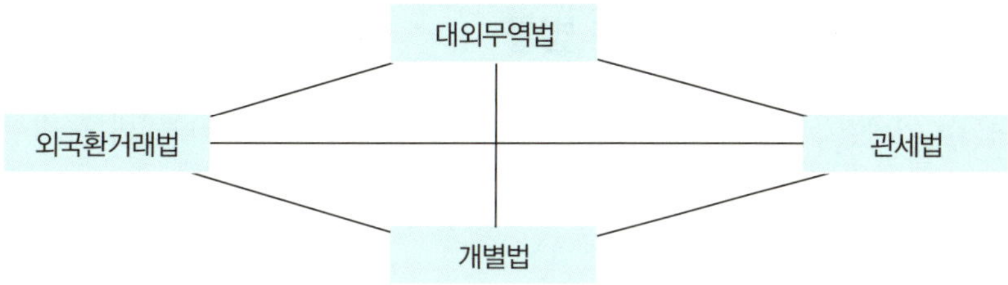

2.1 대외무역법

대외무역법은 한국의 국제무역을 전반적으로 조정하기 위한 기준법으로서 1986년 12월 31일부터 시행되고 있다. 대외무역법은 대외무역을 진흥하고 공정한 거래질서를 확립하여 국제수지의 균형과 통상의 확대를 통해 국민경제의 발전에 이바지함을 목적으로 한다(대외무역법 제1조).

무역업 고유번호의 부여, 수출입공고 및 통합공고, 원산지기준 및 판정, 특정거래형태의 수출입인정, 산업설비수출, 수출입질서유지 등과 같은 내용을 담고 있으며 대외무역법 시행령 및 대외무역관리규정과 같은 하위법령을 두고 있다. 대외무역법은 국제상관습법이나 국제조약을 준수하며, 국제법규나 국제협정에 무역에 관한 제한규정이 있을 경우에는 최소한의 범위 내에서 운영한다.

2.2 관세법

수출입물품의 통관과 관세의 부과 및 징수를 총괄하는 법으로서 수출입물품의 통관을 적절하게 하고 관세수입을 확보함으로써 국민경제의 발전을 도모하는 것을 목적으로 하고 있으며, 관세법 시행령을 하위법령으로 두고 있다.

2.3 외국환거래법

외국환과 외국환거래를 적절히 관리하여 대외거래를 원활하게 하고 국제수지의 균형, 통화가치의 안정, 외화자금의 효율적 운영 등을 목적으로 하는 법으로서 외국환거래법 시행령 및 외환관리규정을 하위법령으로 두고 있다.

2.4 무역거래기반 조성에 관한 법률

무역거래기반을 체계적으로 조성하여 균형적인 국제무역의 확대와 국민경제 발전에 이바지함을 목적으로 하는 법이다.

2.5 전자무역촉진에 관한 법률

전자무역의 기반을 조성하고 그 활용을 촉진하여 무역절차의 간소화와 무역정보의 신속한 유통을 실현하고 무역업무의 처리시간 및 비용을 절감함으로써 산업의 국제경쟁력을 높이고 국민경제의 발전에 이바지함을 목적으로 한다.

2.6 불공정무역행위 조사 및 산업피해구제에 관한 법률

불공정한 무역행위 등으로 인한 국내산업의 피해를 조사 · 구제하는 절차를 정함으로써 공정한 무역질서를 확립하고 세계무역기구 설립을 위한 마라케시협정[01] 등 무역에 관한 국제협약의 이행을 위하여 필요한 사항을 규정함을 목적으로 한다.

2.7 자유무역지역의 지정 및 운영에 관한 법률

자유로운 제조, 물류, 유통 및 무역활동 등이 보장되는 자유무역지역을 지정 ·

01 마라케시협정은 1994년 모로코의 마라케시(Marrakech)에서 111개국이 서명한 세계무역기구(WTO) 설립협정을 말한다.

운영함으로써 외국인투자의 유치, 무역의 진흥, 국제물류의 원활화 및 지역개발 등을 촉진하여 국민경제의 발전에 이바지함을 목적으로 한다.

3. 무역규범의 형태

무역규범은 상품의 수입가격을 조정하여 수입을 통제하거나, 수출국이나 수입국으로의 이동을 통제하거나, 자국의 수출증대를 위해 불공정한 무역행위를 할 경우에 대한 조치를 의미한다.

3.1 관세조치

관세(tariff)는 한 국가의 국경선을 통과하는 상품에 부과하는 세금으로 수출품과 수입품에 모두 부과될 수 있다. 그러나 실제에 있어서는 수입품에 부과되는 수입관세가 중요하다. 수입관세는 국가의 재정수입이나 국내산업을 보호하기 위해서 부과되는데, 수입을 억제하는 효과가 있다.

수출관세도 재정수입의 확보나 수출통제의 효과는 있지만 모든 국가들이 수출을 장려하는 입장에 있기 때문에 수출관세는 거의 부과되지 않는다. 하지만 브라질의 커피, 중동의 석유 등은 수출세가 부과되더라도 가격경쟁력이 있기 때문에 수출세가 부과되기도 한다.

1) 수량제한(quota)

수출입물품의 수량이나 금액을 제한하기 위해서 국가별 또는 품목별로 일정한도를 정하고 그 범위 내에서만 수출입을 허용하는 제도이다. 현재 수량규제의 대상이 되는 상품은 쌀이 유일하다. WTO 농업협정의 최소시장접근(minimum market access)에 따라 한국은 쌀에 대해서 수량규제(쿼터)를 시행하고 있다. 이에 따라 한국은 2014년까지 국내소비의 8%에 해당하는 물량을 의무적으로 수입해야 한다. 수량물량은 2004년 205,228톤에서 2014년 408,700톤으로 증량시키기로 하였다.

수량제한은 수출입을 억제하는 면에서 가장 효율적이기 때문에 GATT나 WTO에서 기피하는 제도이다.

표 2-2 2012년 한 · 중 간 산업별 관세율 비교

산업	대중국 관세율					대한국 관세율			
	기본세율	WTO	대중국 수입 규모 (백만 달러)	대중국 실질 관세율 (단순 평균, %)	가중 평균 관세율 (%)	MFN 최혜국 세율 (%)	대한국 수입 규모 (백만 달러)	대한국 실질 관세율 (단순 평균, %)	가중 평균 관세율 (%)
디지털가전	7.9	10.0	2,987	6.0	4.5	13.3	2,778	11.8	5.7
반도체디스플레이	7.7	3.5	6,566	3.3	0.2	3.5	38,036	3.5	0.0
비금속광물제품	7.7	13.4	1,619	7.3	7.7	11.6	241	11.4	10.2
비철금속	5.8	9.1	1,549	5.5	5.1	5.8	4,172	5.7	3.0
생활용품	7.4	8.6	5,832	5.2	6.2	10.9	3,239	10.4	7.2
석유화학	7.2	6.3	1,683	5.6	4.9	5.9	20,569	5.6	3.9
섬유	9.9	19.2	5,303	9.4	9.9	11.3	2,646	10.4	8.8
의료기기	8.0	6.2	148	6.0	7.0	4.2	219	4.0	4.3
의약품	6.8	2.2	165	5.6	6.8	4.8	123	3.9	3.5
일반기계	7.9	11.2	4,915	6.5	6.2	8.2	10,630	7.8	6.0
자동차	8.6	11.6	1,463	7.2	7.0	13.9	4,949	13.3	13.4
전기전자	7.7	6.3	9,886	4.6	1.8	5.8	17,902	5.6	1.5
정밀화학	7.6	6.3	5,783	5.7	5.3	6.2	10,273	5.8	5.9
조선	4.8	6.5	1,112	4.0	0.3	7.2	1,310	7.2	3.0
중전기기	7.9	8.9	7,506	6.0	6.7	7.0	3,733	6.5	3.9
철강	7.0	2.8	11,210	1.6	0.8	6.4	5,083	6.2	5.6
통신기기	8.0	3.1	3,417	2.1	0.6	0.7	8,505	0.6	0.1
항공	2.6	2.5	8	2.1	1.9	1.8	16	1.7	1.0
기타	13.9	20.4	6,257	13.9	11.2	11.1	1,072	10.2	10.9
기타 제조업	7.0	9.0	3,359	5.4	4.3	10.3	30,704	9.9	3.1
전체	9.2	11.5	80,768	7.8	4.6	9.2	166,199	8.6	3.2

자료: 관세청, 중국해관수출입세칙, 각 연호 자료를 근거로 산업별 관세율 산정

2) 원산지규정

원산지(country of origin)란 그 물품이 성장했거나 생산, 제조, 가공된 지역을 말한다. 일반적으로 원산지는 정치적 의미로서의 국가를 의미하지만 독립적 국가

가 아닌 지역도 원산지가 될 수 있다.

물품의 원산지를 규정하는 이유는 여러 가지가 있다. 첫째, 일반특혜관세 등 제도상의 특혜를 받는 국가들에서 제조된 제품에 대해 관세를 차별적으로 적용하기 위해 필요하다. 둘째, 덤핑이나 보조금 지원에 대한 판정을 위해서도 필요하다. 셋째, 자유무역협정을 맺은 국가 제품과 역외국 제품을 구별하기 위해서도 필요하다. 마지막으로, 소비자권리보호, 국민보건, 자연환경보호를 위해서도 필요하다.

3) 수입과징금 및 수입담보금제도(advance deposit requirements)

수입과징금은 수입물품에 부과되는 관세 이외의 조세를 말한다. 수입담보금제도는 수입대금의 전부 또는 일부를 사전에 관계금융기관에 대가의 지불 없이 예치하도록 하는 제도로서, 이는 수입업자의 입장에서 금리부담 등 자금상의 압박요인을 제공하여 역시 수입을 억제하는 결과를 가져온다.

4) 수출입의 금지 및 수입허가제(import license system)

수출입금지제도는 정치적 · 경제적 이유로 특정국가와의 수출입이나 특정물품의 수출입을 금지하거나 제한하는 제도이다. 특정한 물품의 수입허가제도를 지나치게 복잡하고 불편하게 만들면 수입업자들은 수입허가권의 취득을 포기하거나 주저하게 된다. 그럼으로써 수입허가제도를 통해 특정물품의 수입을 제한할 수 있게 된다.

5) 무역업의 허가 및 수출입의 승인

일정한 자격이나 요건을 갖춘 자에 대해서 수출입거래를 할 수 있도록 무역업의 허가, 등록, 신고제 등을 실시하는 제도이다. 이 제도는 후진국이나 개발도상국 등 국제무역질서가 아직 확립되지 않은 나라에서 많이 활용되고 있다. 한국의 경우 무역업은 완전 자유화이다.

개별 수출입거래에 대해서도 관계당국으로부터 별도의 승인을 받도록 하여 무역을 관리하는 경우도 있다. 한국의 경우도 수출입물품 등을 제한하거나 특정수출입거래에 대해서는 별도의 인정을 받도록 하고 있다.

6) 수출자율규제(Voluntary Export Restraints: VERs)

수출자율규제는 수입국의 수입제한조치를 미리 방지하기 위해서 수출국 스스로 수출을 자제하는 경우를 말한다. 일부 국가에 대한 특정상품의 수출급증으로 수입제한이 필요하게 되었으나, 관세율 인상이나 수입할당제의 실시가 국제적으로 제한되어 있기 때문에, 수출국이 수입국의 제한조치를 회피하기 위하여 수출하는 상품수량을 자율적으로 제한하는 조치를 말한다.

이는 교역상대국의 입장에서 볼 때 사실상 수입할당제의 실시와 다를 바 없는 수량제한의 효과를 가지며, 수출국의 지도하에 양국 간 내지는 다수국 간의 협정에 의해 실시되고 있다. 그러므로 수출국이 자율적으로 수출을 규제한 것이라고는 볼 수 없으며, 수입국의 요구가 반영된 규제라 할 수 있다.

7) 반덤핑관세(anti-dumping duties)

수출국이 자국의 수출을 증대시키기 위하여 정상가격 이하로 수출함으로써 수입국의 산업이 손해를 입거나 그 우려가 있는 경우, 그 부당염매액을 상쇄하기 위하여 수입국이 정기관세 외에 추가로 부과하는 관세를 말한다.

8) 상계관세(countervailing duties)

많은 국가들이 자국의 수출증대를 위하여 수출산업에 보조금을 지급하고 있는데, 이는 수출보조금이 지급되면 수출산업의 경쟁력이 강화되어 수출이 증대되기 때문이다. 그러나 수출국의 수출증대는 수입국의 수입증가를 의미하며 이에 따라 수입국의 수입경쟁산업이 피해를 입는 경우가 발생한다.

이러한 경우 수입국은 덤핑의 경우와 마찬가지로 먼저 문제의 수입상품이 수출국 내에서 보조금을 지급받았는지의 여부를 조사하여 보조금을 지급받은 것으로 확인되고, 다음으로 그것이 관련 국내산업에 중대한 피해를 주는 요인이 된다고 판단하는 경우, 그 수출보조금에 해당하는 금액만큼의 관세를 부과할 수 있는데, 이때 부과되는 관세를 상계관세라 한다.

9) 수출보조금(export subsidy)

보조금은 일반적으로 일국의 수출소득지원 또는 가격지원 등을 통하여 직 · 간접적으로 자국제품의 수출을 증가시키거나 수입을 감소시킬 목적으로 정부가 지급하는 모든 형태의 지원금을 말한다. 수출보조금은 수출업자에게 금융지원을 해줌으로써 수출가격을 인하시켜 수출을 확대하는 제도이다. 주로 후진국 등에서 많이 실시하고 있지만 이 제도는 자칫하면 불공정거래가 될 수 있다.

이러한 보조금 지급행위는, 첫째 국내소비자 또는 국민의 부담을 통하여 이루어지므로 국민을 희생시키게 되며, 둘째 상대국의 대응조치가 따를 때에 세계무역이 더욱 위축되고 보호무역주의가 더욱 심화될 수 있다.

10) 세이프가드(safeguard: 긴급수입제한조치)

세이프가드는 GATT에 의해 관세양허를 받고 있는 특정상품의 수입증대로 인해여 국내산업이 심각한 피해를 받거나 받을 우려가 있을 경우 해당 국내산업을 보호하기 위하여 취하는 관세 및 비관세 수입제한조치뿐만 아니라 산업조정 및 지원 등 산업정책을 통하여 경쟁력을 강화시키는 제반 무역정책을 말한다.

세이프가드제도는 수입을 일시적으로 제한하여 피해를 입은 국내경쟁산업에 조정기회를 줌으로써 해당 산업의 경쟁력을 향상시키고 자원의 효율적 이동을 촉진시키는 데 의의가 있다. 한국은 현행 WTO세이프가드협정의 모태가 된 우루과이라운드협상의 결과를 이행하기 위해 1994년 12월에 대외무역법을, 그리고 1995년 7월에 이 법의 시행령을 개정하였다.

참고 | 수출자율규제 사례

1973년은 세계에서 처음으로 오일쇼크(oil shock)라는 용어가 등장한 해인데 그동안 전 세계는 무한정 쏟아지는 중동의 오일을 값싸게 이용해 왔다. 특히 미국에서는 자동차 없는 생활은 상상할 수 없는데 당시 값싼 오일 덕분에 미국 국민들이 즐겨 이용했던 자동차는 대형 세단차 위주였다.

오늘날 관심거리인 연비는 당시에는 크게 문제되지 않았다. 왜냐하면 기름값이 너무 저렴했기 때문이다. 이 당시 축소지향적인 나라였던 일본은 기름이 적게 드는 소형 자동차를 미국에 수출했고 서민들만이 주로 소형 자동차를 이용하고 있었다.

그러나 1973년 제1차 오일쇼크가 발생하고 기름값이 천정부지로 올라가자 세계의 경제는 깊은 수렁에 빠지게 되었다. 당연히 미국 국민들은 대형 자동차보다는 도요타, 혼다 등에서 만든 소형 자동차를 선호할 수밖에 없었는데 이때 일본 주요 자동차 메이커들은 스스로 수출자율규제를 만들어 일정수량만 미국으로 수출하게 되었다.

당연히 미국 내에서 일본 소형 자동차의 가격은 상승하고 인지도가 높아지게 되었다. 그 후 일본 자동차 메이커는 몇 년 전 도요타자동차의 브레이크 결함으로 인한 대규모 리콜사태가 있기까지 미국 자동차시장을 석권하게 된 것이다.

3.2 비관세조치

비관세장벽은 관세를 제외한 모든 무역제한조치를 말한다. 교역되는 상품의 수량이나 가격을 변화시켜 잠재적으로 국제교역에 악영향을 준다. 수입허가, 수출통제, 통관, 기술장벽(TBT), 위생 · 검역(SPS), 보조금, 무역구제조치(반덤핑, 상계관세, 세이프가드) 등이 있다.

표 2-3 비관세조치의 종류

<table>
<tr><th>관세/비관세구분</th><th>대분류</th><th>소분류</th></tr>
<tr><td>관세조치</td><td colspan="2">관세(tariff)</td></tr>
<tr><td rowspan="2">비관세조치</td><td>수입규제조치*
(무역구제조치)</td><td>• 반덤핑관세(Anti-dumping Duty: AD)
• 상계관세(Countervailling Duty: CVD)
• 세이프가드(Safe Guard: SG)</td></tr>
<tr><td colspan="2">• 위생 · 검역조치(Sanitary and Phytosanitay Measure: SPS)
• 기술장벽(Technical Barrier to Trade: TBT)
• 통관(제도 및 절차), 수출입통제(수입금지/허가, 수량규제, 가격통제), 정부조달, 투자장벽, 서비스장벽, 지식재산권, 반경쟁조치 등)</td></tr>
</table>

*수입규제조치(무역구제조치)가 대부분 추가관세 부과라는 형태로 취해지고 있지만, 양자 및 다자간 협상을 통해 합의한 양허관세 이외 조치라는 측면에서 '비과세조치'의 범주에 속하는 것으로 볼 수 있으며, 대표적인 보호무역주의 조치이자 비관세장벽의 한 유형이라고 할 수 있다.

자료: KOTRA, 2018.

제 2 절 무역거래자와 수출입물품

1. 무역거래자

무역거래자는 수출 또는 수입을 하는 자, 외국의 수입업자 또는 수출업자의 위임을 받은 자 및 수출 · 수입을 위임하는 자 등 물품의 수출 · 수입행위의 전부 또는 일부를 위임하거나 행하는 자를 말한다. 편의상 무역업자, 무역대리업자 및 기타 무역관계업자로 구분하여 설명하면 다음과 같다.

1.1 무역업자

무역업이란 자신이 무역계약의 주체가 되어서 직접 물품을 수출하거나 수입하는 업종을 뜻한다. 무역업자는 직접 무역업을 수행하는 자인데 한국의 경우 2000년 1월 1일부터 무역업이 자유화되면서, 무역업에 종사하기 위한 제도적 규제는 모두 철폐되었다. 산업통상자원부에서는 무역거래자별 무역업 고유번호를 부여하고 있지만 의무사항은 아니다.

1.2 무역대리업자

무역대리업이란 외국의 무역업자의 대리인(agent) 역할을 수행하는 업종을 뜻하며, 누구의 대리인이냐에 따라 오퍼(offer)상과 구매대리업자(buying agent)로 나누어진다.

1) 오퍼상

외국의 수출업자를 대리하여 국내의 수입업자들에게 물품매도확약서를 발행하고 부수적으로 수입업무(시장정보수집, 수요처개발, 오더협상 및 사후관리 등)를 대행해 주는 무역대리업자를 말한다.

물품매도확약서는 무역대리업자가 매매당사자에게 상품명세, 가격조건 등을 주요 내용으로 하는 매입 또는 매도의사를 문서로 발행한 물품공급에 관한 확약서이다. 물품매도확약서를 통상 '오퍼(offer)'라고 하기 때문에 이런 무역대리업자들을 오퍼상이라 하며, 오퍼상의 공식명칭은 물품매도확약서 발행업자이다.

2) 구매대리업자

외국의 수입업자를 대리하여 국내에서 물품의 구매, 구매알선 또는 이에 부대되는 업무(공급업체개발, 오더협상, 품질검사 및 사후관리 등)를 취급하는 외국기업의 국내대리점 혹은 국내지사를 말한다.

1.3 기타 무역관계업자

1) 중개인(broker)

중개인은 수출업자와 수입업자 간의 무역계약체결을 주선하는 자를 말하며 쌍방으로부터 중개수수료(brokerage)를 받는다.

2) 지급보증대리인(factor: del credere agent)

물품의 판매알선과 함께 수출업자에게 대금지급을 보증하는 중개업자를 말한다. 지급보증대리인은 판매수수료 외에 지급보증에 따른 지급보증수수료(del credere commission)를 받는다. 오늘날의 지급보증대리인은 거래알선보다 신용을 제공하는 금융기능을 주로 수행하고 있다.

3) 컨퍼밍 하우스(confirming house or export house)

수입업자를 대리하여 직접 주문을 하거나 수입업자의 주문을 확인해 주는 영국에서 발달한 일종의 무역보조자를 말한다. 수입업자의 주문을 확인하므로 수출업자에 대해서 대금지급의무를 진다.

4) 연합수출 간사회사(Combined Export Manager firm: CEM)

수출업무를 전담할 수 있는 독립부서가 없을 경우 여러 제조업자들이 공동으로 활용할 수 있는 수출전담부서를 만들 수 있는데 이러한 업무를 수행하는 회사이다.

2. 수출입물품

2.1 수출입물품의 제한

수출입품목관리제도란 말 그대로 품목별로 수출입을 관리하는 제도를 뜻한다. 사업자등록만 하면 누구나 자유롭게 무역을 할 수 있도록 허용하지만 품목에 따라서는 수출입을 제한함으로써 국가경제나 국민을 보호하기 위한 제도이다. 수출입품목관리는 대외무역법에 근거한 수출입공고, 개별법에 의한 제한내용을 통합해서 공고하는 통합공고 및 전략물자수출입고시에 의해 이루어지며 주요 내용은 다음과 같다.

그림 2-2 수출입품목관리제도

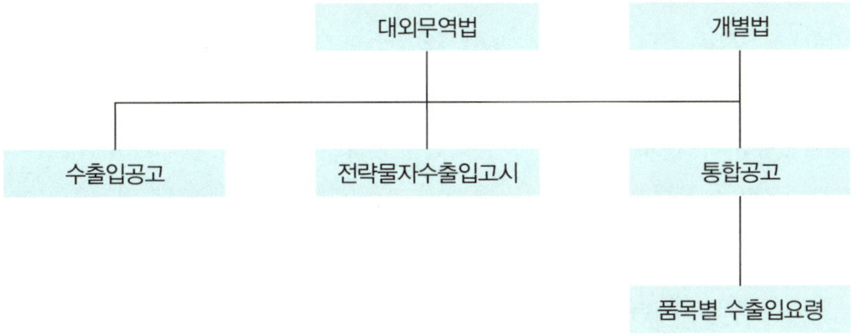

모든 물품은 원칙적으로 아무런 제한 없이 자유롭게 수출입이 이루어지지만 대부분의 국가들은 경제적 · 정치적 · 사회적 목적에 따라 수출입물품의 범위를 제한한다. 한국의 경우 헌법에 의하여 체결 · 공포된 조약과 일반적으로 승인된 국제법규에 의한 의무의 이행, 생물자원의 보호 등을 위하여 필요하다고 인정하는 경우에는 물품 등의 수출 또는 수입을 제한하거나 금지할 수 있다(대외무역법 제14조).

2.2 수출입물품의 품목분류

국제무역에서 상품에 대한 업무처리를 신속히 하고 수출입통계, 관세율 적용 등을 위해 거래물품을 정확하게 분류할 필요가 있다.

똑같은 물품이라 하더라도 그 용도에 따라 적용되는 관세율이 달라지는데, 예를 들어 스쿠버 다이빙을 할 때 착용하는 재킷의 경우 수입 시 일반 의류 재킷으로 판단되면 13%의 관세율이 적용되지만 수상운동용품으로 판단되면 8%가 적용된다(관세청 자료).

관세협력이사회(Customs Cooperation Council: CCC)에서는 기존의 품목분류 기준들을 하나로 통합한 신국제통일상품분류(Harmonized Commodity Description and Coding System)방식을 제정하였고, 이 명칭을 줄여서 HS(Harmonized System: 조화제도)라 한다.

HS는 여러 가지 기준을 통합하여 10단위까지 분류가 가능하여 거의 모든 상품을 분류할 수 있다. HS번호는 6자리까지는 국제적으로 동일하고 7자리부터는 각 나라에서 10자리까지 세분하여 사용할 수 있다. 중국은 8자리, 일본은 9자리의 HS 번호를 사용하고 한국에서는 10자리로 세분하여 사용하며 이를 HSK(HS of Korea)라고 한다.

한국은 1988년 1월 1일부터 상품분류체계로 HS를 채택하고 있으며, 세계 공통의 6단위 분류(HS code)에다 국내의 제반사정을 감안하여 자체 분류 4단위를 합해 모두 10단위로 품목을 분류해 놓고 있는데 이를 관세, 통계통합품목분류표, 혹은 한국통일상품분류(Harmonized System of Korea: HSK)라 한다.

HSK는 2단위(류), 4단위(호), 6단위(소호), 10단위순으로 단계적으로 분류해야 하며, 개별상품의 정확한 HSK코드를 확인하기 위해서는 해당 물품의 재질, 구조 및 작동원리, 기능 및 용도를 정확하게 이해해야 한다.

HSK코드는 관세청 및 한국무역협회 사이트에서 확인할 수 있으며, 자체적으로 취급품목의 정확한 HSK코드를 확인하기가 어려울 경우에는 관세청에 품목분류 사전심사를 신청할 수 있다. HSK는 재정경제부 고시로 공포 · 시행되며, 관세율표, 수출입공고, 통합공고, 무역통계 작성 등에 활용되고 있다.

참고 | HS코드의 구조: 0102.90 – 1000(10단위 HSK)

- 01: 류(chapter) → 산 동물이 분류되는 類로서 앞 2자리를 말함.
- 0102: 호(heading) → 소(牛)가 분류되는 호(號)로서 앞 4자리를 말함.
- 0102.90: 소호(subheading) → 기타의 소가 분류되는 소호(小號)로서 앞 5~6자리를 말함.
- 0102.90 – 1000: '젖소'가 분류되는 10자리 코드임. 7단위 이하는 6단위에서 정하는 범위 내에서 각국이 이를 세분하여 사용할 수 있음. 우리나라는 마지막 4자리를 세분하여 10단위로 사용하고 있음.

표 2-4 KHS코드에 의한 한국 품목분류

부(section: 대분류)	류(chapter: 중분류)
1부: 산 동물 및 동물성 생산품	01류 산 동물
	02류 육과 식용설육
	03류 어패류
	04류 낙농품 · 조란 · 천연꿀
	05류 기타 동물성 생산품
2부: 식물성 생산품	06류 산 수목 · 꽃
	07류 채소
	08류 과실 · 견과류
	09류 커피 · 차 · 향신료
	10류 곡물
	11류 곡물의 분과 조분 · 밀가루 · 전분
	12류 채유용 종자 · 인삼
	13류 식물성 엑스
	14류 기타 식물성 생산품
3부: 동식물성 유지 및 이들의 분해 생산물, 조제식용지와 동식물성의 납	15류 동식물성 유지
4부: 조제식료품과 음료 · 알코올 · 식초 및 담배와 제조한 담배대용물	16류 육 · 어류 조제품
	17류 당류 · 설탕과자
	18류 코코아 · 초콜릿
	19류 곡물, 곡분의 조제품과 빵류
	20류 채소 · 과실의 조제품

	21류 기타의 조제식료품
	22류 음료, 주류, 식초
	23류 조제사료
	24류 담배
5부: 광물성 생산품	25류 토석류 · 소금
	26류 광, 슬랙, 회
	27류 광물성 연료, 에너지
6부: 화학공업 또는 연관공업의 생산품	28류 무기화합물
	29류 유기화합물
	30류 의료용품
	31류 비교
	32류 염료, 안료, 페인트잉크
	33류 향료 · 화장품
	34류 비누, 계면활성제 · 왁스
	35류 카세인 · 알부민 · 변성전분 · 효소
	36류 화학류 · 성냥
	37류 필름인화지, 사진용 재료
	38류 각종 화학공업생산품
7부: 플라스틱과 그 제품 및 고무와 그 제품	39류 플라스틱과 그 제품
	40류 고무와 그 제품
8부: 원피 · 가죽 · 모피 이들의 제품 · 마구 · 여행용구 · 핸드백 및 이와 유사한 용기와 동물거트(누에의 거트를 제외한다)의 제품	41류 원피 · 가죽
	42류 가죽제품
	43류 모피, 모피제품
9부: 목재와 제품, 목탄, 코르크와 그 제품, 짚 · 에스파르토 또는 기타 조물재료의 제품, 농세공물 및 지조세공물	44류 목재 · 목탄
	45류 코르크 · 짚
	46류 조물재료의 제품
10부: 목재 또는 기타 섬유질 셀룰로스재료의 펄프, 회수한 지 또는 판지(웨이스트와 스크랩), 지와 판지 및 이들의 제품)	47류 펄프
	48류 지와 판지
	49류 서적 · 신문 인쇄물

11부: 방직용 섬유와 방직용 섬유의 제품	50류 견 · 견사 · 견직물
	51류 양모 · 수모
	52류 면 · 면사 · 면직물
	53류 마류의 사와 직물
	54류 인조필라멘트섬유
	55류 인조스테이플섬유
	56류 워딩 · 부직포
	57류 양탄자
	58류 특수직물
	59류 침투, 도포한 직물
	60류 편물
	61류 의류(편물제)
	62류 의류(편물제 이외)
	63류 기타 섬유제품 · 넝마
12부: 신발류 · 모자류 · 산류 · 지팡이 · 시트스틱 · 채찍 및 이들의 부분품, 조제우모와 그 제품, 조화, 인모제품	64류 신발류
	65류 모자류
	66류 우산 · 지팡이
	67류 조제우모 · 인조제품
13부: 석 · 플라스틱 · 시멘트 · 석면 · 운모 또는 이와 유사한 재료의 제품, 도자제품, 유리와 유리제품	68류 석, 시멘트, 석면제품
	69류 도자제품
	70류 유리
14부: 천연 또는 양식진주 · 귀석 또는 반귀석 · 귀금속 · 귀금속을 입힌 금속 및 이들의 제품, 모조신변 장식용품과 주화	71류 귀석, 반귀석, 귀금속
15부: 비금속과 그 제품	72류 철강
	73류 철강제품
	74류 동과 그 제품
	75류 니켈과 그 제품
	76류 알루미늄과 그 제품
	78류 연과 그 제품
	79류 아연과 그 제품
	80류 주석과 그 제품

	81류 기타의 비금속
	82류 비금속제공구, 스푼 · 포크
	83류 각종 비금속제품
16부: 기계류와 전기기기 및 이들의 부분품, 녹음기와 음성재생기 · 텔레비전의 영상 및 음향의 기록기와 재생기 및 이들의 부분품과 부속품	84류 보일러 · 기계류
	85류 전기기기 · TV · VTR
17부: 차량 · 항공기 · 선박과 수송기기 관련품	86류 철도차량
	87류 일반차량
	88류 항공기
	89류 선박
18부: 광학기기 · 사전용 기기 · 영화용 기기 · 측정기기 · 검사기기 · 정밀기기와 의료용 기기, 시계와 악기 및 이들의 부분품과 부속품	90류 광학 · 의료 · 측정 · 검사 · 정밀기기
	91류 시계
	92류 악기
19부: 무기 · 총포탄 및 이들의 부분품과 부속품	93류 무기
20부: 잡품	94류 가구류 · 조명기구
	95류 완구 · 운동용구
	96류 잡품
21부: 예술품 · 수집품과 골동품	97류 예술품 · 골동품

자료: 관세청

2.3 수출입공고

수출입공고는 개별적인 수출 또는 수입물품에 대하여 수출 · 수입이 제한되는지의 여부와 이에 따른 추천 또는 확인사항 등을 산업통상자원부 장관이 종합적으로 정리하여 공고하는 것을 말한다. 한국은 'Negative List System'에 의해서 품목별로 수출입을 관리한다.

'Negative List System'이란 수출입제한품목을 공고하고 여기에 포함되지 않는 나머지 모든 품목에 대해서는 자유로운 수출입을 허용하는 제도를 뜻한다. 수출입제한품목은 추천, 인증, 허가, 형식승인, 신고 등 일정한 요건을 갖춘 경우에만 수출입이 가능하다.

'Negative List System'의 반대말은 'Positive List System'으로서 자유롭게 수출입을 할 수 있는 아이템을 공고하고 나머지 모든 품목을 수출입할 때는 허가를 받도록 하는 제도를 뜻한다. 한국에서는 1967년부터 Negative List System을 채택하고 있다.

수출입공고에는 수출금지품목, 수출제한품목 및 수입제한품목이 게기되는데 수출입제한품목을 수출입하려면 동 공고상의 품목별 수출입요령에 따라 수출입승인을 받아야 한다.

표 2-5 수출입공고 [별표 1] 수출금지품목

HS		품목	수출요령
0208		기타의 육과 식용설육(신선·냉장 또는 냉동한 것에 한한다)	
	40	고래, 돌고래류(고래목의 포유동물) 및 바다소(바다소목의 포유동물)의 것	다음의 것은 수출할 수 없음. ① 고래고기
0210		육과 식용설육(염장·염수장·건조 또는 훈제한 것에 한한다) 및 육 또는 설육의 식용의 분과 조분	
	9	기타(육 또는 설육의 분과 조분을 포함한다)	
	92	고래, 돌고래류(고래목의 포유동물) 및 바다소(바다소목의 포유동물)의 것	다음의 것은 수출할 수 없음. ① 고래고기
2516		화강암·반암·현무암·사암과 기타 석비용 또는 건축용의 암석	
	1	화강암	
	11	조상의 것 또는 거칠게 다듬은 것	다음의 것은 수출할 수 없음. ① 자연석 (11, 12, 20)
	12	톱질 또는 기타의 방법으로 단순히 절단하여 직사각형(정사각형을 포함한다) 모양의 블록상 또는 슬랩상으로 한 것	
	20	사암	
4301		생모피(모피사용에 적합한 머리부분·꼬리부분·발부분 및 기타 조각 또는 절단품을 포함하며, 제4101호, 제4102호 또는 제4103호에 해당하는 원피를 제외한다)	
	80	기타의 모피(전신의 것에 한하며 머리부분·꼬리부분·발부분의 유무를 불문한다)	다음의 것은 수출할 수 없음. ① 개의 생모피 (80, 90)
	90	머리부분·꼬리부분·발부분 및 기타의 조각 또는 절단품으로서 모피제품으로 사용에 적합한 것	

4302	모피(유연처리 또는 완성가공한 것으로서 머리부분 · 꼬리부분 · 발부분 및 기타 조각 또는 절단품을 포함하고 조합하지 아니한 것 또는 기타 재료를 가하지 않고 조합한 것에 한하며, 제4303호의 물품은 제외한다)	
1	전신모피(조합하지 아니한 것에 한하며 머리부분 · 꼬리부분 · 발부분의 유무를 불문한다)	
19	기타	다음의 것은 수출할 수 없음. ① 개의 모피
20	머리부분 · 꼬리부분 · 발부분 및 기타 조각 또는 절단품(조합하지 아니한 것에 한한다)	
30	전신모피 및 그 조각 또는 절단품(조합한 것에 한한다)	
4303	모피의류 · 의류의 부속품 및 기타 모피제품	
90	기타	다음의 것은 수출할 수 없음. ① 개의 모피제품

표 2-6 수출입공고 [별표 2] 수출제한품목

HS	품목	수출요령
2505	천연모래(착색된 것인지의 여부를 불문하며, 제26류의 금속을 함유하는 모래를 제외한다)	
10	규사	다음의 것은 한국골재협회의 승인을 받아 수출할 수 있음. ① 규산분(SiO_2)이 90% 이하의 것
90	기타	
2517	자갈 · 왕자갈 · 쇄석(콘크리트용 · 도로포장용 · 철도용 또는 기타 밸러스트용에 일반적으로 사용되는 것에 한한다). 싱글과 플린트(열처리한 것인지의 여부를 불문한다), 슬랙 · 드로스 또는 이와 유사한 산업폐기물의 매카담(이 호의 앞부분에 열거한 물품들과 혼합한 것인지의 여부를 불문한다), 타르매카담 및 제2515호 또는 제2516호의 암석을 입상 · 파편상 · 분상으로 한 것(열처리한 것인지의 여부를 불문한다.	
10	자갈 · 왕자갈 · 쇄석 · 싱글과 플린트	1. 다음의 것은 승인 없이 수출할 수 있음. ① 구석, 싱글과 플린트 2. 기타의 것은 한국골재협회의 승인을 받아 수출할 수 있음.
41	대리석의 것	

표 2-7 수출입공고 [별표 3] 수입제한품목

HS	품목	수입요령
3920.99.1000	플라스틱제의 기타 판, 시트, 필름, 박 또는 스트립(셀룰라가 아닌 것으로서 기타 재료로 보강, 적층, 지지 또는 이와 유사하게 결합되지 아니한 것) 중 항공기용의 것	한국항공우주산업진흥협회의 승인을 받아 수입할 수 있음.
4011.30.0000	고무제의 공기타이어(신품) 중 항공기용의 것	
4012.13.0000	고무제의 공기타이어(재생품) 중 항공기용의 것	
4012.20.1000	고무제의 공기타이어(중고품) 중 항공기용의 것	
4012.90.1040	고무제의 공기타이어 플랩 중 항공기용의 것	
4013.90.1000	고무제의 인너튜브 중 항공기용의 것	
4016.99.1010	가황고무제품(경질고무제품 제외) 중 기구, 비행선, 비행기계류, 그라인더, 연, 로토슈트의 부품	
7007.11.1000	강화안전유리 중 차량, 항공기, 우주선 또는 선박에 사용하기 적합한 크기 및 모양의 것(두께 8㎜ 이하)	
7007.11.2000	강화안전유리 중 차량, 항공기, 우주선 또는 선박에 사용하기 적합한 크기 및 모양의 것(두께 8㎜ 초과)	
7007.21.1000	합판안전유리 중 차량, 항공기, 우주선 또는 선박에 사용하기 적합한 크기 및 모양의 것(두께 12㎜ 이하)	
7007.21.2000	합판안전유리 중 차량, 항공기, 우주선 또는 선박에 사용하기 적합한 크기 및 모양의 것(두께 12㎜ 초과)	
8407.10.0000	불꽃점화식의 왕복식 또는 로터리식의 피스톤식 내연기관 중 항공기용의 것	
8409.10.0000	불꽃점화식의 왕복식 또는 로터리식의 피스톤식 내연기관 부분품 중 항공기용의 것	
8411.11.1000	터보제트엔진(추진력 25kn 이하) 중 항공기용의 것	
8411.12.1000	터보제트엔진(추진력 25kn 초과) 중 항공기용의 것	
8411.21.1000	터보프로펠러엔진(출력 1,100kw 이하) 중 항공기용의 것	
8411.22.1000	터보프로펠러엔진(출력 1,100kw 초과) 중 항공기용의 것	
8411.81.1000	가스터빈엔진(출력 5,000kw 이하) 중 항공기용의 것	
8411.91.1000	가스터빈엔진(출력 5,000kw 초과) 중 항공기용의 것	
8411.99.1000	터보제트 또는 터보프로펠러엔진의 부분품 중 항공기용의 것	
8412.10.1010	램제트 및 펄스제트엔진	
8412.10.1090	기타 반동엔진 중 항공기용의 것	

8412.90.1010	램제트 및 펄스제트엔진 부분품	한국항공우주산업진흥협회의 승인을 받아 수입할 수 있음.
8412.90.1090	기타 반동엔진 부분품 중 항공기용의 것	
8413.30.1000	연료, 윤활유 급유용 또는 냉각냉매용의 펌프(피스톤식 내연기관용의 것에 한함) 중 항공기용의 것	
8414.10.1000	진공펌프 중 항공기용의 것	
8414.51.1000	팬 중 항공기용의 것	
8802.20.9000	자중 2,000kg 이하의 기타 항공기	
8802.30.1000	자중 2,000kg 초과 15,000kg 이하 프로펠러식 항공기	
8802.30.2000	자중 2,000kg 초과 15,000kg 이하 터보프로펠러식 항공기	
8802.30.3000	자중 2,000kg 초과 15,000kg 이하 터보제트식 항공기	
8802.30.9000	자중 2,000kg 초과 15,000kg 이하 기타 항공기	
8802.40.1000	자중 15,000kg 초과 프로펠러식 항공기	
8802.40.2000	자중 15,000kg 초과 터보프로펠러식 항공기	
8802.40.3000	자중 15,000kg 초과 터보제트식 항공기	
8802.40.9000	자중 15,000kg 초과 기타 항공기	
8802.60.1010	인공위성	
8802.60.1090	기타 우주선	
8802.60.2000	우주선 운반로켓	
8802.60.3000	서보비털	
8803.10.0000	프로펠러와 로터 및 이들의 부분품	
8803.20.0000	기체지지부와 그 부분품	
8803.30.1000	기타 부분품 중 비행기용의 것	
8803.30.2000	기타 부분품 중 헬리콥터용의 것	
8803.90.1000	글라이더, 행글라이더용의 부분품	
8803.90.2000	우주선(인공위성 포함)용의 부분품	
8803.90.9000	기타 항공기의 부분품	
8804.00.1000	낙하산(조종가능한 낙하산 및 패러글라이더 포함)	
8804.00.2000	로토슈트	
8804.00.9010	낙하산의 부분품	
8804.00.9020	로토슈트의 부분품	
8805.10.1010	군경용 항공기 발진장치	
8805.10.1090	기타 항공기 발진장치	

8805.10.2010	군경용 갑판착륙장치 또는 유사장치	한국항공우주산업진흥협회의 승인을 받아 수입할 수 있음.
8805.10.2090	기타 갑판착륙장치 또는 유사장치	
8805.10.9010	군경용 발진장치 및 착륙장치의 부분품	
8805.10.9090	기타 발진장치 및 착륙장치의 부분품	
8805.21.1010	군경용 모의 공중전장치	
8805.21.1090	기타용 모의 공중전장치	
8805.21.2010	군경용 모의 공중전장치 부분품	
8805.21.2090	기타용 모의 공중전장치 부분품	
8805.29.1010	군경용 지상비행훈련장치	
8805.29.1090	기타용 지상비행훈련장치	
8805.29.2010	군경용 지상비행훈련장치 부분품	
8805.29.2090	기타용 지상비행훈련장치 부분품	
9014.10.1010	자이로식 방향탐지용 콤파스 중 항공기용의 것	
9014.10.2010	자기식 방향탐지용 콤파스 중 항공기용의 것	
9014.20.0000	항공용 또는 우주항행용 기기(콤파스 제외)	
9014.90.1000	방향탐지용 콤파스와 기타 항행용 기기 부분품과 부속품 중 항공기용의 것	
8414.59.1000	기타 팬 중 항공기용의 것	
8414.60.1000	후드 중 항공기용의 것	
8414.80.9110	기체펌프 중 항공기용의 것	
8421.23.2000	내연기관용 유류여과기 중 항공기용의 것	
8421.29.4000	기타 여과기 중 항공기용의 것	
8421.31.2000	내연기관용 공기여과기 중 항공기용의 것	
8421.39.9030	기타 기기 중 항공기용의 것	
8466.20.1000	가공용 홀더 중 항공기용의 것	
8483.10.1000	전동축과 크랭크 중 항공기용의 것	
8483.20.1000	베어링 하우징(볼베어링, 롤러베어링을 갖춘 것) 중 항공기용의 것	
8483.30.1000	베어링 하우징(볼베어링, 롤러베어링을 갖추지 않은 것)과 플레인샤프트베어링 중 항공기용의 것	
8483.40.1010	항공기용 롤러스크류	
8483.40.1090	항공기용 롤러스크류 외 기타 부품	
8483.50.1000	플라이휠과 풀리 중 항공기용의 것	

8483.60.1000	클러치와 샤프트커플링 중 항공기용의 것	한국항공우주산업진흥협회의 승인을 받아 수입할 수 있음.
8483.90.1000	날이 붙은 휠, 체인스프로켓, 기타 전동용 엘리먼트 및 부분품 중 항공기용의 것	
8511.10.1000	점화플러그 중 항공기용의 것	
8511.20.1000	점화용 자석발전기, 직류자석발전기와 마그네틱 플라이휠 중 항공기용의 것	
8511.30.1000	배전기와 점화코일 중 항공기용의 것	
8511.40.1000	시동전동기와 겸용의 시동발전기 중 항공기용의 것	
8511.50.1000	기타 발전기 중 항공기용의 것	
8511.80.1000	기타 내연기기 중 항공기용의 것	
8511.90.1000	기타 내연기기 부분품 중 항공기용의 것	
8526.10.1000	레이더기기 중 항공기용의 것	
8526.91.1010	항행용 무선기기 중 항공기용의 것	
8526.91.2010	초단파 수신기 중 항공기용의 것	
8526.91.3010	무선방향탐지기 중 항공기용의 것	
8526.91.9010	기타 무선기기 중 항공기용의 것	
8544.30.0000	점화용 와이어링 세트와 기타 와이어링 세트 중 항공기용의 것	
8801.00.1010	글라이더	
8801.00.1020	행글라이더	
8801.00.9010	기구와 비행선	
8801.00.9090	기타 무동력 항공기	
8802.11.1000	자중 2,000kg 이하의 군용 헬리콥터	
8802.11.9000	자중 2,000kg 이하의 기타 헬리콥터	
8802.12.1000	자중 2,000kg을 초과하는 군용 헬리콥터	
8802.12.9000	자중 2,000kg을 초과하는 기타 헬리콥터	
8802.20.1000	자중 2,000kg 이하의 프로펠러식 항공기	
8802.20.2000	자중 2,000kg 이하의 터보프로펠러식 항공기	
8802.20.3000	자중 2,000kg 이하의 터보제트식 항공기	
9032.10.1020	가변식 온도 자동조정용 기기 중 항공기용의 것	
9032.81.1010	액면자동조절기 중 항공기용의 것	
9032.81.2010	유량자동조절기 중 항공기용의 것	
9032.81.9010	기타 조절기 중 항공기용의 것	

9032.89.2010	전압자동조정기 중 항공기용의 것	한국항공우주산업진흥협회의 승인을 받아 수입할 수 있음.
9032.89.3010	기타 전기적량의 자동조정기 중 항공기용의 것	
9032.89.9010	기타 자동조정기 중 항공기용의 것	
9032.90.1000	자동조정기 부분품과 부속품 중 항공기용의 것	
9401.10.0000	항공기용의 의자	

2.4 통합공고

국민보건 및 위생, 국가안전보장, 안정성기준, 환경보호 등과 관련한 개별법상의 목적을 위하여 수입자격의 제한, 수입추천, 사전허가, 검사, 국내판매제한 등이 필요할 경우가 있다. 예를 들어, 향정신성 의약품 품목은 보건복지부 장관의 허가를 받아야 하고, 총포 · 도검 · 화약류 중에서 군용에 쓰는 물자는 국방부 장관의 허가를 받아야 수출입이 가능하다.

산업통상자원부 장관은 이러한 개별법에 의해 추가로 요구되는 절차에 대해서 통합공고를 통해 통관절차를 일괄적으로 고시한다. 관련부처는 필요한 사항 등을 규정하여 관련자료를 산업통상자원부 장관에게 통보하여야 한다. 현재 약사법 등 54개 관련법규 중 수출입과 관련된 부문이 통합고시되고 있다. 이를 통해 수입제도의 투명성을 제고하고, 통관절차를 간소화하는 노력을 기울이고 있다.

통합공고는 식품위생법, 약사법, 화장품법, 전기용품안전관리법, 자연환경보호법 등과 같은 개별법에 의한 품목별 수출입제한내용을 통합하여 공고하는 것으로서, 수출입공고가 경제정책목표의 달성을 위한 공고인 데 반해서, 통합공고는 국민보건 및 안전, 사회질서유지, 문화재보호, 환경보호 등과 같이 경제 외적 목표를 달성하기 위한 공고이다. 동일한 품목의 수출입에 대하여 수출입공고와 통합공고가 서로 다른 제한을 하고 있다면 두 가지 제한 모두의 적용을 받는다.

통합공고는 품목별로 수출입공고와 개별법의 내용을 정리해 놓은 수출입요령이 [별표]에 기재되어 있다. 그러므로 수출입회사는 취급할 품목이 정해지면 해당 품목의 품목별 수출입요령에서 수출입의 제한 여부를 확인해야 한다. 품목별 수출입요령은 한국무역협회 웹사이트에서 확인할 수 있다.

표 2-8 수출입관련 개별법

1. 약사법
2. 마약류관리에 관한 법률
3. 화장품법
4. 식품위생법
5. 검역법
6. 유해화학물질관리법
7. 양곡관리법
8. 비료관리법
9. 농약관리법
10. 가축전염병예방법
11. 식물방역법
12. 종자산업법
13. 축산법
14. 품질경영 및 공산품안전관리법
15. 전기용품안전관리법
16. 계량에 관한 법률
17. 석유 및 석유대체연료사업법
18. 원자력안전법
19. 전파법
20. 전기통신기본법
21. 야생생물보호 및 관리에 관한 법률
22. 폐기물의 국가 간 이동 및 그 처리에 관한 법률
23. 대기환경보전법
24. 소음 · 진동관리법
25. 자동차관리법
26. 산업안전보건법
27. 오존층보호를 위한 특정물질의 제조규정 등에 관한 법률
28. 건설기계관리법
29. 먹는물관리법
30. 자원의 절약과 재활용촉진에 관한 법률
31. 화학무기 · 생물무기의 금지와 특정화학물질 · 생물작용제 등의 제조 · 수출입규제 등에 관한 법률
32. 축산물위생관리법
33. 건강기능식품에 관한 법률
34. 농수산물품질관리법
35. 방위사업법
36. 〈삭제〉 〈2013.7.3〉
37. 수산업법
38. 고압가스안전관리법
39. 영화 및 비디오물의 진흥에 관한 법률
40. 게임산업진흥에 관한 법률
41. 음악산업진흥에 관한 법률
42. 하수도법
43. 주세법
44. 지방세법
45. 총포 · 도검 · 화약류 등 단속법
46. 출판 및 인쇄진흥법
47. 의료기기법
48. 인체조직안전 및 관리 등에 관한 법률
49. 지상파 텔레비전 방송의 디지털전환과 디지털방송의 활성화에 관한 특별법
50. 수산생물질병관리법
51. 사료관리법
52. 생물다양성 보전 및 이용에 관한 법률
53. 폐기물관리법
54. 전기 · 전자제품 및 자동차의 자원순환에 관한 법률
55. 액화석유의 안전관리 및 사업법
56. 목재의 지속가능한 이용에 관한 법률
57. 농수산생명자원의 보존 · 관리 및 이용에 관한 법률
58. 기타 특정물품의 수출입절차 또는 요령을 정한 법률 및 국제협약

2.5 전략물자의 수출입

1) 전략물자의 확인

전략물자는 무기류뿐만 아니라 일상생활이나 산업현장에서 흔히 볼 수 있는 품목도 포함될 수 있으며, 소재, 생화학, 기계, 전기전자, 항공우주해양, 원자력관련 물품 및 기술을 포함한다. 전 세계적으로 이의 유통을 엄격히 제한하고 있다.

다자간 국제수출통제체제의 원칙에 따라 국제평화 및 안전유지와 국가안보를 위하여 수출허가 등 제한이 필요한 물품 · 기술 등으로 세부품목은 산업통상자원부 '전략물자 · 기술 수출입통합고시'로 지정 · 고시되고 있다.

모든 제조업자, 수출업자, 수입업자 및 중개업자들로 하여금 의무적으로 전략물자의 확인, 수출허가, 신고, 중개허가 등을 받도록 하고 있다. 제조업자나 무역거래자는 전략물자관리시스템(www.yestrade.go.kr)을 통해서 거래물품 등이 전략물자에 해당되는지 여부를 판단 · 확인해야 한다.

2) 전략물자의 수출허가

전략물자를 수출할 경우 수출업자는 매 수출 시마다 사전에 산업통상자원부 장관이나 관계행정기관의 장의 허가를 받아야 한다(대외무역법 제19조).

3) 전략물자의 신고 및 통보의무

전략물자의 제조업자나 수입업자는 전략물자를 제조하거나 수입하는 경우 출고일 또는 수입신고의 수리일로부터 30일 이내에 대통령령으로 정하는 바에 따라 관계행정기관의 장에게 신고하여야 한다.

또한 전략물자가 아니더라도 수출품의 최종용도 및 최종사용자가 대량파괴무기 등의 제조, 개발, 사용 또는 보관에 연루될 것을 인지하거나 의심될 경우에는 상황허가를 받아야 한다.

2.6 플랜트 수출

단순한 물품의 수출뿐만 아니라 물품인 기계, 설비, 장치 등과 이들을 설치해서 가동시킬 수 있는 설계, 시공, 기술 등이 결합된 복합적인 수출을 말한다. 농업·임업·어업·광업·제조업, 전기·가스·수도사업, 운송·창고업 및 방송·통신업을 경영하기 위하여 설치하는 기재·장치 등 산업통상자원부 장관이 정하는 일정규모 이상의 산업설비의 수출을 플랜트 수출이라고 한다.

[양식 2-1]

무역업 고유번호 신청서

Application for Trade Business Code

처리기간(Handling Time) 즉시(Immediately)

① 상호 (Name of Company)		② 무역업 고유번호 (Trade Business Code)	
③ 주소 (Address)			
④ 전화번호 (Phone Number)		⑤ 이메일주소 (e-mail Address)	
팩스번호 (Fax Number)		⑥ 사업자등록번호 (Business Registry Number)	
⑦ 대표자 성명 (Name of Rep.)			

「대외무역법 시행령」 제21조 제1항 및 대외무역관리규정 제24조에 따라 무역업 고유번호를 위와 같이 신청합니다.

I hereby apply for the above-mentioned trade business code in accordance with Article 24 of the Foreign Trade Management Regulation.

신청일: 년 월 일
Date of Application Year Month Day

신청인: (서명)
Applicant Signature

사단법인 한국무역협회 회장
Chairman of Korea International Trade Association

유의사항: 상호, 대표자, 주소, 전화번호 등 변동사항이 발생하는 경우 변동일로부터 20일 이내에 통보하거나 무역업 데이터베이스에 수정입력하여야 함.

[양식 2-2]

수출승인(신청)서
Export License(Application)

처리기간: 1일
Handling Time: 1Day

<table>
<tr><td colspan="2">① 수출자 (Exporter) 무역업 고유번호 (Notification No.) 671110
상호, 주소, 성명
(Name of Firm, Address, Name of Rep.)
(주) 길동무역
서울 강남구 삼성동 159-1 (서명 또는 인)
대표이사 홍길동 (Signature)</td><td colspan="3">④ 구매자 또는 계약당사자
(Buyer or Principal of Contract)
ABC Corporation
3166, Lincoln Ave, Suite 217 Chicago Ill 60657, U.S.A

⑤ 신용장 또는 계약서번호
(L/C or Contract No.)</td></tr>
<tr><td colspan="2">② 위탁자 (Requester) 사업자등록번호 (Business No.)
상호, 주소, 성명
(Name of Firm, Address, Name of Rep.)
(서명 또는 인)
(Signature)</td><td colspan="3">⑥ 금액(Total Amount)
US$ 10,000

⑦ 결제기간(Period of Payment)
At Sight

⑧ 가격조건(Terms of Price)
FOB Busan</td></tr>
<tr><td colspan="2">③ 원산지(Origin)
R.O.K</td><td colspan="3">⑨ 도착항(Port of Arrival)
Chicago</td></tr>
<tr><td>⑩ HS부호
(HS Code)</td><td>⑪ 품명 및 규격
(Description/Size)</td><td>⑫ 단위 및 수량
(Unit/Quantity)</td><td>⑬ 단가
(Unit Price)</td><td>⑭ 금액
(Amount)</td></tr>
<tr><td>6704.11.0000</td><td>Synthetic Hairgoods
1) Style: 9181; WT: 16GR
2) Style: 9182; WT: 20GR
Total</td><td>
3,050PCS
4,000PCS
7,050PCS</td><td>
$2.85
$3.01
</td><td>
8,692.5
12,040.0
20,732.5</td></tr>
<tr><td colspan="5">⑮ 승인기관기재란(Remarks to be filled out by an Approval Agency)</td></tr>
<tr><td colspan="5">⑯ 유효기간(Period of Approval)</td></tr>
<tr><td colspan="5">⑰ 승인번호(Approval No.)</td></tr>
<tr><td colspan="5">⑱ 승인기관 관리번호(No. of Approval Agency)</td></tr>
<tr><td colspan="5">⑲ 위의 신청사항을 대외무역법 제14조 제2항 및 동법 시행령 제26조 제1항의 규정에 의하여 승인합니다.
[The undersigned hereby approves the above-mentioned goods in accordance with Article 14(2) of the Foreign Trade Act and Article 26(1) of the Enforcement Decree of the said Act]
년 월 일
승인권자 (인)</td></tr>
<tr><td colspan="5">※ 승인기관이 2 이상인 경우 ⑮~⑱의 기재사항은 이면에 기재하도록 합니다.
※ 이 서식에 의한 승인과는 별도로 대금결제에 관한 사항에 대하여는 외국환거래법령이 정하는 바에 따라야 합니다.</td></tr>
</table>

2812-281-01611민 210㎜×297㎜
1998.1.12. 승인 일반용지 60g/㎡

[양식 2-3]

수입승인(신청)서
Import License(Application)

처리기간: 1일 Handling Time: 1Day

<table>
<tr><td colspan="2">① 수입자 (Importer) 무역업 고유번호 (Notification No.) 671110
상호, 주소, 성명
(Name of Firm, Address, Name of Rep.)
(주) 길동무역
서울 강남구 삼성동 159-1 (서명 또는 인)
대표이사 홍길동 (Signature)</td><td colspan="3">⑤ 송화인
(Consignor)
상호, 주소, 성명
(Name of Firm, Address, Name of Rep.)
Smith & Jones Inc.,
1070, Park AVE., N.Y., N.Y., 10060
U.S.A</td></tr>
<tr><td colspan="2" rowspan="3">② 위탁자 (Requester) 사업자등록번호 (Business No.)
상호, 주소, 성명
(Name of Firm, Address, Name of Rep.)
(서명 또는 인)
(Signature)</td><td colspan="3">⑥ 금액(Total Amount)
US$ 20,000</td></tr>
<tr><td colspan="3">⑦ 결제기간(Period of Payment)
At Sight</td></tr>
<tr><td colspan="3">⑧ 가격조건(Terms of Price)
CIF Busan</td></tr>
<tr><td colspan="2">③ 원산지(Origin)
U.S.A.</td><td colspan="3">④ 선적항(Port of Loading)
L.A.port</td></tr>
<tr><td>⑨ HS부호
(HS Code)</td><td>⑩ 품명 및 규격
(Description/Size)</td><td>⑪ 단위 및 수량
(Unit/Quantity)</td><td>⑫ 단가
(Unit Price)</td><td>⑬ 금액
(Amount)</td></tr>
<tr><td>4301200000</td><td>Raw Rabbit Fur Skin
Total</td><td>20PCS
20PCS</td><td>US$ 100
US$ 100</td><td>US$ 20,000
US$ 20,000</td></tr>
<tr><td colspan="5">⑭ 승인기관기재란(Remarks to be filled out by an Approval Agency)</td></tr>
<tr><td colspan="5">⑮ 유효기간(Period of Approval)</td></tr>
<tr><td colspan="5">⑯ 승인번호(Approval No.)</td></tr>
<tr><td colspan="5">⑰ 승인기관 관리번호(No. of Approval Agency)</td></tr>
<tr><td colspan="5">⑱ 위의 신청사항을 대외무역법 제14조 제2항 및 동법 시행령 제26조 제1항의 규정에 의하여 승인합니다.
[The undersigned hereby approves the above-mentioned goods in accordance with Article 14(2) of the Foreign Trade Act and Article 26(1) of the Enforcement Decree of the said Act]
년 월 일
승인권자 (인)</td></tr>
<tr><td colspan="5">※ 승인기관이 2 이상인 경우 ⑭~⑰의 기재사항은 이면에 기재하도록 합니다.
※ 이 서식에 의한 승인과는 별도로 대금결제에 관한 사항에 대하여는 외국환거래법령이 정하는 바에 따라야 합니다.</td></tr>
</table>

2812-281-01711민 210㎜×297㎜
1998.1.12. 승인 일반용지 60g/㎡

Chapter

03

해외시장조사

제1절 해외시장조사
제2절 신용조사
제3절 수출마케팅
제4절 수입마케팅

제1절 해외시장조사

1. 해외시장조사의 의의

무역거래절차의 최초단계로서 계약체결을 위한 시장조사가 필요하다. 외국과 무역거래를 할 때 비용과 위험을 최소화하고 그 성과를 극대화하기 위해서는 사전에 신속하고 정확한 해외시장조사가 필수적인 전제조건이다. 개별 국가시장의 투자환경 및 상품시장의 기회를 파악하고 각 해외시장 간의 유사점과 차이점을 비교 · 분석하여 진출하고자 하는 목표시장의 수요를 포함한 전반적인 시장기회를 파악해야 한다.

해외시장조사(overseas market research)는 일반적으로 상품조사연구, 판로조사연구, 소비자조사분석 등을 함으로써 해외시장진출을 위한 타당성을 조사(feasibility study)하는 것이 목적이다. 해외시장조사의 결과 해당 시장의 진출이 영업상 유망하다는 결론에 이르면 거래대상자의 물색 등 거래관계개설을 위한 여러 가지 절차가 진행된다.

2. 해외시장조사의 방법

해외시장조사는 방문이나 현장조사 등을 통하여 필요한 정보를 입수하는 직접조사방법과 한국무역협회, 경제단체 및 유관기관의 도서실에 비치된 각종 무역통계, 국가별 또는 지역별 무역환경이나 무역동향 등으로부터 정보를 입수하는 간접조사방법이 있다. 해외시장조사 시 간접조사와 직접조사를 병행하여 실시하면 조사의 효과를 크게 제고할 수 있다. 먼저 간접조사를 통해 가능성이 높은 시장을 선정한 후에 직접조사를 하면 비교적 정확한 조사를 할 수 있다. 또한 국내 주재 외국공관의 도서실 또는 자료실에서도 해외시장조사에 유용한 자료를 입수할 수 있다.

그리고 인터넷상에서 해외시장정보를 얻을 수 있는 방법은 시장정보제공 사이트, 무역정보 및 무역알선 사이트, 검색엔진 등을 통하여 해외시장의 정보를 수집할 수 있다.

2.1 직접조사

무역거래를 행하는 당사자 자신이 해당 목표시장을 직접 방문하여 조사 · 확인하거나 자신의 지사나 대리점을 통하여 조사하는 현장조사(field research)방법이다. 이렇게 직접 시장조사를 한다는 것은 시간과 비용문제가 따르겠지만 가장 생생한 시장정보를 얻을 수 있다. 직접조사를 위한 해외출장은 무역상사가 단독으로 조사하거나 또는 관련수출입조합이나 경제단체의 해외시장조사단에 참가하여 공동출장에 의한 조사가 있다. 시간과 경비를 경제적으로 사용하고 최대효과를 얻기 위해서는 현지의 방문처와 미리 시간약속과 함께 자료나 정보 등이 제공될 수 있도록 협조를 구하는 것이 좋다.

2.2 간접조사

국내외에서 발행된 간행물이나 각종 책자와 같은 문헌조사(library research)에 의하여 조사하는 방법과 한국무역협회, 대한상공회의소, 대한무역투자진흥공사, 재외공관, 외국의 영사관과 같은 기관을 통해 조사하는 방법이다. 외국의 전문조사기관이나 광고대리점을 통하여 조사하는 방법도 있다.

1) 전문기관의 무역통계자료

간접적인 방법으로 해외시장조사를 하는 데 가장 손쉽고 경제적인 방법은 각종 무역통계자료를 이용하는 조사방법이다. 주로 활용되는 자료로는 유엔의 『국제무역통계연보(*Yearbook of International Trade Statistics*)』, IMF의 『무역재무통계(*International Financial Statistics*)』, 관세청의 『무역통계연보』 등 각종 경제 및 수출입통계자료 등이 있다.

2) 대한무역투자진흥공사(KOTRA)

대한무역투자진흥공사는 무역동향에 대한 해외시장조사, 무역관련 각종 자료의 간행, 한국무역의 홍보, 무역상품전시회 등의 업무를 담당하고 있다. 현재 세계 주요 도시에 코리아비즈니스센터가 설치되어 있어 신속한 무역정보 수집기능을 수행하고 있으며, 해외 및 국내무역관의 조직망을 통하여 국내에서 무역상사의 해외시장조사업무를 담당하고 있다.

경비는 다소 소요되더라도 현지에서 직접 주재원들의 방대한 조직으로 조사가 보고되기 때문에 신빙성이 높다. 특정시장이나 특정상품에 대하여 외국전문기관에 의뢰하기 때문에 철저하고 상세한 조사를 기대할 수 있는 점이 장점이기도 하다.

해외시장조사를 통하여 어느 지역의 시장에서 어떠한 거래선을 대상으로 어느 시기에 수출상이 취급하고 있는 물품을 가장 합리적인 가격으로 유통비용을 최소화하여 많은 물량을 판매할 수 있는가를 과학적으로 조사 · 연구하고 분석을 하게 된다.

해외시장조사는 지역적인 격리성, 상관습 및 언어 등의 차이로 인하여 그 조사에 어려움이 많이 따른다. 따라서 조사자의 정확한 조사가 목적시장 진출 여부와 성공적인 거래관계를 유리하게 하기 위한 전제조건이 된다.

3. 목표시장의 선정

해외시장에 수출을 하려는 경우, 수출업자가 가장 먼저 해야 할 것은 수출마케팅조사를 통하여 자신이 취급하는 상품이 세계 어느 시장에서 가장 많이 수요하고 있는지, 어떠한 판매경로를 통해야 가장 유리하게 공급할 수 있는지 등을 연구하여 자신이 취급하는 상품에 가장 적합한 목표시장을 선정하여야 한다.

수출업자는 수출마케팅조사를 통하여 유망한 수출시장(목표시장)과 그 시장에 적합한 상품을 선정한 후 신규거래처, 수출경로를 선정하고 광고 등의 판매촉진을 추진해야 한다. 따라서 수출업자가 해외시장에서 신규무역관계를 창설하는 데 있어서는 어떤 상품을 어느 시장에 어떠한 방법으로 수출할 것인가에 대한 무역거래의 전략이 확립되어야 한다. 수출업자가 수출거래에서 최대이윤을 얻기 위해서는 제품정책, 가격정책, 판매경로정책, 판매촉진정책이 목표시장의 선정에 있어서 종합적으로 검토되는 '마케팅믹스(marketing mix)전략'이 필요하다.

목표시장의 선정이 이루어지면 다음으로 목표시장의 조사는 직접 수출회사가 하는 경우와 무역거래알선기관에 의뢰하는 경우가 있다. 다양한 수출마케팅조사에 의해서 유력하다고 생각되는 목표(수출)시장을 선정하고 그 목표시장에서 가장 유력한 거래처를 물색하여 거래를 제의하여 거래관계를 맺어야 한다.

수출업자는 목표시장에서 가장 좋은 거래처를 선정하는 것이 무엇보다도 중요하다. 자신의 상품을 취급하는 거래처를 가능한 광범위하게 많이 물색하여 신용조사를 통하여 가장 믿을 수 있는 거래처를 선정하여야 한다. 특히 수출업자가 좋은 거래처를 물색 · 선정하여 그 거래처와 거래관계를 맺을 수 있다면 이미 절반은 성공한 셈이다.

4. 해외거래처 발굴

4.1 인터넷

수출업자와 수입업자는 각각 자신들이 운영하는 웹사이트나 인터넷검색 등을 통해서 해외거래처를 개발할 수 있으나 좀 더 효율적으로 해외거래처를 개발하기 위해서는 전 세계의 셀러(seller)와 바이어(buyer)를 연결해 주는 무역거래알선 사이트를 활용하는 것이 바람직하다.

무역거래알선 사이트를 통해서 해외거래처를 개발하기 위해서는 수출업자의 경우 자신이 수출하고자 하는 품목에 대한 자세한 내용을 사이트에 올리고 수입업자의 경우 사이트를 방문해서 자신이 관심 있는 품목을 수출하는 업체들이 올린 게시물을 검색해서 상대방과 직접 연락을 주고받으면 된다.

국내외 주요 무역거래알선 사이트는 다음과 같다.

사이트명	사이트 주소
Alibaba	www.alibaba.com
EC21	www.ec21.com
ECPlaza	www.ecplaza.net
TPage	www.tpage.com
Globalsources	www.globalsources.com

상기한 무역거래알선 사이트들은 이용하기도 편리하고 업데이트도 잘되지만, 사이트에 올려진 정보의 진위 여부를 확인하기가 쉽지 않고, 각국의 유명 바이어나 셀러들을 만나기 어렵다는 등의 문제가 있다. 따라서 무역거래알선 사이트에만 전적으로 의존하기보다는 다음에 소개하는 다양한 방법을 동원해서 해외거래처를 개발할 필요가 있다.

4.2 무역 디렉토리

무역 디렉토리란 전 세계 각국의 제조업체 및 무역업체들의 정보를 정리해서 책자 또는 인터넷을 통해서 제공하는 것으로서 국가별, 아이템별, 거래유형별로 다양한 디렉토리가 있다.

한국무역협회, KOTRA, 한국수입업협회 등과 같은 무역관련기관의 자료실에 가면 책자로 출간된 다양한 무역 디렉토리를 찾아볼 수 있으며, 일부 디렉토리는 인터넷을 통해서도 자료를 검색할 수 있다.

대표적인 무역 디렉토리는 다음과 같다.

디렉토리명	사이트 주소	내용
Kompass	www.kompass.com	전 세계 각국의 기업정보
Thomas Register	www.thomasnet.com	미국 및 캐나다의 제조업체정보
ABC	www.abc-europex.de	유럽의 기업정보

상기한 디렉토리들이 모든 품목의 관련업체정보를 다루고 있는 디렉토리인 데 반해서 다음과 같이 품목별로 전문화된 디렉토리도 있다.

품목	디렉토리
Chemical	Directory of Chemical Producers
Metal & Steel	Metal & Steel Traders of the World Directory
Telecommunication	Major Telecommunications Companies of the World
Food	World Food Industry Sourcebook
Pulp & Paper	International Pulp & Paper Directory

이 밖에도 다음과 같이 바이어에 관한 정보만을 따로 모아놓은 디렉토리도 있다.

디렉토리명	내용
The International Directory of Importers	국가별 · 아이템별 수입상 상호, 담당자 이름, 전화번호, 팩스번호, 이메일주소, 취급품목 등을 수록
The International Directory of Agents Distributors & Wholesalers	국가별 · 아이템별 에이전트, 판매상, 도매상 등에 관한 자료 수록
The Directory of Mail Order Catalog	미국 내 메일오더회사의 주소, 전화번호, 팩스번호, 이메일주소, 취급품목 등을 수록
Directory of Department Stores	미국 내 백화점들의 주소, 전화번호, 팩스번호, 설립일, 판매액 등을 수록
Directory of United States Importers	미국 내 수입업체들의 주소, 전화번호, 팩스번호, 취급품목 등을 수록

위에 열거한 바와 같은 디렉토리를 활용하면 전 세계 대부분의 유명 기업에 관한 정보를 입수할 수 있으며, 당사자가 임의로 글을 올리는 인터넷거래알선 사이트의 게시판보다는 상대적으로 정보의 신뢰성이 높다고 볼 수 있다. 하지만 무역거래알선 사이트에 비해서 업데이트가 느리고 이용하기가 다소 불편하다는 문제가 있으므로 무역거래알선 사이트와 보완적으로 활용하는 것이 바람직하다.

4.3 무역관련기관

국내외 무역관련기관을 통해서 해외거래처를 개발할 수 있다. 한국업체와 수출입거래를 희망하는 외국업체들이 국내의 무역관련기관에 보내온 인콰이어리(enquiry)를 활용할 수도 있고, KOTRA의 해외지사망을 활용해서 해외거래처를 개발할 수도 있다. 또한 세계 각국의 무역관련기관이나 한국에 주재하는 각국 대사관을 통해서도 상대국의 수출입업체에 관한 정보를 입수할 수 있다.

국내외 주요 무역관련기관은 다음과 같다.

1) 국내의 무역관련기관

기관명	사이트주소
한국무역협회	www.kita.net
KOTRA	www.kotra.or.kr
대한상공회의소	www.korcham.net
중소벤처기업진흥공단	www.sbc.or.kr
한국농수산식품유통공사	www.at.or.kr
한국수입협회	www.koima.or.kr

2) 해외의 국가별 · 지역별 무역관련기관

국가명	무역기관
미국	ITA(International Trade Administration) www.ita.doc.gov
캐나다	CCC(Canadian Commercial Corporation) www.ccc.ca
유럽	European Chamber of International Business www.ecib.com
호주	AUSTRADE(Australia Trade Commission) www.austrade.gov.au
일본	JETRO(Japan External Trade Organization) www.jetro.go.jp
중국	CCPIT(China Council for the Promotion of International Trade) www.ccpit.org
홍콩	TDC(Hong Kong Trade Development Council) www.tdctrade.com
중남미	Latin trade www.latintrade.com
아프리카	MBendi www.mbendi.co.za
세계	World Trade Centers Association www.wtca.org

4.4 전시회

전 세계 각국에서 개최되는 전시회장에 출품하거나 참관함으로써 해외거래처를 개발할 수 있다. 전시회에 출품하거나 참관할 때는 가급적 세계적으로 이름이 알려지고 규모가 큰 전시회를 선택하는 것이 바람직하다.

아이템별로 대표적인 국제전시회는 다음과 같다.

아이템	전시회
정보통신	하노버 국제정보통신박람회(CeBIT Hannover/World Business Fair)
기계	하노버 산업박람회(Hannover Messe)
소비재	프랑크푸르트 춘계소비재박람회(Ambiente Internationale Frankfurt Messes)
문구 · 선물용품	프랑크푸르트 문구 · 선물용품박람회(Paperworld-Internationale Frankfurt Messes)
악기	프랑크푸르트 국제악기박람회(Int'l Trade fair for Musical Instruments)
모피 및 혁제의류	프랑크푸르트 모피 및 혁제의류박람회(Fur & Fashion Frankfurt)
운동용품	뮌헨 운동용품박람회(International Trade Fair for Sports Equipments & Fashion)
가구	밀라노 가구박람회(International Expo of Furniture)
가전	라스베이거스 국제전자제품박람회(Consumer Electronics Show: CES)
종합	광동 무역박람회(Canton Fair)

5. 해외시장조사의 내용

해외시장조사는 국제마케팅활동의 기초가 되는 것이다. 주요 조사내용으로는 먼저 목표시장의 일반적인 환경조사를 한 다음 고객조사, 상품조사, 판매경로조사, 판매조사 등을 보다 구체적으로 심사한 후 믿을 만한 거래선을 발굴하는 단계를 거치게 된다.

5.1 목표시장의 일반환경조사

만일 해외시장에서 겨울용 의류를 팔고자 한다면 목적시장은 계절적인 요인을 고려하여 시기적으로, 그리고 계절적으로 적합한 지역을 먼저 선정해야 할 것이다. 이처럼 지리적으로 적합한 국가를 목표시장으로 하는 것을 고려하여 당해 시장의 일반적인 제반환경에 대하여 다음과 같은 사항을 조사하여야 한다.

① 정치에 관한 사항으로 정치체제, 정치적 안정도는 어떠하며 정치적인 위험(political risk)은 없는가?

② 경제에 관한 사항으로 전반적인 경제사정, 경제적 안정도, 국민소득, 국제수지, 경제성장률, 주요 자원, 노동 및 고용사정, 임금, 물가, 조세체계, 금융기관, 산업구조는 어떠한가?

③ 사회일반에 관한 사항으로 인구, 인구증가율, 면적, 기후, 인종, 종교, 문화, 통신, 교통, 언어, 교육수준, 법률제도는 어떠한가?

④ 무역에 관한 사항으로 품목별 · 지역별 수출입규모, 수출입규제제도, 외환관리, 대금결제조건, 관세율, 환율, 특허, 항만사정, 운송수단, 상관습은 어떠한가?

5.2 고객조사

고객(customer)이란 해당 물품을 직접적으로 수출할 수 있는 거래선과 실제 최종수요자 모두를 포함하는 개념이다. 고객조사는 소비자 또는 사용자의 지역적 분포, 소득별 분포, 구매능력은 어떠한가에 대한 고객층에 관한 사항과 기호, 취향 및 품질, 상표, 생산자 등의 고객의 기호 및 이미지에 관한 사항을 조사한다.

5.3 상품조사

상품조사(merchandise research)는 취급상품에 대한 전반적인 조사가 이루어져야 하며 다음과 같은 사항을 조사한다.

① 해당 상품의 수요에 대한 사항으로 수요품목, 품질, 규격, 현재의 수요량, 장

래의 수요량 예측, 계절적인 수요요인, 현지에서의 국산품의 수요량

② 상품의 공급에 관한 사항으로 주요 공급선, 공급선의 상호, 계절적인 공급요인, 현지에서의 국산품 공급량

③ 경쟁품(competitive goods), 보완품(complementary goods) 및 유사품(similar goods)의 현황

④ 가격(price)에 관한 사항으로 수입품과 현지국산품의 가격 비교

⑤ 쿼터품목(quota item)인지 여부

⑥ 특허권, 상표권, 공업소유권 등에 저촉될 수 있는 품목인지 여부

5.4 판매경로조사

판매경로조사(sales route research)는 고객이 수입한 물품이 어떠한 경로를 통하여 판매되고 소비자 내지 사용자에게 전달되는가를 조사하는 것을 말한다. 첫째, 시장기구 및 유통과정에 관한 사항으로 수입상, 판매점, 특약점, 백화점, 체인스토어, 도매상, 소매상 등의 기구와 유통경로를 파악한다. 둘째, 서비스에 관한 사항으로 판매 전에 행해지는 사전서비스와 판매 후에 행하는 사후서비스는 어떠한 방법으로 이루어지는지 조사한다.

5.5 판매조사

판매조사(sales research)는 상품계획(merchandising)과 효과적인 판매정책(sales policy)을 어떻게 수립할 것인가를 조사하는 것을 말한다. 우선, 상품계획에 관한 사항으로 수출물품의 품종, 품질, 디자인, 상표, 특허, 포장, 운송 등에 대해 조사한다. 그리고 판매계획과 예측, 견본, 카탈로그, 안내서 제공 등 판매촉진(sales promotion), 광고, 전시 등 판매정책에 관한 사항을 결정한다.

제 2 절 신용조사

무역거래에서 거래대상업체에 대한 신용상태를 확인하는 것은 향후 거래가능성을 진단하고 위험요소를 사전에 예방한다는 측면에서 매우 중요하다.

1. 신용조회의 내용

신용조회에 있어서 필수적으로 조사해야 할 내용에는 거래성격(character), 자본금(capital) 및 거래능력(capacity)의 세 가지를 들고 있는데, 이를 일컬어 신뢰도 측정요소(reliability or credit factors)로서의 'Three C's'라 하며 각각의 구체적 내용을 보면 다음과 같다.

1.1 거래성격(character)

거래성격으로는 상대방의 개성(personality), 성실성(integrity), 평판(reputation), 영업태도(attitude toward business), 채무변제이행 열의 및 계약이행에 대한 도덕성 등에 관련된 내용을 조사한다.

1.2 자본금(capital)

자본금으로는 상대방의 재정상태(financial status), 즉 수권자본(authorized capital)과 납입자본(paid-up capital), 자기자본과 타인자본의 비율, 재무구조의 건전성, 기타 자산상태 등 대금지급능력과 직결되는 내용을 조사한다.

표 3-1 해외시장조사의 주요 내용

조사내용	세부사항
목표시장조사	• 거래대상지역의 선정, 목표국가의 상관습 • 해당 상품의 수출입현황, 기후와 지리적 여건 • 수입관리제도(품목관리제도, 수입통관, 관세율 및 외환사정 등) • 대상국의 통화의 안정성 및 경기상태 • 교통 · 통신(특히 항만, 공항 등 물류관련설비)
시장수요조사	• 시장잠재력조사 • 취급상품의 수급현황(자체생산량, 수입량 및 수요) • 시장성장률 예측, 시장발전단계조사
소비자조사	• 사회구조 및 소득수준, 물가 · 이자율 등 거시경제지표의 추세 • 소비계층, 지역, 구매형태 · 구매주기 · 구매능력, 상품에 대한 만족도 • 소비자보호관련 규제 등
경쟁자조사	• 경쟁상대국, 경쟁업체, 경쟁상품, 가격동향 • 경쟁자의 마케팅전략 • 경쟁자의 장점과 약점 • 경쟁사의 수출가격, 수출량 및 수출경쟁우위성
제품조사	• 수요상품의 품종, 품질 및 규격 • 현지국생산량, 판매량 및 수출입량의 비율 • 현지생산품과 수입물품과의 품질 비교 • 수입규제 여부, 국내생산물품과 기존 수입물품의 품질 및 가격 • 해외규격인증 등
유통경로조사	• 해당 상품의 유통구조(유통형태, 유통단계별 마진율 등) • 해당 제품의 거래관습에 관한 조사, 유통지역조사 • 해당 제품의 성수기와 비수기조사 • 구매량 및 수입규모, 경쟁업체의 동향, 시장자유도와 유통경로, 시장세분화 방법 등
가격조사	• 해당 지역의 수출입가격조사 • 현지생산품과 수입품과의 가격비교 • 계절 등에 따른 가격변동추세 • 성수기와 비수기의 가격차이
촉진조사	• 현지의 광고, 판매촉진, 홍보 등에 관한 조사 • 대리점 활용, 현지법인 설립 등의 효과에 관한 조사
거래방식조사	무역거래 시 상관습 및 상거래관련 법 · 제도, 무역관리제도, 금융 · 외환제도 등

1.3 거래능력(capacity)

거래능력으로는 상대방의 영업형태(회사의 형태, 기업공개 여부 등), 연간매출액 및 생산능력, 연혁 내지 경력 등 영업능력에 관한 내용을 조사한다.

이 외에 거래국가(country), 거래통화(currency), 거래조건(condition), 담보능력(collateral) 중에서 두 가지를 추가하여 'Five C's'라고도 한다. 무역거래에서는 무엇보다 신용이 중시되어야 하므로 위와 같은 신용조회의 내용 중 가장 중요한 것은 'character'라고 할 수 있다.

그것은 격지자 간에 이루어지는 무역거래에 있어서는 무엇보다도 신용이 중시되어야 하기 때문이다. 고의적인 클레임을 미연에 방지할 수 있도록 거래선의 평판에 대한 면밀하고 철저한 조사가 원활한 거래성취의 관건이 된다. 특히 정치적 위험이나 경제적 위험이 많은 국가인지를 기본적으로 고려하여야 한다.

2. 신용조사의 방법

일단 선정된 거래처에 대해서는 본격적인 거래에 들어가기에 앞서 신용조사를 하게 되는데 일반적으로 다음과 같은 방법의 이용이 가능하다.

2.1 은행조회 또는 동업자조회

일반적으로 신용조사는 상대방 또는 자신이 거래하고 있는 은행을 통하게 되는 경우가 많은데 이를 은행조회(bank reference)라 한다. 이와는 달리 상대방과 거래한 경험이 있는 국내업자, 현지의 단골거래처 또는 상공회의소 등을 통해서 하는 경우가 있는데, 이를 동업자조회(trade reference)라 한다.

2.2 상업흥신소를 통한 방법

외국의 무역업자들은 신규거래선의 신용조사를 위하여 특히 상업흥신소(commercial agency)를 많이 이용하고 있다. 상업흥신소란 신용조사 전문회사로서, 특히 'Duns & Bradstreet Inc.' 같은 국제적으로 널리 알려진 회사는 세계 전역에 지소 및 연락 사무소를 두고 신용조사업무를 수행하고 있다.

2.3 국내관련기관의 이용

한국에서는 국내기업은 물론 해외기업체에 대한 신용상태를 전문적으로 조사해 주는 기관으로 신용보증기금(Korea Credit Guarantee Fund: www.kodit.co.kr)이 있다. 해외의 수출업자에 대한 신용상태를 알고자 할 경우에 신용보증기금을 이용하게 되면 그다지 많은 비용을 들이지 않고도 해외신용조사가 가능하다.

이 밖에 대한무역투자진흥공사(KOTRA)에서도 코리아비즈니스센터를 활용하여 신용조사 및 수출보험사고 조사업무를 실비로 수행하여 주고 있다. 수출입은행의 수출신용정보센터에서도 수출입업자, 금융기관, 수출유관단체 등을 대상으로 회원제방식으로 신용정보자료를 제공하고 있다.

3. 신용조사의 평가요소

3.1 거래처 신용조사의 평가요소

무역거래상대방의 신용도를 조사하는 데 있어서 고려해야 할 일반적인 평가요소를 보면 다음과 같다.

1) 수출업자

수출업자의 경우에는, 첫째 재무상태로 자기자본비율, 유동비율, 총자본순이익률, 매출액, 경상이익률, 둘째 사업현황 및 전망으로 총자본회전율, 연간 순매출, 연간수출실적, 셋째 기타사항으로 은행관계, 종사업력, 경영성과, 경영능력 및 대외평판을 평가요소로 삼고 있다.

2) 수입업자

수입업자의 경우에는, 첫째 재무상태로 자기자본, 부채비율, 유동비율, 둘째 경영성과로 연간 순매출액, 매출액순이익률, 총자본회전율, 셋째 조직 및 연혁으로 종업원수, 종사업력, 넷째 은행관계로 현금 및 예금잔액, 신용한도액, 다섯째 결제상태, 그리고 마지막으로 경영능력 및 대외평판을 평가요소로 삼고 있다.

3.2 국가별 신용조사의 평가요소

무역거래상대방 국가에 대한 신용조사에 있어서 고려하여야 할 일반적인 평가요소를 보면 다음과 같다.

첫째, 일반적인 개황을 고려한다. 총인구와 인구증가율, 남녀별 인구비율, 연령별 인구비율, 면적, 수도, 기후, 언어, 종교, 통화단위, 민족, 실업률, 교육수준 등을 조사한다.

둘째, 정치적인 개황을 고려한다. 정부형태, 외교노선, 의회제도, 국가원수, 주요 정당, 정치적 안정성, 전쟁, 혁명, 폭동 등 정치적 상황을 조사한다.

셋째, 주요 경제적 지표를 고려한다. 국내총생산액, 경제성장률, 총투자율, 통화량증가율, 물가상승률, 재정수지, 환율, 대외지급준비자산, 외채잔액, 상품수출액, 상품수입액, 경상수지, 수출가격지수, 수입가격지수, 무역의존도, 주요 수출상품, 주요 수출대상국, 주요 수입상품, 주요 수입대상국, 부존자원, 개발계획, 한국과의 외교 및 수출입관계 등을 고려한다.

넷째, 국가적 당면과제를 고려한다.

다섯째, 수출신용보험 인수 및 보상과 관련된 회원기관의 정보를 고려한다.

여섯째, 해외시장에서의 국가별 신용도순위 등을 고려하여 조사한다.

3.3 위험분야별 예측

위험발생요인과 위험억제요인을 분석하되 다음과 같은 위험분야를 예측하여 조사한다.

첫째, 전쟁의 위험을 예측한다. 분석요인으로는 권력구조, 외교정책 및 주변정세, 군사력 및 군부태도, 극단세력의 존재, 전쟁, 혁명, 폭동 등의 경험, 실업률, 임금, 물가, 정치, 사회적 불안요인 등이다.

둘째, 대금결제의 위험을 예측한다. 분석요인으로는 국내거래 건전도인 경제성장, 주요 산업분석, 통화신용정책, 재정, 대외거래 건전도인 국제수지 및 수출입관계, 외채상황 및 대외지급준비, 대외채무상황의 지연, 불능, 거절 등의 경험, 신용정보 회원기관의 정보교환내용 등이다.

셋째, 현지국의 외국인투자위험을 예측한다. 분석요인으로는 외국인투자관계법, 외국인투자환경, 외국인기업에 대한 태도, 투자유망 및 위험부문, 수용(expropriation)의 경험 등이다.

넷째, 한국과의 관계를 예측한다. 분석요인으로는 정치, 외교관계, 수출입현황분석 및 양국 간 경제협력조항이 있는지 여부, 수출보험관계, 천재지변의 경험, 수입제한 및 금지조치 등에 대하여 조사한다.

제 3 절 수출마케팅

수출마케팅(export marketing)은 수출업자가 행하는 해외영업에 관한 활동으로서, 수출물품을 국내 또는 해외에서 조달하여 이를 해외에 판매하기 위한 여러 가지 제반활동을 의미한다. 수출마케팅을 보다 효과적으로 적용하기 위해서는 목적시장에 있는 현지고객의 욕구(needs)가 무엇인지를 정확히 파악하여 기존제품의 수정이나 신제품개발을 통하여 현지고객들의 욕구를 최대한 만족시켜 줄 수 있는 수출마케팅의 전략을 수립하여야 한다.

1. 수출마케팅의 전략수립

수출계약을 위해 효율적으로 마케팅전략을 준비하고 실행함으로써 기존거래선의 지속적인 거래유지와 새로운 거래선을 창출시킴으로써 이익을 극대화시키는 것이 수출마케팅의 목적이라고 할 수 있다. 따라서 수출업자는 본국시장중심의 사고방식에서 탈피하여 해외시장의 특성을 중요시 여기는 글로벌 마인드와 급변하는 세계시장에 적응할 수 있는 유연한 사고방식을 가져야 한다.

즉, 수출제품은 현지고객의 욕구와 기호, 그리고 현지시장의 법적 · 기술적 요구에 맞게 수정되어야 한다. 또한 수출제품의 가격도 현지시장의 경쟁상황과 국민소득수준, 운송, 환율, 보험요율, 그리고 관세 등의 제반요인을 고려하여 결정해야 한다. 이러한 제반사항을 정확하게 파악하기 위해서는 해외시장조사활동과 수출상담활동이 반드시 필요하다. 보다 구체적으로 살펴보면 다음과 같다.

1.1 해외시장조사활동

해외시장조사활동은 다양한 방법과 경로를 통하여 해당 물품의 수출을 위하여 적합한 시장을 물색한 후 거래가 가능한 상대방에 대한 신용조사를 거쳐 거래상대방을 선정하는 일련의 시장조사과정을 의미한다.

1.2 수출마케팅의 목표

수출마케팅의 목표는 수출업체의 해외영업활동의 행태와 전략에 따라 다음과 같이 크게 두 가지로 나눌 수 있다.

1) 시장점유율의 확보

새로운 시장의 개척인 경우에는 우선적으로 높은 시장점유율을 목표로 하는 것으로 이는 진입하려는 목표시장에서 높은 시장점유율을 확보함으로써 제품의 경쟁력을 확대시키려는 목적으로 주로 새로운 시장의 개척이나 신상품의 시장진입 초기단계에 이루어진다.

2) 이익률의 확보

시장점유율보다는 내실을 기하는 이익률 확보를 목표로 하는 것으로서, 시장점유율에 크게 영향을 받지 않는 고가품 등에 적합한 방법이다. 어떤 수출마케팅전략을 선택할지는 수출업체의 경영전략과 경영방침에 따라 결정되겠지만, 수출 초기단계이며 중 · 저가품인 경우에는 시장점유율의 확보가 이익률의 확보보다는 우선하는 것이 일반적인 추세이다.

1.3. 수출마케팅의 4P믹스전략

수출시장의 확대와 판매실적의 증대를 위한 수출마케팅의 4P믹스전략에 대하여 알아보자.

표 3-2 수출마케팅의 4P믹스전략

구성요소	전략의 선택
제품 (product)	제품의 다양화를 통한 제품의 확장전략과 제품의 차별화를 통한 제품의 적응전략 중 선택
가격 (price)	원가중심, 목표가격중심, 수요중심 또는 경쟁중심전략 중 선택
유통경로 (placing by channel)	수출업체의 해외시장 진입방식 및 유통경로에 대한 선택에 따라 직접수출, 간접수출 또는 해외현지생산 중 선택
광고 및 판매촉진 (promotion)	표준화전략 또는 현지적응화전략 중 선택

1) 제품믹스전략

제품믹스전략은 기존제품을 새로운 시장에 도입하여 제품의 품목수를 넓히는 제품의 다양화(product diversification)전략인 제품확장전략과 새로운 시장에 차별화된 신제품을 도입하는 제품차별화(product differentiation)전략인 제품적응전략으로 나누어 선택할 수 있다.

2) 가격믹스전략

가격믹스전략은 원가중심, 목표가격중심, 수요중심 및 경쟁중심전략 중 어느 것에 비중을 두느냐에 따라 다양한 전략을 결정할 수 있으며, 일반적으로 수출업자는 제조원가에 요소비용과 예상이익을 포함하여 수출단가를 결정한다.

3) 유통경로믹스전략

유통경로(placing by distribution or channel)믹스전략은 수출업체의 해외시장

진입방식 및 유통경로에 대한 선택에 따라 직접수출, 간접수출, 그리고 해외현지생산으로 분류한다.

4) 광고 및 판매촉진믹스전략

광고 및 판매촉진(promotion)믹스전략은 각 시장이 가지는 고유한 특성에 따라 표준화전략과 현지적응화전략 중 하나를 선택하여 실행할 수 있다. 수출마케팅전략은 해외시장조사활동의 결과에 따라 제품별 특성에 적합한 제품관리, 가격전략, 광고 및 판매촉진전략, 그리고 유통경로를 채택하여 수출상담과정에서부터 이를 실행하고 계약서를 체결할 때까지의 전반적인 활동으로 파악할 수 있다.

인터넷정보검색과 기타 다양한 경로를 통하여 입수한 각종 정보와 자료를 근거로 판단하여 수출시장의 환경과 제품의 특성에 최적인 수출마케팅전략을 수립하는 것이 최우선과제이다.

2. 수출상품의 선정

국내시장에서 인기가 있는 상품이라고 해서 그 상품이 국제무역에서도 모두 성공할 수 있는 것은 아니다. 무역거래에서는 국제재화의 요건으로 운송비 및 보험비용, 관세의 문제, 상품의 부패성, 그리고 수입국가 국민의 기호 등을 고려하여 수출상품을 선정하여야 한다.

2.1 수출아이템의 선정

무역시장에서는 거래하는 상품에 대한 소비자들의 반응 또는 인기도에 따라서 수출상품을 다음과 같이 네 가지로 분류하고 있다. 가장 인기가 없어서 소매상들이 잘 안 가져가는 품목을 'slow item', 항상 꾸준히 사가는 것을 'steady item'이라 하며, 비교적 잘 팔리는 것을 'hot item'이라고 한다. 그리고 무서운 열기로 엄청나게 잘 팔리는 새로운 품목을 'hit item'이라고 부른다.

수출거래에서 가장 중요한 것은 바로 수출상품, 즉 수출아이템(item)의 선정이다. 처음부터 고유품목을 가지고 생산하는 제조업체를 제외하고는 수출거래를 시작하고자 하는 경우에 가장 큰 문제가 되는 것이 바로 수출상품인 아이템의 선정 작업이다. 수천수만 가지로 세분화되어 있는 많은 수출품목 중에서 어떠한 것을 선정할 것인가 하는 문제는 각자의 주어진 환경이나 상황에 따라 달라지는 것은 당연한 일이다.

만약 무역업에 종사하기 이전에 정밀기계부문에 종사하였다면 당연히 관련기계 및 부품을 취급할 것이고, 섬유분야의 비즈니스 경력자라면 당연히 섬유류 상품 수출에 주력해야 할 것이다. 그러나 이것도 저것도 아닌 상태에서 확실한 품목이 선정되지 않았다면, 향후 엄청난 개발의 여지가 있고 노력의 여하에 따라서 많은 수출실적을 올릴 수 있는, 즉 경쟁력이 있는 아이템 중에서 하나를 선택하는 것이 현명할 것이다.

2.2 수출상품의 시장조사

수출상품은 국제재화로서의 적합성과 시장의 확보가능성 등 상품 고유의 특성뿐만 아니라 다음과 같은 관점에서 현실적인 거래가능성을 갖추고 있는가를 파악해야 한다.

1) 수출상품의 수출입규제 여부 조사

현재 모든 국가는 그 나라의 경제상황 또는 무역정책에 따라 품목별로 수출입을 규제하고 있다. 따라서 물품의 수출과 관련하여 중요한 것은 수입국의 수입규제사항을 사전에 파악하는 것이 중요하다. 경우에 따라서는 수입업자가 파악하여 수출업자에게 그 정보를 제공하여야 할 것이지만, 수출업자의 입장에서도 보다 능동적으로 자체 채널을 활용하여 사전에 수입국의 상관습, 거래관행, 그리고 수입국의 무역정책과 관련된 제반규제사항을 미리 파악하여야 한다.

2) 수출상품관련 수출동향 파악

수출업자는 수출상품과 관련하여 품목별 · 국가별 수출동향을 파악하여야 한다.

수출하고자 하는 상품과 관련하여 품목별 수출실적(국가별, 지역별)통계, 수입국가, 수입업체 등 수출상품의 기본적인 수출동향을 파악하여야 한다. 그러나 상품별 수출단가는 영업을 위한 핵심사항일 뿐만 아니라 품목별로 규격과 품질수준에 따라 천차만별이므로 이를 HS코드로 파악하는 것은 무의미하다. 따라서 이는 당해 상품을 취급하는 과정에서 파악할 수 있는 노하우(know-how)의 일종이라고 할 수 있다. 수출상품에 대한 수입국의 수입동향은 반드시 향후 수출마케팅에 반영시켜 전략을 수립하여야 한다.

3. 수출상품의 원가분석

국제무역에서 수출입상담에 임하는 담당자는 필수적으로 당해 물품의 제조공정은 물론 수출원가를 구성하는 모든 요소를 정확하게 파악하여야 한다. 즉, 수출원가와 관련하여 공정의 사소한 변경에 따른 원가의 변경내용을 제대로 파악하고 있어야 한다. 물론 수출입절차의 흐름에 따른 제반부대비용에 대하여도 상당한 지식을 갖추고 있어야 한다. 그래야만 수출입상담 및 협상과정에서 생산공정의 변화와 거래조건의 변경에 따른 가격협상에 신속하게 대처할 수 있다.

3.1 수출상품의 원가요소

무역거래의 협상과정에서 거래당사자는 일반적으로 FOB가격을 기본으로 하여 가격조건을 결정하게 된다. 여기에 운송비 또는 보험료의 부담 여부에 따라 가격조건이 변경될 수 있다. 이러한 경우 특히 운임(freight)에 있어서는, 운송수단의 종류, 그리고 운송회사별로 운임이 천차만별이므로 제시할 수 있는 다양한 유형과 조건으로 원가를 세분화하여 파악하는 것이 중요하다.

특히, 중계무역의 경우에는 단 1~2%의 이익을 획득하기 위하여 어려운 상담을 진행하는 경우가 많다. 이러한 상황에서 거래상담자가 수출입절차 전반에 대한 이해와 사소한 조건변경에 따른 원가변동을 제대로 파악하지 못한다면 자칫 손해를 감수하는 상황에 처할 수도 있다. 그러므로 수출입담당자는 반드시 수출입상품의 원가를 정확하게 분석할 수 있어야 한다. 수출가격을 결정하기 위해서는 먼저 수출상품의 원가를 구성하는 항목을 세분화하여 정확하게 파악하여야 한다.

수출상품의 가격을 구성하는 주요 원가요소는 다음과 같이 네 가지로 분류된다.

① 수출상품의 기본원가

② 수출지에서 수입지까지의 운송비 및 보험료

③ 수출계약의 성립 및 그 계약을 이행하는 데 소요되는 제경비

④ 예상이익 및 예상손비 등

여기에서 수출가격의 산출에 기본이 되는 요소는 수출품의 매입원가이고, 기타 조건은 모두 부가적 요소로서 수출상담 협상과정에서 조정될 수 있는 수출관리비용의 요소이다.

3.2 수출가격의 산출방법

수입업자가 상품을 수입하느냐의 결정 여부는 최종적으로 상품의 품질과 가격이 그 수입업자를 만족시킬 수 있느냐에 달려 있다. 수입을 희망하는 수량의 보유, 인도방법, 그리고 결제조건 등도 문제가 되지만 이들 문제는 상품매매의 핵심을 이루는 품질과 가격조건에 흡수되어진다. 특히, 독창적인 신제품을 적기에 출시하기 어려운 기업은 상층흡수가격정책(skin pricing policy)을 채택하는 것이 어렵고, 처음부터 가격경쟁을 무기로 하여 세계시장에 진출할 수밖에 없다. 따라서 저렴한 수출가격의 제시 여부가 거래의 성립 여부를 좌우한다고 할 수 있다.

1) 'cost plus'방식

cost plus방식은 판매가격에 상품 및 서비스비용을 추가하면서 가격을 상정하는 방식이다. 이 방법은 제품의 직접 자재비용, 직접 인건비와 간접비를 합산하고 이윤을 추가해서 제품가격을 도출한다. 무역가격의 표시는 FOB(Free On Board: 본선인도조건) 또는 CIF(Cost, Insurance and Freight: 운임보험료포함인도조건) 등 가격조건으로 산정하는 것이 보통이다. 그러나 상대시장의 가격적응성을 검토하는 경우에는 이러한 가격체계는 쓸모가 없다. 왜냐하면 FOB나 CIF도 수출업자에게

필요한 비용(cost)만을 가산한 수출업자중심의 수출가격이기 때문이다. 즉, 매입원가 또는 제조원가에 선적까지의 제비용과 수출업자의 이윤을 가산한 것이 FOB가격이고, 이 FOB가격에 운송비와 보험료를 가산하면 CIF가격이 된다.

이러한 'cost plus'방식의 계산은 간단하지만 상대시장에서의 경쟁관계나 수입업자의 수요탄력성 등 거의 상대방의 사정을 모두 무시한 수출업자중심의 가격체계이다. 예컨대, 외제차를 구입할 때 고객의 관심은 지급해야 될 차량의 구입가격과 국산차와의 품질 및 가격을 비교 · 검토하는 것이며, 이때 외제차의 원가내용보다는 대금을 지급해야 되는 최종가격(end price)이 선택의 대상이 되는 것이다.

2) 'end price'방식

'end price'방식은 수출하고자 하는 목표시장의 현지소매가격을 기준으로 산출한 수입업자용 가격산출방식을 말한다. 수출업자에게 중요한 것은 수출상품 1개당 이익이 아니고 총수익이 얼마가 되는가이다. 현지에서의 가격을 설정한 경우에 최대의 판매수량을 기대할 수 있는가에 대한 수요의 가격탄력성(price elasticity of demand)은 'end price'방식에 의해서만 파악할 수 있다.

특히 인터넷의 보급으로 시장정보가 급속하게 진전되는 오늘날 무역마케팅에 있어서 소매가격의 실태와 경쟁가격도 비교적 쉽게 파악할 수 있다. 이 점에 대해서는 해외시장 각지의 일류백화점의 상품목록도 참고가 될 수 있다. 이렇게 하여 최적의 'end price'를 산출할 수 있으며 여기에서 현지의 유통비용, 관세, 운송비, 보험료 등을 공제하여 FOB가격, 다시 공장의 제조원가까지를 역산하여 채산성 여부를 검토해야 한다. 채산이 맞지 않을 경우에는 유통경로의 단축도 검토하여야 하며, 또한 현지생산의 여부도 검토할 수 있다. 수출가격의 산출방법은 일반적으로 'cost plus'방식을 채택하고 있지만, 특히 인터넷무역시스템에서는 수출전략상 'end price'방식에 의한 수출전략가격의 산출방법을 채택하는 것이다.

제4절 수입마케팅

1. 수입상품의 시장조사

수입업자는 어떤 상품을 어느 국가의 수출업자로부터 수입하여 국내시장에 어떻게 판매할 것인지를 가장 먼저 고려하여 수입계약을 체결할 준비를 한다.

첫째, 수입하고자 하는 상품의 수입규제 여부와 국내시장의 수급현황을 파악하여야 한다. 대외무역법에 의한 수출입공고, 통합공고나 관세법 등에 의하여 수입이 금지 또는 제한되는지 여부를 확인하여야 한다.

둘째, 수입하고자 하는 상품의 국내판매가능성 여부를 파악하여야 한다. 수입상품이 국내시장에서 경쟁력이 있는지의 여부를 조사할 때에는 상품의 구체적인 규격을 파악하고, 국내생산업체 그리고 국내시장규모를 구체적으로 파악하는 것이 중요하다. 이와 함께 당해 수입상품의 유력한 시장지배자(market leader)의 존재 여부를 파악하여야 한다.

셋째, 안정적인 해외거래처를 확보하여야 한다. 해외거래처의 확보는 먼저 수입상품 또는 그와 유사한 상품을 취급하는 국내오퍼상이나 해외지사 또는 대리인을 활용하는 방법을 생각할 수 있다.

넷째, 수입상품의 원가를 구체적으로 파악하여야 한다. 수출과 마찬가지로 모든 비즈니스는 원가분석에서 출발하므로, 수입하는 상품의 원가를 정확하고 구체적으로 파악해야 한다.

2. 수입마케팅의 수립

수입마케팅의 수립은 수입업자가 수입활동을 통하여 외국의 공급업자(생산업자) 또는 수출업자로부터 상품을 수입하여 이것을 수입국의 국내시장에서 소비자 또는 생산재 수요자에게 판매하는 영업활동을 의미한다.

2.1 수입마케팅의 전략수립

수입마케팅의 전략을 수립함에 있어서 수입업자는 먼저 해외의 공급업자(또는 수출업자)를 물색하여 확보하는 과정과 수입물품을 국내에서 판매하는 과정의 두 가지 측면으로 나누어 볼 수 있다.

첫째, 수입업자는 우선 국내시장에 적합한 수입물품을 제대로 공급할 수 있는 해외의 공급자를 확보하여 상담과정에서 절감할 수 있는 원가항목이 있다면 최선을 다하여 이를 절감하여 유리한 수입계약을 체결하기 위한 상담활동을 전개하여야 한다.

둘째, 수입상품을 팔 수 있는 국내시장의 영업정보를 확보하고 판매활동을 전개한다. 수입마케팅에서는 해외의 물품공급업자를 물색하는 활동보다는 국내의 영업활동이 더 중요한 의미를 가진다. 또한 수입거래 시 중요한 사항은 수입물품의 국내시장규모와 국내거래관행, 그리고 시장지배자 등을 파악하여 국내시장에 대한 특성을 이해하여야 한다는 점이다. 이것은 수입상품의 정확한 재고수준을 예측하고, 국내의 대금결제관행을 파악하여 재고관리와 관련하여 미리 각 품목별 시장동향을 점검해야 함을 뜻한다.

이런 과정을 통하여 수입준비단계부터 재고발생가능성을 예측하여야 한다. 특히 한국은 외국시장과 비교하여 상대적으로 시장규모가 작으므로 각 품목별로 시장지배자군의 형성이 용이하므로, 동 시장지배자군들은 곧 가격결정자(price maker)로서 일반적으로 진입장벽을 만들어 신규진입자에 대하여는 일정규모 이상의 시장진입을 허용하지 않는 견제를 하게 된다. 사실 이것은 세계 어느 국가에서나 볼 수 있는 불가피한 현상이지만 상대적으로 시장규모가 작은 한국에서 더욱 두드러진 현상이다. 이와 같은 기존시장지배자와 국내시장 전반에 대하여 제대로 파악하지 못하고, 경험도 못한 채, 단순한 계획만으로 수입업무를 진행한다면 큰 손해를 자초할 수 있다.

이와 같은 상황은 대부분의 완제품 수입시장에서 지배적으로 형성되어 있는 관행으로 이해하면 된다. 그리고 국내결제 시에는 주로 어음에 의한 상거래가 관행화되어 있으므로 채권확보에 신중을 기하고 결제기간에 따른 이자를 미리 원가에 포함시켜야 한다. 또한 근본적으로 수입영업은 국내영업이므로 수입형태를 대금결제 방법의 형태로 분류하는 것보다는 국내영업방법에 따라 분류하는 것이 유익할 것이다.

2.2 수입업자의 유형

수입업자(buyer)의 유형은 수입물품의 국내판매형태에 따라 수입을 계획하는 단계부터 각 형태별로 수입마케팅전략을 다르게 채택하므로 다음과 같이 네 가지 형태로 구분할 수 있다.

첫째, 외국의 물품공급자를 대신하여 국내에서 수입오퍼를 발행하는 수입오퍼상이다. 오퍼상은 그 대가로 수수료(commission)만 수취하므로 수출입 본거래에 대하여는 책임을 지지 않는 것이 일반적이다.

둘째, 수입업자가 외국으로부터 물품을 수입하기 전에 국내의 구매자와 수입물품 판매계약을 체결한 후에 수입거래를 진행하는 형태의 대행수입 또는 선매수입이 있다.

셋째, 매매차익을 목적으로 수입업자가 직접 재고부담을 안고 물품을 수입하여, 국내영업활동을 통해 물품을 판매하는 가장 일반적인 형태의 재고수입(stock sale)

표 3-3 수입업자의 유형

구분	주요 업무
수입오퍼상	외국의 물품공급자를 대신하여 국내에서 'offer sale'을 하며, 그 대가로 수수료(commission)만 수취하므로 수출입 본거래에 대하여는 책임을 지지 않는 것이 일반적이다.
대행수입 또는 선매수입	외국으로부터 물품을 수입하기 전에 국내의 구매자와 수입물품 판매계약을 체결한 후에 수입거래를 진행하는 형태의 대행수입 또는 선매수입이 있다.
재고수입	직접 물품을 수입하여 국내영업을 통해 물품을 판매하는 가장 일반적인 형태로, 주로 완제품을 수입하며 수입원가 구성항목에 반드시 재고이자와 여신이자를 포함시킨다.
실수요수입	제조설비의 보유자가 완제품생산을 위해 생산과정에 투입되는 기초원자재나 중간재 사용을 전제로 한 실수요수입의 경우이다.

이 있다. 이와 같은 수입형태는 주로 완제품 수입 시에 채택하는 거래형태로서 사전 수입원가 산정 시 수입원가 구성항목에 반드시 재고이자와 여신이자를 포함시켜야 한다.

넷째, 제조설비를 보유하고 있는 경우, 자가 사용을 전제로 한 실수요수입의 경우이다. 이 경우의 수입물품은 주로 생산과정에 투입되는 기초원자재나 중간재이다.

2.3 수입상품의 이해

수입 시 주의해야 할 사항은 수입관련 유통규제 및 수입관리제도이다. 수입규제 대상품목은 국내항에 도착되어도 수입통관이 안 되어 수출업자에게 반송되거나 폐기처분해야 되는 경우가 종종 있다. 특히 농수산물이나 축산물 등 1차산품은 대부분 국가에서 수입을 규제하고 있기 때문에 원칙적으로 일반인들이 수입하는 것이 거의 불가능한 경우가 많다. 따라서 수입업자는 자신이 기획하고 있는 수입품의 각종 규제 등을 충분히 조사한 다음 수입을 해야 한다.

한국에서는 이를 수출입공고 및 통합공고 등 수출입물품에 대하여 규제하기 위한 공고체계에 의해 물품의 수출입규제 여부를 정하고 있다. 수입 시에는 이와 같이 국가에서 시행하고 있는 품목별 수입규제사항을 파악함과 더불어 수출국에서 해당 물품에 대하여 수출을 규제하고 있는지 여부도 함께 파악하여야 한다.

대체적으로 선진국일수록 가공도가 높은 고기능물품에 대하여 수출을 규제하고 있는 경우가 많다. 그 이유는 상품이 고도의 기술을 포함하고 있음에 따라 기술이전이 불가피한 소프트웨어, 군수품 등에 대하여 부메랑(boomerang)효과를 염려하여 수출을 규제하거나 금지하고 있는 경우가 많기 때문이다.

반면, 후진국은 주로 가공도가 낮은 원자재에 대한 수출을 규제하는 경우가 많다. 이것은 가능하면 수출국 내에서 부가가치를 추가하는 가공공정을 시행할 수 있도록 하기 위해서이다. 수입물품에 대한 규제 여부를 파악하려면 수출에서와 마찬가지로 우선 HS코드를 정확히 파악해야 한다.

3. 수입상품의 원가분석

수입업자는 수입계약을 체결하기 전에 먼저 누구로부터, 무엇을, 얼마나 수입할 것인가를 결정해야 한다. 이러한 구체적인 사항들이 수입업자와 수출업자 간에 합의가 되어야만 수입계약이 성립되며, 수입을 교섭하고 계약할 때에는 계약하는 수입가격 이외에 여러 가지 수입비용이 존재한다는 것을 알아야 한다. 물론 가격조건 및 대금결제조건 등 거래조건에 따라 그 수입비용이 달라지지만 수입과 관련하여 발생할 수 있는 모든 항목을 잘 검토한다면 수입비용을 최대한 절감할 수 있다.

3.1 원가분석을 위한 고려사항

수입업자는 계약을 협상하는 단계에서 무역조건을 교섭하는 동시에 수입으로 인해서 발생하게 되는 운송비, 해상보험조건별 보험료, 수입관세 및 기타 금융비용 등을 산출해야 하며, 이들 비용을 산출할 때 항상 비용을 경감시키는 방법을 찾아서 검토해야 한다.

수입은 수출에 비하여 사전 원가계산 시 다음과 같은 몇 가지 점에 주의해서 치밀하게 수입전략을 세워야 한다.

첫째, 수입은 국내영업인 데 반하여 수출은 해외영업이다. 국내시장은 좁으며 불완전경쟁시장인 반면, 해외시장은 넓고 완전경쟁시장에 가깝다. 즉, 수출거래와 비교하여 수입거래는 우선 수출시장에 비하여 상대적으로 좁은 국내시장에서 이익을 실현시키고자 한다는 점을 인식해야 한다.

둘째, 시장규모의 차이에 따라 수입은 수출에 비하여 회전율이 상당이 길다. 수입거래는 대부분 수입물품을 인수하기 전에 물품대금 전액을 결제해야 한다. 그리고 불가피하게 일정수량의 재고가 발생하는데, 이에 따른 자금부담, 이자, 그리고 재고부담에 따른 비용을 제대로 고려하지 않은 채 수입을 계획하는 경우가 많다.

셋째, 수출은 외화를 벌어들여 국내에 공급하는 반면, 수입은 외화를 사용한다. 수출과 달리 수입은 주로 국내상업을 보호한다는 측면에서, 각종의 수입제한제도가 운용되고 있으며, 수입의 경우는 수출과는 달리 많은 관세가 부과된다.

이상에서 살펴보았듯이 수입원가를 구성하는 항목을 설정할 때는 수출원가를 구성할 때보다 더욱 주의하여야 하며, 수입원가는 크게 보아 물품대금과 제경비, 그리고 이자로 나누어 살펴볼 수 있다는 것을 알았다. 이와 함께 수입원가는 환율, 관세율, 이자율 및 시장현황의 변화 등에 따라 수시로 변동할 수 있으므로 각 외부변수의 변화추이에 대해서도 항상 관심 있게 살펴보아야 한다.

3.2 수입상품의 원가항목

수입업자가 수입상품의 원가를 파악하는 데 포함하는 항목들을 보다 구체적으로 알아보면 다음과 같다.

첫째, 수입업자가 결제해야 하는 물품대금은 달러 등 외화로 표시되어 있으므로 수입업자는 동 외화금액에 적용 환율을 곱하여 이를 원화로 환산해서 결제해야 한다.

둘째, 수입 제경비는 은행에서 발생하는 금융비용, 수입통관 시 세관에 지불해야 하는 수입제세금 등 통관경비와 수입물품운송, 보험과 관련하여 발생하는 물류제비용으로 이들 중 부담의 정도는 일반적으로 물류비용, 통관경비, 금융비용의 순서이다.

셋째, 수입상품의 원가항목에 포함시켜야 하는 이자는 수입대금을 결제한 이후에 수입물품의 국내영업과정에서 발생하는 이자를 말한다.

넷째, 수입상품의 원가조사 시 고려해야 하는 또 다른 항목은 수입대금 결제시기와 관련한 환차손익, 외상거래 시 발생하는 금융비용, 수입추천비용 또는 수입허가비용 등 수입규제에 따른 행정비용과 수입부담금, 그리고 기타 수량의 과부족 등에 따른 비용이다.

3.3 Kmall24

Kmall24(kmall24.com)는 한국 제품들을 해외소비자에게 판매하는 해외판매 전용사이트이다. 2014년 6월, 한국무역협회가 중소기업의 온라인 수출을 지원하고, 전자무역 전반의 인프라를 확보하기 위해 만든 인터넷사이트이다. 해외소비자를

| 그림 3-1 | Kmall24

자료: Kmall24(http://www.kmall24.com).

위해 영어, 중국어, 일본어 세 가지의 언어로 운영되며 언어별로 각각의 홈페이지 및 다국어 고객지원팀을 운영하고 있다.

'K-culutre, K-style, K-life'라는 세 콘셉트를 앞세워 스킨케어, 메이크업, K-pop용품, 옷, 생활용품 등 약 2만 개에 달하는 제품들을 선보이고 있다. Kmall24에서 파는 제품들은 Kmall24 홈페이지뿐만 아니라 아마존(Amazon), 이베이(eBay), 티몰글로벌(Tmall Global) 등 유명 글로벌 쇼핑몰에서도 구매할 수 있다. 또한 스마트폰과 태블릿PC에서도 모바일 애플리케이션을 통해 상품을 검색하고 구매할 수 있다. 그리고 페이팔(PayPal), 알리페이(Alipay)와 같은 글로벌 결제서비스를 통해 쉽게 결제를 할 수 있으며 해외소비자가 주문한 상품은 항공운송을 통해 빠르고 안전하게 배송된다.

Kmall24는 페이스북, 인스타그램, 웨이보 등 다양한 SNS 채널을 통해 전 세계에 홍보되며 SBS, tvN 등 국내 대표 미디어콘텐츠를 활용한 해외마케팅을 실시하고 있다. 한국무역협회는 기업의 원활한 해외판매를 지원하기 위해 Kmall24 전용 물류창고를 통한 상품검수부터 포장, 해외배송까지 물류의 전 프로세스를 대행한다. 해외바이어가 대량주문을 희망할 경우, B2B 매칭 전문가의 1대 1 지원을 통해 더 큰 거래의 성사가 가능하게 도와준다.

Chapter

04

무역계약의 기초

제 1 절 무역계약의 의의

1. 무역계약의 개념

국제무역거래에서 무역계약의 중심은 물품매매계약이며, 무역계약의 대상은 물품(goods)이라고 할 수 있다. 영국의 물품매매법(Sale of Goods Act: SGA)에 의하면, '물품(goods)은 무체동산(thing in action)과 금전을 제외한 모든 순수동산(personal chattels)을 포함한다'고 정의하고 있다. 미국의 통일상법전(Uniform Commercial Code: UCC)에서는 '물품이라 함은 매매계약이 체결될 당시에 이동시킬 수 있는 것으로서 지급수단인 금전, 투자증권 및 무체동산 이외의 특히 제조품을 포함한 모든 것을 말하며, 동물의 태아, 성장 중의 수확물, 기타 부동산에 부착한 특정물로서 부동산으로부터 분리될 수 있는 것을 포함한다'고 규정함으로써 영국의 물품매매법보다 상세하게 물품(goods)의 정의를 내리고 있다.

이 정의들을 종합하여 보면, 영미법에서와 같이 무체동산은 채권이나 소송청구의 목적물과 같이 소유자가 현재 점유하고 있지 아니한 동산을 의미하며, 유체동산(corporeal moveables)은 소유자가 현재 점유하고 있는 동산을 말한다고 할 수 있다. 따라서 물품매매계약상의 물품에 해당될 수 있는 것은 유체동산에 국한되는 것으로 보아야 할 것이다. 그러므로 유체동산이 매매계약의 목적물이 되는 경우에는 그것이 계약 당시 이미 매도인이 소유 또는 점유하고 있는 현물이거나 계약체결 후 매도인이 제조 또는 취득할 물품, 즉 선물(future goods)도 포함될 수 있다.

2. 무역계약의 법적 성질

무역계약은 청약(offer)과 승낙(acceptance)에 의해 성립되는데, 일반매매계약과 마찬가지로 낙성(합의)계약, 쌍무계약, 유상계약, 그리고 불요식 계약의 네 가지 법적 성격을 가지고 있다.

2.1 낙성계약(consensual contract)

낙성계약은 일방당사자가 일정한 조건으로 물품을 매도하겠다는 의사표시인 청약에 대하여 상대방이 이를 구매하겠다는 의사표시인 승낙(acceptance)을 함으로써 성립되는 계약을 말한다. 즉, 계약당사자의 합의만으로 성립하는 계약으로 합의계약이라고도 한다. 따라서 낙성계약은 양당사자의 합의가 있으면 이것으로 계약이 성립하므로 특별히 계약문서의 작성이나 그 교부를 청약조건으로 하지 않는다. 물품은 그 인도기일에 매수인에게 인도하면 된다.[01]

2.2 쌍무계약(bilateral obligation contract)

쌍무계약은 계약당사자 쌍방이 계약상의 의무를 부담해야 하는 계약을 말한다. 예를 들면, 수출업자가 합의된 무역조건에 따라 상품을 인도할 의무가 발생하는 동시에 매수인인 수입업자는 이에 대한 대가로 대금을 지급할 의무가 발생하는 계약을 말한다. 따라서 수출업자가 정당한 사유 없이 계약물품의 인도의무를 이행하지 않는다면 수입업자의 대금지급의무가 발생하지 않는 것은 당연하다.[02]

무역계약은 매도인과 매수인이 합의한 계약조건에 따라 계약상 의무를 부담하게 함으로써 이루어진다. 그러한 의무의 귀속, 즉 법률관계를 명확히 하기 위하여 국제매매계약법규들이 국제무역관련기구에 의해 제정되어 시행되고 있다.

2.3 유상계약(remunerative contract)

유상계약이란 계약당사자가 서로 대가적 급부를 목적으로 하는 계약을 말한다. 무역계약은 물품인도에 대한 반대급부로서 경제적 대가의 지급을 수반하는 유상계약이다. 그 대가지급 내지 결제수단은 금전이 대부분이지만 물품이 될 수도 있다.

---

01 계약 성립 당시에 물품을 실질적으로 제공해야 하는 계약을 요물계약(substantial contract)이라고 한다.

02 이러한 점에서 당사자 일방만이 채무를 부담하는 증여, 사용대차 등과 같은 일방적인 편무계약(unilateral contract)과 다르다. 편무계약이란 한편의 당사자만이 채무를 부담하는 계약으로서 당사자가 서로 채무를 부담한다고 해도 그 채무 상호 간에는 대가적 의미가 없는 계약도 이에 포함된다.

2.4 불요식계약(informal contract)

불요식계약이란 계약체결에 어떠한 방식도 요구하지 않는 계약을 말한다. 따라서 불요식계약은 어떤 요식도 요구하지 않으므로, 문서나 구두(oral)에 의한 명시계약이나 묵시계약도 계약의 성립이 가능하다는 것이다. 물품매매계약에 있어서는 청약과 승낙 자체는 반드시 서면으로 입증할 필요는 없고 증인에 의해 입증해도 된다. 또는 일부는 구두로 일부는 서면으로도 계약체결이 가능하다는 것이다. 무역계약은 자유무역계약으로 단순계약이나 날인계약도 좋다는 의미이다.

즉, 무역계약은 계약형식상의 자유, 계약내용이나 계약상대방 선택의 자유가 있다. 이처럼 무역계약에서는 계약을 매매당사자의 자유의사에 맡겨 당사자의 합의를 최우선으로 존중하고 시인한다는 이른바 계약자유의 원칙이 적용된다. 그러나 계약자유의 원칙도 공서양속[03]이나 강행규정에 어긋나지 않아야 하고, 인허가를 요하는 공적 규제를 받게 되며 독점규제 및 공정거래에 관한 법률 등에 제한을 받게 된다.

표 4-1 무역계약의 법적 성격

법적 성격	개념
낙성계약 (consensual contract)	계약당사자의 합의만으로 성립하는 계약이다. 즉, 일방의 당사자가 일정한 조건으로 물품을 판매하겠다는 청약에 대하여 상대방이 승낙함으로써 성립하는 계약을 말한다.
쌍무계약 (bilateral contract)	계약의 성립에 의하여 계약당사자가 상호 일정한 채무를 부담하는 계약을 말한다. 예컨대, 매도인은 물품인도의무를 부담하고 매수인은 대금지급의무를 부담하는 것을 들 수 있다.
유상계약 (remunerative contract)	당사자 쌍방이 상호 대가적 관계에서 급부가 있는 계약을 말한다. 예컨대, 매도인의 물품인도에 대한 매수인의 대금지급이 있어야 하는 계약으로 물품인도와 대금지급은 상호 대가적인 의미를 가지는 급부와 반대급부로 볼 수 있다.
불요식계약 (informal contract)	요식에 의하지 않고 문서나 구두에 의한 명시계약이나 묵시계약으로서도 계약이 성립된다는 것이다.

03 공공의 질서와 선량한 풍속. 법률행위를 판단하는 기준이 되는 사회적 타당성을 말한다.

3. 무역계약과 종속계약

모든 상거래에서와 마찬가지로 무역거래에서도 매도인과 매수인 간의 물품매매계약이 체결되어야 실질적인 무역거래가 시작된다고 볼 수 있다. 따라서 무역계약은 국제적인 물품의 수출입거래에서 가장 기본적이고 중심적인 계약(main contract)이 된다. 그러나 주계약인 무역계약을 이행하기 위해서는 물품운송을 위한 운송수단의 보유와 운송수단의 운용에 필요한 전문인력이 필요하며, 물품의 보관 및 운송 중 발생할 수 있는 위험을 커버할 수 있는 담보능력, 그리고 외환결제를 위한 시스템 등이 필요하다.

3.1 종속계약

무역계약당사자인 매도인과 매수인은 당사자 스스로가 물품의 운송, 운송물품의 위험담보 및 외환결제시스템 등을 해결할 수 없다. 그러므로 무역계약당사자는 주계약인 무역계약을 이행하기 위해서 부가적인 운송계약, 보험계약, 그리고 환거래계약을 체결한다.

3.2 운송계약(contract of carriage)

무역계약에서 매도인이 이행해야 하는 가장 중요한 의무 중의 하나가 약정물품의 인도이다. 무역거래는 멀리 떨어져 있는 외국과의 거래이므로 물품의 인도를 위해서는 부수적으로 운송인(carrier)과의 운송계약체결이 필수적이다. 운송계약을 누가 체결하는지는 매매계약서에 명시되어 있는 거래조건에 따라 결정된다. 운송계약을 체결하는 매매당사자는 운임(freight) 또는 운송비(carriage)를 운송인에게 지급하여야 한다.

3.3 보험계약(contract of insurance)

무역거래는 원거리운송 또는 해상운송의 비중이 절대적으로 크기 때문에 국내거래보다 운송 중 발생할 수 있는 위험이 훨씬 더 많다. 물품운송 중에 따르는 불의의

사고에 대비하기 위해 별도의 보험계약체결이 필수적이다. 보험계약을 누가 체결하는지는 매매계약서에 명시한 거래조건에 따라 결정된다.

3.4 환거래계약(contract of exchange)

무역계약에서 매도인의 주요 의무인 약정물품의 인도에 대하여, 매수인의 가장 중요한 의무는 대금결제에 관한 의무이다. 따라서 무역계약에 따른 물품대금의 결제를 위해서 매수인은 무역계약과는 별도로 자신이 거래하는 외국환은행과 외환거래약정을 체결해야 한다.

제2절 무역계약체결의 절차

1. 무역계약의 성립원칙

1.1 거래조건의 선택

무역계약을 체결하려면 무엇보다도 먼저 무역거래에 사용되는 무역거래의 기본조건(terms and conditions of business/foreign trade)을 포함한 여러 가지 무역거래조건을 정확히 이해하여야 한다. 무역계약은 매도인 또는 매수인이 특정거래에 필요한 무역거래조건을 선택·제시하여, 그 상대방이 승낙함으로써 체결된다.

1.2 청약 또는 주문

무역계약은 낙성계약이므로 매매당사자의 어느 일방의 매매제의를 그 상대방이 수락함으로써 이루어진다. 매매조건을 구체적으로 제시하여 그러한 조건으로 판매 또는 구매하겠다는 의사표시인 매매제의는 청약 또는 주문(order)에 의하여 이루어진다.

실무적으로 매도인은 'sales note', 'sale contract', 'proforma invoice' 등의 형

태로, 반면 매수인은 'buying offer', 'order sheet', 'purchase note', 'purchase contract', 'purchase order' 등의 형태로 매매를 제의하게 된다.

1.3 청약승낙 또는 주문승낙

청약자가 보낸 청약에 대하여 상대방이 승낙의 의사표시를 보내거나, 매수인이 보낸 주문에 대하여 매도인이 주문승낙(acknowledgement)의 의사를 보냄으로써 계약이 성립된다.

1.4 무역계약의 종료

무역계약은 계약이행(performance) 또는 매매계약의 취소(cancellation), 해제(avoidance), 또는 해지에 의해 종료될 수 있다. 또는 무역분쟁의 발생 내지 무역클레임의 제기가 있는 경우에는 이를 해결함으로써도 무역계약이 종료된다.

[양식 4-1]

계약서 예시

Sales Contract

[ ], as Seller, hereby confirms having sold to [ ] as Buyer, the following goods by this sales contract made on the above date and on the terms and conditions hereinafter set forth.

	Item No.	Commodity & Specification	Quantity	Unit Price	Amount
◎					
◎					
◎					
◎					
◎					
Total Amount					

□ Time of Shipment: [Date Month Year]
□ Port of Shipment: [ ]
□ Port of Destination: [ ]
□ Payment

◎	At Sight L/C	By an irrevocable letter of credit payable at sight
◎	Usance	By an irrevocable, confirmed and unconditional letter of credit
◎	DP	By documents against payment
◎	DA	By bill(s) of exchange drawn on Buyer due [60] days from B/L date
◎	DD	By a D/D(Demand Draft) within [10] days after the date of B/L
◎	TT	By a T/T(Telegraph Transfer) within [10] days after the date of B/L
◎	MT	By a M/T(Mail Transfer) within [10] days after the date of B/L

□ Insurance: Seller to cover the [CIF] price plus [ ]% against all Risking War and SRCC Risks
□ Packing: [Export standard packing]
□ Marking: [ ]

□ Special Terms & Conditions:

This contract is subject to the general and conditions set forth on back hereof:

	Seller	Buyer
By	[ ]	[ ]
Address	[ ]	[ ]
Title	[ ]	[ ]
Name	[ ]	[ ]

General Terms and Conditions

Article 1. Quantity: Quantity set forth in this Contract is subject to a variation of ten [ ] percent more or less at Seller's option.

Article 2. Shipment: Date of bill of lading shall be accepted as a conclusive date of shipment. [ ] days grace in shipping shall be allowed. Partial shipment and/or transshipment shall be permitted unless otherwise stated in this Contract. Seller shall not be responsible for any delay of shipment, should Buyer fail to provide timely letter of credit in conformity with this Contract or in case the sailing of the steamer designated by Buyer be deferred beyond the prearranged date of shipment.

Article 3. Packing: Packing shall be at Seller's option. In case special instructions are necessary, Buyer should notify Seller thereof in time to enable Seller to comply with the same and all additional cost thereby incurred shall be borne by Buyer. Shipping Mark shall be made as shown in the oblong of the front page of this Contract.

Article 4. Insurance: In case of CIF or CIP basis, [ ] % of the invoice amount shall be insured, unless otherwise agreed; any additional insurance required by Buyer to be at his own expense; unless otherwise stated, insurance to be covered for marine insurance only FPA or ICC (C) Clause. Seller may, if he deems it necessary, insure against additional risks at Buyer's expense.

Article 5. Increased Costs: If Seller's costs of performance are increased after the date of this Contract by reason of increased freight rates, taxes or other governmental charges or insurance rates, or if any variation in rates of exchange increases Seller's costs or reduces Seller's return, Buyer agrees to compensate Seller for such increased cost or loss of income. Further, if at any time Buyer requests shipment later than agreed and Seller agrees thereto, Seller may, upon completion of manufacture, store the Goods and charge all expenses thereby incurred to Buyer, plus reasonable storage charges when Seller stores the Goods in its own facilities.

Article 6. Payment

| ◎ | At Sight L/C | An irrevocable letter of credit, without recourse, available against Seller's sight drafts shall be established through a prime bank satisfactory to Seller within [15] days after the date of this Contract and be kept valid at least [15] days after the date of last shipment. The amount of such letter of credit shall be sufficient to cover the Contract amount and additional charges and/or expenses to be borne by Buyer.

| ◎ | Usance | For the payment of the Contract Price specified hereof the Buyer shall provide the Seller with the irrevocable, confirmed and unconditional letter of credit (hereinafter called 'L/C') in the amount of USD [ ] at [ ] months usance basis(after the date of draft issued by the Seller or bill of lading) in favor of the Seller to be opened within [ ] days from the signing date of the Contract under the agreed terms and conditions by the Seller and Buyer.

| ◎ | DP | After shipment, the Seller shall deliver a sight bill(s) of exchange drawn on the Buyer together with the required documents to the Buyer through a bank. The Buyer shall effect the payment immediately upon the first presentation of the bill(s) of exchange and the required documents, i.e. D/P.

| ◎ | DA | After shipment, the Seller shall deliver bill(s) of exchange drawn on the Buyer, payable [ ] days after [ ], together with the required documents to the Buyer through a bank for acceptance. The Buyer shall accept the bill(s) of exchange immediately upon the first presentation of the bill of exchange and the required documents and shall effect the payment on the maturity date of the bill(s) of exchange.

| ◎ | DD | The Buyer shall pay the invoice value of the goods by means of D/D(Demand Draft) within [ ] days after the receipt of the required documents; within [ ] days after the date of the Bill of Lading.

| ◎ | TT | The Buyer shall pay the invoice value of the goods to the Seller's account with the bank designated by the Seller by means of T/T(Telegraph Transfer) within [ ] days after the receipt of the required documents; within [ ] days after the date of the Bill of Lading.

| ◎ | MT | The Buyer shall pay the invoice value of the goods by the Seller by means of M/T(Mail Transfer) within [ ] days after the receipt of the required documents; within [ ] days after the date of the Bill of Lading

Article 7. Inspection: The inspection of the Goods shall be done according to the export regulation of the Republic of Korea and/or by the manufacturer(s) which shall be considered as final. Should any specific inspector be designated by Buyer, all

additional charges incurred thereby shall be at Buyer's account and shall be added to the invoice amount, for which the letter of credit shall be amended accordingly.

Article 8. Warranty: The Goods shall conform to the specification set forth in this Contract and free from defects in material and workmanship for [ ] months from the date of shipment. The extent of Seller's liability under this warranty shall be limited to the repair or replacement as herein provided of any defective Goods or parts thereof. Provided, however, this warranty does not extend to any of the said Goods which have been: (a) subjected to misuse, neglect, accident or abuse, (b) improperly repaired, installed, transported, altered or modified in any way by any other party than Seller or (c) used in violation of instructions furnished by Seller. Except for the express limited warranties set forth in this article, seller makes no other warranty to buyer, express or implied, and herby expressly disclaims any warranty of merchantability or fitness for a particular purpose. In no event shall Seller be liable to Buyer under this Contract or otherwise for any lost profits or for indirect, incidental or consequential damages for any reason.

Article 9. Claims: Any claim by Buyer of whatever nature arising under this Contract shall be made by facsimile or cable within [ ] days after arrival of the Goods at the destination specified in the bills of lading. Full particulars of such claim shall be made in writing, and forwarded by registered mail to Seller within [ ] days after such fax or cabling. Buyer must submit with particulars the inspection report sworn by a reputable surveyor acceptable to the Seller when the quality or quantity of the Goods delivered is in dispute. Failure to make such claim within such period shall constitute acceptance of shipment and agreement of Buyer that such shipment fully complies with applicable terms and conditions.

Article 10. Remedy: Buyer shall, without limitation, be in default of this Contract, if Buyer shall become insolvent, bankrupt or fail to make any payment to Seller including the establishment of the letter of credit within the due period. In the event of Buyer's default, Seller may without prior notice thereof to Buyer exercise any of the following remedies among others:

(a) terminate this Contract;

(b) terminate this Contract as to the portion of the Goods in default only and resell them and recover from Buyer the difference between the price set forth in this Contract and the price obtained upon resale, plus any incidental loss or expense; or

(c) terminate the Contract as to any unshipped balance and recover from Buyer as liquidated damages, a sum of five(5) percent of the price of the unshipped balance. Further, it is agreed that the rights and remedies herein reserved to Seller shall be cumulative and in addition to any other or further rights and remedies available at law.

Article 11. Force Majeure: Neither party shall be liable for its failure to perform its obligations hereunder if such failure is the direct result of circumstances beyond that party's reasonable control, including but not limited to, prohibition of exportation, suspension of issuance of export license or other government restriction, act of God, war, blockade, revolution, insurrection, mobilization, strike, lockout or any labor dispute, civil commotion, riot, plague or other epidemic, fire, typhoon, flood.

Article 12. Patents, Trade Marks, Designs, etc.: Buyer is to hold Seller harmless from liability for any infringement with regard to patent, trade mark, copyright, design, pattern, etc., originated or chosen by Buyer.

Article 13. Governing Law: This Contract shall be governed under the laws of Korea.

Article 14. Arbitration: Any dispute arising out of or in connection with this contract shall be finally settled by arbitration in Seoul in accordance with the Arbitration Rules of the Korean Commercial Arbitration Board.

Article 15. Language: This Agreement may be executed in English and in other languages(including Korean). In the event of any difference or inconsistency among different versions of this Agreement, the English version shall prevail over in all respect.

Article 16. Trade Terms: All trade terms provided in the Contract shall be interpreted in accordance with the latest INCOTERMS 2000 of International Chamber of Commerce.

2. 거래제의와 조회

2.1 거래제의

수출업자는 해당 국가의 무역업자총람(trade directory)이나 품목별 생산업자조합 또는 협회, 현지의 상공회의소(chamber of commerce and industry), 현지의 자국 대사관의 상무관(commercial attaché)이나 영사(consular) 등을 통하여 얻어진 정보를 이용하여 적정한 거래대상자(counter-part)를 물색한다.

잠정적으로 선정된 후보업체에 대하여 현지의 신용조사기관을 통해 신용조사를 한다. 거래상대방에 대해 기대했던 대로 양호한 신용조회결과를 통보받으면 상대방에게 거래제의(business proposal)를 하는 거래권유장(circular letter)을 발송한다. 권유장이란 미지의 거래선에게 자기 회사를 소개하고 취급물품과 거래조건 등을 간단하게 안내하여 거래관계를 권유하는 서신을 말한다.

권유장은 발송하는 목적에 따라 자사의 연혁, 위치, 생산 또는 취급품목, 거래실적 등을 소개하고 개략적인 가격명세나 카탈로그(catalog) 등을 동봉하여 앞으로 거래관계를 개설할 것을 권유하는 내용으로 작성된다. 권유장을 발송하는 경우에는 관련카탈로그를 동봉할 수 있지만, 견본 제공은 상대방이 요청하거나 관심을 보일 때 송부하는 것이 좋다.

2.2 권유장의 작성

권유장의 작성은 해당 지역의 몇 개 회사로 한정하는 것이 효과적이며 보낼 때에는 시차를 두고 보내는 것이 바람직하다. 권유장은 거래선으로 하여금 거래를 시작할 수 있도록 간결하고 명료하게 다음과 같은 내용과 순서를 참조하여 작성하여야 한다.

① 상대방을 알게 된 동기와 거래의 희망

② 자기 회사의 업계에서의 지위와 능력

③ 자기 회사의 영업종목 및 거래물품의 명세와 특성

④ 추가정보 및 자료제공의 용의 표명

⑤ 주문에 응할 수 있는 예상 공급량 또는 사업규모

⑥ 자기 회사의 신용조회처

⑦ 맺음말

2.3 조회

거래의 권유를 받은 자(수입업자)가 그 물품에 대한 관심 또는 구매할 의사가 있으면 그에 대한 조회를 하게 되는데 이를 거래조회, 무역조회 또는 문의(inquiry)라고도 한다. 주로 물품의 공급가능성과 함께 카탈로그나 견본을 요청하면서 물품의 인도시기, 가격, 운송과 보험조건 등 무역거래조건 일반에 대한 정보를 요청한다. 조회는 전자우편(e-mail)을 많이 활용하고 있다. 이와 같이 조회는 거래조건의 협약 또는 청약을 위한 당사자 간의 거래조건에 대한 의사를 타진하는 상담의 과정이며, 수출업자는 조회사항에 대하여 회신을 하여야 한다.

거래제의를 받은 상대방은 거래제의를 한 당사자에게 상품이나 여러 거래조건에 관한 문의를 하게 되는바, 이에 대해 정확하고 신속히 답변한다. 마침내 양당사자가 거래에 동의하게 되면 그 증거로 일반거래조건약정서(agreement on general terms and conditions of business)가 작성되어 양당사자의 서명 후 1부를 상호 교부한다.

3. 청약의 유인과 발행

3.1 청약의 유인

청약의 유인(invitation to offer)은 단순한 제안으로, 이를 승낙하더라도 계약이 체결되는 것이 아니라 청약에 지나지 않는다. 따라서 청약이 성립하기 위해 청약자의 확인이 필요하다. 즉, 청약의 사전준비단계로 거래상대방으로 하여금 자신에게 청약을 하도록 유도하는 행위를 말한다.

여기에는 불특정인에 대한 광고와 다수의 특정인에게 카탈로그를 우송 · 배포하는 경우 등이 있다. 계약의 요소인 당사자, 목적물, 수량, 가격, 인도조건 등을 특정한 경우에는 청약이나, 중요한 요소를 누락한 경우에는 청약유인에 해당한다. 그러나 합의된 사항으로 사후보완이 가능하면 청약에 해당된다.

3.2 청약

청약(offer: 오퍼)이란 매매거래의 조건을 구체적으로 상대방에게 제시하면서 그러한 조건으로 물품을 판매 또는 구매하겠다는 의사표시이다. 청약에는 일반적으로 ① 당사자의 표시, ② 청약한다는 문언, ③ 물품의 명세(품명, 규격, 소재, 용도 등), 수량 · 가격조건(terms of price) 내지 정형무역거래조건(trade term)과 금액, 선적기일(인도기일)과 선적항 기타 선적조건(terms of shipment), 대금결제조건(terms of payment), 포장과 화인표시(marking), 보험약관(ICC) 등의 매매조건, ④ 발행일자와 번호 ⑤ 유효기간(validity) 등이 기재된다.

무역거래 시 청약은 통상 판매를 위한 청약을 의미하며, 반면 수입업자의 매입의사표시는 구매청약으로서 이를 주문(order)이라고 한다. 청약의 형식은 특정한 방식에 의할 필요는 없으며 구두로 행하여도 무방하다. 그렇지만 보통 서신이나 케이블(cable) 또는 텔렉스(telex)에 의하거나 일정한 서식을 갖춘 청약서(offer sheet) 또는 주문서(purchase order)를 사용한다.

1) 청약의 철회

청약은 유효기간 동안 청약의 내용에 구속된다. 따라서 유효기간 동안에 상대방이 철회에 동의하는 경우 또는 불가항력의 상황(force majeure)이 발생한 경우를 제외하고는 원칙적으로 청약을 철회할 수 없다.

2) 청약의 변경

청약의 유효기간 중 상대방으로부터 수락 또는 거절의 통지가 오기 전에 청약의 조건 일부를 변경(amendment)하거나 정정(renewal)하는 경우를 청약의 변경이라 하며, 변경된 청약을 'renewed offer' 또는 'amended offer'라 한다.

3) 청약의 철회나 변경의 효력발생시기

대부분 국가의 법규(대륙법, 영미법, 일본법)에는 청약의 철회 또는 변경의 효력은 그 통지가 피신청자에게 도착하였을 때에 발생한다고 규정함으로써 도달주의를 채택하고 있다.

4. 청약의 종류

4.1 확정청약과 불확정청약

1) 확정청약(firm offer)

청약자(offeror)가 승낙의 유효기간을 지정하고 그 기간 내에 승낙 여부에 대해 회답할 것을 조건으로 하는 청약 또는 이러한 승낙기간을 정하지 아니한 경우에는 그 청약이 확정적(firm)이고 철회불능(irrevocable)이라는 것을 표시한 청약을 말한다. 이 경우 승낙기간을 정한 청약은 그 기간 동안, 승낙기간을 정하지 아니한 청약은 상당한 기간(a reasonable time) 동안 청약자를 구속하여 일방적으로 청약을 철회하거나 가격 등 기타 청약의 내용을 변경할 수 없다. 그러므로 그 기간 내에 상대방으로부터 승낙의 통지가 오면 청약의 내용대로 계약이 성립된다.

2) 불확정청약(free offer)

확정청약과는 달리 승낙의 유효기간을 정하지 않거나 기타의 방법으로 청약이 확정적이지 않다는 것을 표시한 청약이다. 이는 상당한 기간 효력을 가지나 상대방이 승낙의 통지를 발송하기 전까지는 청약자가 일방적으로 철회 또는 변경할 수 있다. 다만, 이 경우 신의성실의 원칙에 위배되어서는 안 된다.

4.2 반대청약과 교차청약

1) 반대청약(counter offer)

매도인의 청약에 대하여 매수인이 가격, 수량, 선적조건 등에 관한 청약내용의 일부변경 또는 추가를 제의해 오는 경우가 있다. 피청약자(offeree)가 청약의 내용의 일부를 변경해서 원래의 청약자에게 거꾸로 청약하는 것을 반대청약 또는 대응청약이라고 한다.

반대청약이 있게 되면 원래의 청약은 그 효력을 상실하게 된다. 따라서 원래의 청약자는 피청약자가 되고 원래의 피청약자가 이제 청약자가 된다. 큰 무역거래에서는 반대청약이 몇 차례 반복되다가 한쪽의 최종적인 승낙으로 계약이 성립되는 것이 보통이다. 비엔나협약(Vienna Convention, 1980)에서는 청약의 내용을 변경해서 승낙하는 것은 승낙이 아니라 반대청약이라 규정하고 있다.

2) 교차청약(cross offer)

매도인과 매수인 당사자 쌍방이 우연하게 서로에게 청약을 하며 그 청약의 내용이 완전하게 일치하는 경우를 말한다. 그런데 교차청약의 경우에는 두 개의 청약만 존재하고, 그 청약에 대한 승낙은 존재하지 않으므로 청약과 승낙에 의해 계약이 성립한다는 관점에서 보면 계약의 성립을 인정할 수 없다. 따라서 영미법에서는 교차청약은 계약이 성립하지 않는다. 그러나 한국 민법(제533조)에서는 당사자 간에 동일한 내용의 청약이 상호 교차된 경우에는 두 청약이 상대편에게 도달한 때에 계약이 성립하는 것으로 한다고 규정하고 있다.

4.3 조건부청약

1) 무확약청약(offer without engagement)

제시된 거래조건이 가변적임을 나타내고 있는 유보조항(escalation clause)이 포함된 청약으로서 불확정청약의 성질을 지니는 한편, 이를 승낙하면 청약자의 최종확인 없이 그것만으로 계약이 성립하므로 확정청약의 성격도 함께 지닌다. 따라서 청약가격은 시세변동(market fluctuation)에 따라 변경될 수 있다는 조건을 명시한 청약이다.

2) 확인조건청약(offer subject to confirmation)

이는 'subject to our final confirmation'이라는 단서가 붙는 청약으로서 청약자에 대한 구속력이 없고 따라서 엄밀한 의미에서는 청약이 아니다. 'offer without engagement' 또는 'offer subject to change without notice'와 마찬가지로 상대방의 승낙만으로 계약이 성립되는 것이 아니고 다시 청약자의 최종확인이 있어야만 계약이 성립된다.

피청약자가 승낙을 하여도 그것만으로 계약이 성립되지 않고, 청약자의 최종확인이 있어야 매매계약이 성립되는 조건부청약을 'sub-con offer(subject to confirmation offer)'라 한다.

청약자의 최종확인이 있어야 비로소 계약이 성립된다는 점에서는 불확정청약에 해당한다고 할 수 있겠지만, 다른 한편으로는 청약에 제시된 매매조건이 임의로 변경 또는 취소될 수 없다는 점에서 확정청약의 성격도 함께 지니고 있는 것이다.

3) 재고잔류조건청약(offer subject to being unsold)

청약이 승낙되었다고 하더라도 그때에 팔리지 않고 남은 상품의 재고가 있어야만 계약이 성립되는 청약으로, 선착순판매조건(offer subject to prior sale)이라고도 한다. 이러한 청약은 추가생산계획이 없는 물품으로서 현재 남아 있는 것을 모두 판매하고자 할 경우에 쓰여질 수 있다.

4) 점검 후 구매조건청약(offer on approval)

청약과 함께 물품을 송부하여 피청약자가 이를 점검해 본 후 구매할 의사가 있으면 그 대금을 지급하고 그렇지 않을 경우에는 반품하도록 하는 청약이다. 이러한 청약은 신규개발품목이나 판매부진물품의 판매를 위해 소비자에게 직접 청약할 경우에 쓰여질 수 있다.

5) 반품허용조건청약(offer on sale or return)

청약과 함께 대량의 물품을 송부하여 피청약자가 이를 판매하게 하고, 판매되지 않은 것은 반품하도록 조건을 붙인 청약이다. 미국에서는 출판업자가 서점에 서적을 판매할 때에 흔히 쓰고 있다. 이러한 청약은 신규개발품이나 판매부진물품을 판매상에게 청약할 때에 쓰일 수 있다.

4.4 청약서 기재요령

1) 주요 계약사항

오퍼는 특별히 정해진 형식이나 양식이 있는 것이 아니고, 거래대상물품, 거래방식 등에 따라 다양한 형태를 취한다. 또한 기재사항도 거래특성에 따라 다양하겠으나 가장 전형적인 계약의 성립 및 이행요건별로 발행 시의 유의사항을 설명하면 다음과 같다.

(1) 품명(commodity name)

보통상품에 대해서는 별문제가 없으나 비슷한 종류가 여러 가지 있는 상품이나 상품명이 유사한 것은 혼동을 일으키지 않도록 분명하고 완전하게 기재한다. 예를 들면, 만년필의 경우 단순히 'pen'이라고 기재하는 것보다 'fountain pen'으로 표시하여 'ball pen'과 구별하여야 한다.

(2) 규격(grade or specification)

같은 품목이라도 그 품질과 규격에 따라 가격의 차이가 많이 생길 수 있다. 예를 들면, 같은 금(gold)이라도 24K와 14K는 다르며 전구도 100W와 30W짜리는 그 성질에 많은 차이가 생긴다. 따라서 나중에 분쟁 등이 발생하지 않도록 규격의 표시를 정확히 기재한다.

(3) 원산지(origin)

상품에 따라서는 원산지에 따라 가격의 차이가 많이 생길 수 있다. 예로서 주류인 경우 같은 와인(wine)이라도 스페인산과 프랑스산이 다르며, 동일 국가 내에서도 지역에 따라 품질의 차이가 있을 수 있다. 같은 동물의 털도 더운 지방과 추운 지방의 것은 차이가 심하여 상품명은 동일하다 하더라도 실질적인 품질에서 전혀 상이한 상품이 될 수 있다. 특히 1차산품의 오퍼에서는 원산지의 표시가 매우 중요하다.

(4) 유효기간(validity)

유효기간은 청약의 승낙기간을 의미한다. 확정청약(firm offer)의 경우 재확인할 기회가 없기 때문에 더욱 중요한 의미를 갖는다.

국제상품의 시세는 수시로 변하는데 유효기간을 과도하게 길게 정한 경우에는 국제시세가 하락하면 비쌀 때 발행된 오퍼로 인하여 수입업자는 손실을 입게 될 것이다. 반대로 갑자기 국제시세가 앙등할 경우 원료의 확보도 없이 많은 주문이 쇄도해 오면 수출업자는 큰 손실을 입게 될 것이다. 따라서 모든 오퍼에는 일정한 기간(a reasonable period of time) 동안만 유효하도록 그 기간을 명시하여야 하며 특히 국제시세의 변동이 심한 원면, 원맥 등 1차산품의 오퍼는 대개 1주일 이내의 유효기간을 주는 것이 상례로 되어 있다.

유효기간을 표시하는 방법으로는 기일에 의한 표현(We offer firm for your reply within seven days), 기간에 의한 표현(We offer firm for your reply reaching us by the 23 July, 2007), 단기임을 표시하는 표현(We offer firm for your reply reaching us by tomorrow(within 24 hours) 등이 있다.

유효기간 내에 청약자의 자유의사나 상대방의 요청에 의해 그 유효기간을 연장하는 경우가 있는데, 이를 'extension of offer' 또는 'extension of validity of offer'라고 하고 그 연장된 기간은 유효하다.

(5) 선적일(shipping date, delivery date)

청약에는 반드시 언제까지 계약상품을 선적해 줄 수 있다는 'delivery date'가 표시되어야 한다. 대개는 선적일이 빠를수록 수입업자에게 유리하나 반드시 그런 것은 아니다. 경우에 따라서는 적기에 판매하고 보관료를 물지 않기 위해서 선적을 언제부터 언제 사이에(not earlier than ~ not later than) 이행해 달라고 요구하는 경우도 있다. 특히 계절을 타는 상품, 즉 크리스마스 장식용구 등과 같이 적기에 선적하지 못하면 치명적인 손해를 입는 상품은 정확한 선적기일을 제시하여야 한다.

(6) 포장방법(packing method)

철근 같은 것은 포장되지 않은 상태로 거래되나 대개의 상품은 포장된 상태로 거래가 이루어진다. 그러므로 어떤 종류의 포장재, 또한 포장에 몇 단위씩 들어가는지 알려 주어야 된다. 무게가 가벼운 것으로서 항공으로 운송되는 상품은 'carton box'에 포장되며, 무거워 선박에 의해서 운송되는 상품은 'wooden case'로 포장하는 것이 상례다. 물론 상품마다 통상 거래될 때 포장되는 상태가 다르나 대개

'standard seaworthy export packing'이라고 해서 방수재료로 포장한 상품을 나무상자에 넣고 철대로 묶는다. 예를 들면, 'each in a vinyl bag, 100 pieces in a carton box', 'standard export packing', 'export standard packing, completely free moisture and water'와 같다.

(7) 수량(quantity)

상품이란 무한정 공급되는 것이 아니고 기한 내에 얼마나 공급해 줄 수 있느냐가 문제가 되므로 기일 내에 반드시 공급할 수 있는 수량만 오퍼해야 한다. 특히 'buying offer'일 때는 수량이 꼭 정해져 있다. 또한 수량의 기준도 개수(piece), 무게(weight), 길이(length), 용적(measurement) 등 다양하며 이들의 단위도 각각 상이하므로 그 수량의 단위사용에 주의하여야 한다.

(8) 단가(unit price)

청약에서 가장 중요한 것이 단가이다. 상품규격과 마찬가지로 각국의 화폐단위가 다르므로 사용화폐를 분명히 명시하여야 하며 특히 'dollar'로 표시될 때는 여러 나라가 이 단위들을 사용하며 그 가치기준도 다르다. 어느 나라의 'dollar(US dollar, Australian dollar 등)'인지 분명히 하여야 한다. 물품의 수출입 대금결제통화를 어느 나라 화폐로 결정하느냐 하는 것은 환위험(exchange risk)을 회피하는데 중요하다. 일반적으로 통화결정은 ① 안전성, ② 교환성, ③ 유통성 등을 고려하여 결정해야 한다.

(9) 대금결제방법(payment condition)

대금결제를 송금결제로 할 것인가, 신용장으로 할 것인가 또는 추심결제로 할 것인가 등 대금결제방식과, 상품인도일과 대금지급일의 시차를 나타내는 대금결제기간을 제시한다. 이 외에도 분할선적, 환적, 검사, 클레임(claim) 등 여러 가지를 들 수 있겠으나, 이들 모두가 청약에 꼭 명시되어야 하는 것은 아니며, 거래를 성사시키는 데 영향을 미칠 만한 가장 중요한 조건들만 명시하고 나머지는 계약체결 시에 추가 또는 보완을 하면 된다.

[양식 4-2]

청약서 예시 1

Offer Sheet

Messrs.
New York Trading Inc. May 10, 2019
80 South Street, New York
N.Y., U.S.A.

We have the pleasure of presenting the following goods subject to the terms and conditions given below.

Delivery: Within two month after receipt of your L/C
Payment: By irrevocable L/C in favour of Seoul Industrial Co., Ltd. and draft at sight
Validity: End of May, 2019
Shipping Port: Busan, Korea
Destination: New York, U.S.A.
Packing: Export standard packing
Remarks: Minimum Q'ty 1,000 sets per style

Item No.	Description	Quantity	Unit Price	Amount
ST #125 ST #128	Type YA-2, 14″ colour TV Sets Type YA-3, 14″ (remote con.) colour TV Sets	100 sets 100 sets	FOB Busan per set @US$ 200 @US$ 250	US$ 20,000 US$ 25,000

Yours very truly,

Seoul Industrial Co., Ltd.
Managing Director

2) 기재요령

- [양식 4–3]의 ①, [양식 4–4]의 ②: 수출업자
- [양식 4–3]의 ②, [양식 4–4]의 ①: 수입업자. [양식 4–3]의 청약에 대해 [양식 4–4]는 주문을 하는 당사자이다.
- [양식 4–3]의 ③, [양식 4–4]의 ③, ④: 'offer' 및 주문번호
- [양식 4–3]의 ④는 'offer'의 발행일자, [양식 4–3]의 ⑤는 'order'의 발행일자이다.
- [양식 4–3]의 ⑤, [양식 4–4]의 ⑥: 거래제시. 상대방에 대한 'offer' 및 주문을 아래 조건으로 제시하는 것이다.
- [양식 4–3]의 ⑥: 원산지. 수출품의 원산지를 표시
- [양식 4–3]의 ⑦, ⑧, [양식 4–4]의 ⑮: 선적조건. [양식 4–3]에서 수출업자가 L/C 수취 후 45일 이내에 부산에서 선적할 것을 제시한 것에 대해 [양식 4–4]에서 구체적으로 보완하여 제시하고 있다.
- [양식 4–3]의 ⑨, [양식 4–4]의 ⑭: 결제조건. 수출업자를 수익자로 한 'sight L/C' 개설요청에 대해 개설방법, 개설은행 및 통지은행 등을 표시하고 있다.
- [양식 4–3]의 ⑩: 'offer'의 유효기간. 청약이 유효하게 성립될 수 있는 최종일자를 기재한다. 동 유효기간이 없는 경우 확정청약으로 인정되지 않는다.
- [양식 4–3]의 ⑪, ⑫, [양식 4–4]의 ⑦, ⑩: 상품명 및 수량. 수출상품의 명칭, 종류 및 수량을 표시한다.
- [양식 4–3]의 ⑬, ⑮, [양식 4–4]의 ⑪: 가격조건 및 단가. 가격조건 및 수출품의 단가를 기재한다.
- [양식 4–3]의 ⑭, [양식 4–4]의 ⑫: 총액. 수출 및 수입금액의 총액을 기재한다.
- [양식 4–4]의 ⑧: 상품의 품질. 수출상품의 품질을 표시하는데, 동 서식에서는 반복된 거래로서 전에 선적된 수출품과 동일한 품질을 요구하고 있다.
- [양식 4–4]의 ⑨: 포장. 수출품의 포장방법을 지시하는데, 주로 'export standard(carton, wooden) packing'이 표시된다.
- [양식 4–4]의 ⑬: 보험조건. CIF조건수출인 경우 보통 수입업자는 CIF가격(송장금액)의 110% 보험금액을 요구하며, 위험부보조건을 명시한다.
- [양식 4–4]의 ⑯: 화인. 수출품에 표시될 화인을 나타낸다.

[양식 4-3]

청약서 예시 2

Daesung Industrial Co., Ltd

CPO BOX: 7917 Seoul | ① *Manufacturers, Expoters & Importers* | TEL 735-5671
Cable: Foneca Seoul | #146-1, Soosong-dong, Chongro-ku, | 732-1985
Telex: Desco K24416 | Seoul, Korea | 733-8194

Offer Sheet

② Messrs. | ③ Offer No. DS01227
Okamoto Industries Inc. | ④ Dec. 27, 2018

Gentleman:

⑤ We are pleased to offer you the following:
⑥ Origin: Republic of Korea
⑦ Shipment: Within 45 days after receipt of your L/C
⑧ Shipping Port: Busan, Korea
⑨ Payment Terms: By an irrevocable at sight L/C to be opened in our favor
⑩ Validity of Offer: By Jan. 31, 2019

Item	⑪ Commodity & Description		⑫ Quantity	⑬ Unit Price	⑭ Total Amount
			⑮ CIF Yokohama, JAPN/PC		
	Automobile Tubes				
	Size	Valve			
	550-13	TR13	2,100 PCS	@US$ 1.80	US$ 3,780.00
	600-14	TR13	3,900 PCS	1.90	7,410.00
	Total:		6,000 PCS		US$ 11,190.00

Very truly yours,

⑯ Accepted by: ______________________ | ⑰ Daesung Industrial Co., Ltd.

Date of Acceptance ______________________ | ______________________

[양식 4-4]

승낙서 예시

① **Okamoto Industries, Inc.**

3-27-12, Hongo, Bunkyo-ku, Tokyo, Japan
TEL. 817-4261, 4266, 4271 FAX. 814-0894

Purchase Order

② Messrs.
Daesung Industrial Co., Ltd.
10th Floor, Leema Bldg.,
146-1 Susong-dong,
Chongro-ku, Seoul, Korea.

③ Your Ref. ____________
④ Our Ref. ______ D.I.C.-.07009 ______
⑤ December 27, 2019

⑥ Dear Sirs,

We Okamoto Industries, Inc., as Buyer, hereby confirm our purchase of the following goods in accordance with the terms and conditions given below.

---

⑦ Description	Automobile tubes 500-13 Tr13 2,100 PCS 600-14 Tr13 3,900 PCS
⑧ Quality	As per previous shipment.
⑨ Packing	Each 20PCS to be packed into an exportable carton box Export standard packing
⑩ Quantity	6,000 PCS Only
⑪ Price	CIF Yokohama, Japan in U.S. dollars. 550-13 Tr13 @US$ 1.80/PCE 600-14 Tr13 @US$ 1.90/PCE
⑫ Amount	Total: US$ 11,190.00
⑬ Insurance	Insurance policy/cretificate blank endorsed for 110% of CIF value with claims payable in Japan in the currency of the draft insurance to include I.C.C.(A) with institute war clauses, SRCC clauses
⑭ Payment	By L/C at sight in your favour by full cable Advising through Woori bank, Seoul, Korea from The Fuji Bank Ltd., Tokyo(Interest is for seller's account)
⑮ Shipment	Shipment should be effected directly from Busan, Korea to Yokohama, Japan by direct contatner vessel as follows: By early Feb/2015
⑯ Marks & No.	To be marked on both sides of each carton box as follows: C/No. 1-1/UP Item: Auto tube Size: ______ Q'ty: ______
⑰ Remarks	One original cretificate of origin form 'A' & two copies of non-negotiable B/L, invoice, packing list, insurance policy should be given by you under a captain's care for delivery to us

---

Confirmed & Accepted by: ⑱ Okamoto Industries, Inc.

- [양식 4-4]의 ⑰: 기타사항. 필요서류 등이 표시된다. [양식 4-3]의 ⑯은 청약의 상대자. [양식 4-4]의 ⑲는 주문의 발행자로 수입업자가 된다.
- [양식 4-3]의 ⑯, [양식 4-4]의 ⑲: 수입업자. [양식 4-3]의 ⑯은 청약의 상대자. [양식 4-4]의 ①은 주문의 발행자로 수입업자가 된다.
- [양식 4-3]의 ⑰, [양식 4-4]의 ⑱: 수출업자. [양식 4-3]의 ⑰은 청약서 발행자, [양식 4-4]의 ②는 주문의 상대방으로 수출업자가 된다.

5. 승낙

5.1 승낙과 계약의 성립

승낙은 청약의 내용에 동의하여 계약을 성립시키겠다는 의사표시이다. 즉, 대부분의 경우 청약에 대한 상대방(피청약자)의 승낙으로 무역계약(매매계약)이 성립되지만, 승낙의 절차를 별도로 밟지 않고서도 승낙이 있는 것으로 인정되는 경우에는 계약이 성립될 수 있다. 즉, 무역계약은 다음과 같은 여러 가지 방법에 의하여 성립된다.

① 승낙의사표시에 의한 성립

② 행위(의사실현)에 의한 성립: 승낙의 과정을 생략하고 바로 물품인도나 대금지급 등의 계약내용을 이행함으로써 매매계약을 성립시키는 형태이다.

③ 교차청약(cross offer)에 의한 성립: 영미법계에서는 교차청약에 의한 계약성립을 인정하지 않으나 대륙법계에서는 이를 인정한다.

5.2 계약이 성립될 수 없는 형태의 승낙

1) 조건부승낙과 의뢰부승낙

조건부승낙(conditional acceptance)은 청약에 대한 회신으로 피청약자가 조건부로 승낙하는 것으로 대응청약이며, 승낙이 아니다.

그러나 의뢰부승낙(acceptance accompanied by request)은 피청약자가 청약자에 대하여 청약의 내용을 변경하기를 원하거나 문의하는 정도로 청약의 효력에는 영향을 미치지 않으므로 계약을 성립시킨다. 예문을 살펴보면 'We accepted your offer dated Sep. 10. If possible, please use parts and components made in U.S.A'와 같은 것들을 들 수 있다.

2) 변경승낙

승낙을 의도하고 있으나 상대방의 청약서에 추가, 제한 또는 기타의 변경을 한 청약에 대한 응답은 청약의 거절이자 대응청약이다. 그러나 승낙을 의도하고 있고 또한 청약의 조건을 실질적으로 변경하지 않는 추가적 또는 상이한 조건을 명시하고 있는 청약에 대한 응답은 승낙이 된다.

실질적인 변경사항은 대금결제, 물품의 품질 및 수량, 인도의 장소 및 시기, 당사자의 상대방에 대한 책임범위 또는 분쟁해결에 관한 추가적 또는 상이한 조건을 의미한다.

3) 지연된 승낙(delayed acceptance)

원칙적으로 승낙으로서의 효력이 발생되지 않지만 청약자가 지체 없이 유효하다는 취지를 구두로 표시하거나 또는 통지를 발송하는 경우는 유효하다. 유효기간(validity)이 경과한 후에 승낙을 하게 되면 그것으로는 계약이 성립될 수 없다.

4) 부분승낙(partial acceptance)

청약조건의 일부만을 승낙하는 것은 경상의 법칙에 위배되기 때문에 계약이 성립하지 않는다.

Chapter

05

무역계약의 기본조건

제1절 무역거래의 기본조건

무역거래 기본조건의 주요 내용은 기본적으로 품질조건, 수량조건, 가격조건 등 물품 자체에 대한 조건과 선적조건, 결제조건 등 계약이행을 위한 조건으로서 5대 조건이 있고, 보험조건과 포장조건을 추가하여 7대 조건, 여기에 분쟁에 대비한 클레임(claim)조건을 포함하면 8대 조건이 된다.

이와 함께 계약이행불능이나 계약위반에 대비한 불가항력조항(force majeure) 및 클레임 해결조항으로 신속하고 효율적인 분쟁해결을 위해 중재조항(arbitration clause) 등을 명시하는 것도 필요하다.

1. 품질조건

오퍼나 매매계약서에는 거래목적물이 가능한 한 구체적으로 제시되어야 한다. 거래목적물의 규격이나 모양, 품질수준 등을 어떤 것으로 할 것인가, 즉 어떤 물품을 인도하기로 할 것인가를 약정하는 조건을 품질조건이라 한다.

공산품의 경우에는 견본매매나 상표매매 또는 규격서(설명서)매매 등의 매매방식이 이용되며, 농수산물이나 임산물 등과 같은 1차산물 및 광산물의 거래는 표준품매매(sales by standard, sales by type)를 이용한다.

1.1 견본매매

봉제완구와 같은 비규격품인 물품에 대하여는 견본매매(sales by sample)가 이용된다. 견본매매의 계약조건을 명시할 때, 'same as …'나 'up to …', 대신 'as per …', 또는 'similar to …'와 같은 표현을 사용하는 것이 분쟁예방, 특히 'market claim'의 방지를 위해 유익하다. 전자의 표현들은 '완전하게 동일한'의 의미를 지니는 것들이며, 후자의 표현들은 '대략 일치한다'는 뜻을 지녀 양자의 사이에는 뉘앙스에 있어서 차이가 있기 때문이다.

매도인은 매수인에게 송부한 견본과 동일한 제2견본(duplicate sample)을 비치하여 둠으로써 조회나 분쟁 시 입증용으로 사용하는 것이 좋다. 이런 견본을 'keep sample' 또는 'checked sample'이라고 한다.

1.2 상표매매

코카콜라(Coca-Cola), 아이폰(iPhone) 등과 같이 세계적으로 널리 알려진 상품은 견본을 제공할 필요가 없이 상표(brand, trade mark)로 거래목적물의 규격이나 품질을 약정한다. 이러한 매매를 상표매매(sales by trade brand)라고 한다.

1.3 규격서매매

선박이나 대형기계류 등 견본제공이 불가능한 경우에는 그 설계도면과 같은 규격서(명세서)에 의하여 거래하는데, 이를 가리켜 '규격서(설명서)매매(sales by specification/description)'라고 한다.

1.4 표준규격매매(sales by grade)

국가 또는 공인기관이 설정한 기준 등에 따라 사정하여 판정된 물품의 등급으로 품질수준을 약정하는 방법이다. 표준규격으로는 KC(Korea Certification), JIS(Japan Industrial Standard), ISO(International Organization for Standardization), BSS(British Standard Specification) 등이 있다.

1.5 표준품매매(sales by standard, sales by type)

일정한 표준물품을 추상적으로 제시하여 대체로 그와 유사한 수준에 해당하는 품질의 물품을 인도하는 것으로 FAQ, GMQ, USQ 등과 같은 조건이 있다. 이 조건들은 비공산품거래의 기본조건에서 자세히 다룬다.

2. 수량조건

거래물품의 인도수량을 약정할 때, 수량의 단위를 정확히 해야 한다. 살화물(bulk cargo)은 수량인도범위를 어떻게 할 것인가 및 수량검사를 어느 시점에 할 것인가에 대하여 약정한다.

2.1 수량의 단위

1) 중량

- L/T = 1,016kgs(long ton, English ton, gross ton)
- S/T = 907kgs(short ton, American ton, net ton)
- M/T = 1,000kgs(metric ton, French ton, kilo ton)

2) 용적(부피: measurement)

- liter, gallon, barrel, cubic meter, cubic foot: 목재, 액체 등
- SF(Super Foot): 목재에서의 수량표시단위
- 1M/T = 480SF = 40cubic feet
- CBM(Cubic Meter) = $1m^3$

3) 개수

- gross = 12dozen(12×12)
- small gross = 10dozen(12×10)
- great gross = 12gross(12×12×12)

4) 컨테이너단위

- TEU: Twenty-foot Equivalent Unit
- FEU: Forty-foot Equivalent Unit

2.2 살화물의 수량

살화물이란 비포장상태(unpacked condition)로 거래되는 대량물품, 예컨대 시멘트, 석탄, 광석, 곡물, 모래, 자갈 등을 말한다. 이러한 살화물은 정확한 수량인도가 불가능하기 때문에 인도수량에 일정범위 내에서의 과부족을 허용하는 조건으로 계약한다.

살화물은 수량검사의 시기를 어느 때로 할 것인가가 중요한데, 즉, 어느 시점의 수량을 실제 인도수량으로 인정할 것인가를 정해야 한다. 선적 시의 수량을 인정하는 선적수량조건(shipped quantity terms)과 양륙 시의 수량을 기준으로 하는 양륙수량조건(landed quantity terms)의 두 가지가 있다.

3. 가격조건

계약당사자 간 비용부담의 한계를 정하고 가격을 표시할 통화에 관한 약정을 할 필요가 있다. 즉, 여러 가지 비용 가운데 수출업자의 부담으로 귀속되는 비용은 어떤 것이며, 따라서 수입업자의 부담으로 귀속되는 비용은 어떤 것인가를 정한다. 정형화된 가격조건은 다음 장에서 다룬다.

4. 선적조건

4.1 선적의 의미

선적(shipping)은 단지 선박, 즉 본선에의 적재(loading on board)만을 의미하지 않고, 인도를 위한 항공기나 철도 등을 포함한 모든 운송수단을 포함한다. 즉, 본선적재, 발송(dispatch), 인수(accepted for carriage), 우편수령일(date of post receipt), 접수일(date of pick up) 또는 이와 유사한 표현 및 복합운송을 허용하는 경우, 운송인의 수탁(taking in charge) 등을 포괄하는 개념이다.

따라서 해상화물을 선박에 적재하는 행위뿐만 아니라 계약물품의 도로, 철도, 항공, 우편, 속달, 복합운송 등이 이루어지고 물품을 운송인에게 인도(적재)하는 행위를 총칭하는 개념으로 확장한다.

4.2 선적과 환적

1) 분할선적

분할선적(partial shipments)은 수출업자 임의로 계약물품을 여러 차례 나누어 시간적인 간격을 두고 운송하는 것을 말한다. 약정된 수량을 1회에 모두 선적할 수도 있고, 매수인의 판매계획이나 시황(market situation)에 따라 분할 또는 할부로 선적할 수도 있다. 따라서 분할선적을 허용할 경우 분할횟수, 수량, 각 분할분의 선적시기 등을 계약서상에 미리 약정하는 것이 바람직하다.

2) 할부선적

할부선적(installment shipments)은 일정기간 내에 일정량을 싣도록 하는 선적방법을 가리킨다. 예컨대, 5월에 1,000M/T, 6월에 2,000M/T 그리고 7월에는 3,000M/T를 선적하도록 하는 경우가 그것이다. 신용장에서 할부선적을 요구하는 경우, 이러한 신용장을 할부선적신용장이라 하며 어느 할부분을 기간 내 선적하지 못하면 당해분 및 차후분에 대하여 신용장이 무효가 된다. 예컨대, 5월분 1,000M/T는 5월에 선적하였으나, 6월분을 기간 내 선적하지 못한 경우 6월분 2,000M/T와 7월분 3,000M/T에 대하여 신용장이 무효가 된다. 그리고 할부분 내에서의 분할선적은 불가능하다. 즉, 5월 1,000M/T을 500M/T와 500M/T로 분할해서 선적할 수 없다.

3) 환적

환적(transshipment)이란 물품운송 도중에 다른 선박(운송수단)에 옮겨 적재하는 것을 의미한다. 물품은 환적과정에서 멸실 또는 손상될 우려가 많으므로 환적금지를 약정하는 것이 일반적인바, 특히 'direct steamer by customary route' 등으로 직항선적(direct shipment)을 약정한 경우에는 환적이 금지된다.

그러나 'feeder'선을 이용하는 것은 환적으로 보지 않는 것이 일반적이므로 환적금지로 약정된 경우에라도 'feeder'선은 이용될 수 있다고 해석된다.

4.3 선적시기의 약정

1) 달월조건과 연월조건

'September shipment'는 'Shipment shall be made during September'와 같은 뜻이며, 'September/October shipment'는 'Shipment shall be made from September to October'의 의미로 사용된다.

2) 특정일 이전 선적조건

'Latest shipping date(최종선적기일): September 15, 2004'는 'Shipment shall be made not later than September 15, 2004'와 같은 뜻으로 2004년 9월 15일까지 선적하는 조건이다. 이 경우 'not later than'은 'till, until, to, by' 등과 교환적으로 상용될 수 있는 표현이다.

3) 특정일 이후 선적조건

'Shipment should be made within three months after seller's receipt of L/C'는 매도인(수익자)이 신용장을 수취한 날로부터 3개월 이내에 선적하는 조건이다.

5. 보험조건

매수자와 매도자가 담보내용과 범위를 정하여 가장 적절하다고 판단되는 보험조건을 선택해야 한다.

6. 결제조건

대금결제조건은 결제수단과 결제시기를 고려하여 당해 거래에 가장 적절하다고 판단되는 것을 선택해야 한다.

7. 포장조건

포장조건에 있어서는 포장재로 어떤 것을 사용할 것인가, 포장단위와 포장방법을 어떻게 할 것인가, 그리고 포장화물에 어떤 표시를 할 것인가 등에 관하여 명확히 약정해야 한다.

포장은 그 본래의 목적을 달성할 수 있도록 적절한 포장재의 선택과 알맞은 포장단위의 선정을 전제로 해야 하며 또한 물품식별이 용이하도록 적절한 화인을 표시하여야 한다. 이러한 일련의 포장조건은 당연히 무역계약의 한 내용으로 명확히 규정되어야 한다. 그래서 곡물류나 살화물 또는 자동차나 선박 등의 비포장 개체화물(unpacked individual items) 이외의 물품에 대해서는 매매계약의 체결 시에 포장단위의 선정, 포장의 방법 및 화인의 표시방법 등에 대하여 약정하여야 한다.

7.1 포장의 의의

포장(packing)이란 물품의 운송, 보관, 거래, 사용, 판매 등에 있어 적절한 재료 및 용기 등을 이용하여 그 가치와 상태를 유지하기 위해 이에 따른 기술을 사용하여 물품을 보호한 상태를 말한다.

포장의 3대 기능은 보호성, 편리성, 판매촉진성이다. 보호성은 외부의 충격이나 환경으로부터 내용물을 보호해 주는 기능이고, 편리성은 내용물의 운송, 보관 및 폐기에 이르기까지 취급을 편리하게 하는 기능이며, 판매촉진성은 상품의 외형을 미화시켜 소비자로 하여금 구매의욕을 불러일으키도록 하는 기능을 말한다.

한편, 수출포장(export packing)은 국제무역에 필요한 운송포장으로 무역포장이라고 한다. 이 수출포장은 국내시장을 위한 포장과는 달리 해외의 목적지까지 각종 운송수단에 의한 장거리의 운송, 장기간의 보관, 수차례의 하역을 수반하고 이에 따른 장해나 위험도가 높기 때문에 이를 견딜 수 있는 안정성과 취급의 편의성을 고려하여 포장을 해야 한다. 또한 관습, 법률, 제도가 다른 수입업자가 그 대상이기 때문에 그 국가의 관계법령에 합치하고 수입업자의 요구에 부응하는 상태로 물품을 운송할 수 있도록 포장할 필요가 있다.

[양식 5-1]

Packing List

① Shipper/Seller
Hansol Automobile Tire Inc.
CPO Box No.7917
Seoul, Korea

⑧ No. & Date of Invoice
HS-070613 June 13, 2019

⑨ No. & Date of L/C
IMP20748 March 15, 2019

② For Account & Risk of Messrs.
Wilson & Company, Limited
50 Liberty Street
New York, N. Y. 10001

⑩ Consignee
Chase Lincoln First Bank N.A.

③ Notify Party
Same as above

⑪ Remarks:
Details are as per P/O No.DIC-07-03-10
Dated March 10, 2019 to be issued by
Wilson & Company, Limited.
Origin: Republic of Korea

④ Port of Loading
Busan, Korea

⑤ Final Destination
New York, U.S.A.

⑫ Payment Terms
Letter of credit, At sight

⑥ Carrier
M.S. Brown 709E

⑦ Sailing on or about
June 15, 2019

⑬ Price Term
CIF Busan, Korea

⑭ Marks & Numbers of Pkg	⑮ Description of Goods	⑯ Quantity/ Net WT	⑰ Gross WT	⑱ Measure
'WS' In triangle C/NO: 1-2500 Item: Auto tube Size: Q'ty:	Automobile tube Size Valve 500R13 TR13	50,000PCS 12,810kgs	15,370kgs	148CBM

//

P.O.Box:
e-mail:
Telefax No.:
Telephone No.:

⑲ Signed by ____________
Manager

7.2 포장재 및 포장단위의 선정

물품의 수량을 결정하기 위해서 어느 정도 포장의 무게를 포함할 것인가 하는 포장단위의 문제가 발생한다. 매매계약의 체결 시 계약당사자는 물품의 성질, 운송수단과 거리, 환적 여부, 포장장비와 운임, 기후조건, 포장비 및 운임, 당사국의 포장과 관련된 규정이나 상관습 등을 고려하여 과대포장이 되지 않도록 포장재료와 포장단위를 미리 약정하여야 한다.

특히 무역거래에서 사용된 수출물품의 포장재료는 내항성, 경제성, 식별성 등의 요건이 구비될 수 있도록 적절하게 선택하여야 한다. 포장의 단위는 다량의 물품을 무리하게 하나의 포장단위로 하거나 지나치게 소량의 물품을 하나의 포장단위로 포장하여서는 안 된다. 계약당사자 간에 포장조건에 대한 별도의 약정이 없는 한, 매도인의 임의판단에 의하여 포장이 행해지지만 분쟁의 예방을 위하여 포장재료나 포장단위에 대하여 계약당사자 간에 미리 약정해 두는 것이 바람직할 것이다.

7.3 포장의 내용

포장의 내용으로는 다음과 같이 개장, 내장 및 외장으로 나눌 수 있다.

1) 개장

개장(unitary packing)은 최소소매단위를 하나하나 개별적으로 포장하는 것을 말한다. 개장에는 상표나 품명 또는 제조업체의 이름이 기재되고 보기 좋게 디자인된 포장지가 사용된다. 특히, 수출화물의 경우는 상점에서 진열을 통하여 구매자의 구매욕구를 자극하는 측면보다는 물품의 보전이라는 기능이 강화되기 때문에 적절한 작은 용기나 재료의 선택이 요구된다.

2) 내장

내장(inner packing)은 개장된 물품을 수송 또는 취급하기에 편리하도록 일정한 양의 개장물품을 묶어 다시 한 번 포장하는 것을 말한다. 내장은 개장보다 튼튼한 포장재가 사용되어 내용물이 수분이나 습기 또는 광선이나 진동 등에 의해 손상되지 않도록 외장의 내부에 판지나 솜, 플라스틱 등을 채우거나 칸막이를 하는 것이므로 보통 판지나 합성수지가 쓰인다.

3) 외장

외장(outer packing)은 수송 도중의 화물의 변질, 파손, 도난, 유실 등을 방지하고 하역에 편리하도록 몇 개의 내장을 목재나 골판지 등으로 된 상자에 다시 포장하는 것을 말한다. 외장은 내장보다 더 튼튼한 소재로 하는 것이 일반적이며, 정형화된 포장격식이 사용되기 때문에 송판으로 된 나무상자(wooden case)나 골판지 상자(carton), 부대(bag), 드럼(drum) 등을 사용한다.

7.4 포장의 방법

수출물품의 포장은 물품의 성질과 종류에 따라 종이 또는 나무상자, 곤포, 포대, 나무통, 특수용기 등의 용기포장과 두루마리, 물레, 다발 등의 무용기포장, 곡물이나 광물과 같은 산물의 무포장 등이 있다. 따라서 매매계약체결 시 계약당사자는 포장의 종류별로 물품의 종류나 성질에 적합한 포장방법을 선택하여 약정해야 한다.

1) 포장단위와 포장재

상품의 성질에 따라 몇 개씩 어떤 포장재로 어떻게 포장할 것인가와 개장, 내장, 외장을 어떻게 할 것인가를 약정해야 한다.

2) 화인표시(marking)

매수인 또는 운송관계인이 당해 화물의 취급 및 다른 화물과의 식별을 용이하게 하고 당해 화물이 정확하게 목적지에 운송될 수 있도록 하기 위해서 당해 화물의 외장에 특정한 기호나 문자 따위를 표기하는 것을 화인(shipping mark, cargo mark)이라 한다.

3) 화인의 내용

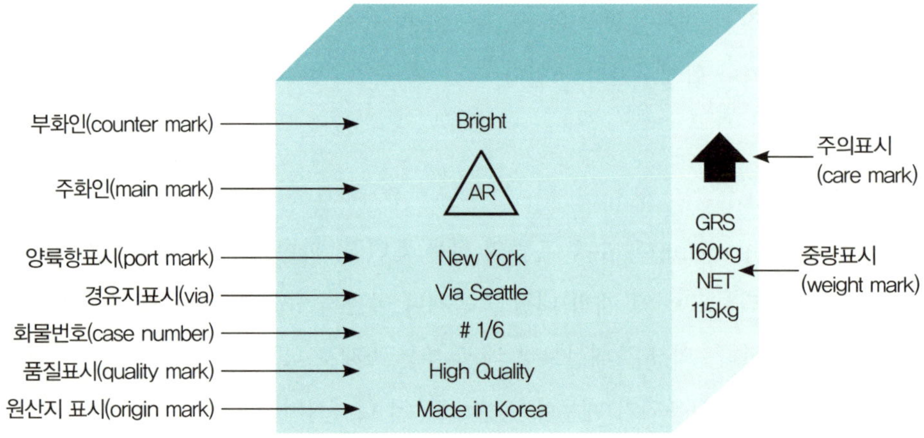

(1) 주화인

주화인(main mark)은 다른 화물과의 식별을 용이하게 하기 위해 포장 외면에 삼각형, 사각형, 타원형 등의 표시를 하고 그 안에 상호 등의 약자를 넣는 도형으로서, 일반적으로 송화인이나 수화인을 표시하는 특정한 기호에 대표문자를 넣어 만들거나 상표를 그대로 사용한다. 경우에 따라서는 삼각형 등의 도형이 없이 문자나 숫자만의 주화인도 있으나, 주화인은 크고 명확하게 표시해야 한다.

(2) 부화인

부화인(counter mark)은 주화인의 보조로서, 주화인만으로 타 화물과 구별이 어려운 경우 생산자 또는 공급자의 약호를 붙여야 하는 경우 등에 표기한다.

(3) 양륙항표시

양륙항표시(port mark)는 화물의 선적 또는 양륙작업을 용이하게 하고 화물이 오송되지 않도록 양륙항이나 목적지를 표기한다. 양륙항의 표시는 주화인 바로 밑에 흔히 양륙항을 기입한다.

(4) 경유지표시

목적지와 도착항이 다른 경우에는 경유지(via)를 표시하기도 한다.

(5) 화물번호

화물번호(case number)는 포장물이 여러 개인 경우에 매 포장마다 총개수 중에서 몇 번째 개수에 해당하는지를 나타내는 번호이다. 이러한 화물번호는 일련번호로 기입한다. 예컨대 C/N 1/6은 총 6상자 가운데 1번째 상자임을 의미하는 것으로서, 이 화물의 총수가 No.1에서 No.6까지 합계 6상자라는 것을 알 수 있다. 그러나 송장이나 그 밖의 서류상에는 일일이 일련번호를 기입할 수 없으므로 C/N 1–6과 같이 기재한다.

(6) 중량표시

중량표시(weight mark)는 화물의 중량을 표시하는 것으로서 총중량(gross weight: GRS), 순중량(net weight: NET) 등으로 기입한다.

(7) 원산지표시

원산지표시(origin mark)는 화물의 원산지를 국가명으로 표기한다. 수입업자로부터 원산지표시를 하지 말라는 요구가 없는 한 원산지표시를 하여야 한다. 화물의 원산지가 우리나라인 경우에는 'Made in Korea'로 표기하여야 한다.

(8) 품질표시

품질표시(quality mark)는 화물의 품질수준이나 등급, 공인검사기관의 품질검사 합격 등을 송화인이나 수화인이 알 수 있도록 표시하는 기호로서, 매수인의 요구에 따라 표시한다.

(9) 주의표시

주의표시(care mark)는 화물의 운송 및 보관을 할 때 취급상의 주의를 필요로 하는 경우에 취급자가 용이하게 판독할 수 있도록 붉은 잉크나 페인트를 사용하여 표시한다. 즉, 주의표시는 운송, 하역, 보관 등의 취급상 주의를 환기하기 위하여 기재하는 문언이나 그림으로서, 흔히 포장의 측면에 표시하기 때문에 'side mark'라고도 한다.

참고 | 주의표시에 사용되는 표현

This side up, Stand on End, Do not turn over, Keep Flat, Keep Dry, Keep Cool, No Hooks, Fragile, Perishable Goods, Liquid, Inflammable, Explosive, etc.

(10) 기타의 표시

주문번호(order No.), 지시표시(attention mark) 등 여러 가지가 추가적으로 표시될 수 있다.

제 2 절 비공산품계약의 기본조건

1. 주요 계약내용

농산물, 임산물, 수산물과 같은 1차산물이나 광산물 등 비공산품의 거래는 공산품의 거래와는 다른 방식으로 무역거래가 이루어진다. 비공산품거래에 적용되는 계약의 주요 내용은 다음과 같다.

1.1 품질조건

비공산품은 공산품과 같이 샘플이나 상표 또는 규격서에 의해서 품질을 정할 수가 없으므로 다음과 같은 방식으로 품질을 정한다.

1) FAQ term

'Fair Average Quality'의 약자로서 평균중등품질조건이라고 한다. 이는 해당 연도 해당 지역에서 생산되는 동종 생산물 가운데 대체로 중간 정도의 품질에 해당하는 것을 인도하기로 약정하는 것을 뜻한다. 이 조건은 곡물이나 과일의 매매에 사용되며, 특히 이들 품목의 선물거래에 많이 사용된다.

2) GMQ term

'Good Merchantable Quality'의 약자로서 판매적격품질조건이라고 한다. 이는 인도 당시의 품질이 판매하기에 적합한 것을 인도하기로 약정하는 것을 뜻한다. 이 조건은 목재류나 냉동어류, 광산물과 같이 잠재적인 하자가 있을 가능성이 많은 물품의 거래에 주로 사용되며 품질의 등급과 상관없이 인도 당시에 상품성이 보장되는지 여부만 가리는 조건이다.

3) USQ term

'Usual Standard Quality'의 약자로서 보통품질조건이라고 한다. 이는 해당 상품을 관장하는 공인기관에서 보통품질이라고 판정하는 물품을 인도하기로 약정하는 것이다. 이 조건은 인삼이나 오징어, 원면 등의 거래에 사용된다.

1.2 품질검사

일반적으로 국제상거래의 대상이 되는 물품은 장거리운송을 필요로 하는 경우가 많으므로 선적항에서의 선적 당시의 품질과 양륙 시의 품질 간에 차이가 발생할 가능성이 있다. 그러므로 향후 분쟁을 예방하기 위해 계약 시에 미리 물품의 품질을 선적 당시 또는 양륙 당시로 할 것인가를 약정해 둘 필요가 있다.

특히, 곡물은 쉽사리 부패되는 성질을 지니고 있다. 따라서 선적 시의 품질과 양륙 시의 품질이 다를 수 있기 때문에 품질검사의 기준시기를 언제로 할 것인가는 매매당사자에게는 대단히 중요한 문제이다. 이러한 곡물의 거래에는 다음과 같은 검품조건이 이용된다.

1) TQ

'Tale Quale'의 약자로서 'as it is', 'just as they come'의 의미를 지닌 선적품질조건(shipped quality term)이다. 검품의 기준시기를 선적 시로 한다.

2) RT

'Rye Term'의 약자로서 원래 호밀(rye)의 거래에서 사용되던 양륙품질조건(landed quality term)이다.

3) SD

'Sea Damaged'의 약자로서 원칙적으로는 선적품질조건이지만 양륙품질조건을 제한적으로 적용한 검품조건이다. 원칙적으로는 선적품질조건에 의하되, 해상운송 도중에 바닷물에 젖음(wet by sea water), 민물에 젖음(wet by fresh water), 빗물에 젖음(moisture damage), 또는 곰팡이나 세균에 의한 부패 등에 의한 물품의 손상에 대해서는 매도인이 책임을 지게 하는 조건이다.

2. 수량조건

일반상품의 경우에는 계약수량을 정확히 지켜야 하지만 곡물이나 광물, 모래, 자갈 등과 같이 비포장상태로 거래되는 품목의 경우에는 계약된 수량을 정확하게 지키기가 힘들다. 이런 문제를 해결하기 위해서 계약체결 시 과부족을 허용할 수 있는 범위를 정해서 해당 범위 내에 속하는 수량을 인도하면 계약상의 물품인도의무를 이행한 것으로 간주하는 조항을 다는데 이런 조항을 과부족용인조항(More or Less clause: M/L clause)이라고 한다.

예를 들어, 계약물량이 100톤이고 계약체결 시 5%의 과부족을 용인하는 조건(5% more or less in quantity is acceptable)을 달면 95톤에서 105톤까지의 물량을 허용한다는 뜻이다.

3. 가격조건

철강 등과 같은 원자재의 거래에는 FOB의 변형조건인 FOB ST나 FOB ST LSD 등의 조건이 사용되기도 한다. FOB ST에서 ST란 'Stowed and Trimmed'의 약자로서 화물이 선박의 갑판 위에 놓일 때까지의 비용뿐만 아니라 선박 내에 화물을 안전하게 쌓고 정돈할 때까지의 비용과 위험을 매도인이 부담하는 조건이다.

또한 LSD는 'Lashed, Secured, Dunnaged'의 약자로서 항해 중에 화물이 움직이거나 화물끼리 부딪치는 것을 방지하는 작업을 뜻하며, FOB ST LSD라고 하면 위에 언급한 모든 작업에 끝날 때까지 발생하는 비용과 위험을 매도인이 부담하는 조건을 뜻한다.

4. 해상운임조건

일반상품의 운송에 사용되는 정기선의 운임에는 선적 및 하역비용을 포함시켜서 선주가 부담하는 것이 일반적이다. 이와 같이 운임에 선적비와 하역비를 포함시키는 조건을 'berth term' 또는 'liner term'이라고 한다.

한편, 원유, 철광석, 석탄, 곡물 등 대량으로 거래되는 살화물의 운송에는 용선계약에 따라 별도의 운임을 정하는데, 이때 선적비와 하역비를 누가 부담하느냐에 따라 다음과 같이 세 가지 조건으로 구분한다.

① FIO(Free In & Out): 선적 및 하역비용을 화주가 별도로 부담하는 조건

② FI(Free In): 선적비용은 화주가 부담하고 하역비용은 선주가 부담하는 조건

③ FO(Free Out): 선적비용은 선주가 부담하고 하역비용은 화주가 부담하는 조건

Chapter

06

INCOTERMS

제1절 무역거래조건의 의의

제2절 무역거래조건의 해설

제 1 절 무역거래조건의 의의

무역거래에서 수출업자와 수입업자들은 상품의 원가 외에 수출국 내에서의 운송비, 수출통관비용, 목적지까지의 운송비 및 보험료, 수입통관비용 및 수입관세, 수입국 내에서의 운송비 등 여러 수출입비용을 고려하여 가격을 결정한다. 그리고 국가 간의 거래는 매매당사자가 멀리 떨어져 있고 나라마다 상관습이 다르므로 매도인과 매수인의 책임한계를 특정지점으로 미리 합의해야 한다.

매매당사자들이 상품의 가격을 약정할 때 그 가격에 어떠한 수출입 부대비용을 포함할 것인지, 또 당사자들의 책임은 어느 지점에서 이전될지를 결정해야 한다. 하지만 계약을 체결할 때마다 당사자들이 모여 각자가 부담해야 할 비용과 책임한계를 정하도록 하는 것은 현실적으로 불가능하다. 이에 따라 오래전부터 매매당사자들의 비용부담 및 책임한계가 관습적으로 어느 정도 표준화된 무역거래조건(trade terms)이 형성되었다.

1. 정형거래조건에 관한 국제규칙

정형거래조건(trade terms)에 관한 국제규칙으로는 인코텀즈(INCOTERMS) 외에도 CIF계약에 관한 와르소-옥스퍼드규칙(Warsaw-Oxford Rules for CIF Contract, 1932)과 개정미국무역정의(Revised American Foreign Trade Definitions, 1990)가 있다.

1.1 CIF계약에 관한 와르소-옥스퍼드규칙

CIF계약에 관한 와르소-옥스퍼드규칙(Warsow-Oxford Rules for CIF Contracts)은 CIF에 대한 통일된 해석기준을 마련하기 위해 1932년 국제법협회(International Law Association: ILA)가 제정하였고 1970년에 개정되어 지금에 이르고 있다.

와르소-옥스퍼드규칙은 CIF조건에서의 당사자의 권리, 의무와 이행방법 등을 명시한 규정으로 국제법학회가 1928년에 제정하고 1932년에 개정하였으나 오늘날에는 거의 적용하지 않는다.

1.2 개정미국무역정의

개정미국무역정의(Revised American Foreign Trade Definitions)는 미국에서 사용하는 가격조건을 규정한 것이다. 이 규칙에는 Ex(point of origin), FOB, FAS, C&F, CIF 및 Ex Dock의 6가지 가격조건이 규정되어 있고 FOB는 육상매매에 적합하도록 6가지 종류로 세분되어 있다.

Revised American Foreign Trade Definitions(1990)는 전미무역회의(National Foreign Trade Convention)에서 1919년에 채택한 Definitions of Export Quotations(수출가격조건의 정의)를 개정한 것으로 1941년과 1990년 두 차례에 걸쳐 개정이 이루어졌다.

미국의 지리적 특성을 고려하여 FOB조건을 6가지로 분류하는 등 인코텀즈의 내용과 다르고, 미국 및 제3국의 일부 업체에서 인코텀즈 대신에 Revised American Foreign Trade Definitions에 입각한 거래조건을 사용하는 때가 있으므로 첫 거래를 시작하기 전에 어떤 규정에 입각한 거래조건인지를 명확히 해두는 것이 좋다.

2. INCOTERMS

매매당사자들이 각국의 상관습을 잘 알지 못하므로 많은 오해와 분쟁이 초래될 수 있다. 이를 해결하기 위해 무역거래상의 분쟁요소를 없애고 국제무역의 확대를 도모하기 위해서 1936년 국제상업회의소(International Chamber of Commerce: ICC)는 무역거래조건 해석에 관한 국제규칙(International Rules for the Interpretation of the Trade Terms), 즉 인코텀즈(INCOTERMS)를 제정하였다.

2.1 INCOTERMS의 제정

인코텀즈는 매도인과 매수인 사이에 누가 무엇을 하는지, 즉 누가 물품의 운송이나 보험을 가입하는지 또는 누가 선적서류와 수출 또는 수입허가를 취득하는지, 매도인은 어디서 그리고 언제 물품을 '인도'하는지, 다시 말해 위험은 어디서 매도인으로부터 매수인에게 이전하는지, 운송비용, 포장비용, 적재 또는 양하 비용 및 점검 또는 보안관련 비용에 관하여 어느 당사자가 어떤 비용을 부담하는지 규정한다. 인코텀즈는 거래당사자 간에 합의하는 제반 계약조건을 보완하고 분쟁 발생 시 법률관계를 해석하는 기준이 된다. 인코텀즈규칙은 예컨대 CIF, DAP 등과 같이 세 글자로 이루어져 있고 물품매매계약상 기업 간 거래 관행(business-to-business practice)을 반영한다.

인코텀즈는 무역관습의 변화에 따라 여러 차례 개정되었으며 현재 사용되고 있는 것은 2020년에 개정된 인코텀즈 2020이다. INCOTERMS는 International Commercial Terms의 약칭에서 따온 말이며, 11가지 정형거래조건에 대해서 매도인과 매수인의 의무를 규정하고 있다.

표 6-1 INCOTERMS 2020의 11가지 거래조건

구분	거래조건	전신약호
모든 운송에 사용하는 거래조건	작업장인도(Ex Works)	EXW
	운송인인도(Free Carrier)	FCA
	운송비지급인도(Carriage Paid To)	CPT
	운송비보험료지급인도(Carriage and Insurance Paid To)	CIP
	목적지인도(Delivered At Place)	DAP
	도착지양하인도(Delivered at Place Unloaded)	DPU
	관세지급인도(Delivered Duty Paid)	DDP
해상, 내수로운송에 사용하는 거래조건	선측인도(Free Alongside Ship)	FAS
	본선인도(Free On Board)	FOB
	운임포함인도(Cost and Freight)	CFR
	운임보험료포함인도(Cost, Insurance and Freight)	CIF

2.2 INCOTERMS가 하지 않는 역할

인코텀즈규칙은 다음과 같은 사항은 다루지 않는다.

① 매매계약의 존재 여부, 매매물품의 성질상태

② 대금지급의 시기, 장소, 방법 또는 통화

③ 매매계약 위반에 대하여 구할 수 있는 구제수단

④ 계약상 의무이해의 지체 및 그 밖의 위반효과와 제재의 효력

⑤ 관세부과, 수출 또는 수입의 금지

⑥ 불가항력 또는 이행가혹

⑦ 지식재산권 또는 의무위반의 경우 분쟁해결의 방법, 장소 또는 준거법

또한 인코텀즈규칙은 매매물품의 소유권 · 물권의 이전을 다루지 않는다. 인코텀즈규칙은 이미 존재하는 매매계약에 편입되는 때 그 매매계약의 일부가 될 뿐이다.

3. INCOTERMS 2020

인코텀즈는 1936년에 제정된 이래 무역관습의 변화에 따라 1953년, 1967년, 1976년에 세 차례에 걸쳐 개정되었으며 1980년에 4차 개정이 이루어진 후로는 1990년, 2000년, 2010년, 2020년 등 매 10년단위로 개정되고 있다. 현재 사용하고 있는 인코텀즈 2020의 특징을 살펴보면 다음과 같다.

3.1 INCOTERMS 2020의 특징

1) DAT에서 DPU로의 명칭변경

인코텀즈 2010규칙에서 DAT와 DAP의 유일한 차이점은 DAT의 경우에 매도인은 물품을 도착 운송수단으로부터 양하한 후 '터미널'에 두어 인도하여야 하였고, DAP의 경우에 매도인은 물품을 도착 운송수단에 실어둔 채 양하를 위하여 매수인의 처분하에 두었을 때 인도를 한 것으로 되었다는 점이다. ICC는 DAT와 DAP에서 두 가지를 변경하였다. 첫째, 이러한 두 인코텀즈 2020규칙의 등장순서가 서로

바뀌었고, 양하 전에 인도가 일어나는 DAP가 이제는 DAT 앞에 온다. 둘째, DAT 규칙의 명칭이 DPU(Delivered at Place Unloaded)로 변경되었고, 이는 '터미널' 뿐만 아니라 어떤 장소든지 목적지가 될 수 있는 현실을 강조하기 위함이다.

2) FCA, DAP, DPU 및 DDP에서 매도인 또는 매수인 자신의 운송수단에 의한 운송 허용

인코텀즈 2010규칙에서는 물품이 매도인으로부터 매수인에게 운송되어야 하는 경우에 사용된 당해 인코텀즈규칙에 따라 매도인 또는 매수인이 운송을 위하여 사용하는 제3자 운송인(third-party carrier)이 물품을 운송하는 것으로 전반적으로 가정되었다. 그러나 인코텀즈 2020 초안의 논의과정에서 물품이 매도인으로부터 매수인에게 운송될 때 상황에 따라서는 제3자 운송인의 개입이 전혀 없이 운송될 수도 있는 경우가 있다. 따라서 예컨대 'D'규칙에서 매도인이 운송을 제3자에게 아웃소싱하지 않고, 즉 자신의 운송수단을 사용하여 운송하는 것을 허용하고 있다.

3) 본선적재표기가 있는 선화증권과 FCA

FCA(Free Carrier: 운송인인도)규칙에서 인도는 물품의 본선적재 전에 완료된다. 따라서 매도인이 운송인으로부터 선적선화증권(on-board bill of lading)을 취득할 수 없다. 왜냐하면 운송인은 자신의 운송계약상 물품이 실제로 선적된 후에야 비로소 선적선화증권을 발행할 의무와 권리가 있다. 이러한 상황에 대비하여 인코텀즈 2020의 FCA규칙에서 추가적인 옵션을 규정하였다. 즉, 매수인과 매도인은 매수인이 선적 후에 선적선화증권을 매도인에게 발행하도록 운송인에게 지시할 것을 합의하고, 매도인은 전형적으로 은행들을 통하여 매수인에게 선적선화증권을 제공할 의무가 있다.

4) 사용자를 위한 설명문(Explanatory Notes for Users)

각 규칙이 어떤 경우에 사용되어야 하는지, 위험은 언제 이전하는지 그리고 매도인과 매수인 사이에 비용분담은 어떠한지와 같은 개별 인코텀즈 2020규칙의 기초를 설명한다. 설명문의 목적은 (a) 사용자들이 당해 거래에 적합한 인코텀즈규칙을 정확하고 효율적으로 찾도록 돕는 것과 (b) 인코텀즈 2020이 적용되는 분쟁이나 계약에 관하여 결정을 내리거나 조언하는 사람들에게 해석이 필요한 사항에 관하여 지침을 제공한다.

5) CIF와 CIP 간 부보수준의 차별화

인코텀즈 2010규칙에서는 CIF 및 CIP에서 매도인에게 '자신의 비용으로 협회적하약관(Institute Cargo Clauses)의 C약관(ICC(C))이나 그와 유사한 약관에서 제공하는 최소담보조건에 따른 적화보험을 취득'할 의무를 부과하였다. 인코텀즈 2020에서는 CIF와 CI에서 최소부보에 관하여 다르게 규정하기로 결정되었다. 전자, 즉 CIF규칙은 일차산품의 해상무역에서 사용될 가능성이 높으므로 CIF규칙에서는 현상유지, 즉 협회적하약관의 (C)약관의 원칙을 계속 유지하되, 다만 당사자들이 보다 높은 수준의 부보를 하기로 달리 합의할 수 있도록 길을 열어두었다. CIP규칙의 경우에 이제 매도인은 협회적하약관의 (A)약관(ICC(A))의 보험에 가입하여야 한다. 물론 또한 당사자들은 원한다면 더욱 낮은 수준의 부보를 하기로 합의할 수 있다.

6) 보안관련 비용

인코텀즈 2010에서 보안통관과 관련한 매도인과 매수인의 의무에 관해서 규정하였다. 인코텀즈 2020에서는 보안과 관련된 선적 관행이 정립된 것으로 보고 보안관련 의무를 명시적으로 할당하였고 이 때문에 발생하는 비용도 명확히 규정되었다.

3.2 매도인과 매수인의 의무

인코텀즈 2020은 거래조건별로 매도인과 매수인의 의무가 10가지씩 대칭 배열되어 있다. 즉, 모든 조건에서 매도인의 첫째 의무에는 매매계약과 일치하는 물품, 증명서류 등을 제공해야 하는 매도인으로서의 일반적 의무가 규정되어 있고, 매수인의 첫째 의무에는 매매계약에서 정해진 대금을 지급하는 등의 매수인으로서의 일반적 의무가 규정되어 있다.

비용의 배분(allocation of costs)이란 물품이 매도인을 출발해서 매수인이 지정한 장소에 도착할 때까지 발생하는 운송비, 보험료, 통관비 등의 부대비용을 매도인과 매수인 간에 어떻게 분담할지를 규정하는 것으로서, 매수인은 매도인이 부담할 부대비용을 물품대금에 더해서 매도인에게 지급해야 한다.

이때 주목할 것은 인코텀즈에서 규정한 11가지 조건별로 매도인과 매수인이 부담해야 할 부대비용이 달라지지만 어떤 경우든 모든 부대비용은 결국 매수인이 부담한다는 것이다. 즉, 인코텀즈의 규정에 따라 매도인에게 할당된 부대비용은 매도인을 통하여 운송업체, 보험회사, 관세사 및 세관 등에 지급하도록 하고, 매수인에게 할당된 부대비용은 매수인이 직접 해당 업체에 지급하는 것만 다를 뿐 결과적으로 모든 부대비용은 매수인이 부담하는 것이다.

위험의 이전(transfer of risks)이란 물품이 운송되는 도중에 사고가 발생했을 때 누가 책임을 지느냐를 규정하는 것으로, 위험이 매도인으로부터 매수인으로 이전되기 전까지 발생하는 사고에 대해서는 매도인이 책임을 지고, 위험이 이전된 후에 발생한 사고에 대해서는 매수인이 책임을 지게 된다.

여기서 책임을 진다는 것은 사고로 인해서 발생한 손해를 부담한다는 뜻이다. 사고발생 시 매도인은 물품을 정상적으로 출고했음에도 불구하고 물품대금을 받을 수 없고, 매수인은 정상적으로 물품을 받지 못했음에도 불구하고 물품대금을 지급해야 함을 뜻한다. 매도인과 매수인은 자신이 책임을 져야 하는 구간에서 발생할지도 모르는 사고에 대비하기 위해서 보험에 가입하여야 한다.

인코텀즈에서는 CIF와 CIP를 제외한 나머지 9가지 조건에서는 매도인과 매수인 모두 보험계약의 의무가 없다고 명시하고 있다. 여기서 보험계약의 의무가 없다는 것은 상대방에 대해서 보험에 가입할 의무가 없다는 뜻이다. 따라서 CIF와 CIP를 제외한 나머지 9가지 조건에서는 상대방에 대한 의무로서가 아니라 자기 자신을 위험으로부터 보호하기 위해서 보험에 가입하여야 한다.

결론적으로 매도인이 보험에 들어야 하는 조건은 CIF와 CIP 외에 수입국에서 위험이 이전되는 DAP, DPU, DDP 등이 있으며, 수출국에서 위험이 이전되는 나머지 6가지 조건(EXW, FOB, FAS, FCA, CFR, CPT)에서는 수입자가 보험에 들어야 한다.

3.3 INCOTERMS 2020의 구성

인코텀즈 2020에는 11가지 거래조건이 규정되어 있으며 이들 조건은 운송수단에 상관없이 모든 운송에 사용가능한 7가지 거래조건과 해상 혹은 내수로운송에서만 사용할 수 있는 4가지 거래조건으로 분류되어 있다. 모든 운송에서 사용가능한 거래조건은 해상, 항공, 육상 등 운송수단에 상관없이 그리고 하나의 운송수단을 활용하든 두 가지 이상의 운송수단을 사용하든 상관없이 사용할 수 있는 거래조건을 의미한다.

여기에는 작업장인도조건(EXW), 운송인인도조건(FCA), 운송비지급인도조건(CPT), 운송비보험료지급인도조건(CIP), 목적지인도조건(DAP), 도착지양하인도조건(DPU)과 관세지급인도조건(DDP) 7가지가 있다. 해상운송이나 강, 운하 등을 이용하는 내수로운송에서만 사용할 수 있는 거래조건은 선측인도조건(FAS), 본선인도조건(FOB), 운임포함인도조건(CFR) 및 운임보험료포함인도조건(CIF) 4가지이다.

제 2 절 무역거래조건의 해설

1. 모든 운송에서 사용가능한 조건

이 그룹에 속하는 조건은 7가지이며 운송방법에 상관없이 모든 운송에서 사용할 수 있다.

1.1 작업장인도조건(Ex Works: EXW)

작업장인도조건(EXW)은 매도인이 물품을 (공장이나 창고와 같은) 지정장소에서 매수인의 처분하에 두는 조건이다. 이 조건에서 의미하는 작업장은 계약물품의 성격에 따라 공장, 농장, 광산 등의 장소가 된다. 실제 거래에서는 이 장소를 구체적으로 표시하여 매도인과 매수인의 책임분기점을 분명히 한다.

매도인은 작업장에 계약물품을 적치할 때까지의 비용과 위험을 부담한다. 별도의 합의가 없는 한 매도인은 매수인이 제공한 운송수단에 계약물품을 적재하거나 수출통관을 이행해야 할 필요는 없다.

반면, 매수인은 계약물품이 현존하는 장소에서부터 최종목적지까지 운송하는 데 소요되는 모든 비용과 책임을 부담해야 한다. 따라서 인코텀즈의 11가지 가격조건 중 EXW는 매도인에게는 최소한의 의무가 부여되는 조건으로 다음 사항에 유의해야 한다.

첫째, 실제로 매도인이 물품을 차량에 적재하는 데 보다 유리한 입장이라고 하더라도 매도인은 물품을 적재할 의무가 없다. 만일 매도인이 물품을 적재한다면 매수인의 위험과 비용으로 적재한다. 인도는 물품이 적재된 때가 아니라 매수인의 처분하에 놓인 때에 일어난다. 그리고 그때 위험이 이전한다. 그러나 매도인이 적재작업을 수행하는 동안에 발생하는 물품의 멸실 또는 훼손의 위험을 적재에 물리적으로 참여하지 않은 매수인이 부담하는 것은 논란이 될 수 있다. 이러한 가능성 때문에 매도인이 물품을 적재하여야 하면 당사자들은 적재 중 물품의 멸실 또는 훼손의 위험을 누가 부담하는지를 미리 합의해 두는 것이 바람직하다.

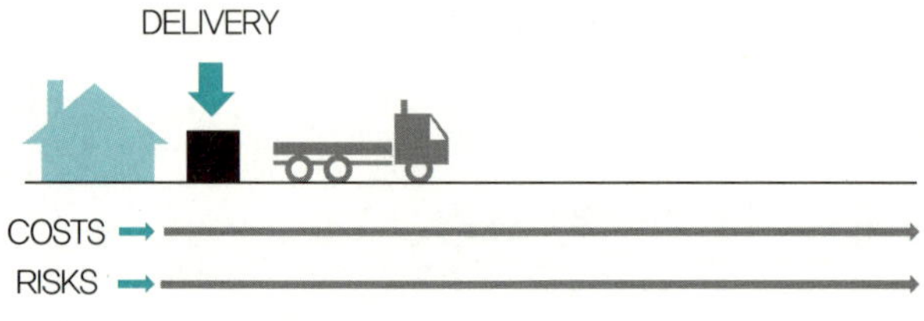

둘째, 매도인은 매수인이 수출을 이행하기 위해서 요청하는 도움만 제공할 의무가 있을 뿐이며 수출통관의 의무는 없다. 따라서 매수인이 직접적이든 간접적이든 수출통관을 할 수 없다면 EXW조건을 사용하지 않는 것이 좋다.

셋째, 매수인은 매도인에게 물품의 수출과 관련한 정보를 제공할 제한적인 의무만 있으나 매도인은 납세 또는 보고의 목적으로 그런 정보를 필요로 할 수 있다.

EXW조건은 운송방식과 상관없이 사용할 수 있으며, 복수의 운송방식이 사용되는 경우에도 사용될 수 있다.

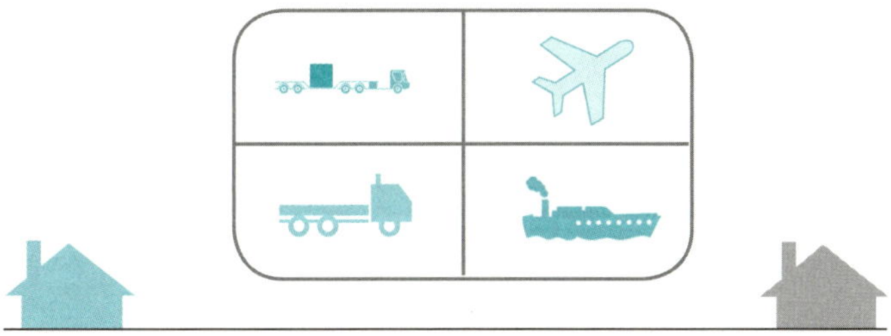

비용의 분기점	매도인의 구내에서 물품을 인도했을 때
위험의 분기점	매도인의 구내에서 물품을 인도했을 때
운송계약의 의무	없음
보험계약의 의무	없음
수출통관의 의무	매수인
수입통관의 의무	매수인
표기방법	EXW + 지정된 인도장소

넷째, 운송계약 및 보험계약의 의무는 상대방에 대한 의무를 뜻하며, 없음이라고 표시한 것은 매도인, 매수인 모두 상대방을 위해서 운송계약이나 보험계약을 체결할 의무가 없다는 것을 뜻한다. 이런 경우는 비용의 배분 및 위험의 이전 시기를 감안하여 매도인과 매수인 중 한쪽에서 자신을 위해서 운송계약 및 보험계약을 체결해야 한다.

다섯째, 인코텀즈의 규정은 조건명 뒤에 장소가 명시되어야만 적용할 수 있으며 해당 지점에서 위험의 이전이나 비용의 배분이 이루어지므로 거래조건명 뒤의 장소는 가급적 정확하게 표시하는 것이 바람직하다. 예를 들어, 'EXW 123 Samsung-Dong, Kangnam, Seoul, Korea'와 같이 표시하는 것이 바람직하다.

■ 그림 6-1 ■ EXW(insert named place of delivery) Incoterms® 2020

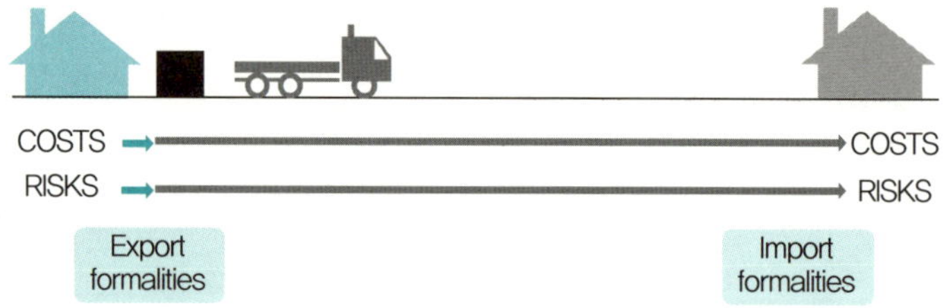

EXW조건에서의 당사자의 의무

수출자의 의무	• 계약내용과 일치하는 상업송장, 포장명세서, 품질, 수량 등에 관한 검사증명서 또는 이와 동등한 전자통신문을 제공 • 수입자의 요청과 비용 및 위험부담으로 영사송장(consular invoice), 원산지 증명서 등 수출, 수입 또는 제3국으로의 통과에 필요한 서류를 취득할 수 있도록 협조 • 매도인에 대한 최소 의무부과
수입자의 의무	• 수출자의 구내에서 물품을 수령한 사실을 입증하는 물품수령증(buyer's receipt)을 제공 • 자신의 위험과 비용부담으로 수출승인과 통관절차, 운송계약을 체결 • 지정된 인도장소에서 물품인수 시 수반된 모든 비용과 위험을 부담

〈표시〉 매도인이 삼성의 수원 제5 보세창고에서 인도하는 조건으로 대당 100달러, 매수인 자신이 수출통관을 하고 목적지까지 모든 비용과 위험을 부담하는 경우: USD100/pc EXW Samsung's Warehouse #5, Suwon, Korea INCOTERMS 2020

1.2 운송인인도조건(Free Carrier: FCA)

운송인인도조건(FCA)은 매도인이 구내 또는 지정된 장소에서 매수인이 지명, 통보한 운송인 또는 제3자의 관리하에 수출통관된 물품을 인도함으로써 자신의 의무가 끝나는 조건이다. 물품이 인도되는 지점에서 위험이 이전되므로 정확하게 해당 지점을 명시해야 한다. 따라서 이 조건에서는 지정된 장소에서 운송인에게 계약물품이 인도되는 시점이 바로 매매당사자 간의 비용부담과 책임의 분기점이 된다.

FCA조건에서 매도인은 계약물품의 수출에 필요한 모든 법적 절차를 취한 후 지정된 운송인에게 물품을 인도해야 한다. 지정운송인은 매수인이 운송계약을 체결하여 매도인에게 그 명의를 통보한 운송인이며 여기에는 운송수단은 실제 보유하지 않고 단지 운송의 책임을 지는 계약운송인도 포함된다. 따라서 매수인은 운송인이 아닌 운송주선인(freight forwarder)에게 물품을 인도하라는 지시를 할 수 있다.

FCA조건에서는 작업장인도조건(EXW)에 비해 매도인이 수출통관된 물품을 지정된 운송인에게 인도해야 하는 의무가 추가된다. 매도인이 수출통관을 해야 하지만 수입통관, 수입관세납부 또는 수입통관절차에 대해서는 의무가 없다.

매수인의 요청이 있거나 상관행인 경우 또는 매수인이 약정된 기간에 반대의 지시를 하지 않는 경우, 매도인은 매수인의 위험과 비용으로 통상적인 조건의 운송계약을 체결할 수 있다. 매도인은 어느 경우에도 운송계약의 체결을 거절할 수 있으며 그러한 경우에는 매수인에게 그 취지를 즉시 통지해야 한다.

한편, 매수인은 매도인이 계약물품을 인도할 수 있도록 운송인과 운송계약을 체결하고 운송인 명의, 인도기일 등을 매도인에게 통보해 주어야 한다. FCA조건에서 운송인에 대한 물품의 인도는 구체적으로 다음과 같은 때에 완료된다.

첫째, 지정된 장소가 매도인의 영업장 구내일 때 물품이 매수인에 의하여 지정된 운송인 또는 운송인을 대리하는 기타의 자에 의하여 제공된 운송수단상에 적재된 때 적법한 인도가 이루어진 것으로 본다.

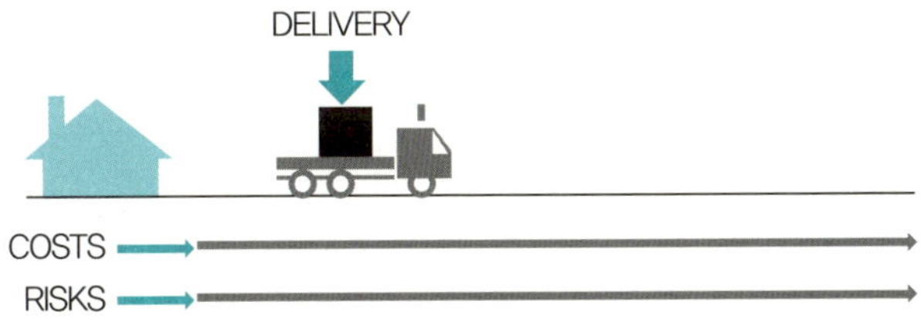

둘째, 첫 번째 이외의 장소가 지정된 경우에는 지정장소가 그 밖의 장소인 경우, 물품은 다음과 같이 된 때 인도된다. 매도인의 운송수단에 적재되어서 지정장소에 도착하고 매도인의 운송수단에 실린 채 양하 준비된 상태로 매수인이 지정한 운송인이나 제3자의 처분하에 놓인 때 인도가 완료된다. 인도장소로 선택되는 장소는 위험이 매수인에게 이전하는 곳이자 또한 매수인이 비용을 부담하기 시작하는 시점이 된다.

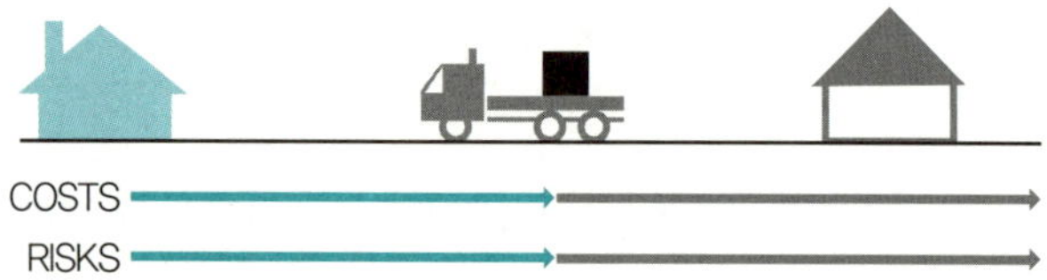

FCA조건은 운송방식과 상관없이 사용할 수 있으며, 복수의 운송방식이 사용되는 경우에도 사용될 수 있다. 또한 당사자들이 계약에서 합의한 경우에 매수인은 그의 운송인에게 본선적재표기가 있는 선화증권을 매도인에게 발행하도록 지시하여야 한다.

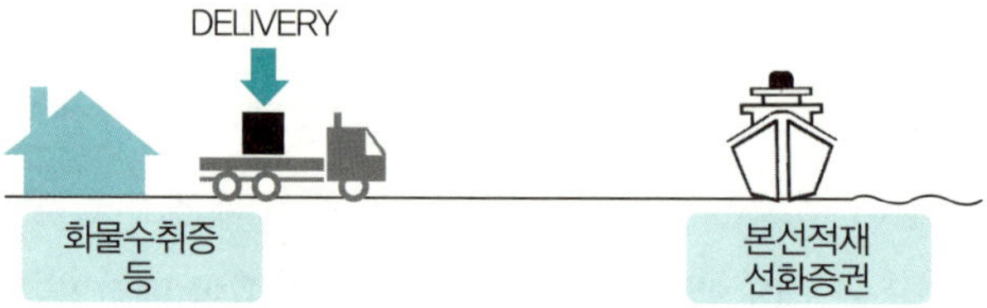

비용의 분기점	매수인이 지정한 운송인에게 물품을 인도했을 때
위험의 분기점	매수인이 지정한 운송인에게 물품을 인도했을 때
운송계약의 의무	매수인
보험계약의 의무	없음
수출통관의 의무	매도인
수입통관의 의무	매수인
표기방법	FCA + 지정된 인도장소

▌그림 6-2▐ FCA(insert named place of delivery) Incoterms® 2020

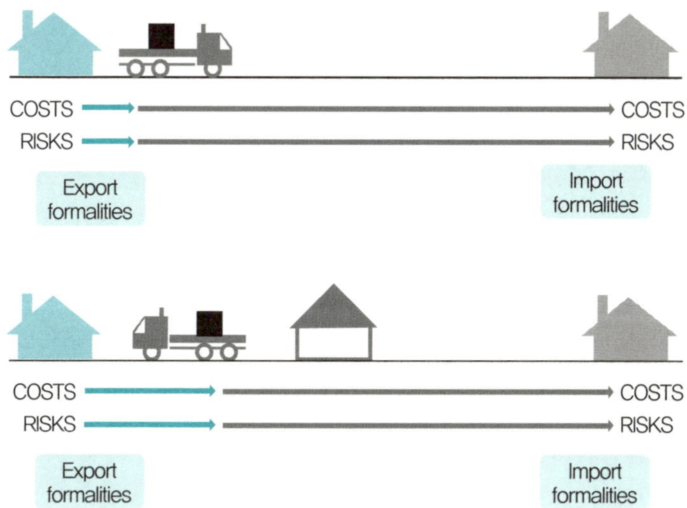

FCA조건에서 당사자의 의무

수출자의 의무	• 수출자의 부담으로 수출허가와 수출통관 이행 및 컨테이너세, 각종 부과금 지급 • 계약내용과 일치하는 상업송장, 수출허가서, 운송인에게 물품을 인도하였음을 증명하는 인도증거서류 제공 • 수입자의 요청과 비용 및 위험부담으로 운송계약 체결 후 운송서류 제공
수입자의 의무	• 운송인지정 및 운송방식, 인도기일, 인도장소 통지 • 수출자에게 운송계약을 요청하지 않았으면 인도장소로부터 운송을 위한 운송계약 체결

〈표시〉 매도인이 한국의 인천공항에서 매수인이 지정한 운송인에게 물품을 인도하는 비용까지를 조건으로 하여 100달러, 매도인이 수출통관을 해야 하고 매수인에게 인도한 이후의 위험과 비용은 매수인이 부담할 경우: USD100/pc FCA Inchon Airport, Korea INCOTERMS 2020

1.3 운송비지급인도조건(Carriage Paid to: CPT)

운송비지급인도조건(CPT)은 매도인이 자신과 목적지까지 운송계약을 체결한 운송인에게 합의된 장소에서 수출통관된 물품을 인도하고 지정된 목적지까지 물품을 운송하는 데 필요한 운송계약을 체결하고 운송비를 지급하는 조건이다. 매도인은 물품이 목적지에 도착했을 때가 아니라 운송인에게 물품을 인도하면서 위험을 이전한다.

CPT조건은 위험과 비용이 다른 장소에서 이전되기 때문에 두 개의 분기점을 갖는다. 당사자들은 계약서에 위험이 매수인에게 이전되는 인도장소와 매도인이 운송계약을 체결해야 하는 지정된 목적지를 정확하게 명시하는 것이 바람직하다.

만일 합의된 목적지까지 운송하는 데 복수의 운송인을 사용하고 당사자 간에 명확한 인도지점을 합의하지 않는다면, 매수인으로서는 아무런 통제를 할 수 없고 전적으로 매도인이 선택하는 지점에서 물품이 최초 운송인에게 인도될 때 위험이 이전되는 것이 기본규칙이다. 만일 위험이 나중 단계(항구나 공항에서와 같은)에서 이전되기를 원한다면 이와 같은 내용을 계약서에 명시해야 한다.

당사자들은 또한 해당 지점까지의 비용을 매도인이 부담해야 하므로 합의된 목적지 내의 지점을 정확하게 명시하는 것이 바람직하다. 매도인은 이와 같은 선택에 정확하게 부합되는 운송계약을 체결하는 것이 좋다. 만일 운송계약으로 매도인이 지정된 목적지에서 물품을 내리는 비용을 부담해야 하는 경우라면 당사자 간에 달리 합의하지 않는 한 매수인에게 해당 비용을 요구할 권리가 없다.

CPT조건에서는 매도인이 수출통관을 해야 하지만 수입통관, 수입관세납부 또는 수입통관절차에 대해서는 의무가 없다. 이 조건에서 매도인은 먼저 자신의 위험과 비용으로 수출에 필요한 모든 통관절차를 이행해야 한다. 그리고 합의된 목적지까지 적합한 운송계약을 체결하고 운송비를 지급해야 하며 계약물품을 운송인에게 인도 완료해야 한다.

CPT조건에서 매도인이 목적지까지 운송계약을 체결하고 운송비를 지급한다고 해서 자신의 책임이 목적지까지 연장되는 것은 아니며 매도인의 책임은 자신과 운송계약을 체결한 운송인에게 물품을 인도하는 시점에서 끝이 난다. 즉, 매도인과 매수인의 책임분기점은 매도인이 체결한 운송인에게 물품을 인도하는 시점이 된다.

앞의 FCA조건은 매수인이 물품을 실어가기 위해 매수인 자신이 운송계약을 체결하고 운송비를 지급하는 것이지만 CPT조건은 반대로 매도인이 물품을 목적지까지 실어주고 운송비를 지급하는 조건이다. 매도인이 지급한 운송비는 물품의 가격에 포함되어 있다.

앞의 FCA조건에 비해 매도인은 목적지까지 운송계약을 체결하고 운송비를 지급해야 할 의무가 있다. 운송계약은 해상, 육상, 항공운송 등 상관없으며 목적지까지 여러 운송을 사용하는 복합운송계약을 체결해도 무방하다.

CPT조건에서 매수인은 합의된 목적지에서 계약물품을 운송인으로부터 인수해야 한다. 물품이 운송인에게 인도 완료되는 시점부터 발생하는 위험을 부담해야 한다.

비용의 분기점	지정된 목적지에 물품이 도착하였을 때
위험의 분기점	매도인이 지정한 운송인에게 물품을 인도했을 때
운송계약의 의무	매도인
보험계약의 의무	없음
수출통관의 의무	매도인
수입통관의 의무	매수인
표기방법	CPT + 지정된 목적지

▌그림 6-3 ▌ CPT(insert named place of destination) Incoterms® 2020

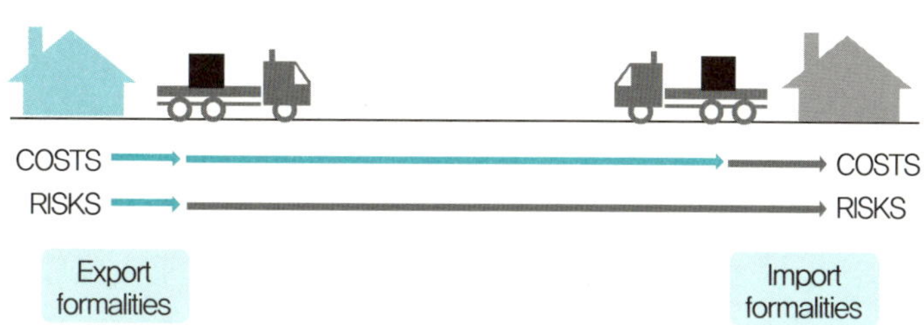

CPT조건에서 당사자의 의무

수출자의 의무	• 수출자의 부담으로 목적항까지 물품의 운송계약체결 • 계약내용과 일치하는 물품을 운송인이나 최초 운송인에게 인도 • 계약내용과 일치하는 상업송장 및 목적항까지의 무사고 운송서류(유통성 선화증권, 해상화물운송장, 내수로운송서류 등)를 지체 없이 제공하고 모든 서류는 당사자 간 합의로 전자통신문으로 대체가능 • 자신의 비용부담으로 수출허가, 통관, 컨테이너세, 기타 부과금납부 • 선적항에서 물품의 본선적재비(loading costs)를 부담, 단 정기선의 경우 목적항에서 양륙비가 운임에 포함되어 있으면 이것도 지급

수입자의 의무	• 목적항에서 양륙비가 운임에 포함되어 있지 아니할 경우에는 양륙비를 지급 • 매도인에 대한 통지불이행으로 인하여 발생하는 모든 위험과 추가적인 비용을 지급 • 상업송장 및 운송서류가 도착하면 이를 승낙하고 도착항에서 물품을 수령

〈표시〉 매도인이 뉴욕공항까지 운송비를 부담하는 조건으로 대당 100달러:
USD100/pc CPT New York Airport, USA INCOTERMS 2020

1.4 운송비보험료지급인도조건(Carriage and Insurance Paid to: CIP)

운송비보험료지급인도조건(CIP)은 매도인이 계약물품에 대해 수출통관을 하고 목적지까지 보험계약을 체결한 후 이를 자신과 운송계약을 체결한 운송인에게 인도하는 조건이다. 매도인은 협회적하약관의 (C)약관(ICC(C))에 의한 제한적인 담보조건이 아니라 협회적하약관의 (A)약관(ICC(A))이나 그와 유사한 약관에 따른 광범위한 담보조건으로 부보하여야 한다. 그러나 당사자들은 여전히 더 낮은 수준의 담보조건으로 부보하기로 합의할 수 있다.

CIP조건에서 매도인은 자신의 위험과 비용으로 수출에 필요한 모든 통관절차를 이행해야 한다. 그리고 목적지까지 운송계약과 보험계약을 체결하여 운송비 및 보험료를 지급하고 계약물품을 운송인에게 인도해야 한다. 이 조건은 앞의 CPT조건과 같은데 단지 매도인이 목적지까지 보험계약을 체결하고 보험료를 내야 한다.

그러나 매도인이 목적지까지 운송보험계약을 체결한다고 해서 매도인의 책임이 목적지까지 연장되는 것은 아니며 자신의 책임은 어디까지나 운송인에게 물품을 인도하는 시점에서 끝이 난다. 따라서 운송 도중의 물품에 대해서 매도인은 책임질 필요가 없다.

CIP조건에서 매도인의 의무는 앞의 CPT조건에서의 매도인의 의무에 목적지까지 운송보험계약을 체결하고 보험료를 내야 하는 의무가 추가된다. 이 조건은 모든 운송에서 사용될 수 있는 조건이기 때문에 매도인은 매수인과 합의하여 보험조건을 선정하고 보험가입금액은 CIP가격의 110%로 한다. 매도인은 물품이 목적지에 도착했을 때가 아니라 운송인에게 물품을 인도할 때 의무를 완수한다.

매수인은 물품이 운송인에게 인도 완료되는 시점 이후부터 발생하는 위험을 부담해야 한다. 이 조건에서 비록 매도인이 목적지까지 보험계약을 체결하지만, 운송 도중 물품의 위험에 대해서는 매수인이 책임져야 한다. 만약 운송 도중 물품에 대한 사고가 발생하면 매수인이 보험자에게 클레임을 제기해야 한다.

CIP조건은 위험과 비용이 다른 장소에서 이전되기 때문에 두 개의 분기점을 갖는다. 당사자들은 계약서에 위험이 매수인에게 이전되는 인도장소와 매도인이 운송계약을 체결해야 하는 지정된 목적지를 가능한 한 정확하게 명시하는 것이 바람직하다.

만일 합의된 목적지까지 운송하는 데 복수의 운송인을 사용하고 당사자 간에 명확한 인도지점을 합의하지 않는다면, 매수인으로서는 아무런 통제를 할 수 없고 전적으로 매도인이 선택하는 지점에서 물품이 최초 운송인에게 인도될 때 위험이 이전되는 것이 기본규칙이다. 만일 위험이 나중 단계(항구나 공항에서와 같은)에서 이전되기를 원한다면 이와 같은 내용을 계약서에 명시해야 한다.

당사자들은 또한 해당 지점까지의 비용을 매도인이 부담해야 하므로 합의된 목적지 내의 지점을 정확하게 명시하는 것이 바람직하다. 매도인은 이와 같은 선택에 정확하게 부합되는 운송계약을 체결하는 것이 좋다. 만일 운송계약에 의해 매도인이 지정된 목적지에서 물품을 내리는 비용을 부담해야 하는 경우라면 당사자 간에 달리 합의하지 않는 한 매수인에게 해당 비용을 요구할 권리가 없다.

CIP조건에서는 매도인이 수출통관을 해야 하지만 수입통관, 수입관세납부 또는 수입통관절차에 대해서는 의무가 없다. 이 조건은 운송방식과 상관없이 사용할 수 있으며, 복수의 운송방식이 사용되는 경우에도 사용될 수 있다.

비용의 분기점	지정된 목적지에 물품이 도착하였을 때
위험의 분기점	매도인이 지정한 운송인에게 물품을 인도했을 때
운송계약의 의무	매도인
보험계약의 의무	매도인
수출통관의 의무	매도인
수입통관의 의무	매수인
표기방법	CIP +지정된 목적지

▌그림 6-4 ▌ CIP(insert named place of destination) Incoterms® 2020

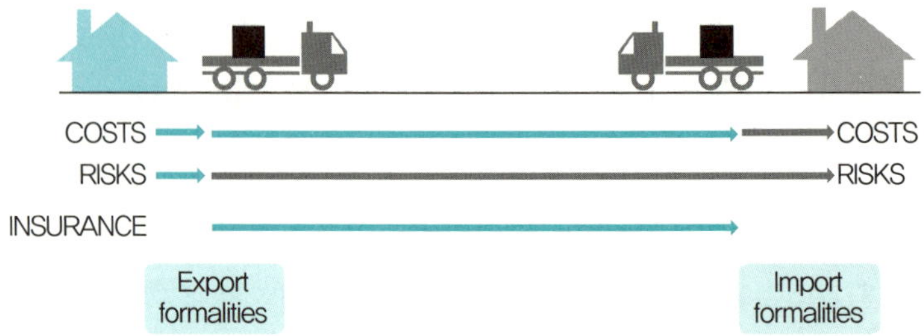

CIP조건에서 당사자의 의무

수출자의 의무	• 수출자의 부담으로 목적항까지 물품의 운송계약체결 • 계약내용과 일치하는 물품을 운송인이나 최초 운송인에게 인도 • 계약내용과 일치하는 상업송장(commercial invoice) 및 목적항까지의 무사고 운송서류(유통성 선화증권, 해상화물운송장, 내수로운송서류 등)를 지체 없이 제공하고 모든 서류는 당사자 간 합의로 전자통신문으로 대체가능 • 자신의 비용부담으로 수출허가, 통관, 컨테이너세, 기타 부과금납부 • 자신의 비용부담으로 최대담보조건으로 물품대금의 110% 한도까지 계약상의 통화단위로 부보(전쟁, 동맹파업, 소요 및 폭동위험에도 부보) • 선적항에서 물품의 본선적재비(loading costs)를 부담, 단 정기선의 경우 목적항에서 양륙비가 운임에 포함되어 있으면 이것도 지급
수입자의 의무	• 목적항에서 양륙비가 운임에 포함되어 있지 아니할 경우에는 양륙비를 지급 • 매도인에 대한 통지불이행으로 인하여 발생하는 모든 위험과 추가적인 비용을 지급 • 물품이 운송인에게 인도되고 상업송장 및 운송서류가 도착하면 이를 승낙하고 도착항에서 물품을 수령

〈표시〉 CPT+보험계약체결의무=CIP, 매도인이 뉴욕공항까지 운송비와 보험료를 부담하는 조건으로 대당 100달러: USD100/pc CIP New York Airport, USA INCOTERMS 2020

1.5 목적지인도조건(Delivered At Place: DAP)

목적지인도조건(DAP)은 매도인은 지정목적지에서 수입통관을 마치지 않은 계약물품을 도착된 운송수단으로부터 하역되지 않은 상태로 매수인의 임의처분상태로 인도해야 한다. 이 조건을 사용할 경우 DAP 뒤에 지정목적지를 표시한다.

DAP조건에서 매도인은 자기의 비용으로 지정목적지 또는 때에 따라 지정목적지의 합의된 지점까지 물품을 운송하기 위한 운송계약을 체결하여야 하고, 지정목적지까지 물품을 운송하는 데 따른 모든 위험을 부담한다.

만약 특정지점이 합의되지 않았거나 관습에 의해 결정되고 있지 않은 경우, 매도인은 지정목적지에서 자기의 목적에 가장 적합한 지점을 선택할 수 있다. 그리고 매도인은 지정목적지에 도착한 운송수단으로부터 물품을 하역해 줄 의무는 없다. 운송계약 때문에 매도인이 지정된 목적지에서 물품을 내리는 비용을 부담해야 하는 경우라면 매도인은 당사자 간에 달리 합의하지 않는 한 매수인에게 해당 비용을 요구할 권리가 없다.

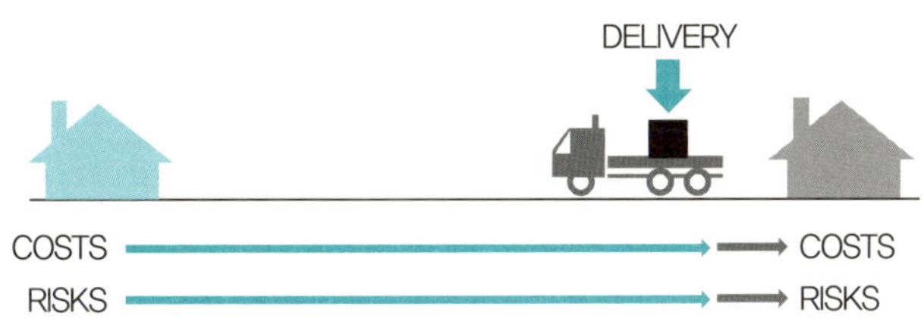

한편, 매수인은 지정목적지에서 자기가 임의로 처분할 수 있는 상태가 된 이후의 모든 위험과 비용을 부담한다. 이 조건에서는 매도인이 수출통관을 해야 하지만 수입통관, 수입관세납부 또는 수입통관절차에 대해서는 의무가 없다. 이 조건은 운송방식과 상관없이 사용할 수 있으며, 복수의 운송방식이 사용되는 경우에도 사용될 수 있다.

비용의 분기점	지정된 목적지에서 물품을 인도하였을 때
위험의 분기점	지정된 목적지에서 물품을 인도하였을 때
운송계약의 의무	매도인
보험계약의 의무	없음
수출통관의 의무	매도인
수입통관의 의무	매수인
표기방법	DAP + 지정된 목적지

▌그림 6-5▌ DAP(insert named place of destination) Incoterms® 2020

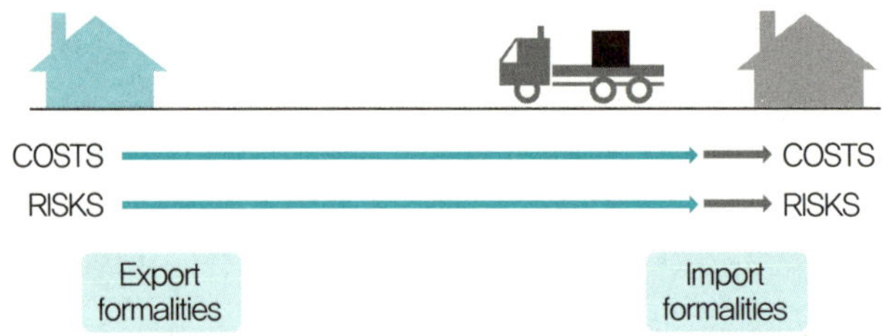

DAP조건에서 당사자의 의무

수출자의 의무	• 계약내용과 일치하는 물품을 최종목적지에서 양하준비가 된 상태로 수입자의 임의처분하에 인도 • 물품을 지정항구나 목적지로 가져오는 데 관련된 모든 위험과 비용을 부담 • 자신의 비용부담으로 수출허가, 수출통관 • 운송계약체결 시 목적지 또는 때에 따라 목적지 내에서의 특정지점을 지정
수입자의 의무	• 목적지에서 자신의 임의처분하에 인도된 물품을 수령하고 운송수단으로부터 물품을 양하 • 물품을 인도받으면 지체 없이 약정대금지불 • 물품의 수입통관 및 관세지급

〈표시〉 매도인이 허치슨터미널에서 양하준비가 된 상태로 둘 때까지 비용과 위험을 부담하는 조건: USD100/pc DAP Hutchison Busan Terminal, Busan Port, Korea INCOTERMS 2020

1.6 도착지양하인도조건(Delivered at Place Unloaded: DPU)

도착지양하인도조건(DPU)은 매도인이 계약에서 합의된 지정목적항 혹은 지정목적지에서 운송수단으로부터 물품을 하역하여 수입통관을 하지 않고 이를 매수인의 임의처분상태로 인도하는 조건을 말한다. 이 조건의 경우 매매당사자 간의 비용 및 위험부담의 분기점은 지정목적지가 된다. 따라서 이 조건을 사용할 경우 지정목적지의 특정지점을 명확히 해두어야 한다. 만약 특정목적지가 합의되지 않았거나 관습에 의해 결정되고 있지 않은 경우, 매도인은 합의된 목적항구 또는 목적지에서 자기의 목적에 가장 적합한 지점을 선택할 수 있다. 매도인은 목적지까지 운송하는 데 요구되는 운송관련 보안요건을 준수하여야 한다.

DPU조건은 매도인은 자기의 비용으로 합의된 목적항구 또는 목적지까지 물품을 운송하기 위한 운송계약을 체결하고, 목적지까지 운송하여 하역하는 데 따른 모든 위험을 부담해야 한다. 인도장소 · 목적지 또는 인도 · 목적지점 전의 비용은 매도인이 부담하고 그 후의 비용은 매수인이 부담한다. 매수인은 지정목적지에 도착한 운송수단으로부터 물품을 하역하여 이를 인수해야 한다.

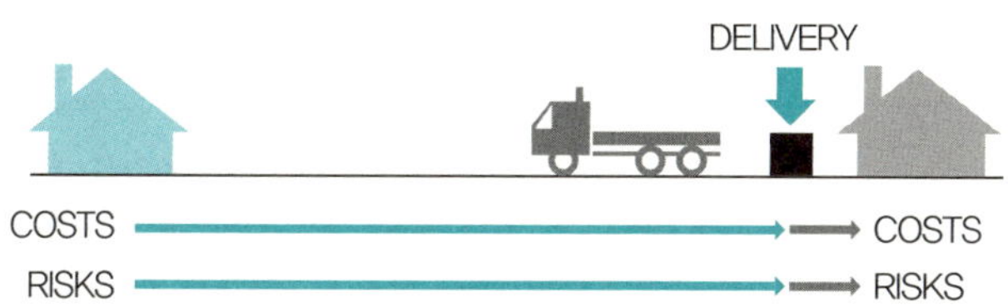

DPU조건에서는 매도인에게 수출통관을 해야 하지만 수입통관, 수입관세납부 또는 수입통관절차에 대해서는 의무가 없다. 매도인은 매수인의 요청에 따라 매수인의 위험과 비용으로, 보안요건 및 선적 전 검사를 포함하여 수입국에 의하여 필요한 모든 수입통관절차에 관한 서류 및/또는 정보를 취득하는 데 매수인에게 협력하여야 한다. 매도인은 물품을 인도하기 위한 목적에서 필요한 점검작업(예컨대, 품질점검, 용적측량, 중량측정, 수량계수)에 드는 비용을 부담하여야 한다.

비용의 분기점	지정된 터미널에서 물품을 인도하였을 때
위험의 분기점	지정된 터미널에서 물품을 인도하였을 때
운송계약의 의무	매도인
보험계약의 의무	없음
수출통관의 의무	매도인
수입통관의 의무	매수인
표기방법	DPU + 목적항 또는 목적지의 지정된 지점

▮ 그림 6-6 ▮ DPU(insert named place of destination) Incoterms® 2020

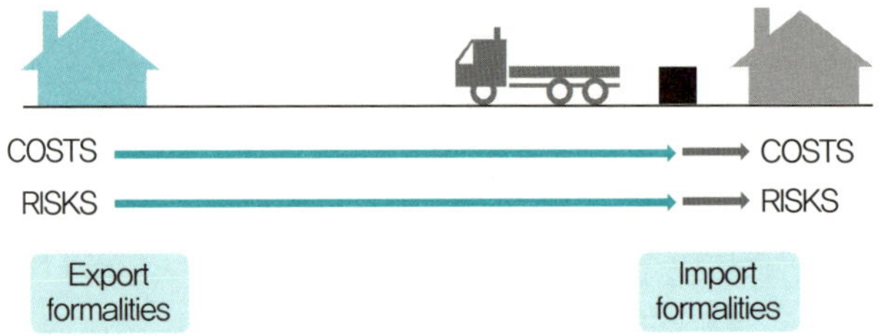

DPU조건에서 당사자의 의무

수출자의 의무	• 계약내용과 일치하는 물품을 최종목적지에서 수입자의 임의처분하에 인도 • 물품을 지정항구나 목적지 터미널에서 양하하는 데 관련된 모든 위험을 부담 • 자신의 비용부담으로 수출허가, 수출통관 • 운송계약체결 시 목적지에서 터미널의 지점 또는 경우에 따라서 터미널 내에서의 특정지점을 일치시켜야 함
수입자의 의무	• 목적지에서 자신의 임의처분하에 인도된 물품을 수령하고 운송수단으로부터 물품을 양하 • 물품을 인도받으면 지체 없이 약정대금지불 • 물품의 수입통관 및 관세지급

〈표시〉 매도인이 한국, 부산항의 허치슨터미널에서 물품을 양하하여 매수인의 임의처분상태로 둘 때까지의 위험과 비용을 부담하는 조건으로 대당 100달러: USD100/pc DPU Hutchison Busan Terminal, Busan Port, Korea INCOTERMS 2020

1.7 관세지급인도조건(Delivered Duty Paid: DDP)

관세지급인도조건(DDP)은 수입통관된 물품을 지정된 목적지에 도착한 운송수단에서 내리지 않은 상태로 매수인에게 인도하는 조건이다. 매도인은 지정된 목적지까지 물품을 운송하는 데 따르는 모든 비용과 위험을 부담하고, 수출입통관을 하며, 수출입에 따르는 모든 세금을 납부하며 모든 세관절차를 밟을 의무가 있다.

관세지급인도조건은 매도인이 계약물품을 매수인이 지정한 수입국의 장소까지 운송하여 인도하는 매도인의 의무가 가장 많은 조건이다. 따라서 매도인은 자신의 위험과 비용으로 첫째, 수출국에서 수출통관을 한다. 둘째, 수입항까지의 운송계약과 보험계약을 체결한다. 셋째, 수입국에서 수입허가를 취득하고, 관세 · 조세 등을 지급하여 수입통관을 한 후 마지막으로 수입국의 지정목적지까지 계약물품을 운송하고, 물품의 인수에 필요한 관례적인 운송서류를 매수인에게 인도해야 한다.

매도인은 자신의 운송 계약상 인도장소/목적지에서 양하에 관하여 비용이 발생한 경우에 당사자 간에 달리 합의되지 않은 한 그러한 비용을 매수인으로부터 별도로 상환받을 권리가 없다.

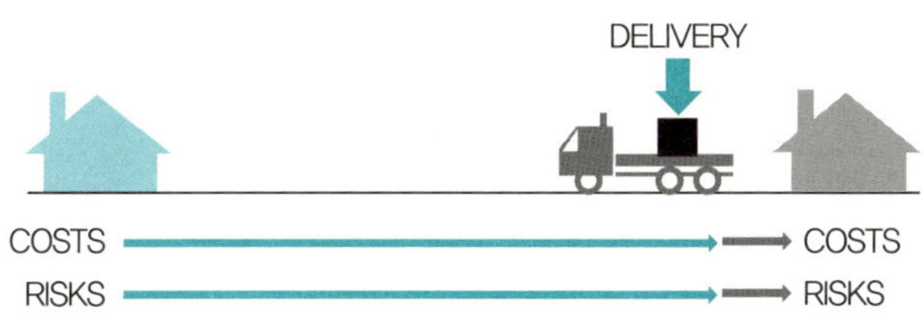

DDP조건은 매도인이 직 · 간접으로 수입허가를 취득하지 못할 경우에는 사용될 수 없다. 매수인이 수입통관에 따르는 모든 위험과 비용을 부담해야 한다면 DAP 조건을 사용해야 한다.

DDP조건으로 수입할 때 문제가 되는 것이 부가세를 어떻게 환급받느냐 하는 것이다. DDP조건의 거래에서는 매매계약서에 달리 명시하지 않는 한 매도인이 관세를 포함한 모든 세금을 부담해야 하므로 부가세도 매도인이 납부해야 한다. 하지만 국내에 사업자등록이 되어 있지 않은 외국의 매도인이 부가세를 납부할 경우 환급을 받을 수 없으므로 결과적으로 부가세만큼 수입원가가 높아지는 경과를 초래한다. 이와 같은 문제점을 해결하려면 거래조건을 DDP VAT unpaid 또는 DDP VAT excluded와 같이 명시함으로써 부가세납부를 매도인의 의무로부터 제외시키면 된다.

DDP조건은 운송방식과 상관없이 사용할 수 있으며, 복수의 운송방식이 사용되는 경우에도 사용될 수 있다.

비용의 분기점	지정된 목적지에서 물품을 인도했을 때
위험의 분기점	지정된 목적지에서 물품을 인도했을 때
운송계약의 의무	매도인
보험계약의 의무	없음
수출통관의 의무	매도인
수입통관의 의무	매도인
표기방법	DDP + 지정된 장소

그림 6-7 DDP(insert named place of destination) Incoterms® 2020

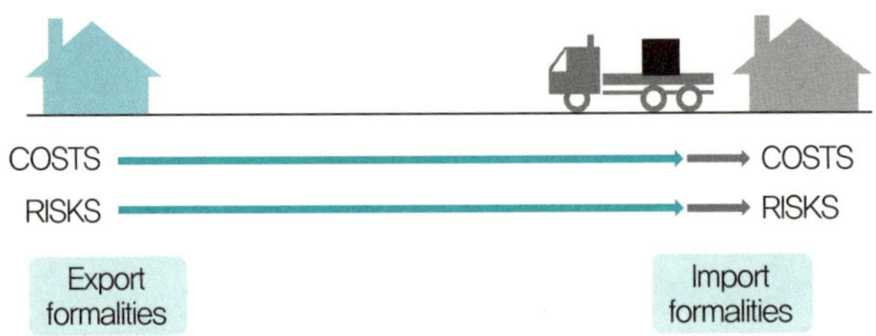

DDP조건에서 당사자의 의무

수출자의 의무	• 계약내용과 일치하는 물품을 최종목적지에서 수입자의 임의처분하에 인도 • 계약내용과 일치하는 상업송장(commercial invoice) 및 수입자가 지정된 목적지에서 물품을 받을 수 있는 인도지시서(delivery order) 또는 유통성 선화증권, 해상화물운송장, 복합운송서류 제공한다. 이때 모든 서류는 당사자 간 합의로 전자통신문으로 대체가능 • 자신의 비용부담으로 수출허가, 수출통관, 수입지에서 수입통관 수입허가, 조세, 관세 등을 지급 • 국경에서 최종목적지까지의 반입운송비(on-carriage)를 지급
수입자의 의무	• 목적지에서 자신의 임의처분하에 인도된 물품을 받고 운송수단으로부터 물품을 양하 • 물품을 인도받으면 바로 약정대금지급

〈표시〉 매도인이 최종목적지인 Smith의 창고까지 비용과 위험을 부담하는 조건: USD 100/pc DDP Smith's Warehouse 2, Chicago, USA INCOTERMS 2020처럼 정확한 상품의 하차지점을 명시

2. 해상 혹은 내수로운송에서만 사용가능한 조건

현행 인코텀즈의 11가지 조건 중에서 FAS, FOB, CFR 및 CIF 4가지는 해상운송 혹은 내수로운송에서만 사용가능한 조건(rules for sea and inland waterway transport)이다.

2.1 선측인도조건(Free Alongside Ship: FAS)

선측인도조건(FAS)은 매도인이 선적항의 부두에서 또는 부선으로 매수인이 지정한 선박의 선측에 계약물품을 인도함으로써 자신의 인도의무가 완료되는 조건이다. 이 조건에서 매매당사자 간의 비용부담과 책임의 분기점은 선적항의 선측이 된다. 이 지점 이후에 발생하는 물품의 멸실 또는 손상에 따른 모든 비용과 위험은 매수인이 부담해야 한다. 따라서 지정된 선적항에서의 적재지점을 정확하게 명시하는 것이 바람직하다. 이러한 비용과 관련 취급수수료는 항구의 관습에 따라 달라질 수 있다.

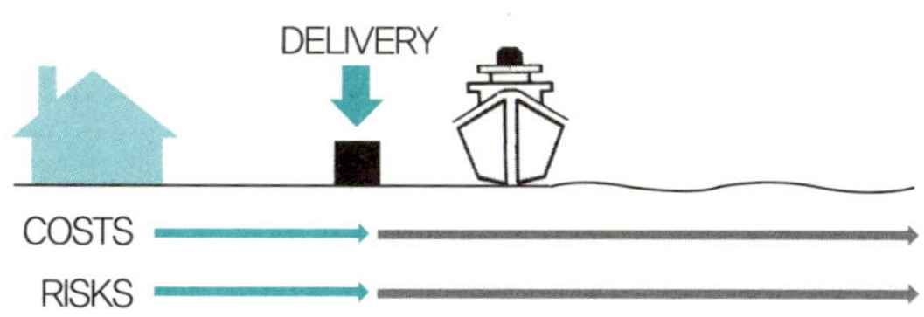

매도인은 선측에서 물품을 인도하거나 이미 그렇게 인도된 물품을 조달해야 한다. 여기서 '조달' 이란 용어를 언급한 것은 상품거래에 보편적인 연속매매를 반영하기 위함이다. 물품을 컨테이너에 적재하는 경우에는 선측이 아닌 터미널에서 운송인에게 인도하는 것이 일반적이다. 그런 경우라면 FAS를 사용하는 것은 부적합하며 FCA를 사용해야 한다.

FAS조건에서 선측의 의미는 단순히 지정된 선박의 옆 장소를 의미하는 것이 아니라 본선에서 통상 사용하고 있는 크레인이나 그 밖의 선적 용구가 도달할 수 있는 지점을 뜻한다. 그러므로 본선이 정박 중인 부두에 물품을 반입하였더라도 그 지점까지 본선의 선적용구가 도달하지 않으며 그 지점은 선측이 될 수 없고 매도인은 자신의 의무를 다한 것이 되지 못한다.

만약 항구의 여건상 본선이 부두 밖에 정박하게 되면 매도인은 부선(lighter)을 이용하여 본선의 양화기가 도달할 수 있는 지점까지 계약물품을 운송해야 하고 부선 사용료를 부담해야 한다.

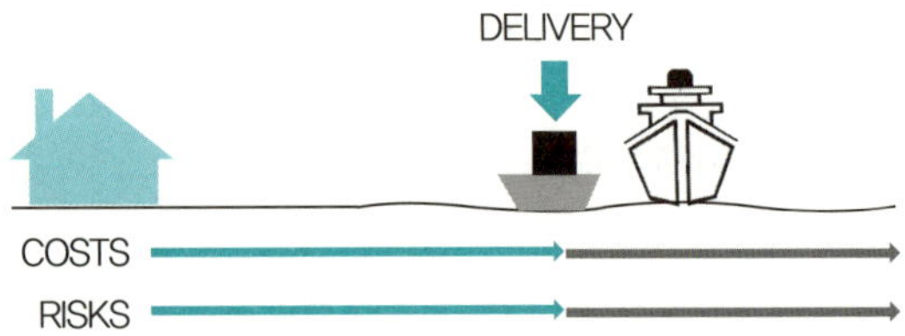

당사자들은 지정선적항에서 물품이 부두나 바지(barge)로부터 선박으로 이동하는 적재지점을 가급적 명확하게 명시하는 것이 좋다. 그 지점까지의 비용과 위험은 매도인이 부담하고, 이러한 비용과 그와 관련된 처리비용(handing charges)은 항구의 관행에 따라 다르기 때문이다. 일반적으로 물품이 선측에 있을 때까지는 내국화물로 취급되기 때문에 매수인이 선측에 적치된 계약물품을 선적하기 위해서는 먼저 수출허가를 취득하고 수출통관절차를 거쳐야 한다. 그러나 수출허가나 수출통관 등의 업무는 매도인인 수출업자가 이행하는 것이 편리하므로 인코텀즈에서는 이를 매도인의 부담으로 규정하고 있다.

FAS조건은 해상 및 내수로운송에만 사용할 수 있다.

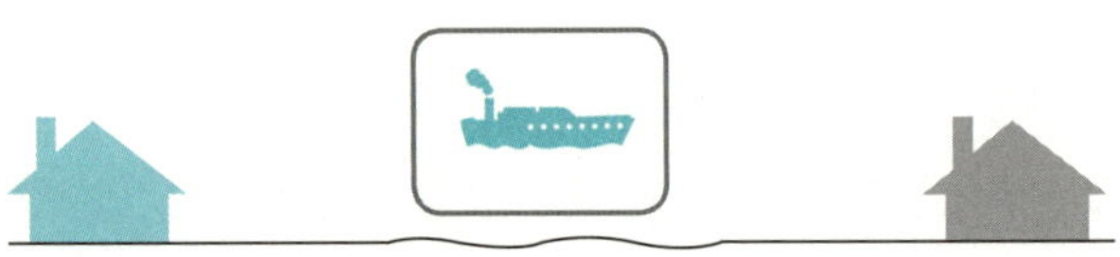

비용의 분기점	매수인이 지정한 본선의 선측에서 물품을 인도하였을 때
위험의 분기점	매수인이 지정한 본선 선측에서 물품을 인도하였을 때
운송계약의 의무	매수인
보험계약의 의무	없음
수출통관의 의무	매도인
수입통관의 의무	매수인
표기방법	FAS + 지정된 인도장소

▌그림 6-8 ▌ FAS(insert named port of shipment) Incoterms® 2020

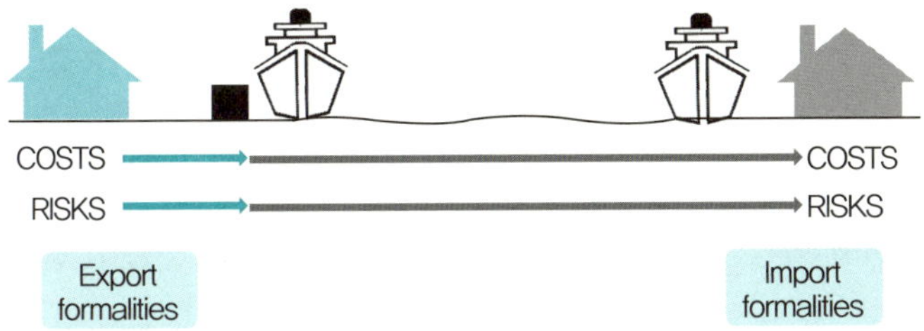

FAS조건에서 당사자의 의무

수출자의 의무	• 계약내용과 일치하는 상업송장, 포장명세서, 품질, 수량 등에 관한 검사증명서, 무고장 부두수령증 또는 이와 동등한 전자통신문을 제공 • 자신의 위험과 비용부담으로 수출허가, 기타 공적인 승인취득, 수출통관절차 이행 • 수입자의 요청과 비용 및 위험부담으로 영사송장, 원산지증명서 등 수입 또는 제3국으로의 통과에 필요한 서류와 유통성 선화증권, 비유통성 해상화물운송장 등의 서류를 취득할 수 있도록 협조 • 항구까지 내륙운임과 선측까지의 부두운임을 부담
수입자의 의무	• 자신의 위험과 비용부담으로 수입허가와 통관절차, 운송계약을 체결이행 • 자신의 비용부담으로 목적항까지 운송계약을 체결하고 수출자에게 선박명, 적재장소, 시기를 통보 • 수출자에게 통지불이행, 지정선박의 입항지연이나 물품수령불이행이 발생할 경우 합의한 인도기일로부터 발생하는 모든 비용과 위험을 부담 • 선측에서 본선에 적재되는 선적비용부담

2.2 본선인도조건(Free On Board: FOB)

무역거래에서 많이 이용되고 있는 본선인도조건(FOB)은 계약물품이 지정된 선적항에서 매수인이 지명 · 통보한 선박에 적재될 때 매도인의 인도의무가 완료되는 조건을 말한다. 따라서 매매당사자 간의 비용부담 및 책임부담의 분기시점은 계약물품이 본선상에 적재되는 시점이 된다. 매도인은 본선에 물품을 적재하거나 이미 그렇게 인도된 물품을 조달(procure)해야 한다.

FOB조건에서 매도인은 합의된 선적기간 내에 매수인이 지정한 운송선박에 계약물품을 선적하게 되면 자신의 책임이 끝나며, 선적 이후의 모든 책임과 비용은 매수인이 부담하게 된다. 예를 들어, 매수인이 선박명, 선적지점, 선적시기 등에 대해서 적절하게 통지하지 못한 경우, 지정한 선박이 예정대로 도착하지 않은 경우, 물품을 수취할 수 없거나, 통지한 시간보다 일찍 선적을 마감한 경우에는 발생하는 모든 추가비용 및 그로 인해 발생하는 모든 위험은 매수인이 부담해야 한다. 따라서 이 조건에서 매수인은 계약물품을 수입지까지 운송할 선박과 운송계약을 체결하고 선명, 정박지, 선적기일 등을 매도인에게 충분히 통지해야 한다.

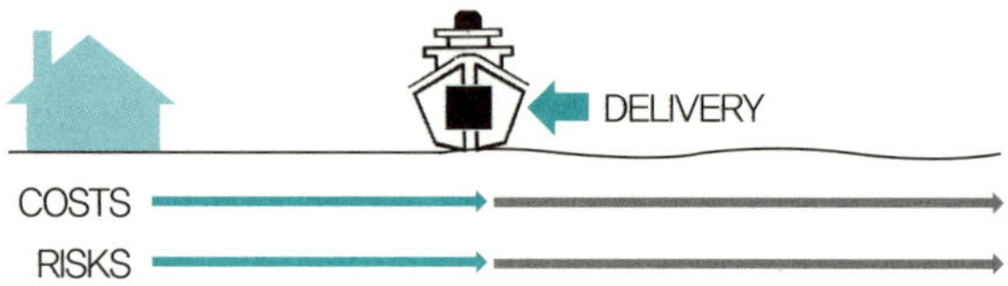

FOB조건에서는 매도인이 수출통관을 해야 하지만 수입통관, 수입관세납부 또는 수입통관절차에 대해서는 의무가 없다. 운송계약상 본선적재비가 운임에 포함되어 있을 경우에는 해당 적재비용을 매수인이 부담해야 한다.

비용의 분기점	매수인이 지정한 본선에 물품을 적재하였을 때
위험의 분기점	매수인이 지정한 본선에 물품을 적재하였을 때
운송계약의 의무	매수인
보험계약의 의무	없음
수출통관의 의무	매도인
수입통관의 의무	매수인
표기방법	FOB + 지정된 선적항

그림 6-9 FOB(insert named port of shipment) Incoterms® 2020

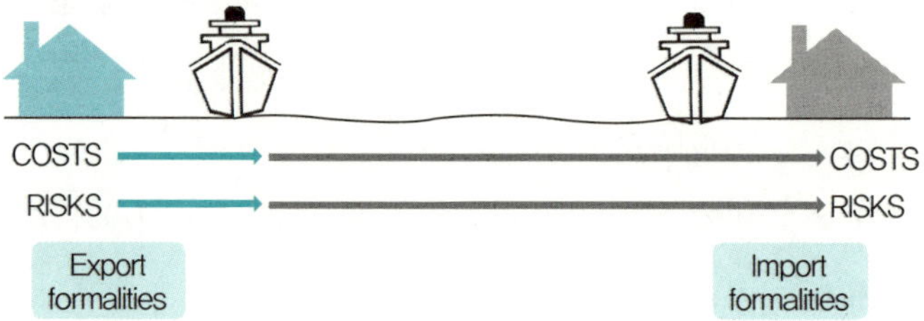

FOB조건에서 당사자의 의무

구분	의무
수출자의 의무	• 계약내용과 일치하는 상업송장 및 제반 서류 제공/자신의 비용부담으로 수출허가, 통관, 컨테이너세, 기타 부과금납부 • 수입자의 요청과 비용 및 위험부담으로 영사송장, 원산지증명서 등 수입 또는 제3국으로의 통과에 필요한 서류와 유통성 선화증권, 비유통성 해상화물운송장 등의 서류를 취득할 수 있도록 협조
수입자의 의무	• 수출자에게 통지불이행, 지정선박의 입항지연이나 물품수령불이행이 발생할 경우, 합의한 인도기일로부터 발생하는 모든 비용과 위험을 부담 • 본선적재비가 운송비에 포함된 경우 적재비용, 도착항의 양륙비 지급, 물품이 본선의 갑판에 적재된 이후의 추가비용과 위험을 부담, 목적항까지 운임과 보험 등 일체의 경비부담 • 자신의 비용부담으로 목적항까지 운송계약을 체결하고 수출자에게 선박명, 적재장소, 시기를 통보(선박의 지정과 운송계약체결권이 있음)

FOB 뒤에 구체적 장소를 함께 적어야 명확한 조건이 된다. 물품의 소유권은 선적이 완료됨과 동시에 수입상에 귀속된다. 운송, 운임계약은 수입상이 체결하고 이에 따른 비용은 수입상이 부담한다. 단, 수출상이 운송계약을 위임하는 경우, 당사자 간 합의가 있으면 각 계약의 개별 조건이 우선한다.

2.3 운임포함인도조건(Cost and Freight: CFR)

운임포함인도조건(CFR)은 매도인의 책임은 선적항의 본선에서 끝나도록 하고 대신 매도인이 목적지까지 해상운송계약을 체결하고 운임을 내야 하는 조건이다. 이 조건에서 매매당사자 간의 책임 한계점은 FOB조건과 마찬가지로 선적항의 본선이다. 따라서 계약물품이 선적항의 본선 난간을 통과하게 되면 물품과 관련된 모든 책임은 매수인에게로 이전된다.

CFR조건에서 매도인은 지정된 도착항까지 계약물품의 운송에 적합한 선박과 통상적인 해상운송계약을 체결하고 운임을 지급해야 한다. 그리고 계약물품에 대해 수출통관을 하여 본선에 인도하고 선박회사로부터 무사고 운송서류를 교부받아 이를 매수인에게 전달해야 한다.

CFR조건은 FOB조건에서 매수인이 부담했던 해상운송계약의 체결의무와 운임부담이 매도인에게로 이전된 조건이 된다. 따라서 매도인이 수출가격을 CFR조건으로 제시하려면 먼저 목적지까지의 해상운임을 계산해야만 한다. 만약 계약체결 시 해상운임을 확정할 수 없으면 이를 유보하여 선적 시의 운임을 적용한다는 유보조항을 명시하는 것이 일반적이다. CFR조건도 해상운송 및 내수로운송에만 사용된다.

매도인은 물품이 목적지에 도착했을 때가 아니라 선택한 조건에 명시된 방식대로 물품을 운송인에게 넘길 때 인도의무를 완수한다. 이 조건은 위험과 비용이 각기 다른 곳에서 이전되기 때문에 두 개의 분기점이 있다. 계약서는 항상 목적항을 명시하지만, 위험이 매수인에게 이전되는 선적항은 명시하지 않을 수도 있다. 만일 선적항이 매수인에게 특별한 관심사라면 계약서상에 정확하게 명시하는 것이 바람직하다.

해당 지점까지의 비용을 매도인이 부담해야 하므로 합의된 목적지 내의 지점을 정확하게 명시하는 것이 바람직하다. 매도인은 이와 같은 선택에 정확하게 부합되는 운송계약을 체결하는 것이 좋다. 만일 운송계약으로 매도인이 지정된 목적항에서의 하역비를 부담해야 하는 경우라면 매도인은 당사자 간에 달리 합의하지 않는 한 매수인에게 해당 비용을 요구할 권리가 없다.

비용의 분기점	지정된 목적항에 물품이 도착하였을 때
위험의 분기점	본선에 물품을 적재하였을 때
운송계약의 의무	매도인
보험계약의 의무	없음
수출통관의 의무	매도인
수입통관의 의무	매수인
표기방법	CFR + 지정된 목적항

▌그림 6-10 ▌ CFR(insert named port of destination) Incoterms® 2020

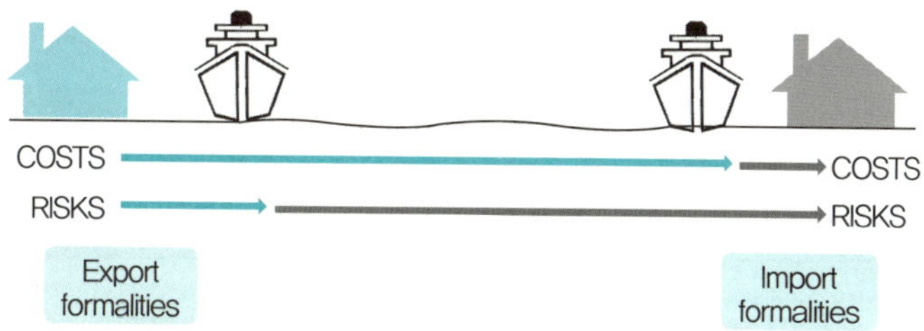

CFR조건에서 당사자의 의무

수출자의 의무	• 수출자의 부담으로 목적항까지 물품의 운송계약체결 및 운임부담 • 계약내용과 일치하는 물품을 선적항의 본선 갑판상(on board)에서 인도 • 계약내용과 일치하는 상업송장 및 목적항까지의 무사고 운송서류(유통성 선화증권, 해상화물운송장, 내수로 운송서류 등)를 지체 없이 제공하고 모든 서류는 당사자 간 합의로 전자통신문으로 대체가능 • 자신의 비용부담으로 수출허가, 통관, 컨테이너세, 기타 부과금납부
수입자의 의무	• 목적항에서 양륙비가 운임에 포함되어 있지 아니할 경우에는 양륙비를 지급 • 매도인에 대한 통지불이행으로 인하여 발생하는 모든 위험과 추가적인 비용을 지급 • 상업송장, 운송서류 및 보험서류가 도착하면 이를 승낙하고 도착항에서 물품을 수령

2.4 운임보험료포함인도조건(Cost, Insurance and Freight: CIF)

운임보험료포함인도조건(CIF)은 매도인이 물품을 본선에 적재하여 인도하거나 이미 그렇게 인도된 물품을 조달하는 조건이다. 물품이 본선에 적재되면 물품의 분실 및 파손에 대한 위험이 매수인에게로 이전된다. 매도인은 물품을 지정된 목적항까지 운송하는 데 필요한 운송계약을 체결하고 그에 따르는 비용과 운임을 부담해야 한다.

CIF 가격조건은 물품의 원가, 목적지까지의 보험료 및 운임의 3가지 요소가 가격에 통합된 조건이다. 이 조건에서 매도인은 계약물품을 목적지까지 운송하는 해상운송계약과 항해 중의 위험에 대비한 해상보험계약을 체결하고 운임 및 보험료를 지급해야 한다. 매도인은 협회적하약관의 (C)약관(ICC(C))이나 그와 유사한 약관에 따른 제한적인 담보조건으로 부보하여야 한다. 그러나 당사자들은 여전히 더 높은 수준의 담보조건으로 부보하기로 합의할 수 있다.그리고 매도인은 이러한 계약이 적합하게 체결되었음을 증명하는 운송서류를 매수인에게 제시해야 한다.

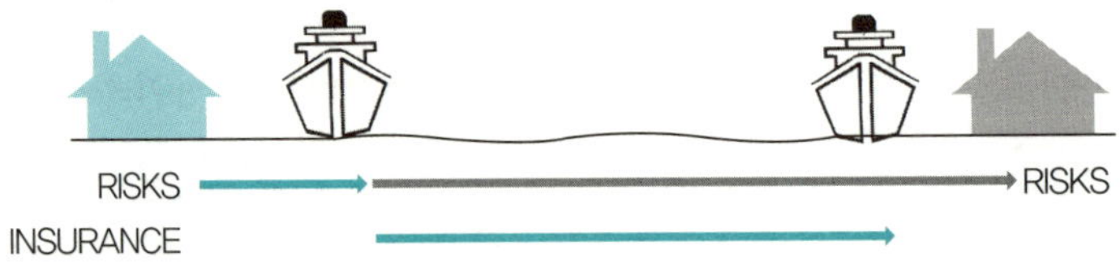

CIF조건은 CFR조건에 매도인이 해상보험계약을 체결해야 하는 의무가 추가된 것으로 볼 수 있다. 그러나 매도인의 책임은 FOB조건이나 CFR조건과 마찬가지로 선적항의 본선에서 끝나기 때문에 만약 운송 도중 사고가 발생하더라도 이에 대한 책임은 매수인에게 있다.

매도인이 해상보험계약을 체결하고 보험료를 지불해야 하는 의무가 추가된 점을 제외하면 나머지 매도인의 의무는 CFR조건과 동일하다. 매도인은 자신의 비용으로 계약상 합의한 대로 평판이 좋은 개인보험업자(underwriter) 또는 보험회사와 적화보험계약을 체결하되, 매수인 또는 물품에 피보험이익(insurable interest)을 가지는 어떠한 자도 보험자에게 직접 보험금을 청구할 수 있도록 해야 한다. 그리고 매수인에게 보험증권 또는 기타 보험계약이 체결되었다는 증거서류를 제공해야 한다.

보험조건은 다른 명시적 합의가 없는 한 보험자협회가 제정한 협회적하약관(Institute Cargo Clause) 또는 이와 유사한 약관의 최소담보조건으로 하며 보험기간은 매수인이 계약물품을 인수할 때까지로 한다. 그리고 매수인이 동맹파업, 소요 및 폭동(strikes, riots and civil commotions)위험의 담보를 요구하면 매수인의 비용으로 보험계약을 체결할 수 있다. 최소보험금액은 매매계약에서 약정된 금액에 10%를 더한 110% 금액이며 보험계약통화는 매매계약상의 통화로 한다.

CIF조건은 해상 및 내수로운송에만 사용할 수 있다.

비용의 분기점	지정된 목적항에 물품이 도착하였을 때
위험의 분기점	본선에 물품을 적재하였을 때
운송계약의 의무	매도인
보험계약의 의무	매도인
수출통관의 의무	매도인
수입통관의 의무	매수인
표기방법	CIF + 지정된 목적항

그림 6-11 CIF(insert named port of destination) Incoterms® 2020

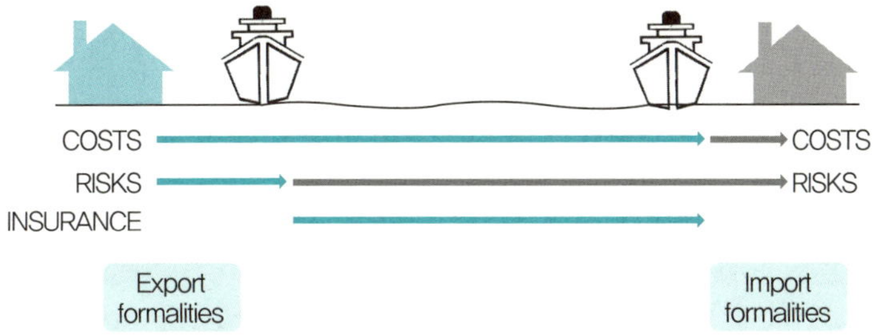

CIF조건에서 당사자의 의무

수출자의 의무	• 수출자의 부담으로 목적항까지 물품의 운송계약체결 • 계약내용과 일치하는 물품을 선적항의 본선 갑판상(on board)에서 인도 • 계약내용과 일치하는 상업송장 및 목적항까지의 무사고 운송서류(유통성 선화증권, 해상화물운송장, 내수로운송 서류 등)를 빨리 제공하고 모든 서류는 합의로 전자통신문으로 대체가능 • 자신의 비용부담으로 수출허가, 통관, 컨테이너세, 기타 부과금납부 • 자신의 비용부담으로 최소담보조건인 ICC(C)로 물품대금의 110% 한도까지 계약상의 통화단위로 부보(전쟁, 동맹파업, 소요 및 폭동위험에도 부보) • 선적항에서 물품의 본선 적재비(loading costs)를 부담, 단 정기선의 경우 목적항에서 양륙비가 운임에 포함되어 있으면 이것도 지급
수입자의 의무	• 목적항에서 양륙비가 운임에 미포함된 경우, 양륙비를 지급 • 매도인에 대한 통지불이행으로 발생하는 모든 위험과 추가적인 비용을 지급 • 상업송장, 운송서류 및 보험서류가 도착하면 이를 승낙하고 도착항에서 물품을 수령

3. INCOTERMS의 한계점

인코텀즈는 국제조약이 아니므로 법적 구속력을 갖기 위해서는 아래 인용한 문구와 같이 거래당사자 간에 거래조건에 대해 해석을 인코텀즈에 따른다는 취지로 합의해 두어야 한다.

〈예문〉 All trade terms provided in this Contract shall be interpreted in accordance with the latest INCOTERMS of the International Chamber of Commerce.

인코텀즈는 국제조약이 아니고 민간단체인 국제상업회의소가 제정한 국제규칙으로서 어떠한 구속력도 가지지 못하며 단지 매매당사자들의 합의에 따라서만 이용될 수 있다.

무역거래에서 반드시 인코텀즈를 사용할 필요는 없고 당사자가 합의만 하면 인코텀즈 대신 다른 국제규칙이나 상관습을 얼마든지 사용할 수 있다. 한국의 경우 무역거래에서는 인코텀즈상의 가격조건을 사용하도록 대한상공회의소가 단체로 협약하였다.

인코텀즈는 가능한 한 모든 국가에서 공동으로 사용할 수 있어야 하므로 지역에 따른 독특한 상관습을 모두 수용할 수 없어 매매당사자의 기본적인 최소의무만을 규정하고 있다. 인코텀즈는 특정지역에서 통용되는 상관습은 개별 당사자의 합의로 특별조항으로 매매계약에 삽입하도록 명시하고 있다. 만약 개별 계약상의 특별규정이 인코텀즈상의 일반규정과 다를 때는 특별규정이 우선하여 적용된다.

Chapter

07

국제운송

제 1 절 해상운송

1. 해상운송의 의의와 형태

1.1 해상운송의 의의

일반적으로 해상운송은 선박을 운송수단으로 하여 타인의 화물이나 사람을 운송하고 그 대가로 운임을 받거나 또는 선박회사가 자기의 화물을 직접 운송하여 이익을 얻는 상업활동을 뜻한다. 그러나 무역에서 의미하는 해상운송은 주로 매매당사자 간에 약정된 상품을 국가 간에 운송하고 운임을 취득하는 전자의 경우를 말한다.

해상운송은 육상운송이나 항공운송에 비해 다음과 같은 특성을 지니고 있다.

첫째, 해상운송은 대량운송이 가능하다. 선박건조기술의 발달로 오늘날의 선박은 기타의 운송수단에 비해 일시에 대량의 화물을 운송할 수 있다.

둘째, 해상운송은 경제성이 있다. 해상운송은 대량운송이 가능하기 때문에 단위당 운송비가 육상운송이나 항공운송에 비해 상당히 저렴하다.

셋째, 해상운송은 원거리의 국제운송에 적합하다. 육상운송은 특정국가에 국한되지만, 해상운송은 공해상에서 국적에 관계없이 상업활동을 할 수 있기 때문에 원거리의 국제운송에 적합하다.

이러한 특성으로 인하여 해상운송은 국제무역의 운송수단으로서 중요한 위치를 차지하고 있다. 특히 한국의 경우 육상운송에 의한 국제교역이 불가능하기 때문에 대부분의 수출입 물동량은 해상운송에 의존하고 있는 실정이다.

한국의 2014년 항공화물운송과 해상화물운송의 수출 · 수입비중을 살펴보면 [표 7-1]과 같다. 수출의 경우 BL건수를 살펴보면 해상운송과 화물운송 모두 420만 건으로 비슷한 비율임을 알 수 있다. 하지만 중량을 기준으로 살펴보면 해상운송이 전체 화물운송의 99.5%를 차지하는 것을 알 수 있다.

수입의 경우 BL건수를 기준으로 살펴보면 해상운송은 460만 건, 항공운송은 2,500만 건으로 항공운송이 84.5%로 높은 비율을 차지하는 것을 알 수 있다. 반대로 중량을 살펴보면 해상운송이 99.8% 이상으로 전체 화물운송의 대부분을 차지한다.

표 7-1 해상 · 항공화물운송 수출비중

구분	BL건수				중량(ton)			
	2014년		2018년		2014년		2018년	
해상	4,261,068	50.12%	4,577,293	41.88%	254,825,670	99.50%	292,913,521	99.49%
항공	4,240,076	49.88%	6,349,693	58.11%	1,267,868	0.50%	1,474,171	0.50%
합계	8,501,144	100%	10,926,986	100%	256,093,538	100%	294,387,692	100%

자료: 국가통계포털

표 7-2 해상 · 항공화물운송 수입비중

구분	BL건수				중량(ton)			
	2014년		2018년		2014년		2018년	
해상	4,619,661	15.48%	14,178,076	24.36%	635,116,624	99.81%	722,516,908	99.79%
항공	25,229,168	84.52%	44,001,592	75.63%	1,220,478	0.19%	1,459,480	0.20%
합계	29,848,829	100%	58,179,668	100%	636,337,102	100%	723,976,388	100%

자료: 국가통계포털

1.2 해상운송의 형태

해상운송은 무역운송의 가장 큰 비중을 차지하는 선박의 운항형태에 따라서 부정기선운송과 정기선운송으로 구분되며 이들 운송에 투입된 선박을 각각 부정기선 및 정기선이라 한다.

1) 부정기선운송

부정기선(tramper)운송은 고정항로, 운항일정 등이 없이 주로 단일제품을 소수의 화주로부터 위탁받아 불규칙적으로 운항하는 형태이다. 부정기선이 취급하는 화물은 양곡, 원면, 원당 등 주로 1차산품이기 때문에 이들이 수확되는 계절에 집중적으로 운항되는 경우가 많다.

부정기선의 운임은 당시의 수요와 공급에 따라 선주와 화주 간의 협상에 의해 결정된다. 부정기선에는 일반건화물을 취급하는 건화물 부정기선과 화물의 성질에 따라 특수한 시설을 갖춘 냉동선, 유조선, 곡물전용선, 목재전용선 등과 같은 특수전용선이 있다.

2) 정기선운송

정기선(liner)운송은 소량의 화물을 불특정 다수의 화주로부터 위탁받아 운송을 하는 형태를 말한다. 정기선은 공시된 항로와 운항일자에 따라 규칙적으로 운항한다. 특히 여객이나 우편물, 공산품을 수송대상으로 하고, 사전에 고시된 운임을 부과한다. 정기선의 특징은 다음과 같다.

첫째, 정기선은 고정된 항로를 따라 선적 물동량에 관계없이 공시된 운항일정표(sailing schedule)에 의해 규칙적이고 반복적으로 운항한다.

둘째, 정기선에서 취급하는 상품은 일반적인 포장화물이며 주로 완제품 내지 반제품인 2차산품이다. 그리고 각 화주와 개별적으로 개품운송계약이 체결된다.

셋째, 정기선의 운임은 고시된 운임표에 따라 결정된다.

1.3 부정기선운송계약

1) 용선계약

부정기선을 이용해서 화물을 운송할 경우 용선계약이 체결된다. 용선계약은 화물을 운송하기 위하여 화주가 선박회사로부터 선복의 일부 또는 전부를 빌리는 운송계약을 말한다.

용선계약에 의해서 운송되는 화물은 석탄, 원면, 양곡, 광석 등과 같이 일시에 대량운송이 필요한 화물이며 주로 부정기선이 이용된다. 용선계약이 체결되면 선주와 화주 간에 용선계약서(Charter Party: C/P)가 작성된다.

용선에는 특정선박의 일부 선복만을 빌리는 일부용선(partial charter)과 한 선박 전체를 빌리는 전부용선(whole charter)으로 구분되는데 일반적으로 용선은 전부용선을 뜻한다. 전부용선은 용선방법에 따라 기간용선, 항해용선, 나용선 등으로 구분된다.

2) 기간용선계약

기간용선(time charter)은 정기용선이라고도 불리는데, 화주가 일정기간 선주로부터 선박을 빌리는 경우를 말한다. 자기 화물을 운송하기 위해 선박을 일정기간 용선하는 경우도 있지만 대개 다른 사람의 화물을 운송하고 운임을 벌기 위해서 전문적인 해운업자들이 정기용선하는 경우가 많다.

3) 항해용선계약

항해용선(voyage charter, trip charter)은 화주가 선박을 특정항구에서 다른 특정항구까지 용선하는 운송계약이다. 일반적으로 화주는 용선료를 '화물의 톤당 얼마'와 같이 운송화물의 양에 따라 지급한다.

무역거래에서 수출업자나 수입업자가 많이 이용하는 것은 항해용선인데, 항해용선의 경우 계약에 포함시킬 구체적 항목이 상당히 많기 때문에 표준계약서식이 사용되고 있다.

4) 나용선계약

나용선(bare boat)은 용선자(선박임차인)가 계약기간을 일정기간으로 정하여 기간에 따라 임차료를 계산하고 선박소유자로부터 선박 자체만을 빌려 선원, 항해비, 수선비 및 보험료 등을 모두 용선자가 부담하는 계약을 말한다.

1.4 정기선운송계약

1) 개품운송계약

정기선을 이용할 경우 체결되는 계약을 개품운송계약이라 하는데 대개 화주가 선박회사 또는 그 대리점 등에 운송계약을 신청하고 선주가 이를 승낙하면 운송계약이 성립된다. 화주가 운송계약을 신청하려면 각 선박회사가 고시하는 항해일정표에서 항로별 선박명, 입항예정일(Expected Time of Arrival: ETA), 출항예정일(Expected Time of Departure: ETD) 등을 비교해 보고 적합한 선박을 선택한 다음 선박회사가 비치해 둔 선복신청서(shipping request)의 양식에 해당 사항을 기재하여 제출하면 된다.

2) 정기선의 운임산정

정기선 선박회사는 화물의 운임표를 사전에 작성하여 공시한다. 정기선은 주로 컨테이너화물을 취급하기 때문에 정기선의 운임은 컨테이너단위를 기준으로 다음과 같은 방식으로 운임을 산정한다.

품목별 운임(commodity rate)은 컨테이너 내용물의 가치에 따라 운임을 정하는 방식이다.

무차별운임(Freight All Kinds: FAK)은 컨테이너에 적재된 화물의 종류에 관계없이 한 컨테이너단위당 동일한 운임을 적용하는 방식이다.

품목별 박스운임(Commodity Box Rate: CBR)은 물품을 몇 가지 등급으로 분류해서 적용하는 방식이다.

정기선의 운임은 일정기간 고정되어 있기 때문에 운임을 긴급히 인상할 필요가 있을 때는 기본운임 외에 유류할증료, 체선할증료 등과 같은 할증운임을 적용시킨다.

체선할증료(port congestion surcharge)는 항만시설, 하역능력 또는 장비 등의 부족으로 하역작업이나 선박의 입출항에 상당한 지연이 발생할 경우 부과된다.

원래의 운송조건이 변경되거나 화주가 특별한 운송조건을 요구할 경우 환적수수료, 도착항 선택수수료, 도착항 변경수수료 등이 부과된다.

환적수수료(transshipment charge)는 화물이 운송 도중 특정항구에서 다른 선박으로 환적될 경우 부과되는 수수료를 말한다.

도착항 선택수수료(optional charge)는 본선 출항 시까지 화물의 도착항을 지정하지 못하거나 도착항으로 여러 개의 항구를 선택하였을 경우 그 항구수의 증가에 비례하여 부과되는 할증료이다.

도착항 변경수수료(diversion charge)는 운송 도중 도착항을 변경할 경우 부과되는 할증료이다. 그러나 도착항의 변경은 선박에 따라 가능한 경우도 있고 불가능한 경우도 있다.

참고 | 선박의 종류

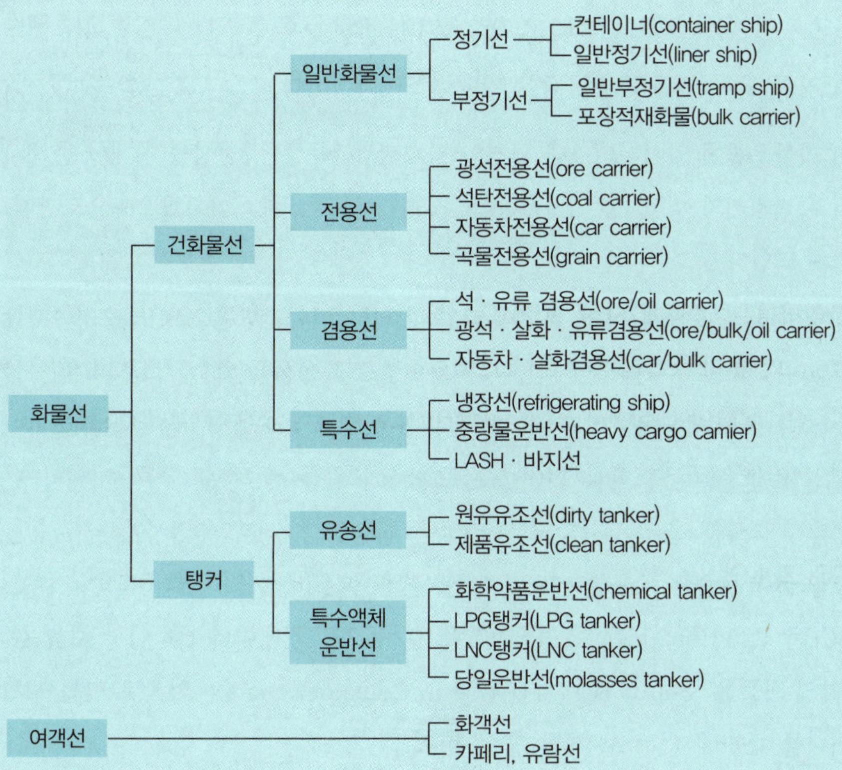

자료: 무역협회

2. 컨테이너운송

2.1 컨테이너의 개념

컨테이너는 일정화물을 안전하게 보관하여 운송할 수 있는 규격화된 운송용기를 말한다. 화물을 보다 능률적이고 경제적이며 안전하게 운송하기 위해 고안되었다. 모든 컨테이너는 동일한 규격으로 설계되어 있기 때문에 대량화물을 일시에 적재하거나 양륙할 수 있어 운송기간이 단축될 뿐만 아니라 운송수단 간의 접속 및 환적이 매우 용이하다.

컨테이너를 이용하게 되면 최종목적지까지 운송을 완결시킬 수 있는 소위 '문에서 문까지(door to door)'의 운송을 실현할 수 있다. 컨테이너를 이용한 운송은 원래 컨테이너를 철도 화차에 적재하여 일정역에서 다른 역까지 운송하고 그 역에서 그대로 트레일러를 이용하여 최종목적지까지 운송하는 방법으로 시작되었다.

오늘날에는 해상운송에만 국한되지 않고 육상 · 해상 · 항공운송을 동시에 이용하여 화물운송에 있어서의 3대 원칙인 경제성, 신속성, 안전성을 최대한 충족시키면서 목적지까지 일괄수송(through transport)하는 컨테이너복합운송으로까지 발전하게 되었다.

컨테이너는 크기에 따라 20피트 컨테이너(길이 5.898m×폭 2.348m×높이 2.376m)와 40피트 컨테이너(길이 12.031m×폭 2.348m×높이 2.376m)로 나누어지며, 컨테이너의 대형화에 따라 45피트 점보 컨테이너와 하이 큐빅(high cubic) 컨테이너의 사용도 늘어나고 있다.

1) FCL과 LCL

FCL은 'Full Container Load'의 약자로 단독으로 컨테이너 1대 이상 채울 수 있는 양의 화물을 뜻하고, LCL은 'Less than Container Load'의 약자로 단독으로 컨테이너를 채울 수 없는 소량화물을 뜻한다.

FCL이냐 LCL이냐에 따라 운임의 계산방법이 달라진다. 즉, FCL의 경우에는 화물의 양과 상관없이 컨테이너 한 대당 운임이 부과되고, LCL의 경우에는 CBM당 운임이 부과된다.

2) 컨테이너의 종류

용도에 따라 일반화물을 적재하는 드라이컨테이너(dry cargo container), 농산물이나 축산물같이 보온 또는 보냉운송이 필요한 화물을 적재하는 냉동컨테이너(refrigerated container, reefer container), 지붕이 개방된 오픈톱컨테이너(open top container), 지붕과 측면이 없고 바닥 위의 네 기둥만으로 강도를 유지하여 중량화물과 규격이 큰 화물을 적재하는 플랫랙컨테이너(flat rock cotainer), 액체상태의 식품이나 화학제품을 적재하는 탱크컨테이너(tank container), 살아 있는 동물을 수송하는 데 사용하는 라이브스톡컨테이너(live stock container), 펜컨테이너(pen container) 등이 있다.

▌그림 7-2 ▌컨테이너의 종류

드라이컨테이너

탱크컨테이너

냉동컨테이너

플랫랙컨테이너

참고 | CBM

CBM이란 'Cubic Meter'의 약자로서 부피의 단위이며, 가로, 세로, 높이가 각각 1미터일 때의 부피를 1CBM이라고 한다. 수출화물의 CBM을 계산하기 위해서는 우선 화물을 포장한 카튼박스의 규격(가로 · 세로 · 높이)을 곱해서 박스 하나의 CBM을 구한 다음 총박스수를 곱하면 된다.

예를 들어, 가로 · 세로 · 높이가 각각 50cm, 60cm, 100cm인 박스 10개에 포장된 물건을 수출한다고 하면, 박스 하나의 CBM은 0.5×0.6×1=0.3CBM이고, 전체 화물의 CBM은 0.3×10=3CBM이 된다.

이론적으로 20피트 컨테이너의 최대적재용량은 33.2CBM이고 40피트 컨테이너의 최대적재용량은 67.11CBM이나, 선적과정에서 발생하는 공간을 감안하여 평균적으로 20피트 컨테이너에는 25CBM, 40피트 컨테이너에는 55CBM 정도를 적재한다.

따라서 수출화물의 총CBM을 계산해서 25CBM에 근접하면 FCL로 처리하고, 25CBM에 크게 미치지 못하는 소량화물의 경우에는 LCL로 처리한다.

2.2 컨테이너운송의 장점 및 단점

1) 컨테이너운송의 장점

첫째, 정박기간이 단축된다. 컨테이너는 동일하게 규격화되어 있어 하역작업시간이 단축되며 또한 컨테이너는 밀폐된 운송용기이므로 악천후에도 작업이 가능하다. 컨테이너운송은 재래식 운송에서 소요되는 정박기간을 절반 이상으로 줄일 수 있다.

둘째, 운송수단 간의 환적이 용이하다. 컨테이너는 모든 운송수단에 적재될 수 있도록 설계되어 있어 운송수단 간의 환적이 쉽다. 따라서 수화인이 지정하는 최종 목적지까지 운송을 완결시킬 수 있다.

셋째, 창고료가 절감된다. 컨테이너는 하나하나가 별개의 독립된 창고 역할을 하므로 부두의 유료창고에 보관할 필요가 없다.

넷째, 항해기간이 단축된다. 컨테이너선박은 대개가 최근에 건조된 것들이고 고속엔진으로 운항하기 때문에 항해기간이 단축된다.

다섯째, 운임이 절감된다. 두 가지 이상의 운송수단을 이용할 경우에는 전 운송구간에 동일한 'through rate'가 적용되어 운송수단이 바뀌는 구간마다 각각 개별적인 운임을 지급하는 경우보다 운임이 낮다.

2) 컨테이너운송의 단점

고정자본이 필요하다. 컨테이너수송에 필요한 항만시설, 컨테이너전용선, 다량의 컨테이너 등 여러 가지 관계기구를 구비하기 위해서는 막대한 자본이 필요하다. 컨테이너에 의해서 운송하지 못하는 화물이 많다.

2.3 컨테이너화물의 유통기지

1) 컨테이너터미널

컨테이너터미널(Container Terminal: CT)은 컨테이너전용부두에 설치되어 있는 컨테이너전용대합실을 말한다. 컨테이너터미널에는 컨테이너선박이 자유로이 입출항할 수 있도록 충분한 수심과 안벽(berth, quay)시설이 갖추어져 있고 컨테이너의 하역에 관련된 여러 가지 기기 및 시설이 설치되어 있다. 수출입화물은 FCL인가 LCL인가에 따라 컨테이너터미널 내에 설치되어 있는 컨테이너야적장(Container Yard: CY)과 CFS(Container Freight Station)에서 송화인 또는 수화인과 선박회사 간에 화물의 인수가 이루어진다.

컨테이너터미널은 철도나 도로운송이 쉽게 연결되는 편리한 위치에 있어 모든 컨테이너화물은 내륙지역으로부터 항구 내에 위치한 컨테이너터미널로 집결한 후 컨테이너전용선의 출항시간에 맞춰 반출되어 선적된다.

컨테이너터미널의 기본구조는 [그림 7-1]과 같다.

▮ 그림 7-1 ▮ 컨테이너터미널의 기본구조

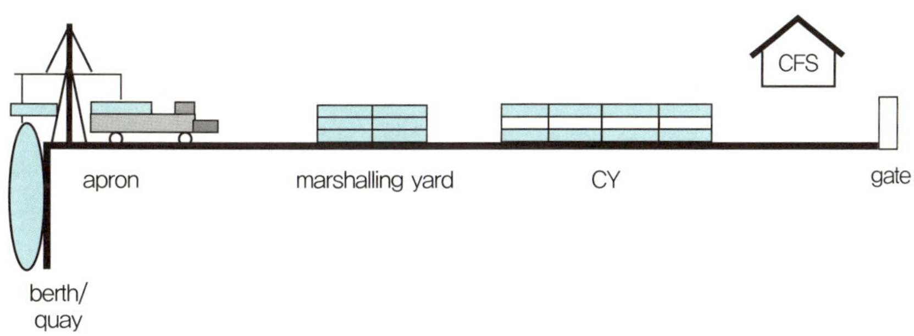

2) 내륙 컨테이너기지

내륙 컨테이너기지(Inland Container Depot: ICD)는 컨테이너화물을 효율적으로 운송하기 위해 내륙지점에 설치된 컨테이너화물의 집결지를 말한다. 만약 내륙지점에 이 기지가 설치되어 있으면 송화인은 컨테이너화물을 컨테이너터미널로 직접 반입하지 않고 내륙 컨테이너기지로 보낸다. 이 기지에 집결된 컨테이너화물은 선박회사나 운송인이 계약한 컨테이너전용열차(container unit train)를 이용하여 컨테이너터미널로 입고된다.

3) Container Yard(CY)

컨테이너화물은 선박회사가 지정한 화물인수장소로 인도하는데 이러한 컨테이너야적장을 'Container Yard(CY)'라 한다. 컨테이너야드는 수출 시 선박에 컨테이너를 싣기 전이나 수입 시 선박에서 내린 컨테이너를 모아두는 장소를 말한다. 선박회사의 입장에서 수많은 송화인 또는 수화인을 상대로 개별적으로 컨테이너를 인수하거나 인도하기가 힘들기 때문에 컨테이너야적장을 지정해서 송화인 또는 수화인들로 하여금 컨테이너야적장에서 화물을 인도하거나 인수하도록 한다.

4) Container Freight Station(CFS)

한 개의 컨테이너를 채울 수 없는 소량의 화물(LCL cargo)을 여러 화주로부터 인수하여 목적지별로 선별하여 컨테이너에 적입하거나 또는 각 화주에게 인도하기 위해 한 컨테이너로부터 해체(devanning)하는 컨테이너화물 조작장소를 말한다. CFS는 컨테이너터미널에 설치되어 있으며, 내륙 컨테이너기지에도 CFS가 설치된 경우가 있다.

3. 컨테이너화물의 유통경로

송화인이 자신의 공장이나 창고 등에서 물품을 컨테이너에 적입하여 이를 내륙에 설치되어 있는 컨테이너기지(ICD)로 보낸다.

ICD는 'Inland Container Depot' 또는 'Inland Clearance Depot'의 약자로서 내륙 컨테이너기지 또는 내륙 컨테이너화물 통관기지라고 부른다. 내륙에 위치한 컨테이너기지로서 항구나 공항과 마찬가지로 컨테이너화물의 처리를 위한 시설을 갖추고 수출입화물의 통관, 화물집하, 보관, 분류, 간이보세운송, 관세환급 등 종합물류터미널로서의 기능을 다하는 지역을 뜻한다.

내륙 컨테이너기지를 이용할 경우 유통기일 축소와 물류비 절감효과는 물론 신속한 통관 및 B/L 발급을 통해서 수출대금의 조기회수가 가능하다. 현재 한국에는 경기도 의왕시에 의왕 ICD와 경남 양산에 양산 ICD가 운영되고 있다.

내륙 컨테이너기지에 집결된 컨테이너화물은 선박회사나 다른 운송인이 계약한 컨테이너전용열차에 의해 컨테이너전용부두에 설치된 컨테이너터미널의 야적장(CY)으로 운송된다. 만약 내륙에 컨테이너기지가 없으면 송화인이 직접 컨테이너터미널로 화물을 운송한다.

터미널야적장에 적재된 컨테이너화물은 컨테이너전용선으로 옮겨져 목적항구까지 해상운송된다. 만약 대형 컨테이너선박을 충족시킬 만한 화물이 없거나 이들의 출입이 불가능한 경우는 소형 컨테이너선박에 의한 지선운송(feeder service)을 이용하여 인접한 대형 컨테이너터미널까지 운송한다.

목적항에 도착한 컨테이너화물은 모두 컨테이너터미널에 하역되었다가 다시 목적지의 내륙 컨테이너기지로 철도나 도로에 의해 운송된다.

4. 해상운송절차

무역운송의 주를 이루는 해상운송을 기준으로 운송절차를 살펴보면 다음과 같다.

① 송화인이 운송인에게 선적의뢰서(Shipping Request: S/R)를 보낸다. 실무적으로는 정식 S/R을 발행하지 않고 상업송장(commercial invoice)과 포장명세서(packing list)만 보내주고 선적의뢰를 하는 경우가 많다. 하지만 업무상 착오를 방지하고 문제발생 시 해결이 용이하도록 정식으로 S/R을 작성해서 보내주는 것이 바람직하다.

② S/R을 접수한 운송인은 화물예약을 마치고 선박의 선장 또는 일등항해사 앞으로 선적지시서(Shipping Order: S/O)를 보낸다.

③ CY 및 CFS 오퍼레이터가 부두에서 컨테이너를 인수하고 부두수취증(Dock Receipt: D/R)에 서명한 후 송화인에게 전해 준다. 살화물의 경우에는 부두수취증 대신에 본선인수증(Mate's Receipt: M/R)을 발행한다.

④ 송화인은 운송인에게 부두수취증 또는 본선인수증을 제시하고 선화증권(Bill of Lading: B/L)을 발급받는다.

⑤ 운송인은 화물을 선박에 적재하여 운송하고 해당 선박이 도착하기 전에 수화인(consignee)에게 화물의 도착을 알리는 도착통지서(arrival notice)를 발송

한다.

⑥ 화물이 도착하면 수화인은 선화증권을 운송인에게 제시하고 운송인으로부터 화물인도지시서(Delivery Order: D/O)를 교부받는다.

⑦ 선박이 도착하면 FCL화물은 CY에 반입되고, LCL화물은 CFS로 이송되어 컨테이너에서 적출된다.

⑧ 수화인은 화물인도지시서를 제시하고 CY 또는 CFS에서 화물을 인수한다. 실제 운송과정에서는 송화인과 수화인을 대신해서 운송주선인(freight forwarder)이 운송인을 상대하는 것이 일반적이다.

제 2 절 선화증권

1. 선화증권의 의의

1.1 의의

화주가 화물을 본선에 적재하면 선박회사는 선화증권(Bill of Lading: B/L)을 발급해 주는데 이 선화증권은 대략 15~16세기경부터 해상교역에서 사용되기 시작하였다. 중세기까지만 하더라도 상인들은 자신들의 화물을 싣고 목적지까지 직접 가서 처분했기 때문에 선화증권과 같은 운송서류가 필요하지 않았다.

그러다가 한자동맹(Hanseatic league)시대에 와서 해상교역량이 많아짐에 따라 화주들은 자신들의 화물을 운송해 주도록 선장에게 위탁했고, 선장은 화물을 위탁받았다는 일종의 영수증으로서 선화증권을 발급하기 시작하였다. 점차 국제무역에서 선화증권의 형식이 갖추어짐에 따라서 화물은 화물선에 의해 운송되고 선화증권은 신속한 우편선에 의해 목적지의 수화인에게 전달되었다.

항공기의 등장으로 대부분의 선화증권이 화물보다 목적지에 먼저 도착함으로써 목적지의 상인들은 화물 대신 선화증권을 사고팔기 시작하여 선화증권은 화물을 대표하는 권리증권 및 유통, 유가증권의 성질을 가지게 되었다.

선화증권은 무역거래에서 필수운송서류로서 다음과 같은 기능을 수행한다.

첫째, 선화증권은 선주와 화주 간에 운송계약이 체결되었다는 사실을 증명하는 증거서류이다.

둘째, 선화증권은 선적된 화물의 수취증이면서, 선적화물의 수량과 상태에 관한 명세서의 역할을 한다.

셋째, 선화증권은 화물에 대한 권리를 주장할 수 있는 권리증권이다.

1.2 선화증권의 기능

선화증권이란 화주와 선박회사 간의 해상운송계약에 의하여 선박회사가 발행하는 유가증권이다. 다시 말하면, 선주가 자기 선박에 화주로부터 의뢰받은 운송화물을 적재 또는 적재를 위해 그 화물을 영수하였음을 증명한다. 그리고 동 화물을 도착항에서 일정한 조건하에 수화인 또는 그 지시인에게 인도할 것을 약정한 유가증권이다.

선화증권은 증권상에 기재된 화물의 권리를 구체화하는 것으로서 선화증권의 양도는 바로 화물에 대한 권리의 이전을 의미한다. 화물을 처분하고자 할 때에는 반드시 관련선화증권을 가지고 있어야만 한다.

1.3 선화증권의 법률적 성질

선화증권은 해상운송에 있어 필수불가결한 것으로 다음과 같은 특성이 있다.

① 요인성: 운송계약에 의해 선박회사가 운송화물을 수취 · 선적하였다는 전제하에 선화증권을 발급하기 때문에 요인증권이다.

② 요식성: 선박의 명칭, 국적, 톤수, 운송화물의 종류와 개수, 기호 등을 기재하고 발행자가 기명 · 날인하는 법정의 형식을 요하는 요식증권이다.

③ 문언성: 증권이 작성된 후에는 운송인과 송화인의 의무는 증권상에 명기된 문언에 의해 이행되어야 하며 그 이외의 것은 명기된 사항에 반하여 임의로 해석될 수 없다.

④ 유통성: 선화증권은 화물을 대표하는 유가증권으로서, 증권의 발행인이 배서

의 금지를 뜻하는 문구를 기재하지 않는 한 배서 또는 인도에 의해 소유권이 이전될 수 있다.

⑤ 대표성: 선화증권은 운송화물을 대표하는 대표증권이며, 소지인이 선박회사에 화물의 인도를 청구할 수 있는 채권증권이다.

2. 선화증권에 관한 국제규칙

일반적으로 해상운송에서 가장 중요한 것은 '운송과정 중에서 화물의 멸실 및 손실에 대한 운송인의 면책범위'이다. 개품운송계약의 경우 송화인, 즉 화주는 해상운송인보다 열등한 지위에 있는 것이 보통이었다. 이에 따라 해상운송인은 우월한 지위를 이용하여 개품운송계약에 각종 면책약관을 삽입하기 시작하였고, 19세기 말에 이르러서는 과실로 인한 손해까지 면책되어 해상운송인은 아무런 책임을 지지 않게 되었다. 또한 해상운송법의 최고권한을 가진 영국법원은 이 면책약관을 전부 유효하다고 보았다. 이는 화주와 보험회사들의 반발을 불러일으켰고, 미국, 호주, 뉴질랜드, 캐나다 등의 국가에서 해상운송인의 횡포를 막기 위한 법률을 제정하였다

2.1 헤이그규칙(Hague Rules)

해상운송에 관해 국제적인 통일성을 갖기 위해서 1924년 8월 25일 브뤼셀에서 개최된 제5차 해상법에 관한 국제회의에서 선화증권에 관한 통일조약이 채택되었다. 그 후 각국들은 이 통일조약의 기본정신을 바탕으로 선화증권에 관한 법을 제정하게 되었다.

통일조약은 선주에게 다소 유리한 해상운송법인데 선주가 감항능력을 갖추기 위해 정당한 노력만을 기울이도록 규정하고 있다. 따라서 이러한 사실만 입증하면 설령 해상사고가 감항능력의 결여로 발생했다 하더라도 선주는 면책된다. 헤이그규칙은 체약국에서 발행되는 모든 선화증권에 적용된다고 규정하지만 이를 체약국들이 국내법화하는 과정에서 많은 국가들이 이 규칙을 국내의 항구에서 발항하는 경우의 선화증권에만 적용되도록 수정을 했다. 또한 컨테이너화물의 등장으로 포장

당 책임 제한규정의 합리적인 적용이 어려워졌고, 기존 포장당 책임제한액이 시간이 흐름에 따라 현실성이 없어졌다. 이에 따라 1968년 '헤이그규칙'을 1차 개정하는데, 이것이 바로 '헤이그-비스비규칙(Hague-Visby Rules)'이다.

2.2 헤이그-비스비규칙(Hague-Visby Rules)

해상운송에 관한 국제적 통일을 기하고, 선주와 화주 간의 이해관계 충돌을 피하고자 1968년에 헤이그규칙을 일부 개정한 규칙이다.

주요 개정내용은 다음과 같다.

1) 선화증권의 증거력 강화

헤이그규칙이 선화증권의 추정적 증거로써의 효력만을 인정하였으므로 선화증권의 유통성 저해 및 선의의 선화증권 소지인의 보호에 충분하지 못하였다. 따라서 이 의정서는 선화증권의 유통성을 강화하기 위하여 선화증권 소지인에 대한 관계에서는 선화증권기재의 결정적 또는 절대적 증거력을 부여하고 있다(제1조 제1항).

2) 운송인의 책임한도액의 인상

헤이그규칙상의 운송인의 배상책임한도액은 선화증권에 가액의 기재가 없는 경우 운송물의 1포장(package) 또는 1단위(unit)에 대하여 이 규칙을 채택한 각국 간에 운송인의 책임한도액이 통일되지 않았다. 헤이그-비스비규칙에서 포장, 단위당 가액과 멸실 혹은 손상된 물품 총중량의 가액 가운데 더 많은 금액을 운송인의 책임한도액으로 하는 새로운 규정을 두었다(제4조 제5항(a)).

3) 컨테이너조항(container clause) 신설

헤이그규칙의 작성 당시에는 컨테이너운송은 존재하지 않았으므로 이에 관한 규정이 없었다. 개정된 헤이그-비스비규칙에서 선화증권에 컨테이너, 팔레트 등에 적입된 포장 또는 개수가 표시되어 있으면 그 개개의 포장 또는 단위를 운송인의 책임한도액에 적용하고, 표시되어 있지 않으면 컨테이너 팔레트 자체를 1포장 또는 단위로 간주하게 되는 컨테이너조항(Container clause)을 신설하였다.

2.3 함부르크규칙(Hamburg Rules)

헤이그-비스비규칙을 일부 변경하여 1978년도에 개정한 협약이다. 헤이그규칙과 비교하면 이 협약의 특징은 항해과실에 대한 운송인의 면책이 폐지되는 등 운송인의 책임이 확대되었다는 점이다.

헤이그규칙 및 헤이그-비스비규칙은 영미법을 근간으로 하고 있으며, 운송인의 면책사유가 광범위하고 책임보상범위도 제한되어 선주의 보호에 지나치게 치중하고 있어 화주에게는 상대적으로 불리했다. 특히 해운회사가 선진국에만 있어, 선진국에서만 발항하는 선화증권에만 적용이 되기 때문에 개발도상국의 화주들이 상대적으로 불리한 위치에 있었다. 시간이 지나면서 개발도상국의 발언권이 커졌고 1978년 '헤이그-비스비규칙'을 2차 개정하게 된다.

표 7-3 헤이그-비스비규칙과 함부르크규칙의 주요 내용

구분	헤이그-비스비규칙	함부르크규칙
적용대상	체약국에서 발행된 선화증권	체약국과 관련된 해상운송계약
책임기간	적재부터 양하까지(tackle to tackle)	인수부터 인도까지(receipt to deliver)
책임원칙	• 과실책임주의 -선박의 불감항성 -상사과실 • 면책사유 열거: 항해과실, 화재 등 17가지	과실책임주의: 운송인은 자기 또는 그 사용인 등이 운송물의 손해의 원인이 된 사고를 회피하기 위하여 합리적으로 조치를 취하였다는 것을 증명하지 못하면 화물배상책임 발생
책임제한	• 포장당: 667SDR • kg당: 2SDR	• 포장당: 835SDR • kg당: 2.5SDR
제척기간	인도완료(예정)일로부터 1년	인도완료(예정)일로부터 2년

3. 선화증권의 종류

선화증권은 분류방법에 의해 여러 가지 종류로 구분할 수 있으나 실무상 필요한 것을 보면 다음과 같다.

3.1 선적선화증권과 수취선화증권

선적선화증권(shipped or on board B/L)은 운송물품이 본선에 적재된 후 발급되는 선화증권이다. 따라서 증권상에 선적이 완료되었음을 나타내는 'shipped' 또는 'laden on board' 등과 같은 표현이 있다. 선적선화증권의 발행일자는 곧 화물이 본선에 적재된 일자로 간주된다.

운송선박이 아직 부두에 정박하지 않았거나 입항조차 하지 않았을 경우 화물은 일단 선박회사의 부두창고에 입고되어 선적순서를 기다리게 되는데 이때 선박회사는 화물을 수취하였음을 나타내는 수취선화증권(received B/L)을 발급한다. 그리고 수취선화증권이 발행된 후 선적이 실제로 이루어지는 날을 기입하여 선박회사 또는 그의 대리인이 서명하면 선적선화증권과 동일한 효력을 갖는다.

3.2 무사고선화증권과 사고부선화증권

화물을 본선상에 선적할 때 화물의 상태가 외관상 양호하고 수량이 맞아 선화증권상에 아무런 표시가 없는 선화증권을 무사고선화증권(clean B/L)이라 한다. 선화증권은 외관상 아무런 하자사항이 없는 양호한 화물이 본선상에 선적되었음을 나타내는 'shipped on board in apparent good order and condition'이라는 표현이 있어야만 완전한 선화증권이 된다.

만약 포장상태가 불완전하거나 수량이 부족할 경우에는 선화증권상에 '5cases loss strap', '5cartons short in dispute' 등과 같은 단서조항이 기재되는데 이런 선화증권을 사고부선화증권(dirty or foul B/L)이라 한다.

사고부선화증권은 유통도 되지 못할뿐더러 은행에서도 별다른 지시사항이 없는 한 수리를 거절한다.

3.3 기명식선화증권과 지시식선화증권

기명식선화증권(straight B/L)은 화물을 받아보는 수화인의 이름이 증권상에 구체적으로 표시된 선화증권을 말하는데 통상 수입업자의 이름이 기재된다. 기명식 선화증권은 기명된 수화인이 배서를 해야만 유통될 수 있다.

지시식선화증권(order B/L)은 수화인에 대한 표시가 'order', 'order of ABC Bank' 등과 같이 표시되어 있는 선화증권을 말하는데 수출업자는 선화증권의 뒷면에 무기명배서(blank endorsement)만 하면 이 선화증권은 자유롭게 유통된다. 오늘날의 무역거래에서는 대부분 지시식선화증권이 사용되고 있다.

3.4 해양선화증권과 내국선화증권

국제해상운송인 경우에는 해양선화증권(ocean B/L)이 발행되고, 국내의 해상운송인 경우는 내국선화증권(local B/L)이 발행된다. 무역거래에서는 해양선화증권이 이용된다.

3.5 집단선화증권

집단선화증권(groupage B/L, master B/L)은 한 컨테이너 안에 여러 화주의 화물이 적재되었음을 표시하는 선화증권을 말한다.

화물을 컨테이너로 운송할 경우 한 컨테이너의 분량이 안 되는 소량화물은 운송주선인(freight forwarder)이 목적지별로 혼재하여 컨테이너단위의 화물로 만든 다음 선박회사와 해상운송계약을 체결한다.

이때 선박회사는 한 컨테이너 안에 여러 화주의 화물이 적재되었음을 표시하는 집단선화증권을 발급한다. 그리고 운송주선인은 개별 화주에 대해서는 운송인의 입장에 있기 때문에 이들에 대해서는 일종의 선적증명서인 'house B/L' 또는 'forwarder's B/L'을 발급해 준다. 이 경우 수출업자는 'house B/L'을 은행에 제시하고, 수입업자도 이 서류를 인도받아 화물을 인수한다.

3.6 약식선화증권

선화증권의 발행수속을 간소화하기 위해 운송약관이 인쇄되어 있지 않은 선화증권을 약식 또는 간이선화증권(short form B/L)이라 하며 신용장상에 별도의 명시가 없는 한 은행은 이러한 서류를 수리한다.

3.7 환적선화증권

목적항구까지 직접 가는 직항선박이 없을 경우에는 중간항구에서 다른 선박에 화물을 환적운송한다. 이런 경우 구간마다 각각 다른 선화증권이 발급되지 않고 처음 발행된 선화증권을 목적항구까지 그대로 사용하는데 이러한 선화증권을 환적선화증권(transshipment B/L)이라 한다.

3.8 통과선화증권

목적지까지 해상운송과 육상운송을 동시에 이용할 경우 발행되는 선화증권을 통과선화증권(through B/L)이라 한다.

3.9 지연선화증권

선화증권이 발행된 후 21일이 지난 뒤 은행에 제시되는 선화증권을 지연선화증권(stale B/L)이라 하고, 특별히 'stale B/L acceptable'이라는 조항이 없는 한 은행에서 수리하지 않는다.

3.10 해상화물운송장

해상화물운송장(Sea Waybill: SWB)은 운송인이 화물을 인수하였음을 증명하고 동 화물을 운송하여 운송장에 명시한 수화인에게 인도할 것을 약정하는 운송계약증서이다. 해상화물운송장은 화물인수증이자 운송계약의 증빙서류라는 점에서는 선화증권과 다를 바 없으나 화물에 대한 청구권을 갖는 유가증권이 아니며 유통시킬 수 없다는 점에서 선화증권과 구별된다.

해상화물운송장은 선박회사가 화물을 수취했음을 나타내는 화물수취증이며, 수화인의 성명과 주소가 명기되어 있고 유통금지문언이 부기되어 있다. 주로 본사와 지사 간의 거래, 이사화물 등에 이용된다.

수화인이 물품을 수령할 때 운송인에게 해상화물운송장을 제출할 필요가 없으므로 인접국가 간의 거래에서 화물보다 서류가 늦게 도착함으로써 물품의 인도가 지연되는 것을 피할 수 있으며, 원본 분실의 위험으로부터 자유로울 수 있다는 등의 장점이 있다.

4. 특수상황에서 쓰이는 선화증권

서류보다 물품이 먼저 도착하는 인접국가 간의 거래나 중계무역과 같은 특수한 상황에서는 다음과 같은 방식을 활용한다.

4.1 surrender B/L

'surrender B/L'이란 'original B/L'의 발행을 포기하거나 반납함으로써 수화인이 'original B/L' 없이 화물을 찾을 수 있도록 하는 것이다. B/L을 'surrender'하기 위해서는 화주가 운송인으로부터 발급받은 'original B/L'에 배서한 후 반납하거나, 'original B/L'이 발행되기 전에 별도의 요청서를 제출하여 'original B/L'의 발행을 포기한다.

'surrender'된 B/L은 전면 하단부에 'surrender'라는 스탬프가 찍혀 있다. 선적지의 운송인은 별도의 메시지를 통해서 B/L이 'surrender'되었음을 도착지의 운송인에게 통보하고, 수화인은 송화인으로부터 B/L 사본을 전달받아 운송인에게 제출하고 화물을 인수한다.

'surrender B/L'은 우리나라와 중국, 일본, 대만 등과 같은 인접국가 간의 무역거래에서 선적서류보다 화물이 먼저 도착할 경우, 'original B/L'이 도착하기 전에 화물을 인수할 수 있도록 고안된 방식이다. 물품대금 전액이 사전에 송금되고 물품이 선적되는 경우에 주로 활용된다.

4.2 switch B/L

중계무역에 이용되는 방식으로서 중계무역상이 수입자에게 원수출자가 노출되는 것을 원하지 않을 때, 선적지에서 발행된 'original B/L'을 운송사에 반납하거나 'original B/L'의 발행을 'surrender'하고 송화인을 중계무역상으로 교체하여 새로운 B/L을 발급받는 것을 뜻한다.

'switch B/L'방식을 활용하기 위해서는 최종수입자와 운임이 가격에 포함된 거래조건으로 계약하고, 사전에 운송주선인과 새로운 B/L의 발행이 가능한지를 확인해 두어야 한다.

4.3 third party B/L

B/L상의 송화인이 계약당사자인 수출자 대신 제3자가 되는 것으로 주로 중계무역에서 사용된다. 예를 들어, 한국의 중계무역상이 중국의 공급자로부터 물건을 구입하여 미국으로 직접 선적하도록 하는 경우 중국의 공급자를 송화인으로 하여 발행된 B/L을 'third party B/L'이라고 한다.

참고 | 선화증권의 재발행

수출자가 선화증권 원본을 분실하면 수출대금을 받을 수 없고, 수입자가 분실하면 화물을 인도받을 수 없다. 따라서 운송인에게 원본을 재발행해 달라고 요청해야 하는데 운송인의 입장에서는 원본의 재발행이 동일한 화물에 대한 권리자가 복수가 되는 결과를 초래하므로 적정한 보호장치가 있어야만 원본을 재발행해 준다.

여기서 적정한 보호장치란 법원으로부터 분실선화증권의 무효 및 제권판결(除權判決)을 받거나 송장가격의 130~200%에 해당하는 금액을 담보로 제공하는 것이다. 하지만 법원의 공시제권판결은 공고 종료일로부터 3~6개월의 장기간이 소요되고, 담보제공의 경우에도 최초에 발행되었던 선화증권의 원본 소지자가 화물인도를 청구할 경우에 대비하기 위해서 상당기간(보통 1.5년) 보관 후에 반환된다는 문제점이 있다.

5. 선화증권의 서식기재요령

선화증권의 양식 및 기재사항은 컨테이너로 운반되는지 혹은 재래선 벌크형태로 운반되는지에 따라 다소 차이는 있으나 대부분 대동소이하며 여기서는 [양식 7-1]의 복합선화증권을 중심으로 서술한다.

① Shipper: 송하인의 성명 또는 상호를 기재하며 혼동이 예상될 때는 주소를 명기하여 명확히 하는 것이 좋다.

② Consignee: 수화인을 기록한다. T/T방식이나 D/P, D/A방식에서는 수입상의 상호 및 주소가 기재되나 신용장방식에서는 신용장상에 표시된 문구에 따라 'to order, to order of shipper, to order of 발행은행명' 등이 된다.

③ Notify Party: 대개 신용장에 'Notify Accountee'라 기재되며 신용장발행의뢰인, 즉 수입업자 또는 수입업자가 지정하는 대리인이 통지처(화물도착 시 연락처)로 기재된다.

④ Ocean Vessel: 화물을 수송하는 해상운송선박명이 기재된다.

⑤ Port of Loading: 화물을 선적하는 항구명 및 국가명이 표시된다.

- 예: 'Busan, Korea', 'Incheon, Korea'

⑥ Place of Receipt: 송화인으로부터 운송인이 화물을 수취하는 장소로 'Busan CY', 'Busan CFS' 등으로 표기한다.

⑦ Voyage No.: 운송선박의 운송회사나 선박회사가 임의로 정한 일련번호가 기재되는데 1항차는 출발항에서 목적항을 거쳐 출발항에 회항하는 것으로 한다. 수출 · 수입을 구별하기 위하여 'East, West, South, North' 등을 표기한다.

⑧ Port of Discharge: 화물의 양륙항 및 국가명이 기재된다.

⑨ Place of Delivery: 운송인이 책임지고 운송하여 수화인에게 인도하여 주는 장소를 명기한다.

⑩ Final Destination: 화물의 최종목적지를 표시한다.

⑪ B/L No.: 선사가 임의로 규정한 표시번호를 기재한다. 통상 선적항과 양륙항의 알파벳 두문자를 이용하고 번호를 일련번호로 쓴다. 'BO-500: Busan-Osaka', 'HMBU-9001: Hamburg-Busan' 등으로 표시된다.

⑫ Flag: 선박의 등록국적을 나타낸다. 해상사고 시는 국제적 관례인 기국주의에 의한다.

⑬ Container No.: 화물이 적재되는 컨테이너번호를 표기한다.

⑭ Seal No.: 컨테이너에 적재된 화물에 봉인을 한 'Seal No.'를 표기한다.

⑮ No. of CONT or other PKGS: 컨테이너의 숫자나 기타 포장개수를 기재한다.

- 예: 1CNTR(컨테이너)

⑯ Description of Packages and Goods: 'Packing List' 및 'Invoice'에 기재된 상품의 내용을 열거 · 기재하며 'B/L No.'도 통상 표시되어진다.

⑰ Gross Weight, Measurement: 등록검량회사에서 검측된 중량 및 용적이 명기된다. 'Packing List', 'Invoice'와 일치되지 않는 경우 'Remark'를 부기하여야 한다. 화물에 이상이 있으면 송화인에게 파손화물보상장(Letter of Indemnity: L/I)을 요구하여 첨부시킨다. 수출입의 경우 'Packing List'와 B/L이 상이한 경우 통관되지 아니하므로 세심히 작성되어야 한다.

⑱ Freight and Charges: 상품의 운송에 따른 제반비용의 명세로 'Freight, CA, BAF, CFS Charge, Wharfage' 등이 통상 표시되며 'Through B/L'인 경우는 'Inland Charge'가 표시된다.

⑲ Revenue Tons: 중량과 용적 중에서 운임이 높게 계산되는 편을 택하여 표시한다. 즉, 총중량과 총용적에 각각의 운임단가를 곱하여 총중량의 운임이 총용적보다 클 경우는 'K/T'를, 총용적이 클 경우는 'CBM'을 표시한다.

⑳ Rate: 'Revenue Ton'당의 운임단가 및 'CFS Charge, Wharfage, BAF, CAF의 Percent' 등이 표시된다. 'Wharfage'의 경우 국내에서는 1톤 이하는 무조건 올림으로 산정하고 있어, 만일 7.001CBM이라면 8CBM으로 계산된다.

㉑ Per: 용적단위 또는 중량단위로 표시하고 'Full Container'의 경우는 'Van단위'로 표시한다.

㉒ Prepaid, Collect: CIF조건의 수출일 경우는 'Prepaid' 칸에 운임을 계산하여 표시한다. FOB조건의 수출일 경우는 'Collect' 칸에 계산표시한다. 또한 운임의 지급조건은 'Description of Goods' 칸에 'Freight Prepaid', 'Freight Collect'라고 통상 표시되므로 혼동은 되지 않으나 간혹 기재되지 않는 경우도

있으므로 구별하여 각각의 칸에 기재하는 것이 좋다. 또한 복합운송의 경우는 각 구간마다의 운임을 표시하여 계산하는 것이 복합운송을 명백히 표시하는 방법이다. 그러므로 구간표시를 하고 구간운임계산을 나타내는 것이 좋다.

㉓ Freight Prepaid at: CIF수출조건인 경우 운임이 지급되는 장소를 나타낸다. 즉, 화물이 부산에서 선적운송되고 서울에서 운임이 지급되는 경우는 'Seoul, Korea'라고 기재한다. 'Freight Prepaid'의 경우 운임이 지급되지 않으면 B/L 발행자는 특별한 상거래가 없는 한 B/L을 발행 · 교부하지 않는다.

㉔ Freight Payable at: FOB수출조건으로 운임이 수화인 부담인 경우에 수화인의 운임지급장소가 기재된다. 운임이 지급되지 않으면 운송인 또는 대리점은 화물인도지시서(Delivery Order: D/O)를 발행 · 교부하지 않는다.

㉕ No. of Original B/L: 'Original B/L'의 발행통수를 기재한다. 'Original B/L'은 통상 3통을 한 세트로 발행하는데 그 숫자에는 제한이 없다. 'Original B/L'에는 'Original', 'Duplicate', 'Triplicate' 등의 문구가 있고 은행과의 거래를 위하여 'Negotiable'이라는 문구도 표시된다.

'Original B/L'의 경우에는 발행통수에 관계없이 그 한 장이라도 회수되면 나머지는 유가증권으로서의 효력을 상실한다(상법 제816조). 'B/L Copy'의 경우는 'Copy Non-Negotiable'이라 기재되며 'B/L Copy'는 유가증권으로서의 효력이 없고 단지 참조적인 서류에 불과하다.

㉖ Place and date of Issue: B/L의 발행장소가 기재된다.

㉗ On Board Date and Issue: B/L의 본선적재일이 기재되며 선적일과 발행일자는 보통 일치된다. 발행일자가 선적일보다 늦을 수는 있으나 빠른 경우는 B/L의 선발행이 되므로 은행에서 매입을 거절당할 수 있다. 'On Board'의 하단에는 B/L 발행자의 서명이 표시된다.

㉘ Carrier Name: B/L 발행권자의 서명이 표시된다. B/L 발행권자는 은행에 서명을 등록하고 있으며 일단 발행권자가 서명한 후 B/L을 수정할 경우에는 재발급을 받든가 또는 'Correction' 도장을 날인한 후 서명해야 한다. 그러나 중량 및 용적 등 상품의 가격에 영향을 미치지 않는 부분에는 'Correction' 도장만 날인해도 유효하다.

[양식 7-1]

선화증권
Bill of Lading

① Shipper/Exporter ABC Trading Co. Ltd. 1. Pil-dong, Jung-ku, Seoul, Korea		⑪ B/L No.: But 1004
② Consignee To Order Of XYZ BANK		
③ Notify Party ABC Import Corp. P.O. BOX 1, New York, USA		
Pre-Carrage by	⑥ Place of Receipt Busan, Korea	
④ Ocean Vessel WONIS JIN	⑦ Voyage No. 1234E	⑫ Flag

⑤ Port of Loading	⑧ Port of Discharge	⑨ Place of Delivery	⑩ Final Destination(For the Merchant Ref.)
Busan, Korea	Boston, USA	New York, USA	New York, USA

⑬ Container No.	⑭ Seal No. Marks & No	⑮ No. & Kinds of Containers or Packages	⑯ Description of Goods	⑰ Gross Weight	Measurement
ISCU1104		1CNTR	Light Bulbs (64,000PCS)	4,631KGS	58,000CBM
Total No. of Containers or Packages(in words)					

⑱ Freight and Charges	⑲ Revenue tons	⑳ Rate	㉑ Per	㉒ Prepaid	Collect

㉓ Freight Prepaid at	㉔ Freight Payable at	㉖ Place and Date of Issue May 21, 2019, Seoul Signature
Total Prepaid in	㉕ No. of Original B/L	
㉗ Laden on Board Vessel Date Signature May 21, 2019		㉘ ABC Shipping Co. Ltd. as agent for a carrier, ZZZ Liner Ltd.

제 3 절 항공운송

1. 항공운송의 발전

항공운송은 육상운송이나 해상운송에 비해 신속하다는 장점을 지니고 있다. 그러나 운임이 상대적으로 비싸고 일시에 대량의 화물을 운송할 수 없다. 또한 국제공항이 있는 지역 간의 운송에만 국한되는 특징들 때문에 그동안 무역거래는 주로 부피가 작고 신속한 운송을 요하는 고가제품만을 대상으로 항공운송을 이용해 왔다.

경제가 발전함에 따라 비싼 운임을 지급하여도 채산성이 맞는 부가가치가 높은 제품이 많이 개발되어 항공운송에 대한 의존도가 점차 높아지기 시작하였다. 또한 세계 주요 도시의 공항이 정비되어 항공운송체제가 확립됨에 따라 내륙지역까지 항공운송으로 직접 운송할 수 있는 범위가 확대되었다.

이와 때를 같이 해서 1970년대부터 대형 화물전용기가 국제선에 취항하여 항공운송에서도 어느 정도 대량운송이 가능하게 됨에 따라 무역거래에서 항공운송이 차지하는 비중이 급속히 증가하게 되었다.

컨테이너운송이 발전됨에 따라 1980년대부터는 단순한 항공운송으로서가 아니라 육상운송 및 해상운송과 연계한 해상 · 항공 · 육상 또는 항공 · 육상 등의 복합운송까지도 가능하게 되었다.

2. 항공운송의 장점

첫째, 항공운송은 신속성으로 인해 수송기간이 상당히 단축된다.

둘째, 신속한 운송은 재고비용을 절감시킨다. 즉, 제품이 신속하게 운송되면 각 지역에 다량의 재고품을 묶어 둘 필요가 없기 때문에 재고비용이나 보관비용을 절감할 수 있다.

셋째, 항공운송은 수송조건이 양호하다. 수송기간이 짧기 때문에 위험에 노출되는 시간도 짧아 도난, 분실 등의 위험이 적다. 또한 항공기는 선박과는 달리 요동이 별로 없기 때문에 화물이 파손될 위험도 적다.

3. 항공화물운송업자

3.1 항공화물운송대리점

항공화물운송대리점(air cargo agent)은 항공사 또는 총대리점을 위하여 유상으로 항공기에 의한 운송계약체결을 대리하는 사업을 영위하는 자를 말한다(한국 항공법 제2조). 항공화물운송대리점은 항공사를 대리하기 때문에 항공사의 운송약관, 규칙, 운임율표 및 운행시간표를 그대로 이용한다.

3.2 항공화물운송주선업자

항공운송에서는 소량의 화물이 운송대상인 경우가 많아 운임이 높고 최저운임이 적용될 수 있다. 따라서 가능한 한 동일한 목적지별로 화물을 혼재하여 대량의 화물로 만드는 것이 유리하다. 이와 같이 여러 송화인으로부터 소량의 화물을 모아서 대량의 화물로 만든 다음 이를 자기 명의로 운송하는 것을 업으로 하는 자를 항공화물운송주선업자(air freight forwarder) 또는 혼재업자(consolidator)라 한다.

4. 항공화물운송장

4.1 항공화물운송장의 기능

송화인과 운송인 간에 항공운송계약이 체결되면 항공화물운송장(air waybill)이 발급되는데 이 운송장은 항공운송에서 화물의 유통을 보장하는 유일한 운송서류로서 해상운송에 있어서 선화증권과 비교될 수 있다.

항공화물운송장이 갖는 기능을 살펴보면 다음과 같다.

첫째, 항공화물운송장은 송화인과 운송인 간에 운송계약이 체결되었다는 사실을 나타내는 증거서류이다.

둘째, 항공화물운송장은 운송인이 화물을 운송하기 위해 이를 수령했다는 증거서류이다. 송화인이 화물을 항공사에 인도하면 항공기에 적재하기 전에 운송장을 발급하여 화물을 인수했음을 나타낸다.

셋째, 항공화물운송장은 운임청구서의 기능을 수행한다. 항공사가 운송장을 발급하면 송화인은 운송장에 기재된 운임 및 기타 수수료를 지불해야 하기 때문에 운송장은 항공사가 송화인에게 운임을 청구하는 운임청구서(freight bill)이기도 하다.

마지막으로 항공화물운송장은 보험증명서가 되기도 한다. 항공보험은 보험기간이 3~4일 정도에 불과하기 때문에 항공화물은 항공사에서 제공하는 화주보험에 부보되는 경우가 많다. 만약 이런 사실이 운송장에 기재되면 이 운송장은 화물이 보험에 가입하였다는 사실을 증명하는 보험증명서가 될 수 있다.

4.2 항공화물운송장과 선화증권의 비교

항공화물운송장과 선화증권은 다음과 같은 몇 가지 중요한 차이가 있다.

첫째, 선화증권은 유통 · 유가증권이지만 항공화물운송장은 양도성이 없는 비유가증권이다. 항공화물운송장의 수화인용 원본은 목적지에서 화물과 함께 수화인에게 교부되는 것으로서 유통을 목적으로 하는 것이 아니며, 또한 운송계약상의 권리행사에 필요한 것이 아니기 때문에 항공화물운송장은 유가증권으로 발행되지 않는다.

만약 항공화물운송장에도 선화증권과 마찬가지로 유통 · 유가증권의 성질을 지니도록 한다면 화물은 이미 목적지에 도착했는데 운송장이 아직 도착하지 않아서 화물을 찾지 못하는 경우가 항상 발생한다. 왜냐하면 화물은 항공기로 직송되지만 운송장은 수출지의 관계은행을 거쳐 수입지의 관계은행을 통해서 수화인에게 전달되므로 화물보다 늦게 도착한다. 이렇게 되면 신속하게 운송하기 위해서 항공운송을 이용한 것이 아무런 의미가 없게 된다.

둘째, 선화증권은 대부분 선적 후 발행되지만 항공화물운송장은 모두 운송인 수취 후 발행된다. 선화증권은 선적을 증명하는 증권이므로 선적이 완료된 후에 발행되는 것이 일반적이다. 그러나 항공운송의 경우는 발착편이 많고 화물을 운송 · 위탁해서 항공기에 적재할 때까지 많은 시일을 요하지 않으므로 항공사의 창고에 화물이 도착하면 바로 운송장을 발행해 주고 있다.

셋째, 선화증권은 대부분 지시식 형태로 발행되고 항공화물운송장은 기명식으로 발행된다. 선화증권은 수화인 표기가 지시식으로 되어 있어 정당한 배서에 의해 누구에게나 양도될 수 있다. 반면 항공화물운송장은 권리증권이 아니기 때문에 기명식으로 발행되고, 운송장에 기재된 수화인만이 해당 화물을 찾을 수 있다.

넷째, 법률적으로 항공화물운송장은 송화인이 작성해서 항공사에 교부하는 형식을 취하고 있는 데 반해, 선화증권은 선박회사가 작성해서 송화인에게 교부한다.

제 4 절 복합운송

1. 복합운송의 의의

복합운송(multimodal transport or combined transport)이란 복합운송인(Multimodal Transport Operator: MTO)이 화물을 자기 책임하에 인수하여 어느 국가의 한 지점에서 다른 국가에 위치해 있는 지정된 인도장소까지 복합운송계약에 의해 해상, 내륙, 항공, 철도나 도로운송 등 여러 운송방식 중 2종류 이상의 운송수단을 사용하여 운송하는 것을 의미한다. 어느 한 운송방식에 의한 계약의 이행을 위해 부수적으로 행해지는 집화나 인도에 이용되는 운송방식은 복합운송으로 간주되지 않는다.

복합운송은 국제 간의 무역운송에 있어 컨테이너화의 발달과 수송기술 및 장비의 혁신에 따라 종래의 'tackle to tackle' 운송개념이 'CY to CY' 개념으로 발전된 데 이어 더 나아가 'door to door'라는 더욱 앞선 운송형태로 나타나게 된다. 특히 컨테이너에 의한 화물의 복합운송은 해상운송을 신속 · 저렴하게 만들었을 뿐만 아니라 해상과 육상, 나아가서는 항공운송에 이르기까지 전 수송을 신속하고 효율적으로 연결 · 수송할 수 있게 한 중대한 수송혁신이다.

컨테이너에 의해 화물을 운송하게 되면 대량의 화물을 하역하는 데 많은 시간이 소요되지 않는다. 또한 컨테이너 자체가 모든 운송수단에 적재가 가능하도록 규격화되어 있어 여러 운송수단이 동시에 이용될 수 있다.

모든 운송에서 컨테이너화가 진전됨에 따라 여러 운송수단을 유기적으로 결합한 운송시스템이 급속히 발전했는데 이를 복합운송(combined transport)이라 한다. 복합운송을 미국에서는 'international transport', 유럽에서는 'multimodal transport'라고 표기하기도 한다.

복합운송은 오늘날 해상과 육상을 연결하는 형태와 해상과 항공을 연결하는 형태로 이용되고 있다. 해륙복합운송은 대륙을 횡단하는 육상운송을 통해 해상과 육상을 연결하는 운송형태인데 대륙을 교량으로 이용한다고 하여 이를 '랜드브리지 서비스(land bridge service)'라고 한다.

1.1 국제복합운송의 장점

1) 비용절감

환적작업검사, 사무수속 등 수송기관의 접점에서 발생하는 작업비용을 절감할 수 있으며, 작업흐름의 원활화 및 하역생산성이 향상된다.

2) 서류 단순화

수송의 컨테이너화로 인해 수속의 간소화가 이루어져 화물과 서류의 체크 및 단순화가 가능해진다.

3) 운송책임 일원화

복합운송업자에 의한 일괄운송업무의 수행으로 운송책임의 일원화가 가능케 됨으로써 그에 따라 클레임처리도 일원화가 가능하다.

4) 화물추적 용이

단일의 운송인에 의해 취급되므로 화물의 추적시스템화(cargo tracing system)가 용이하다.

1.2 복합운송의 기본요건

1) 운송책임의 단일성

복합운송인은 자기의 명의로 송화인과 복합운송계약을 체결한 계약당사자이다. 뿐만 아니라 전체 운송을 계획하고 여러 운송구간을 적절히 연결하고 통괄하여 운송이 원활하게 이루어지도록 조정하고 감독할 지위에 있다. 그러므로 복합운송인은 전 구간에 걸쳐 화주에 대해 단일책임을 진다.

2) 복합운송증권의 발행

복합운송이 되기 위해서는 복합운송이 화주에 대하여 전 운송구간에 대한 유가증권으로서의 복합운송증권이 발행되어야 한다.

3) 단일운임의 설정

복합운송인은 각 운송구간마다 분할된 것이 아닌 전 구간에 대한 단일운임(through rate)을 설정하여 화주에게 제시한다.

4) 운송방식의 다양성

복합운송은 반드시 2가지 이상 서로 다른 운송방식에 의하여 이행되어야 한다. 이때 운송방식은 운송인의 다수가 중심이 되는 것이 아니라 운송수단의 종류가 문제가 되며 이러한 운송방식은 각각 다른 법적 규제를 받는 것이라야 된다.

2. 복합운송인

복합운송인(multimodal transport operator)은 이종 운송수단을 결합하여 송화인을 상대로 복합운송계약을 체결한 계약의 당사자로서 2국 이상을 운송하는 운송인이다. 즉, 복합운송인이란 스스로 또는 자신의 대리인을 통하여 복합운송계약을 체결하고 송화인이나 운송인이 아닌 주체로서 행동하고 그 계약의 이행에 대해 책임지는 자를 말한다. 복합운송인은 다음과 같이 구분된다.

2.1 실제운송인(actual carrier)

자신이 직접 선박, 트럭, 항공기 등의 운송수단을 보유하면서 복합운송인의 역할을 수행하는 운송인으로 선박회사, 철도회사, 트럭회사 및 항공회사 등은 실제운송인에 해당된다.

2.2 무선박운송인(Non-Vessel Operation Common Carrier: NVOCC)

계약운송인인 운송주선인(freight forwarder)을 법적으로 실체화시킨 것으로서, 자기 스스로 선박을 직접 운항하지 않으면서 해상운송인, 즉 VOCC(Vessel Operating Common Carrier)에 대하여는 화주의 입장으로, 화주에 대해서는 'common carrier'의 입장이 되는 운송인을 말한다.

3. 복합운송의 경로와 국제조약

3.1 복합운송의 주요 경로

1) 'Sea & Air'방식의 운송루트

Sea & Air 복합운송은 해상운송에 비해 소요일수를 대폭적으로 축소할 수 있고, 항공수송에 비해 운임을 절감할 수 있으며, 전 구간 해상운송에 비해 재고투자와 창고료의 절감, 포장비의 절감을 통해 물류비용을 절감할 수 있는 장점이 있다.

운송루트	출발지	수송수단	중계지	수송수단	중계지	수송수단	목적지	소요일수
북미서안 경유 Sea & Air	부산	선박	북미서안 주요항 → 서안공항	항공	북미동안 → 항공	항공	유럽공항 → 주요 도시	17일
러시아경유 Sea & Air	부산	선박	보스토치니 → 블라디보스토크	항공	모스크바, 룩셈부르크, 베를린	항공 트럭	유럽, 아프리카	약 14일
동남아경유 Sea & Air	부산	선박	홍콩, 방콕, 싱가포르	항공	유럽공항	트럭	유럽 각지	8~16일

2) 랜드브리지방식의 운송루트

랜드브리지(land bridge)의 개발은 총체적 운송시스템에서 가장 중요한 진전으로서, 대륙을 횡단하는 철도를 가교(bridge)로 하여 'Sea-Land-Sea'방식을 거치는 복합운송형태이다. 랜드브리지의 목적은 운송비용의 절감과 전체 소요기간의 감소를 위한 것이다.

① Mini Land Bridge(MLB)

출발지	수송수단	중계지	수송수단	목적지	소요일수
부산	선박	미국서안지역	철도	미국동안지역	15~18일

② Reversed IPI(Reversed Interior Point Intermodal = RIPI)

출발지	수송수단	중계지	수송수단	중계지	수송수단	목적지	소요일수
부산	선박	미국 서안지역	철도, 트럭	철도 터미널	트럭	미국 동안지역	22일

③ Siberian Land Bridge(SLB)

출발지	수송수단	중계지	수송수단	중계지	수송수단	목적지	소요일수
동북아, 서남아, 동남아, 호주	선박	보스토치니	철도	철도, 트럭, 선박터미널	트럭, 철도, 선박	유럽 각지	25~40일

3.2 복합운송증권

복합운송증권(Multimodal Transport Document: MTD)은 육상, 해상, 항공 중 두 가지 이상의 운송수단을 이용한 컨테이너 복합운송에서 운송계약을 증명하기 위해 복합운송인이 발행하는 증권을 말한다.

복합운송증권은 선화증권과 유사한 기능을 가지고 있는데 먼저 복합운송증권은 복합운송인이 화물을 수탁지점에서 목적지까지 운송하기 위해 이를 자기의 지배하에 수령하였음을 증명하는 공식적인 수취증이다. 즉, 복합운송증권이 발행되기 전에 이미 체결한 운송계약의 내용과 조건을 구체적으로 입증하는 운송계약서이다. 만약 유통성 복합운송증권이면 수취인의 배서 또는 인도에 의하여 화물에 대한 처분권이 주어지는 권리증권 및 유가증권의 성질을 띠게 된다.

현재 사용되고 있는 복합운송증권의 형태는 선화증권을 복합운송에 알맞도록 변경한 것으로 선화증권에 복합운송을 의미하는 명칭을 붙여서 사용한다. 예를 들어, 'multimodal transport B/L, combined transport B/L, through B/L' 등이 복합운송증권으로서 사용되고 있다.

통과선화증권(through B/L)은 복합운송과 마찬가지로 해상운송 및 육상운송을 교대로 이용할 경우 발급되는 증권이기 때문에 일찍부터 복합운송증권의 일종으로 사용되어 왔다. 통과선화증권은 어디까지나 선화증권으로서 반드시 선박회사나 그 대리인에 의해 발급되어야 한다. 따라서 최초의 운송구간이 해상운송일 경우에만 이를 사용할 수 있어 모든 복합운송을 수용할 수 없는 한계점이 있다.

Chapter

08

해상보험

제 1 절 해상보험의 개요

1. 해상보험의 정의와 범위

해상보험은 해상사업(marine adventure)과 관련하여 발생하는 손해를 보상하는 경제적 제도이며, 손해보험의 일종이다. 손해보험은 우연한 사고로 인하여 생길 재산상의 손해를 보상할 것을 목적으로 하는 보험인데, 이 '우연한 사고'가 '항해사업에 관한 사고'인 보험이 해상보험이다. 그리고 해상보험은 보험자와 피보험자 간에 체결되는 해상보험계약(contract of marine insurance)에 의해서 구체적으로 시행된다.

이와 같이 해상보험은 항해에 관한 위험을 담보하는 보험이지만, 이와 병행하여 항해에 부수되거나 접속되는 육상 또는 내수로운송 중의 위험도 하나의 해상보험계약으로 담보할 수 있다. 영국해상보험법 제2조 제1항에는 '해상보험계약은 명시조건이나 상관습에 의하여 그 담보범위를 확장하여 해상항해에 수반되는 내수로 또는 육상위험의 손해에 대해서도 피보험자를 보호할 수 있다'고 규정하고 있다. 그런데 해상보험자가 해상에서의 위험뿐만 아니라 항해에 부수하여 발생하는 육상 또는 내수로에서의 위험도 확장하여 담보한다고 할지라도 육상 또는 내수로에서의 위험이 해상위험이 되는 것은 아니다.

해상보험은 영국을 중심으로 발전되어 왔기 때문에 전통적으로 해상보험에 관해서는 영국의 법률과 관습이 적용되고 있다. 해상보험에 관한 대표적인 영국의 법은 영국해상보험법(The Marine Insurance Act: MIA, 1906)이며 이 법은 1906년까지 사용해 오던 해상보험에 관한 관습이나 보편적인 원리를 거의 수용하고 있어 아직까지도 영국해상보험의 체계를 이루고 있다. 그리고 대부분의 국가들도 이 법을 원용하여 자국 해상보험법률의 모체로 삼고 있다.

하지만 영국해상보험법이 보험자에게 지나치게 유리하여 보험자와 피보험자 간의 이해상충문제가 대두되었다. 이에 영국해상보험법의 1차 개정으로 소비자보호법(Consumer Insurance Act, 2012)이 제정되었다. 하지만 소비자보호법도 영국해상보험법에 많이 의존하고 있어 몇몇 규정이 피보험자에게 불리하게 적용되었다. 이에 따라 소비자보호법에서 문제가 된 규정을 대폭 개정한 영국보험법(Insurance Act, 2015)이 제정되었다. 현재 영국보험법이 영국해상보험법에 우선하여 적용되고 있다.

2. 해상보험의 특징

2.1 역사성

해상보험은 14세기 르네상스 초기에 Genoa, Pisa, Florence 등의 이탈리아의 상업도시에서 Francesco del Bene나 Francesco di Marco Datini 등의 상인들이 해상위험을 인수한 것이 그 시작이라고 보는 것이 현재의 통설이다. 해상보험은 오늘날 존재하는 다양한 보험의 효시이다. 해상보험은 북부 이탈리아 상업도시에서 탄생하여 프랑스, 스페인, 포르투갈에 전파되고, 16세기에는 플랑드르 지방(현재 남부 네덜란드)이 이탈리아에 갈음하여 해상보험의 중심지가 되었으며, 19세기에는 런던이 중심지가 되었다.

1666년 런던의 대화재를 계기로 하여 화재보험이 런던에서 생기기까지 3세기 간 해상보험이 유일한 보험이었으므로 당시는 보험이라 하면 곧 해상보험을 의미하였다. 따라서 그 3세기 간에 형성 · 발전된 해상보험의 이론과 실제가 오늘날 무수히 많은 각종 손해보험의 원형이 된 것이다. 그러나 해상보험은 손해보험이 'marine'과 'non-marine'으로 대별되는 것으로도 알 수 있는 바와 같이 다른 손해보험에서는 볼 수 없는 몇 가지 특징을 지니고 있다.

해상보험은 단순히 오랜 역사를 지니고 있을 뿐만 아니라 그 전통이 오늘날까지도 그대로 유지되고 있는 보험이다. 역사적으로 해상보험계약서가 공식적으로 처음 사용된 것은 영국의 로이즈(Lloyd's)시장에서 1779년에 사용한 Lloyd's SG Policy이다. 해상보험에 관한 한 Lloyd's SG Policy가 범세계적으로 약 200년 이상 사용되어 왔다. 1982년 런던보험자협회(Institute of London Underwriters: ILU)에서 해상보험증권과 협회적하약관을 제정해 사용하고 있지만, 그 기본원칙과 중요한 내용은 Lloyd's SG Policy의 그것과 동일하다.

해상보험은 오랫동안 축적된 지식재산을 기초로 약관의 어귀마다 판례가 존재하여 장래 발생할 수 있는 사고에 대한 예측성을 제고하고 있다. 이와 같은 판례의 존재로 인해 약관문언의 변경 시 보수적인 경향을 보인다.

2.2 국제성

해상보험은 다음과 같은 점에서 국제성을 띤다.

첫째, 무역거래와 해상운송에 따라 보험목적물은 세계 각국을 이동한다. 사고가 발생할 가능성이 있는 장소는 전 세계이고, 대상위험 자체가 국제적이다.

둘째, 해상보험계약에서는 보험계약의 당사자 또는 은행과 질권자 등 보험관계자가 여러 국가에 걸쳐 있고, 여러 국가의 당사자에 의한 국제계약인 경우가 많다.

셋째, 대형 원유수송선박은 1,500억 원, 최신 LNG 원유수송선박은 3,500억 원을 상회하는 등 해상보험의 위험은 거대하다. 이 때문에 해상보험은 재보험을 필요로 한다. 또한 해상석유시추장비 등의 보험은 국제적인 공동보험의 형태인 경우가 있다.

이와 같은 해상보험의 국제적 성격으로 인하여 국제적인 관습과 표준약관이 발달하고 있다. 또한 해상보험은 국제적인 경쟁에 노출되어 있다. 적화보험에 가입하는 자는 원칙적으로 어느 국가에서나 보험에 가입할 수 있다.

한국에서는 연안해운운송에는 국문해상보험증권과 국문해상보험약관이 사용되어 한국 상법에 따른다. 국제운송에서는 국제적으로 통용이 되는 영문해상보험증권과 영문해상보험약관이 사용된다. 보험자의 책임문제와 클레임의 해결에 관한 문제는 영국의 법률과 관습을 따른다. 해상보험을 이해하기 위해서는 영국의 법률과 관습을 이해하는 것이 필요하다.

2.3 기업보험

해상보험은 해운회사, 무역상사, 제조회사 등이 이용하는 기업보험으로 사적 자치의 원칙이 적용된다(상법 제663조).

먼저 해상보험은 기업위험에 대응하는 보험이다. 기업마다 영업내용이 다르며, 위험의 내용은 기업마다 동일하지 않으므로 기업에 가장 적합한 위험전가가 필요하다. 해상보험은 국제위험담보의 표준화가 이루어져 있지만, 이것만으로는 위험에 충분한 대응이 어렵기 때문에 주문형(오더 메이드) 보장이 제공되는 경우도 적지 않다.

둘째, 기업보험에 적합한 제도가 이용되고 있다. 무역화물은 대량이므로 효율적으로 처리할 필요가 있다. 해상보험에서의 소급보험, 포괄예정보험 등이 그 예이다.

셋째, 법이론 면에서 특수성이 발견된다. 해상보험의 목적은 다양하고, 여러 국가를 걸쳐 계약이 이행되는 경우도 적지 않다. 국제적화보험의 경우 계약자의 서명과 송장 등은 서면으로 인수 여부를 결정하는 경우가 많고, 보험목적물의 확인은 가능하여도 이에 많은 비용이 소요된다. 이와 같이 개별 위험의 현황을 보험회사가 거의 알지 못하는 경우도 많다.

이와 같은 상황에서 상업상의 필요로 인하여 당사자 쌍방은 예측성이 높고, 신속하며, 비용이 저렴한 거래를 요구하게 된다. 고지의무, 담보와 같은 제도는 정보가 보험계약자에게 편재되어 있고, 거래비용을 낮추어 효율적인 인수가 가능하도록 하기 위한 제도로 탄생한 것이다. 이와 같은 거래가 가능하기 위해서는 그 전제로서 보험자와 보험계약자 사이에 신뢰관계가 필요하다. 해상보험은 최대선의가 가장 요청되고, 이를 전제로 효율적인 운영이 꾀하여지는 제도이다.

한국의 손해보험협회에는 2018년 현재 15개의 정회원사와 2개의 준회원사 및 11개의 비회원사가 속해 있는데 이들 모두 해상보험업무를 취급하고 있다.

표 8-1 해상보험을 취급하는 보험사 현황(2018년)

회원사구분	회사
정회원사 (내원사)	현대해상화재보험주식회사
	흥국화재해상보험주식회사
	메리츠화재해상보험주식회사
	삼성화재해상보험주식회사
	한화손해보험주식회사
	DB손해보험주식회사
	롯데손해보험주식회사
	AIG손해보험주식회사
	주식회사KB손해보험
	MG손해보험주식회사
	AXA손해보험주식회사
	더케이손해보험주식회사
	SGI서울보증보험주식회사
	코리안리재보험주식회사
	농협손해코리안리재보험주식회사
준회원사	ACE American Insurance Company
	BNP파리바카디프손해보험주식회사
비회원사	Fedral Insurance Company
	제네럴재보험
	뮌헨재보험(Munich Re)
	스위스재보험(Swiss Re)
	퍼스트아메리칸권원보험
	미쓰이시미토모해상화재보험
	SCOR
	RGA
	젠워스모기지보험(한국지점)
	도쿄해상화재보험
	하노버재보험

자료: 손해보험협회

[양식 8-1]

해상보험증명서
Certificate of Marine Cargo Insurance
LG Insurance Co., Ltd.

<table>
<tr><td colspan="3">② Assured(s), etc The Samwon Corporation</td></tr>
<tr><td colspan="2">① Certificate No.
002599A65334</td><td>③ Ref. No.
Invoice No. DS-990228
L/C No. IOMP20748</td></tr>
<tr><td colspan="2">⑥ Claim, if any, Payable at
Gellatly Hankey Marine Service
842 Seventh Avenue New York 10018
Tel (201) 881-9412
Claims are payable in</td><td>④ Amount insured
USD 65,120.-
(USD 59,200 XC 110%)</td></tr>
<tr><td colspan="2">⑦ Survey should be approved by
The same as above</td><td rowspan="6">⑤ Conditions
* Institute Cargo Clause(A) 1982
* Claims are payable in America in the currency of the draft.</td></tr>
<tr><td>⑧ Local Vessel or Conveyance</td><td>⑨ From(Interior port or place of loading)</td></tr>
<tr><td>⑩ Ship or Vessel called the
KAJA-HO V-27</td><td>⑪ Sailing on or about
March 3, 2019</td></tr>
<tr><td>⑫ At and From
Busan, Korea</td><td>⑬ Transshipped at</td></tr>
<tr><td>⑭ Arrived at
New York</td><td>⑮ Thence to</td></tr>
<tr></tr>
<tr><td colspan="2">⑯ Goods and Merchandises
16,000YDS of Patchwork Cowhide Leather</td><td>Subject to the following Clauses as per back hereof
Institute Cargo Clauses
Institute War Clauses(Cargo)
Institute War Cancellation Clauses(Cargo)
Institute Strikes Riots and Civil Commotions Clauses
Institute Air Cargo Clauses(All Risks)
Institute Classification Clauses
Special Replacement Clause(Applying to Machinery)
Institute Radioactive Contamination Exclusion Clauses
Co-Insurance Clause Marks and Numbers as</td></tr>
<tr><td colspan="3">⑰ Place and Date signed in Seoul, Korea March 2, 2019
⑱ No. of Certificates issued. TWO
⑲ This Certificate represents and takes the place of the Policy and conveys all rights of the original policyholder (for the purpose of collecting any loss or claim) as fully as if the property was covered by a Open Policy direct to the holder of this Certificate.
This Company agrees losses, if any, shall be payable to the order of Assured on surrender of this Certificate.
Settlement under one copy shall render all others null and void.
Contrary to the wording of this form, this insurance is governed by the standard form of English Marine Insurance Policy.
In the event of loss or damage arising under this insurance, no claims will be admitted unless a survey has been held with the approval of this Company's Office or Agents specified in this Certificate.
See Important Instructions on Reverse
LG Insurance Co., Ltd.

⑳ Authorized Signatory

This Certificate is not valid unless the Declaration be signed by an authorized representative of the Assured.</td></tr>
</table>

2.4 바다의 특수성

해상에서는 육상과 다른 위험이 존재한다. 해상위험이란 항해의 결과로서 생기는 위험 또는 항해에 부수하여 일어나는 위험이다. 즉, 해상위험은 항해를 계기로 하여 생기는 우연한 사고발생의 가능성이다. 이와 같이 해상위험은 항해의 위험에 한정되는 것이 아니라 항해에 부수하는 위험도 포함하기 때문에 하천 및 항만 등 내수로에서의 항해 또는 정박 중의 위험 및 화물적재, 양륙 중의 위험도 그것이 주된 항해에 부수하는 것인 이상 해상위험이다. 이에 공동해손, 선박충돌, 선박소유자의 책임제한, 유류오염 손해배상책임, 해난구조, 난파선 제거 등과 같은 바다와 관련된 법제도가 존재하고, 또한 많은 국제협약, 표준원칙이 제정되어 있다.

3. 해상보험계약의 법적 성질

일반적으로 보험은 법적 계약을 통하여 미래에 발생할지도 모르는 경제적 손해를 보상하는 제도이다. 그러므로 보험제도가 구체적으로 실행되기 위해서는 보험자와 피보험자 간에 반드시 보험계약이 체결되어야 한다. 해상보험계약을 비롯한 보험계약이 지니는 법적 성질을 살펴보면 다음과 같다.

3.1 낙성계약

계약은 당사자 간의 합의만으로 성립되느냐 아니면 그 밖에 특별한 법률사실이 있어야만 성립되느냐에 따라 낙성계약과 요물(要物)계약으로 구분된다. 낙성계약은 당사자 간의 합의만으로 성립하는 계약이며 요물계약은 당사자 간의 합의 외에 어느 일방이 물건의 인도 혹은 기타의 급부를 해야만 성립하는 계약을 말한다.

해상보험계약은 당사자 쌍방의 의사표시의 합치만으로 성립하고, 계약성립을 위하여 당사자 간에 아무런 급여를 요하지 않는 낙성계약이다. 보험계약이 성립되기 위해서는 당사자 일방의 청약(offer)과 이에 대한 상대방의 승낙(acceptance)만 있으면 된다. 즉, 피보험자가 보험에 가입하고 싶다는 의사표시를 하고, 보험자가 이를 승낙하게 되면 보험계약은 성립된다.

3.2 불요식계약

보험계약은 그 성립을 위하여 당사자 간의 합의 외에는 다른 특별한 방식을 필요로 하지 않는 불요식계약이다. 보험자는 보험계약자의 청구가 있을 경우에는 보험증권을 작성하여 교부해야 할 의무가 있지만 이것은 보험계약의 성립요건이 아니고 이미 성립한 계약의 효과로서 생기는 의무이다.

그러나 보험계약을 체결할 때는 청약의사표시로서 보험계약자는 보험청약서에 필요한 사항을 기재하고 서명 · 날인한다. 소정의 보험청약서에 의하지 않는 청약에 대해서는 보험자가 승낙을 하지 않기 때문에 오늘날의 보험계약은 점차 요식화되어 가고 있다.

3.3 유상 · 쌍무계약

유상계약은 계약의 효과로서 당사자들이 상호 대가를 치른다는 의미로 출연(出捐)을 행하는 계약을 말한다. 그리고 쌍무계약은 계약의 효과로서 당사자들이 서로 채무를 부담하는 계약을 의미한다.

보험계약은 보험계약자가 보험료를 부담하고 이에 대해 보험자는 보험사고가 발생할 경우 보상금(보험금)을 지급할 의무가 있기 때문에 유상계약이라 할 수 있다. 보험자의 보험금지급은 보험사고의 발생이 전제조건이기 때문에 보험계약을 유상계약이라고 할 수 있는가에는 이의가 있다.

그러나 보험사고가 발생하면 보험금이 지급된다고 하는 기대를 통하여 보험계약자(피보험자)는 경제생활의 안정을 도모할 수 있는데, 이것은 곧 보험자가 위험을 부담하기 때문이다. 위험부담은 그 자체가 현실적인 유상계약으로 해석될 수 있다.

한편, 보험계약은 보험계약자가 보험료를 지불하는 데 대하여 보험자의 위험부담이 계약성립과 동시에 채무로서 발생하기 때문에 양당사자의 채무는 서로 구속관계에 있는 쌍무계약이라 할 수 있다.

3.4 사행계약

사행계약(aleatory contract)은 보험계약, 추첨, 경품 등과 같이 당사자에게 발생하는 손실 또는 이익이 불확실한 사건의 발생과 관련되는 계약, 즉 우연성을 가지는 계약이다. 이에 반대되는 계약은 우연적 사실의 발생과는 무관한 실정계약(commutative contract)이다.

보험자는 우연적으로 발생하는 보험사고에 대해서만 그 손실을 보상하기 때문에 보험자의 보험금지급은 우연성에 좌우되고 이에 따라 보험계약은 사행계약이라고 할 수 있다. 이 점으로만 보면 보험과 도박이 유사하지만 보험은 위험(risk)을 제거하는 것이고, 도박은 오히려 위험을 창출하는 것이기 때문에 근본적으로 차이가 난다.

3.5 최대선의의 계약

보험계약은 당사자들의 신의성실의 원칙에 입각하여 체결되는 최대선의(utmost good faith)의 계약이다. 최대선의의 원칙은 보험계약에서뿐만 아니라 모든 계약에서 요구되는 기본원칙이라 할 수 있는데, 특히 보험계약에서 강조되는 이유는 보험계약이 추첨, 경품 등과 마찬가지로 우연적 사고를 대상으로 하는 사행계약이기 때문이다.

보험금지급은 우연적 사고발생을 전제로 하며, 또한 적은 금액(보험료)으로서 큰 금액(보험금)을 얻을 수 있기 때문에 보험은 쉽게 도박화될 수 있다. 이에 따라 보험계약에서는 보험의 도박화를 방지하기 위하여 당사자 쌍방에게 최대선의의 원칙을 요구하고 있다. 영국의 해상보험법에서도 해상보험계약은 최대선의를 기초로 하는 계약임을 규정하고 있다(영국해상보험법 제17조). 만약 최대선의의 원칙을 위반할 경우 일방은 보험계약을 취소할 수 있는 권한을 가질 수 있다.

3.6 부합계약

부합계약(contract of adhesion)은 계약내용이 당사자 일방에 의해 정해지고 상대방은 이 내용을 포괄적으로 승인함으로써 효력이 발생하는 계약이다. 상거래에서 일어나는 운송계약, 보험계약 등은 모두 부합계약의 성질을 띤다.

보험자는 불특정 다수의 보험계약자를 상대로 보험계약을 체결하기 때문에 보험계약을 체결할 때마다 일일이 보험계약자와 계약내용을 합의할 수는 없다. 또한 보험계약상의 법률적 · 기술적 문제에 대하여 전문지식이 없는 보험계약자와 협의하여 계약을 체결하는 것도 무의미하며, 그리고 개별적으로 계약을 체결하게 되면 보험계약자 간에 차별이 발생할 수 있다. 따라서 보험자는 일방적으로 작성한 보통보험약관을 제시하고 보험계약자는 이것을 포괄적으로 승인함으로써 보험계약이 체결된다.

3.7 상행위

영리를 목적으로 하는 영리보험은 기본적으로 상행위의 일종이라 할 수 있다. 주식회사형태를 갖춘 보험회사나 개인보험업자들도 이윤을 추구하기 위하여 보험을 인수하고 보험계약을 체결하기 때문에 보험을 인수하는 행위 그 자체는 상행위가 된다.

그러나 보험은 사회적 공익사업이기 때문에 일반상행위와는 달리 많은 제약을 받는다. 보험계약의 체결은 반드시 인가를 받은 보험자만이 할 수 있도록 법으로 규정하고 있다.

3.8 계속계약

보험계약에서 보험자는 보험사고가 발생할 경우 손해보상을 약속하는데, 이러한 손해보상의 약속은 보험사고가 일정한 기간 내에 발생하는 것이어야 한다. 이 기간을 보험기간이라고 하는데, 보험자와 보험계약자의 관계는 보험기간 동안 지속된다.

보험기간은 보험의 종류에 따라서 다르다. 통상적으로 생명보험은 보험기간이 길고, 해상보험과 같은 손해보험은 짧은 편이다. 해상보험 중에서도 선박보험은 1년단위를 보험기간으로 하지만 적화보험은 보험자의 책임이 1회 항해에 국한되기 때문에 보험기간이 매우 짧다. 예를 들어, 우리나라와 중국, 우리나라와 일본 간의 항해일수는 1일 이내이므로 적화보험의 보험기간도 1일 이내에 해당된다.

보험기간 동안은 보험계약이 지속되기 때문에 이 기간 내에 발생하는 보험사고에 대해서 보험자는 손해보상의 책임이 있다. 그리고 보험계약자도 설령 보험료를 모두 지급했다 하더라도 보험기간 동안은 보험계약법상의 의무를 부담해야 한다.

4. 해상보험계약의 당사자

4.1 보험자

보험자(insurer, assurer, underwriter)는 보험계약을 인수하고 이에 따라 보험계약자에게 손실보상을 약속하는 당사자로 보험계약자로부터 보험료를 받는 대신에 보험기간 중 보험사고가 발생할 경우 보험금을 지급할 것을 약속한 자를 말한다.

'underwriter'는 원래 상업협정서의 하단에 기명 · 날인하고 그 내용에 따를 것을 약정하는 사람을 의미했다. 해상보험에서는 17세기경부터 보험자가 보험증권의 내용에 대하여 책임을 진다는 의미에서 보험증권의 하단에 직접 서명을 했는데, 그 후 'underwriter'는 보험계약을 인수하는 개인보험업자를 뜻하게 되었다.

보험자는 일반적으로 회사형태를 갖추지만 영국의 로이즈(Lloyd's)와 같이 보험자가 개인인 경우도 있다. 영국은 개인보험업자들에 의해 해상보험이 발전되어 왔기 때문에 전통적으로 개인보험업자를 허용하고 있다. 한국의 경우 보험사업은 회사조직이 아니면 영위할 수 없으므로 보험자는 곧 보험회사를 가리킨다(보험업법 제5조).

4.2 보험계약자 · 피보험자

보험계약자(policy holder)는 자기 명의로 보험자와 보험계약을 체결하고 보험료를 지불할 의무가 있는 당사자를 말한다. 즉, 보험계약에서 자신이나 타인을 위하여 청약하고 보험자에게 보험료를 지급할 의무를 부담하는 자이다.

피보험자(insured, assured)는 보험계약의 직접적인 당사자는 아니지만 피보험이익의 주체로서 보험계약에 의하여 보호되는 자, 즉 손실이 발생할 경우 보험계약에 의해 보상을 받을 수 있는 당사자이다.

보험계약자와 피보험자는 동일인이 될 수도 있고 다른 사람이 될 수도 있다. 자신을 위하여 보험계약을 체결하면 보험계약자와 피보험자는 동일인이 되지만 타인을 위하여 보험계약을 체결하게 되면 보험계약자와 피보험자는 다른 사람이 된다.

예를 들면, FOB 또는 FCA조건 등의 경우에는 매수인이 보험계약을 체결하는 동시에 피보험자가 된다. 따라서 보험계약자와 피보험자가 매수인으로서 동일인이 된다. 이와 같이 대부분은 보험계약자와 피보험자가 동일인이 된다. 왜냐하면 자기가 부담하는 위험을 보험자에게 전가할 필요성으로 인해 부보하기 때문이다. 다시 말하여, 자신의 경제적 불안을 해소하기 위하여 부보하기 때문이다.

한편, CIF 또는 CIP조건의 경우에는 매도인이 보험계약을 체결하기 때문에 보험계약자가 되고 매수인은 운송 중의 위험을 부담하는 피보험자가 되는데, 이것은 매수인이 위험을 부담하기 때문에 운송 중의 화물에 대한 피보험이익을 갖고 있기 때문이다. 이와 같이 CIF 또는 CIP조건의 경우에는 원칙상 보험계약자는 매도인이고 피보험자는 매수인이 되어 양자가 달라지게 된다.

그리고 본선적재 이전의 위험은 매도인이 부담하므로 그때까지의 위험에 대하여 매도인은 자기 자신을 위해 보험계약을 체결해야 한다. 이렇게 되면 이중으로 부보해야 하는 번거로움이 있게 된다. 따라서 실무에서는 CIF조건도 매도인이 자신을 피보험자로 하여 보험계약을 체결하고 대금결제가 이루어질 때 보험증권에 배서하여 매수인에게 양도하는 방법을 취함으로써 CIF조건이라 하더라도 보험계약자와 피보험자가 같아지게 된다.

5. 해상보험의 종류

해상보험은 화물을 대상으로 하는 적화보험과 선박을 대상으로 하는 선박보험이 주종을 이루고 있다. 그러나 해상사업과 관련하여 여러 가지 위험이 발생하기 때문에 여기에 대비할 수 있는 다양한 보험종목들이 개발되어 있다. 해상보험의 이해를 돕기 위하여 실제로 이용되고 있는 해상보험종목들을 개략적으로 설명하고자 한다.

5.1 보험목적물에 따른 분류

1) 선체 및 기관보험

선체 및 기관보험은 선박을 대상으로 하는 보험이다. 선체 및 기관보험은 반드시 선박 그 자체인 동체만을 대상으로 하는 것은 아니며 선박의 의장용구나 항해에 필요한 모든 물건도 대상으로 한다. 따라서 선체보험은 선체, 선박자재, 의장용구, 기관 및 기타 비품들을 포함하는 선박을 보험목적물로 한다.

2) 선박건조보험

선박의 건조에는 상당한 비용과 오랜 기간이 소요되고, 육상에서의 건조, 해상에서의 시운전 등으로 인해 위험이 육상 및 해상에서 동시에 발생한다. 선박의 건조에서부터 진수, 시운전 및 인도에 이르기까지 이에 따른 제반손해를 보상해 주는 보험이 선박건조보험(ship building insurance)이다.

통상적으로 선박건조보험의 대상물은 선박건조자의 건조장 또는 기타의 구내에서 건조 중인 선박 · 기관 · 기관부품 등이며, 건조장 밖에서 제조 중에 있거나 건조장 밖으로 운송 중인 선체의 부품도 확장담보할 수 있다.

보험기간은 일반적으로 보험목적물이 건조자에게 인도된 시점부터 시작되고 선박이 예정 건조기일 내에 완공되어 선주에게 인도되면 위험이 종료된다. 만약 보험증권에 명시된 예정기일 내에 선박의 건조가 완공되지 않으면 추가보험료를 납입하고 연장 · 담보할 수 있다.

3) 선박불가동손실보험

선박불가동손실보험은 보험사고로 인하여 선박이 운항하지 못하게 되었을 경우, 선주나 선박운항관리자가 입게 되는 예상수익의 손해를 보상해 주는 보험이다. 주로 선박의 침몰, 좌초, 화재, 충돌로 인한 일시적인 불가동손실을 보상한다. 그러나 유조선의 기름이 폭발하는 경우나 기관고장으로 인한 불가동손실은 별도로 확장담보조건을 이용해야 한다.

4) 적화보험

적화보험(cargo insurance)은 운송화물을 대상으로 하는 보험이다. 따라서 적화보험계약이 체결될 수 있는 보험목적물은 화물이다. 여기서 의미하는 화물은 대체로 상품 그 자체를 말한다. 그리고 사유물이나 선내에서 소비하기 위한 식료품이나 소모품 등은 화물로 취급되지 않으며 이들 품목은 적화보험의 대상이 될 수 없다.

5) 운임보험

운임보험(freight insurance)은 운임을 대상으로 하는 보험이다. 운임을 취득하는 자가 운임보험계약을 체결하는데, 운임이 선불인 경우는 화주가 운임보험을 체결하고 운임이 도착지에서 지불될 경우에는 선주가 체결한다. 운임보험은 제3자에 의해서 지불되는 운임뿐만 아니라 선주가 자신의 선박으로 자신의 화물을 운반할 경우 추측할 수 있는 운임도 대상으로 한다. 그러나 여객이 지급하는 여객운임은 운임에 포함되지 않기 때문에 운임보험의 대상에서 제외된다.

5.2 보험기간에 따른 분류

1) 기간보험

기간보험(time insurance)은 일정한 기간을 표준으로 하는 보험이며 이때 기간보험증권(time policy)이 발급된다. 선박보험은 통상적으로 1년을 보험기간으로 하는 기간보험이다. 한국에서 선박기간보험의 보험개시시간은 한국표준시간으로 개시일의 정오 12시이며 종료일의 같은 시간에 종료한다.

2) 항해보험

항해보험(voyage insurance) 또는 구간보험은 보험목적물을 부산항에서 뉴욕항까지 부보하는 것처럼 어느 지점에서 다른 지점까지 보험에 가입하는 경우이며 이때 발행되는 보험증권을 항해보험증권(voyage policy)이라 한다. 항해보험에서는 항해가 끝날 때마다 보험계약을 갱신해야 한다. 적화보험은 항해보험으로 계약이 체결되며 선박보험에서도 특별한 경우에는 항해보험으로 가입하기도 한다. 예를 들어, 고철선을 수입하여 해체할 때는 이번 항해가 마지막이기 때문에 1회 항해에 국한되는 항해보험이 적합하다.

3) 혼합보험

혼합보험(mixed insurance)은 일정항해 및 일정기간을 동시에 보험기간으로 정하는 보험이다. 예를 들어, 보험기간을 '런던에서 뉴욕까지, 단 2010년 1월 1일부터 30일간을 한도로 한다'는 식으로 정하게 되면 혼합보험이 된다.

5.3 계약내용의 확정 여부에 따른 분류

1) 확정보험

확정보험이란 보험계약의 체결 시 계약내용의 전부가 확정되어 있는 보험을 말한다. 이러한 확정보험의 경우에는 보험증권이 발급되는데, 여기서 보험증권(insurance policy)이란 보험계약의 성립 및 그 내용을 증명하기 위하여 계약의 내용을 기재하고 보험자가 서명하여 보험계약자에게 교부하는 증서를 말한다.

2) 예정보험

예정보험에는 개별예정보험과 포괄예정보험이 있다. 개별예정보험은 보험계약의 체결 당시 화물의 수량, 보험금액, 선박명 등의 보험계약내용이 확정되어 있지 않은 보험을 말한다. 보험계약의 성립 후 미확정부분이 확정될 때에는 그 내용을 보험자에게 통지하고 확정통지서(declaration)를 발급받는다.

포괄예정보험은 장기간에 걸쳐 계속적으로 선적될 화물에 대하여 포괄적으로 부보하는 보험을 말한다. 처음의 선적분에 대해서는 보험증권(원보험증권: original policy)을 발급해 주고 이후의 선적분에 대해서는 원보험증권에 의거하여 보험증명서를 발급해 준다. 보험증명서에는 보험증권처럼 각종 약관, 특약이 기재되거나 이들 약관, 특약 등에 의거하였음을 명시하고 있는데 배서양도, 보험금청구에 있어서 원보험증권과 동등한 효력을 가지고 있다. 한편, 신용장에 의한 거래에서는 보험증권, 보험증명서, 확정통지서를 은행이 수리하지만 보험중개인이 발행한 보험인수증(cover note)에 대해서는 수리를 거절한다.

6. 담보기간

보험기간 또는 담보기간은 피보험목적물에 대하여 보험자의 책임이 존속되는 기간으로 피보험자가 보험으로부터 보호받는 시간적 · 공간적 한계를 말한다. 즉, 적화보험은 주로 항해보험으로 부보되기 때문에 공간적 한계가 되며, 선박보험은 주로 기간보험으로 부보되기 때문에 시간적 한계가 된다.

보험계약기간은 보험기간과는 관계없이 보험계약이 유효하게 존속하는 기간으로 일차적으로는 보험기간과 일치하지만, 소급보험이나 예정보험(open cover)에서는 양자가 불일치한다.

여기서 보험기간과 보험계약기간이 불일치하는 경우를 살펴보기로 하자. FOB조건에서 매도인으로부터 선적완료통지(오전 9시)를 받고 매수인이 보험계약을 체결(오후 2시)했는데, 만약 오전 9시에서 오후 2시 사이에 사고가 발생하였다면 아직 보험계약체결 이전이므로 손해발생 시에 피보험이익이 존재하지 않게 되어 보험자로부터 보상을 받을 수 없게 된다. 하지만 협회적하약관 제11조 제2항에 '만약 보험계약체결 시 피보험자가 사고가 이미 발생한 사실을 몰랐던 경우에는 비록 손해발생 시에 피보험이익이 존재하지 않았다 하더라도 보험기간 중에 일어난 손해를 보상한다'는 조항이 있다. 다시 말해, 비록 보험계약일은 늦지만 보험기간은 FOB조건에서 보험기간이 개시되는 시점인 본선상까지로 소급되어 보험기간과 보험계약기간이 불일치하게 된다.

6.1 보험기간(duration of cover)의 개시

적화보험 제8조 운송조항에 의하면, 운송을 개시하기 위하여 운송차량 또는 기타 운송용구에 즉시 적재할 목적으로 보험계약에 기재된 창고 또는 보관장소에서 보험목적물이 최초로 움직인 때에 보험자의 책임이 개시되고, 보험자의 책임은 통상의 운송과정 중 계속된다.

여기서 '운송을 개시하기 위하여'란 보험계약에서 약정된 운송을 개시하는 것만을 의미한다. 그래서 창고 내의 운송과 같은 실제 운송개시 이전의 기간 동안에는 보험자의 책임이 개시되지 않는다. 그러나 보험목적물을 컨테이너에 적입하기 위하여 컨테이너터미널로 발송하는 경우에는 실제 운송이 개시된 것으로 본다. 보험자의 책임은 운송을 최초로 시작했을 때부터 매수인의 최종창고 내에서 운송차량으로부터 하역이 완료된 때까지 계속된다.

이렇게 개시된 보험은 화물이 통상의 운송과정에 있는 동안만 보험자의 책임이 계속되고, 만약 보험목적물이 통상의 운송과정을 벗어나면 보험자의 책임이 종료된다. 여기서 '통상의 운송과정'이라고 하는 것은 보험목적물의 종류에 따라 적절한 관습적 운송방법 등을 고려하여 목적지까지 대부분 직항하는 것을 의미한다. 따라서 보험목적물이 세관 또는 이와 유사한 당국의 검사지연으로 머무르는 동안과 계반할 운송용구 또는 선박의 도착을 기다리는 동안의 지연은 통상의 운송과정에 포함된다. 그러나 피보험자가 피할 수 있거나 좌우할 수 있는 기간 동안의 지연은 포함되지 않는다.

6.2. 보험기간의 종료

보험자의 책임은 다음 중 어느 것이든 먼저 발생한 때에 종료된다.

첫째, 보험계약에 기재된 목적지의 최종창고 또는 보관장소에서 운송차량 또는 기타 운송용구로부터 하역이 완료된 때이다.

둘째, 보험계약에 기재된 목적지 이전이든 목적지이든 불문하고 피보험자 또는 그의 고용인이 통상의 운송과정이 아닌 보관 또는 할당 또는 분배를 위하여 기타의 창고 또는 보관장소에서 운송차량 또는 기타 운송용구로부터 하역이 완료된 때이다.

셋째, 피보험자 또는 그의 고용인이 통상의 운송과정이 아닌 보관을 목적으로 운송차량 또는 기타 운송용구 또는 컨테이너를 사용하고자 선택한 때이다.

넷째, 최종하역항에서 보험목적물을 하역완료한 후 60일[01]이 경과된 때이다.

다섯째, 최종하역항에서 하역완료 후 목적지를 변경한 경우에는 그 변경된 목적지를 향해 운송을 개시하기 위하여 최초로 움직인 때이다.

한편, 보험기간은 운송이 종료되면 보험도 종료되지만, 피보험자가 좌우할 수 없는 사정으로 인하여 최종목적지 이전의 항구 또는 지역에서 운송이 종료된 경우, 이러한 사정을 지체 없이 보험자에게 통지하고 추가보험료를 지급하면 운송계약 종료조항에 의해서 일정기간 보험자의 책임이 계속된다.

제 2 절 피보험이익

1. 피보험이익의 개념

해상보험계약의 목적은 담보위험에 의하여 입은 보험목적물에 대한 손해를 피보험자에게 보상하는 것이다. 이러한 손해를 보상받기 위하여 피보험자는 보험목적물에 이해관계를 가져야 한다. 만약 이해관계가 없다면 손해를 당할 일도, 보상받을 일도 없게 된다. 따라서 피보험이익이란 보험목적물에 대한 특정인의 이해관계를 의미한다고 할 수 있다. 다시 말해, 피보험이익이란 보험목적물이 멸실 또는 손상됨으로써 경제적으로 손실을 입게 되는 보험목적물의 멸실 또는 손상에 대해 보상하는 것이 아니고, 보험목적물의 멸실 또는 손상으로 인한 피보험자의 재산상의 손해를 보상하는 것이다.

만약 '갑'이라는 사람이 자기와 아무 관계도 없는 옆집을 보험목적물로 하여 화재보험에 가입하고 보험료를 지불하였다고 가정하자. 보험기간 동안에 발생할 수 있는 상황은 두 가지로 화재가 발생하는 경우와 발생하지 않는 경우이다. 화재가 발생하지 않으면 '갑'은 보험료만 지불하게 되는 셈이 된다. 그러나 화재가 발생하면 보험료의 수십 배 또는 수백 배가 되는 보험금을 받게 된다. 이 경우에 '갑'은 옆

01 하역완료일의 밤 12시부터 시작하여 60일로 계산하는 것이 관행이다.

집에 대하여 피보험이익이 없기 때문에 보험금과 보험료 차이에 해당하는 순이익을 갖게 되는 결과가 초래된다. 피보험이익이 없는 도박이 되며 때로는 보험계약자가 고의적으로 사고를 유발케 하여 사회적으로 문제를 야기하게 된다. 즉, 도덕적 해이(moral hazard)를 증가시키는 중요한 요인이 된다.

그래서 '피보험이익이 없는 곳에 보험은 없다(no insurable interest, no insurance)'라는 말과 같이 피보험이익이 존재하지 않으면 사고가 발생해도 손실을 보지 않으므로 손해보험은 성립되지 않는다. 따라서 피보험이익이 없는 보험계약은 도박에 지나지 않으며 그러한 보험계약은 무효이다.

2. 피보험이익의 평가

2.1 보험가액(insurable value)

보험가액이란 피보험이익의 평가액, 즉 보험목적물의 경제적 가치를 말하며, 보험사고가 발생한 경우에 피보험자가 입게 되는 손해액의 최고한도액을 말한다. 그러므로 보험가액은 보험기간 중 고정되어 있는 것이 아니라 시간의 경과, 장소의 이동, 물가의 변동 등에 따라 끊임없이 변동하게 된다. 따라서 해상보험을 포함한 각종 손해보험이 피보험자가 입는 손해의 보상을 목적으로 하는 이상, 보험자가 보상책임을 져야 할 손해액은 원칙적으로 손해발생 시의 가액을 기준으로 하여 결정된다.

그러나 해상보험과 같이 장소를 이동하는 선박이나 화물이 대상인 보험에서는 손해가 발생한 때와 장소에서의 보험가액산정이 곤란할 뿐만 아니라 손해가 발생한 때와 장소 자체를 알 수 없는 경우도 적지 않다. 따라서 해상보험은 보험계약체결 시 계약당사자가 보험가액을 협정하는 것이 보통이다. 그래서 해상보험자가 보상할 손해액은 사전에 협정된 협정보험가액에 의해 결정된다.

이와 같이 보험계약체결 시 계약당사자가 협정하여 보험가액을 확정한 보험을 기평가보험(valued policy)이라고 하고, 보험계약체결 시 보험가액을 확정하지 아니한 보험을 미평가보험(unvalued policy)이라 한다. 보험계약의 당사자 간에 합의되는 보험가액을 협정보험가액(agreed value)이라 하며 보험목적물의 협정보험가액이 기재된 보험증권을 기평가보험증권(valued policy)이라 한다.

한편, 보험목적물의 가액을 보험증권상에 기재하지 않는 보험증권을 미평가보험증권(unvalued policy)이라 한다. 미평가보험증권이 발급되면 법에서 정한 방법에 따라 추후에 보험가액을 확정하는데 이렇게 정해지는 보험가액을 법정보험가액이라 한다.

기평가보험에 있어서는 별도의 규정이 없는 한 평가하여 협정한 보험가액은 보험기간 중 변하지 않는 것으로 하고 있는데, 이것을 '보험가액불변경의 원칙'이라 한다. 해상보험은 기평가보험이, 화재보험은 미평가보험이 일반적으로 이용되고 있다.

2.2 보험금액(insured amount)

보험(가입)금액이란 현실적으로 부보된 금액으로, 손해발생 시에 보험자가 부담하는 보상책임의 최고한도액이다. 보험금액은 보험가액의 범위 내에서 계약당사자가 자유로이 정할 수 있다. 그러나 실손보상의 원칙에 따라 보험금액이 보험가액을 초과할 수 없다. 그리고 보험자는 보험금액을 한도로 하여 보상책임을 지게 된다.

보험계약자가 보험료 절약 등을 이유로 반드시 보험가액의 전액을 보험금액으로 하지 않는 경우도 있으므로 실제로는 보험가액의 평가를 생략하고 보험금액만을 정하고 이것을 보험료 산출의 기초로 삼아 보험자가 지급하는 보상금액의 최고한도로 정하는 경우가 많다.

2.3 보험가액과 보험금액과의 관계

1) 전부보험(full insurance)

전부보험은 보험가액과 보험금액이 동일한 경우를 말하며, 통상적으로 해상적화보험은 전부보험으로 부보한다. 예를 들어, 1천만 원의 화물에 대해 1천만 원으로 부보한 경우에는 1천만 원이 보험가액이고 1천만 원은 보험금액이 되어 전부보험이 된다. 전부보험은 실손보상의 방법으로서 보험금액한도 내에서 실손해액 전액이 보험금으로 지급된다.

2) 일부보험(under insurance)

일부보험은 보험가액보다 보험금액이 적은 경우를 말한다. 예를 들어, 가액 1천만 원의 화물에 대해 5백만 원으로 부보한 경우에는 1천만 원이 보험가액이고 5백만 원은 보험금액이 되어 일부보험이 된다. 이와 같이 일부보험은 보험계약체결 시 보험료를 절감하기 위하여 의식적으로 체결하는 경우도 있고, 미평가보험에 있어서는 계약체결 시 전부보험으로 부보하여도 보험계약체결 후 운송 중에 물가가 상승하여 자연히 일부보험이 되는 경우도 있다.

3) 초과보험(over insurance)

초과보험은 보험금액이 보험가액을 초과하는 경우를 말한다. 예를 들어, 가액 1천만 원의 화물에 대해 2천만 원으로 부보한 경우에는 1천만 원이 보험가액이고 2천만 원은 보험금액이 되어 초과보험이 된다. 이러한 초과보험은 원칙적으로 계약체결 당시 당사자에 의하여 보험가액 이상으로 보험금액을 정한 때에 생긴다. 초과보험의 경우에 피보험자는 손해발생으로 인하여 이득을 취하게 되어 실손보상을 원칙으로 하는 손해보험의 원리에 위배될 뿐만 아니라, 피보험자가 고의로 보험사고를 발생시킬 위험이 있기 때문에 각국은 이에 대하여 규제하고 있다. 즉, 초과보험이 보험계약자의 사기로 인하여 체결된 때에는 보험계약이 무효가 된다.

3. 해상보험의 피보험이익

해상보험의 대상이 되는 것은 선박 또는 적하 및 이에 준하는 유체물에 한정되는 것이 아니며, 선박 또는 적하 등이 해상위험에 노출되는 것에 대하여 특정인이 갖고 있는 일체의 피보험이익이다. 일반적으로 해상보험의 대상이 되는 중요한 피보험이익에는 선박, 적하, 운임, 증액, 희망이익 등이 있다.

3.1 피보험이익의 대상

1) 선박

해상보험에서 선박이란 사회통념상 선박이라고 인정되는 모든 선박을 말한다. 따라서 상행위, 기타 영리를 목적으로 항해에 사용되는 선박뿐만 아니라 국공유의 선박, 기상관측선, 유람선 등도 모두 해상보험의 대상이 된다.

한편, 선박보험의 피보험이익은 선주가 갖는 선박소유이익이므로 선박보험의 목적물은 선박 자체, 즉 선박의 구성부분과 그 속구이다. 그런데 연료, 양식, 물 등의 소모품은 일시적으로 선내에 두고 항해 중에 소비할 것을 목적으로 하고 있어 속구와는 그 성질을 달리하지만, 상법은 선박보험에서 선박의 구성부분과 속구 이외에 연료, 양식 기타 항해에 필요한 모든 물건은 보험의 목적에 포함된 것으로 하고 있다.

2) 적화

적화보험의 피보험이익은 화주가 갖는 화물소유이익이 된다. 즉, 적화 또는 화물과 같이 해상운송의 객체인 화물 자체에 관한 각종 피보험이익을 말한다. 따라서 목적지까지의 운송을 목표로 하지 않는 선용품이나 여행 시 휴대하는 수하물은 적화보험의 피보험이익이 될 수 없다.

3) 운임

운임(freight)은 본래 도급계약[02]의 일종인 운송계약에 의하여 해상운송인이 완성할 것을 약속한 운송이나 일의 결과에 대한 보수이므로, 운임은 양륙항에서 지급하는 것이 원칙이다. 따라서 운송물이 해상위험으로 인하여 멸실될 때에는 해상운송인은 그 운송물에 대한 운임을 청구할 수 없다. 이와 같이 운임후불(freight collect)은 해상사고로 인하여 운송의 의무를 완수하지 못하면 운임을 받을 수 없

02 도급계약이란 일방당사자가 어떤 일을 완성하면, 타방당사자는 그 일의 결과에 대한 보수를 지불할 것을 약속하는 계약을 말한다.

으므로 선주의 피보험이익이 된다.

그런데 오늘날 행해지고 있는 해상운송의 운임제도는 운임선불(freight prepaid)이 일반적이고, 운송의 완성과는 관계없이 운송인이 운임전액을 취득하며 또한 운송이 완성되지 않은 경우에도 운임을 반환하지 않는다는 조항이 선화증권(B/L)이나 용선계약서(charter party)에 삽입되어 있으므로 선주가 운임을 상실당하는 일은 없다. 그러나 화주는 운송이 완료되지 않으면 선불운임을 화물의 매각대금으로부터 회수할 수가 없게 되어 운임을 손해보게 되므로 화주의 피보험이익이 된다. 이와 같이 해상위험으로 인하여 상실하게 되는 운임에 대한 보험을 운임보험이라 한다.

그런데 선불운임에 대하여 화주가 갖고 있는 피보험이익은 이를 별도로 운임보험으로 부보할 수도 있지만, 일반적으로 적화보험에서 적화의 보험가액에 운임을 포함한 형태로 부보하고 있다.

4) 희망이익

희망이익(expected profit)이란 화물이 무사히 목적지에 도착함으로써 화주가 얻을 수 있는 이익을 말한다. 즉, 화물이 무사히 목적지에 도착했을 때 그 화물의 매수인이 취득할 것으로 기대되는 이익이다. 그런데 희망이익의 보험가액은 장래에 기대되는 미확정이익이므로 사실상 산출이 어렵다. 따라서 일반적으로 희망이익은 CIF가액의 10%로 하는 것이 국제상거래의 관습으로 되어 있다. 희망이익은 보통 적화의 보험가액에 포함하여 적화보험으로서 부보된다.

3.2 포괄책임주의와 열거책임주의

해상보험에 있어서 보험자가 위험을 담보하는 방식에는 면책위험 이외에 모든 우발적인 사고로 인한 손해를 포괄적으로 담보하는 포괄책임주의와 보험약관에 열거된 위험만이 담보되고 열거되지 않은 위험은 담보되지 않는 열거책임주의가 있다.

포괄책임주의의 경우에는 모든 위험이 일단 보험자의 부담에 속하기 때문에 피보험자는 손해보상청구 시에 해상손해가 보험기간 중에 발생한 사실과 손해액을 증명하기만 하면 되고 특별히 개개의 담보위험발생의 원인된 사실을 증명할 필요는 없다. 따라서 보험자가 손해보상책임을 면하려면 그 손해가 면책위험으로 인하여 발생되었다는 것을 입증하지 않으면 안 된다. 즉, 포괄책임주의에서 보험사고의 입증책임은 보험자에게 있다.

그런데 열거책임주의의 경우에는 피보험자가 보험자에 대하여 손해의 보상을 청구하기 위해서는 두 가지 사실을 입증하여야 한다. 하나는 부보된 피보험이익에 손해가 발생하였음을 입증하여야 하고, 또 하나는 손해가 열거위험, 즉 담보위험으로 인하여 발생하였음을 입증하여야 한다. 즉, 열거책임주의에서 보험사고의 입증책임은 피보험자에게 있다.

4. 고지의무와 담보

4.1 피보험자의 고지의무

보험자가 보험계약의 체결 여부를 결정하고 합리적인 보험료를 선정하기 위해서는 피보험자가 보험목적물에 대한 구체적 사항을 보험자에게 알려 주어야 하는데 이를 피보험자의 고지의무라 한다.

영국의 해상보험법(제18조 제1항)에서도 피보험자는 보험계약이 체결되기 전 자기가 알고 있는 모든 중요한 사항(material circumstances)을 보험자에게 고지할 것을 피보험자의 의무로서 규정하고 있다.

중요한 사항은 보험자가 보험계약을 체결할 당시에 보험료를 확정하거나 보험계약의 인수 여부를 결정하는 데 영향을 미칠 수 있는 사항을 의미한다. 적화보험에서는 운송선박명, 화물의 종류, 포장상태, 적재방법, 항로, 환적 여부 등이 중요한 사항에 속한다.

고지는 최대선의의 원칙에 따라 진실히 표시되어야 한다. 만약 중요한 사항을 고지하지 않거나 허위로 표시하게 되면, 불고지(non-disclosure) 또는 부실고지(misrepresentation)로서 피보험자는 고지의무를 위반한 결과가 되어 보험자는 보험계약을 취소할 수 있다.

4.2 담보

피보험자는 보험계약을 체결할 때 '선적 전 검사를 조건으로 함(warranted surveyed before shipment)', '전문적으로 포장되는 것을 조건으로 함(warranted professionally packed)' 등과 같이 보험계약과 관련되는 조건을 약속하는데, 이를 담보(warranty)라 한다.

담보는 그 내용이 중요하든 그렇지 않든 간에 엄격하게 충족되어야 한다. 담보는 피보험자가 보험자에게 행하는 약속이다. 약속은 그 내용의 중요성을 떠나서 먼저 충족되어야 하므로 해상보험에서는 담보충족의 엄격성이 강조되고 있다.

만약 피보험자가 담보를 위반하게 되면 그 시점부터 보험계약은 무효가 되기 때문에 그 이후에 발생하는 손해에 대해서 보험자는 아무런 책임이 없다(영국해상보험법 제33조 제3항). 설령 담보를 위반한 사실과 손해와의 사이에 하등의 인과관계가 없다 하더라도 담보위반 이후에 발생하는 손해에 대해서 보험자는 면책이 된다.

4.3 담보위험과 비담보위험의 의미

담보위험이란 보험자가 담보하는 위험을 말한다. 즉, 보험자가 그 위험으로 인하여 발생할 손해의 보상을 약속한 위험이다.

ICC(A)는 포괄책임주의원칙이 적용되어 면책위험이 아닌 한 모든 우발적인 사고로 인한 손해를 포괄적으로 담보한다. 그러나 ICC(B)와 ICC(C)는 열거책임주의원칙이 적용되어 보험자가 보험약관에 열거된 위험만을 담보하고 여기에 열거되지 않은 위험은 담보하지 않는다. 이와 같이 보험약관에 열거되지 않은 위험으로서 면책위험이 아닌 위험을 비담보위험이라고 한다. 그러므로 담보위험이 아닌 면책위험으로 인한 손해에 대해 보험자는 보상책임이 없다.

4.4 면책위험

면책위험(excepted perils)은 면책되는 근거에 따라 법정면책위험과 약정면책위험으로 구분할 수 있다. 법정면책위험은 법률로 정해진 면책위험이고 약정면책위험은 약관상에 규정된 면책위험이다.

피보험자가 MIA의 규정에 정통하지 않으므로 이를 명확히 하기 위해 ICC에는 MIA에 규정된 면책위험의 대부분을 그대로 명시해 두고 있다. 법정면책위험은 보통 이와 같이 보험약관에 원용되고 있으나, 법정면책위험이 보험약관에 특별히 면책위험으로 명시되고 있지 않다고 해도 당연히 보험자는 면책된다. 이것은 약관에 규정이 없는 사항에 대하여 법률의 규정이 적용되는 당연한 결과이다. 즉, 개개의 보험계약에 대해서는 묵시적으로 법률이 적용되고 특약이 없는 한 법정면책위험이 계약내용의 일부를 구성하는 것이다.

제 3 절 해상손해

1. 해상손해의 구분

해상손해란 항해사업에 관련된 화물, 선박 등이 해상위험의 발생으로 인하여 피보험이익의 전부 또는 일부가 멸실 또는 손상되어 피보험자가 입는 경제적 불이익을 의미한다.

해상손해는 손해의 정도에 따라, 즉 피보험이익의 전부에 발생했는지 또는 일부에 발생했는지에 따라 전손과 분손으로 구분할 수 있고, 손해의 성격에 따라 단독해손과 공동해손으로 구분할 수 있으며, 피보험이익과의 관련에 따라 물적 손해, 비용손해, 책임손해로 구분할 수 있다.

2. 전손과 분손

2.1 전손

전손은 담보위험으로 인하여 보험목적물이 전부 소멸되는 경우를 의미한다. 그러나 전손이라고 하여 반드시 보험목적물이 완전하게 소멸되는 것만을 뜻하지는 않고 전멸에 가까운 경우라도 전손으로 인정된다.

다소의 잔존물이나 잔존이익이 있더라도 그 손해의 정도를 보아 사실상 전멸에 가깝다고 판단되면 전손으로 간주한다. 그리고 전손은 보험목적물의 물리적 손상만을 의미하지 않으며 보험목적물이 현존하더라도 피보험자가 더 이상 점유할 수 없으면 전손이 성립된다.

해상보험에서는 전손을 현실전손(actual total loss)과 추정전손(constructive total loss)으로 구분한다(영국해상보험법 제56조 제2항).

1) 현실전손

해상보험에서 현실전손은 보험목적물이 완전히 파손되거나 원래의 성질을 갖지 못할 정도로 심하게 손상되거나, 또는 박탈당하여 피보험자가 다시 회복할 가능성이 없을 경우에 성립된다. 현실전손은 보험목적물이나 피보험이익에 실질적으로 전손이 발생하여 원래의 상태로 복구할 가능성이 전혀 없기 때문에 절대전손(absolute total loss)이라고도 한다.

2) 추정전손

추정전손은 현실전손을 피할 수 없거나 보험목적물의 복구비용이 오히려 그 가액을 초과하여 그대로 현실전손을 처리하는 것이 경제적인 경우 피보험자가 적절한 위부(abandonment)를 통지하고 보험금 전액을 청구하는 손해이다. 따라서 추정전손은 위부를 수반하는 전손이다.

위부는 추정전손의 사유가 발생하여 피보험자가 보험목적물에 대한 일체의 권리를 보험자에게 이전하고 그 대신 전손에 해당하는 보험금을 청구하는 행위를 말한다. 피보험자의 이와 같은 의사표시를 보험자가 승낙하게 되면 추정전손이 성립되고 만약 이를 거절하게 되면 분손처리된다.

예컨대, 500원짜리 동전이 바다에 빠진 경우에는 가령 많은 비용을 들이면 이것을 건져 올릴 수 있다고 해도 그는 500원을 잃어 버렸다고 하는 것이 타당할 것이다. 이와 같이 500원짜리 동전이 바다에 현실적으로 존재하고 있지만, 그 구조비용이 만약 500만 원이 든다면, 즉 구조비용이 구조 후의 가액보다 더 많이 든다면 전손으로 추정할 수 있다. 또한 보험가액이 5억 원인 선박이 침몰되어 현실적 · 기술적으로 구조가 불가능한 경우는 절대적 회복불능으로 현실전손에 해당되지만, 기술적으로 구조가 가능한 경우에 그 선박을 구조하여 수선하는 경우의 비용이 50억 원이 든다면, 즉 구조비용이 구조 후의 가액보다 더 많이 든다면 전손으로 추정할 수 있다.

2.2 분손

담보위험으로 인하여 선박이나 화물 등이 완전히 멸실하거나 또는 그 일부분만이 손해를 입기도 하는데, 후자의 경우를 분손(partial loss: average)이라고 한다. 분손은 전손의 상대적인 개념으로서 전손에 속하지 않는 모든 손해는 분손취급된다.

분손은 단독해손(particular average)과 공동해손(general average)으로 구분되는데 단독해손은 담보위험으로 인하여 발생한 보험목적물 일부분의 손해로서 피보험자가 단독으로 책임지는 손해이다(영국해상보험법 제64조 제1항).

공동해손은 공동의 안전을 위하여 희생된 손실이나 비용을 해상사업에 관련되는 이해관계자들이 공동으로 비례하여 분담하는 손해이다. 이러한 공동해손이 아닌 분손은 모두 단독해손에 해당된다.

3. 물적 손해, 비용손해, 책임손해

해상손해는 피보험이익과의 관련에 따라 물적 손해, 비용손해 및 책임손해로 구분할 수 있다.

3.1 물적 손해

물적 손해란 보험의 목적인 선박, 적화 또는 이에 준하는 유체물의 멸실 또는 손상 그 자체에 의한 손해를 말하며 실체적 손해라고도 한다. 예컨대, 선박이 좌초 또는 포획된 경우나 적화의 멸실 또는 손상으로 인한 피보험자의 손해가 이에 해당하며, 보통 해상보험에서 손해라고 하면 이 물적 손해를 의미한다. 이러한 물적 손해는 부보된 피보험이익 그 자체에 생긴 손해이므로 직접손해에 해당한다.

3.2 비용손해

비용손해는 해상위험이 발생한 결과로서 비용이 지출되는 손해를 말한다. 즉, 해상위험의 발생으로 인하여 생긴 손해방지비용 등의 비용지출에 따른 손해를 비용손해라 한다. 이러한 비용손해는 부보된 피보험이익과 관련하여 생긴 손해이므로 간접손해에 해당한다.

해상보험에서 보통 부보되는 것은 물적 이익이다. 그런데 비용 및 책임손해는 보험의 목적 자체에 생긴 손해는 아니므로 보험자는 원칙적으로 물적 손해만을 보상하고 이와 같은 비용이나 책임손해를 보상할 책임이 없다. 그러나 일반적으로 법률이나 약관에는 일정한 비용 및 책임손해에 대하여 간접손해의 일종으로서 이를 보험자에게 부담시키는 경우가 있다.

3.3 책임손해

책임손해는 해상위험이 발생한 결과로서 타인에 대한 손해배상책임을 지는 경우의 손해를 말한다. 즉, 해상위험의 발생으로 인하여 생긴 선박충돌 손해배상책임 등 책임의 부담에 따른 손해를 책임손해라 한다. 이러한 책임손해는 부보된 피보험이익과 관련하여 생긴 손해이므로 간접손해에 해당한다.

4. 단독해손과 공동해손

해상손해는 그 손해의 성격에 따라, 즉 손해를 단독으로 부담하느냐, 이해관계자가 공동으로 부담하느냐에 따라 단독해손과 공동해손으로 구분할 수 있다.

4.1 단독해손(Particular Average: PA)

단독해손은 담보위험으로 인하여 발생한 보험목적물의 손해 중 공동해손이 아닌 손해를 말하며, 이것은 그 손해를 입은 자가 단독으로 부담하여야 하는 손해이다. 예컨대, 폭풍우로 인한 선박의 손상, 화재로 인한 적화의 손상이 있을 경우 선박의 손상은 선주가 단독으로 부담하게 되고, 적화의 손상은 화주가 단독으로 부담하게 된다. 피보험자가 이러한 단독해손을 보상받기 위해서는 이들 손해가 담보위험에 의하여 우연히 발생한 것이어야 한다.

4.2 공동해손(General Average: GA)

공동해손행위(general average act)란 공동의 항해사업에 관련된 재산을 위험으로부터 보전하기 위하여 선장 또는 선장을 대신하는 자가 선박 또는 적화에 대해서 고의적이고도 이례적인 처분을 하는 행위를 말한다. 공동해손제도는 공동의 안전(common safety)을 위하여 희생된 손해를 해상사업과 관련되는 모든 당사자들이 합리적인 비율에 따라서 상호 분담하는 제도를 말한다.

공동해손은 공동해손손해와 공동해손분담금으로 분류할 수 있다. 공동해손희생손해(general average sacrifice)란 공동해손행위로 인한 물적 손해, 예컨대 선박이 폭풍우를 만나 침몰될 위험에 놓였을 경우 그 위험을 면하기 위해 적화의 일부를 선외로 버리는 투하(jettison)와 같은 물적 손해를 말한다.

공동해손비용손해(general average expenditure)란 공동해손행위로 인한 비용손해, 예컨대 좌초된 선박을 구조하기 위해 예선을 사용함으로써 발생된 구조비와 같은 비용손해를 말한다.

그리고 공동해손분담금(general average contribution)이란 공동해손행위로 인해 위험을 면하게 된 자들이 그들이 받은 혜택의 정도들에 따라서 공동해손손해를 정산하여 분담하게 되는데, 이러한 분담금을 말한다.

5. 위부와 대위

5.1 위부(abandonment)

피보험자가 보험금을 청구하기 위해서는 손해의 발생 및 손해액을 증명해야만 된다. 그러나 실제로 전손의 가능성이 결정적인 경우에도 그 사실을 증명하기가 곤란한 경우가 있다. 그 대표적인 예가 선박의 행방불명이다. 이러한 경우 전손의 발생을 입증할 수 없어 보험자에게 보험금을 청구할 수 없다고 한다면 피보험자에게 가혹한 처사라 하지 않을 수 없다. 따라서 이와 같은 경우에 손해가 발생했다고 하는 사실을 입증하지 않고도 피보험자가 보험금액 전액을 청구할 수 있도록 할 필요가 있는데, 위부는 이러한 필요에서 인정된 제도이며 손해보험 가운데서도 해상보험에만 있는 제도이다.

위부(委付)란 보험목적물이 전부 멸실된 것이 확실하지만 이를 입증하기 곤란한 전손의 경우에 피보험자가 보험목적물에 대하여 가지고 있는 일체의 권리를 보험자에게 양도하고 보험금액 전액을 청구하는 것을 말한다.

5.2 대위(subrogation)

대위(代位)의 제도는 해상보험에 한정된 것이 아니고 손해보험 일반을 통해서 행하여진다. 손해보험계약에 있어서 보험자가 보험사고에 의해서 발생한 손해를 보상하는 것은 피보험자에게 이득을 보게 하는 것이 아니다. 즉, 손해보험의 일종인 해상보험은 실손보상의 원칙에 근거하고 있기 때문에 손해를 입은 피보험자는 실손 이상의 보상을 받을 수 없어야 한다. 그런데 피보험자가 보험자로부터 보험금의 지급을 받고도 보험목적물의 잔존물을 소유하거나 또는 제3자에 대한 손해배상청구권을 그대로 갖고 있다면 피보험자는 부당한 이득을 보게 된다. 대위를 인정하는 이유는 이와 같은 피보험자의 부당한 이득을 방지하려는 데 있다.

대위란 보험자가 보험금을 지급한 경우, 피보험자가 보험목적물의 잔존물에 대하여 가지는 소유권 및 손해를 발생케 한 제3자에 대한 손해배상청구권을 피보험자를 대신하여 보험자가 취득하는 것을 말한다.

제 4 절 적화보험증권의 특징과 해석원칙

1. 적화보험증권의 의의와 특징

1.1 적화보험증권의 의의

보험증권(insurance policy)이란 보험계약의 성립 및 그 내용을 증명하기 위하여 계약의 내용을 기재하고 보험자가 서명하여 보험계약자에게 교부하는 증서를 말한다. 적화보험증권은 해상적화보험계약의 성립 및 그 내용을 증명하기 위하여 계약의 내용을 기재하고 보험자가 서명하여 보험계약자에게 교부하는 증서를 말한다.

원칙적으로 보험증권은 보험계약자의 청구에 의하여 보험자가 발행 · 교부하게 되지만, 실무에서는 보험계약자로부터의 청구가 없더라도 보험자는 보험계약자에게 보험증권을 교부하고 있다. 보험증권의 발행은 보험계약당사자 쌍방의 편의를 위한 것이지 계약의 성립요건은 아니고 또 보험자만이 기명날인하는 것이므로 계약서도 아니다. 그러나 적화보험계약은 증권에 구현되어야 하며, 만약 증권에 구현되지 않으면 증거로서 인정되지 않는다.

한편, 적화보험약관이라 함은 일반보험계약에 공통된 표준적 사항을 보험자가 미리 정해둔 것으로서 적화보험증권상의 각종 약속과 규정을 말한다. 적화보험약관에는 보통보험약관과 특별보험약관이 있다.

보통보험약관은 특정종류의 보험계약에 공통으로 적용되는 조항을 규정한 기본적인 약관으로서 영문적화보험증권상의 본문 또는 난외에 인쇄되어 있는 각 조항이 이에 해당된다. 보통보험약관은 보험계약당사자가 그 내용을 이해하고 그 약관에 따라 계약을 체결하겠다는 의사가 있는지의 여부에 관계없이, 반대되는 의사표시를 하지 않는 한 당사자를 구속한다.

특별보험약관은 보통보험약관의 내용을 보충 또는 수정하는 내용의 조항을 정한 약관으로서, 보험증권에 인쇄 또는 별도로 첨부하는 약관으로 ICC(A), ICC(B), ICC(C) 등이 있다.

1.2 적화보험증권의 특징

Lloyd's SG Policy는 1779년에 제정되어 1795년 런던보험시장에서 채용된 이후 약 200년 동안 거의 그대로 사용되어 왔고, 20세기에 들어와서 협회적하약관(Institute Cargo Clause: ICC)을 특약으로 첨부하여 사용하여 왔다. ICC는 보험자와 해손정산인(average adjuster)으로 구성되는 런던보험자협회(Institute of London Underwriters: ILU)의 기술 및 약관위원회에서 제정한 것이다. 1912년에 제정되어 1963년 1월 1일자로 개정된 것으로 ICC(A/R), ICC(WA) 및 ICC(FPA)가 있다.

그 후 1982년에 ICC(A), ICC(B), ICC(C), Institute War Clause(Cargo), Institute Strikes Clause(Cargo), 그리고 ICC(B), ICC(C)에 첨부하여 사용할 수 있는 Institute Malicious Damage Clause와 같은 협회적하약관과 적화보험증권(Marine Cargo Insurance Policy)을 개정하여 시행하고 있다.

개정된 적화보험증권은 Lloyd's SG Policy에 비하여 증권에 인쇄된 약관이 매우 간소화되었다. Lloyd's SG Policy는 본문약관이 보험계약의 중심이 되고 협회적하약관은 특약으로 첨부되며 본문약관을 보완하는 성격을 지녔다. 그러나 신양식에서는 Lloyd's SG Policy의 본문약관 중 중요한 것은 모두 협회약관에 포함시킴으로써 협회약관이 해상보험계약의 중심을 이루게 되었다.

적화보험증권(Marine Cargo Insurance Policy)에 ICC(A), ICC(B), ICC(C), Institute War Clause(Cargo), Institute Strikes Clause(Cargo) 등 가운데 어느 하나의 보험조건을 선택하여 첨부하도록 하고 있다. 따라서 적화보험증권에 협회적하약관이 첨부되지 않으면 보험증권으로서의 기능을 할 수 없게 되었다.

개정된 적화보험증권에서는 보험계약내용을 별도로 기재하는 스케줄(schedule) 방식이 도입되었다. 즉, Lloyd's SG Policy에서는 해상보험계약상의 내용들을 증권본문에 약관으로 규정하던 것을, 개정된 적화보험증권에서는 스케줄에 명기하도록 되어 있다.

적화보험증권은 앞면에 필요사항기재란, 본문약관, 난외약관이 인쇄되어 있으며, 뒷면에는 스케줄이 인쇄되어 있다. 이 적화보험증권에 ICC(A), ICC(B),

ICC(C) 등의 협회적하약관이 첨부되어 사용된다. 그러나 한국에서는 일반화물에 적용하기 위해 적화보험증권을 앞면에는 필요사항기재란, 본문약관, 난외약관을 인쇄하고, 뒷면에는 스케줄 대신에 협회적하약관 (A), (B), (C)와 갑판적약관, 협회대체약관 및 협회선급약관을 인쇄하고, 영국보험자협회가 작성한 스케줄은 별지로 첨부하여 사용하고 있다.

2. 적화보험증권의 해석원칙

2.1 수기문언의 우선원칙

적화보험증권은 일반적인 경우에 적용할 인쇄된 양식을 준비해 두고 특정의 피보험자에게만 적용될 사항을 삽입시키는데, 삽입된 사항과 인쇄된 사항이 저촉되는 경우 삽입된 사항이 우선적인 효력을 갖는 것으로 해석되어야 한다. 왜냐하면 삽입된 사항, 즉 수기문언(手記文言)은 보험계약체결 당시 계약당사자가 특별히 그들의 의사표시를 한 것이기 때문에 인쇄된 사항보다 삽입된 사항, 즉 수기문언이 우선한다. 이러한 원칙을 수기문언의 우선원칙이라고 한다.

그러므로 이 원칙을 적용하여 우선순위를 나열하면 다음과 같다. 법규보다 약관이 우선하며, 보통보험약관(본문약관과 난외약관) 중 난외약관이 본문약관에 우선하고, 보통보험약관보다 특별보험약관이 우선하며, 특별보험약관보다 타자된 문언이나 스탬프문언이 우선하며, 타자된 문언이나 스탬프문언보다 수기문언이 우선한다. 한편, 보험증권에 적색으로 인쇄된 조항은 흑색으로 인쇄된 조항보다 더 중요하다는 근거는 없고 단지 강조의 성격만 띤다.

2.2 판례 및 계약당사자 의사의 존중원칙

계약당사자의 본뜻이나 의도하는 바가 무엇인가를 가려내어 그 의도에 따라 해석하도록 하는 것이 가장 기본적인 원칙이다. 그러나 해상보험은 오랜 역사를 갖고 있고 또 해상보험계약에 대한 수많은 판례들이 있어서, 다수의 단어와 약관의 내용에 대하여 판결에 의해 결정된 해석들이 있다. 그러므로 기본적으로는 계약당사자의 의사를 존중하여 해석해야 하지만, 통상적으로는 판례에 따라 해석하고 있다.

2.3 POP원칙

보험계약도 비즈니스인 만큼 그 관련서류인 보험증권의 각 약관이나 문언은 학문적 · 이론적으로 해석하지 않고, 실무에 통용되는 평이한(plain), 통상적인(ordinary), 통속적인(popular) 의미로 해석해야 한다. 이들 3단어의 첫 글자를 따서 'POP원칙'이라고 한다. 이것은 보험계약당사자가 일반적으로 이해하고 있는 의미가 보편성이 있기 때문이다. 또한 보험자와 피보험자는 일반상관습을 알고 있는 것으로 보기 때문에 상관습상 확정된 의미는 그대로 효력을 갖는다.

2.4 문서작성자 불이익의 원칙

보험계약은 그 성질상 다수의 가입자를 상대로 하여 대략적으로 체결되므로 그 계약의 정형화가 요구되기 때문에, 보험자가 미리 정한 보험약관이 보험계약자에게 부합될 경우 이를 승인함으로써 성립되는 부합계약이다.

그러므로 만약 보험증권상의 약관이나 문언이 애매한 경우에는 작성자인 보험자에게 불리하게 해석해야 한다는 원칙을 '문서작성자 불이익의 원칙(contra proferentem)'이라 한다. 이것은 보험증권상의 약관이나 문언이 애매한 점이 있어 다른 어떠한 방법을 취해도 애매한 점을 해석할 수 없다면 그것은 보험자가 의무를 다하지 못한 것이므로 보험자에게 불리하게 해석되어야 한다는 것이다.

2.5 보험기간

보험기간 또는 담보기간은 피보험목적물에 대하여 보험자의 책임이 존속되는 기간으로 피보험자가 보험으로부터 보호받는 시간적 · 공간적 한계를 말한다. 즉, 적화보험은 주로 항해보험으로 부보되기 때문에 공간적 한계가 되며, 선박보험은 주로 기간보험으로 부보되기 때문에 시간적 한계가 된다.

보험계약기간은 보험기간과는 관계없이 보험계약이 유효하게 존속하는 기간으로 일차적으로는 보험기간과 일치하지만, 소급보험이나 예정보험(open cover)에서는 양자가 불일치한다.

제5절 협회적하약관

1. 협회적하약관의 특징

해상보험거래에서 사용되는 약관은 대부분 협회약관(Institute Clause)이다. 협회약관은 런던보험자협회와 로이즈보험자협회의 기술 및 약관위원회(Technical and Clauses Committee)가 합동으로 만든 약관이며 이 중 적화보험에 적용되는 약관을 협회적하약관(Institute Cargo Clause: ICC)이라 한다.

여기서 협회적하약관의 특징을 간단히 살펴보면, 첫째 담보위험에 관한 내용이 증권의 본문조항에서 삭제되어 협회적하약관에 규정됨으로써 피보험자는 협회적하약관의 내용을 보고 계약을 체결할 수 있으므로 보험계약업무가 간단해졌으며 자기완결성을 지니게 되었다.

과거 구증권에 첨부되어 보완적 역할을 하던 협회적하약관이 독립된 약관이 되었다. 전쟁위험과 동맹파업위험은 구증권에서는 확장담보의 형식으로 인수하였으나 신증권에서는 'Institute War Clause' 및 'Institute Strike Clause' 등으로 독립된 협회약관이 되었다.

둘째, 협회적하약관은 손해의 원인이 되는 담보위험만을 열거하고 있기 때문에 담보범위가 명료하고 평이하다. 특히 개념이 모호한 구증권에서의 '악천후(heavy weather)'라는 용어 대신에 해수의 유입 또는 갑판유실이라는 구체적이고 명확한 용어를 사용하고 있다.

셋째, 협회적하약관은 컨테이너를 이용한 국제복합운송에 적용될 수 있도록 하기 위하여 ICC(A), ICC(B), ICC(C)의 제4조 제3항 및 제5조에 이에 관련된 규정을 두고 있으며, ICC(B) 및 ICC(C)의 제1조 제1항(3)과 ICC(B)의 제1조 제2항(3)에도 육상운송 중의 위험에 관한 규정을 두고 있다.

넷째, 해적(piracy)은 구약관에서는 전쟁위험의 하나로 간주했으나, ICC(A) 제4조 전쟁위험 면책조항에서 이러한 해적행위로 인한 손해를 제외함으로써 ICC(A)에서는 해적행위로 인한 손해를 보험자가 담보하게 되었다.

한편, 2009년 1월 1일자로 시행되는 협회적하약관의 전체적인 효과는 협회적하약관을 피보험자에게 유리하도록 개정한 것이다. 그래서 기존의 1982년 협회적하약관에 대한 2009년 협회적하약관의 주요 개정내용은 면책범위의 축소, 보험기간의 확장, 일반약관문언의 명확화 및 합리화 등으로 요약할 수 있다.

2. 협회적하약관의 구성

현재 사용되고 있는 협회적하약관은 (A)약관, (B)약관 및 (C)약관으로 구성되어 있고 각 약관은 다시 19개의 개별약관[Institute War Clause(Cargo), Institute Strikes Clause(Cargo), Institute War Clause(Sending by Post), Institute War Clause(Air Cargo), Institute Cargo Clause(Air), Institute Strikes Clause(Air Cargo) 등]으로 나누어져 있다.

(A)약관, (B)약관 및 (C)약관은 각각 19개의 개별약관으로 구성되어 있지만 제1조의 위험약관만 다르고 나머지 항목은 모두 동일하다. 이것들은 영국에서뿐만 아니라 영문보험증권을 사용하는 국가의 보험업자에게도 널리 채용되고 있고 한국도 예외는 아니다.

2.1 협회적하약관 A(Institute Cargo Clause A: ICC(A))

위험약관은 보험자의 담보범위를 규정하고 있는 약관이다. 협회적하약관의 (A)약관은 포괄책임주의의 원칙이기 때문에 위험약관에는 보험자의 면책위험(excepted peril)이 열거되어 있다.

보험자는 제4조 일반면책위험, 제5조 선박의 불내항 및 부적합위험, 제6조 전쟁위험 및 제7조 동맹파업위험을 제외한 모든 위험에 발생한 손해를 보상한다. 만약 사고의 원인이 네 가지 면책위험에 속하면 보험자는 보상하지 않지만 그러한 사실을 입증할 책임은 보험자에게 있다.

과거에는 이 약관을 전위험담보약관이라고 했는데, 실제로는 모든 위험을 담보하는 조건이면서도 전쟁위험(war risk)과 동맹파업, 폭동 및 소요위험(strikes, riots and civil commotions risk)은 담보하지 않았기 때문에 전위험담보조건이라는 명칭은 보험조건으로서 걸맞지 않았다. 따라서 단순히 명칭만 보고 담보위험을 오해하는 경우도 생기고 보험자의 담보범위도 분명하지 않아 1982년 신약관을 제정하면서 불합리한 명칭을 피하고 보험자가 보상해 주는 범위를 명확하게 제시하였다.

2.2 협회적하약관 B(Institute Cargo Clause B: ICC(B))

협회적하약관 (B)약관도 19개의 개별약관으로 구성되어 있다. 그러나 (A)약관과는 제1조만 다르고 나머지는 동일하다.

제1조 위험약관에는 (B)약관에서 보험자가 담보하는 위험이 열거되어 있다. (A)약관은 포괄책임주의이기 때문에 면책위험을 명시하고 있지만 (B)약관 및 (C)약관은 열거책임주의의 의미로 담보위험을 명시하고 있다. (B)약관은 과거의 분손담보(WA)약관을 정비한 것이다.

2.3 협회적하약관 C(Institute Cargo Clause C: ICC(C))

협회적하약관 (C)약관도 19개의 개별약관으로 구성되어 있지만 (A)약관 및 (B)약관과는 제1조만 다르고 나머지는 동일하다.

협회적하약관 (C)약관은 (B)약관과 마찬가지로 열거책임주의의 원칙이기 때문에 보험자의 담보위험이 열거되어 있는데, 그 수가 (B)약관보다 적다. 따라서 이 약관은 (A)약관, (B)약관 및 (C)약관의 기본약관 중에서 보험자의 담보범위가 가장 좁다.

(C)약관은 과거의 분손부담보약관을 정비한 것인데, 그렇다고 하여 분손을 담보하지 않는 것은 아니다. 현재 사용되는 약관은 보험자의 담보범위에 따라 구분한 것이므로 담보위험에 근인하여 발생한 분손은 보험자가 모두 보상한다.

2.4 협회전쟁약관(Institute War Clause, Cargo)

전쟁위험은 협회적하약관 제6조 전쟁면책약관에 따라서 보험자의 면책위험에 속하므로 특약에 의해서만 담보가능하다. 적화보험에서 전쟁위험을 담보하는 약관은 협회전쟁약관이며 여기에는 해상운송화물, 항공운송화물 및 우송물에 각각 적용되는 세 가지 종류가 있다.

이 약관에서 보험자가 담보하는 전쟁위험은 협회적하약관의 전쟁면책약관에서 보험자의 면책으로 규정된 위험이다. 그러나 위험약관에서 담보하는 것은 보험목적물의 멸실 또는 손상에 한하며 비용이나 전쟁위험의 결과로 피보험자가 입는 재정상의 손해를 담보하지 않는다.

협회전쟁약관에서 보험자가 담보하는 기간은 화물이 선박이나 부선에 적재되어 해상에 있는 동안을 원칙으로 한다.

2.5 협회동맹파업약관(Institute Strikes Clause, Cargo)

협회적하약관의 제7조 동맹파업면책약관에 따라서 동맹파업, 폭동, 소요 등의 위험은 보험자의 면책위험이므로 협회동맹파업약관으로 특약을 체결해야 담보된다.

보험자가 담보하는 동맹파업과 관련되는 위험은 협회적하약관의 제7조 동맹파업면책약관에서 보험자의 면책으로 열거되어 있는 위험이다. 협회적하약관에서와 마찬가지로 보험자는 보험목적물의 멸실 또는 손상만을 담보한다.

제6절 운송과 보험

1. 복합운송과 컨테이너보험

컨테이너보험이란 보험자가 컨테이너 자체의 멸실 · 손상위험, 컨테이너로 인한 배상책임과 컨테이너 내의 화물손해에 대한 배상책임의 위험을 보상할 것을 목적으로 하는 보험이다.

국제복합운송은 컨테이너운송을 전제로 하고 있으므로 복합운송인으로서는 선박, 트럭, 철도 등의 운송수단의 소유의 유무보다도 화물의 단일운송에 꼭 필요한 컨테이너의 운영(소유 · 임차 · 이용 등)이 중요하다. 따라서 컨테이너소유자나 임차인은 컨테이너의 운영 중에 발생하는 컨테이너 자체의 멸실 · 손상위험에 대하여 부보하여야 한다.

한편, 컨테이너가 제3자에게 손해를 줄 경우 법률상의 배상책임을 부담해야 하는 컨테이너소유자와, 컨테이너 내의 화물의 손해발생 시 법률상 또는 운송계약상의 배상책임을 부담해야 하는 컨테이너운영자는 화주에 대한 화물손해배상책임을 부보할 필요가 있다.

1.1 컨테이너보험의 특징

컨테이너보험은 ① 컨테이너자체보험(container itself insurance: itself or box or van insurance), ② 컨테이너소유자의 제3자에 대한 배상책임보험(container owner's third party liability insurance), ③ 컨테이너운영자의 화물손해배상책임보험(container operator's cargo indemnity insurance: cargo indemnity) 등을 포괄한 종합보험을 말한다.

이들 세 가지 보험을 일관하여 한 개의 증권(blanket policy)으로 인수할 수 있다. 또한 필요에 따라 잔해제거 · 소독 · 검역비용특약(special cover for wreck removal, disinfection and quarantine expense)으로 담보의 확장도 가능하다.

컨테이너자체보험은 단독으로 부보할 수 있지만, 책임보험인 ②와 ③은 단독으로 부보할 수 없다. 즉, ②와 ③의 책임보험은 책임보험의 기초가 되는 컨테이너자체보험과의 조합으로 부보해야 하므로 ①과 ②, ①과 ③의 형태로 조합해서 부보되어야 한다.

1.2 컨테이너보험의 약관

런던보험업자협회가 제정한 협회컨테이너약관이 있는데, '협회컨테이너약관-기간(전손, 공동해손, 구조, 구조비, 손해방지)[Institute Container Clauses-

Time(total loss, general average, salvage, salvage charges, sue and labour)]'은 담보위험에서 생긴 손해 중에 전손, 공동해손, 구조, 구조비 및 손해방지비용만을 보상한다. '협회전쟁 및 동맹파업약관(컨테이너-기간)[Institute Container Clauses-Time(all risks)]'은 전쟁 및 동맹파업위험을 담보한다.

2. 항공운송과 보험

항공화물에 관한 보험으로는 항공화물보험(항공적화보험), 항공화물화주보험, 항공화물배상책임보험의 세 가지가 있는데, 항공화물보험과 항공화물화주보험은 화주보호를 위한 것이고, 항공화물배상책임보험은 화물 자체가 아니라 항공운송인을 보호하기 위한 것이다.

2.1 항공화물보험

항공화물보험은 운송 중의 화물이 우연한 사고로 인하여 멸실 또는 손상된 경우에 화주가 입은 손해를 보상받기 위하여 부보하는 보험이다.

즉, 항공운송인은 위탁받은 운송품에 대하여 운송계약에 정해진 대로 고의 또는 과실에 의해서 화물이 멸실 또는 손상된 경우에는 화주 또는 기타 손해배상청구권자에게 원칙적으로 손해배상을 해야 하지만, 항공운송인의 과실이 없거나 또는 항공운송인의 면책에 해당되는 경우에 화주는 항공운송인으로부터 손해배상을 받을 수 없게 된다. 화물을 항공으로 운송하는 경우에도 해상운송처럼 화주는 항공화물보험을 부보함으로써 항공운송인이 면책되는 경우에는 보험자로부터 손해보상을 받을 수 있게 된다.

2.2 항공화물화주보험

항공화물화주보험(Shipper's Interest Insurance: SII)은 항공운송인이 보험회사의 대리점 자격으로 스스로 보험을 수배할 능력이 없는 일반화주를 대리하여 부보해 주는 일종의 화물보험으로서, 화물이 운송 중 손상을 입은 경우에는 항공운송인과 보험자 간에 체결된 보험계약의 내용에 따라 화주가 보험회사에 직접 보험금을 청구하거나 또는 항공운송인에게 청구하여 보상받을 수 있다.

즉, 항공화물운송장으로 운송되는 화물에 대하여 항공사와 보험회사 간에 미리 포괄적인 예정보험계약(open policy)을 체결해, 송화인이 화물을 항공회사에 인도할 때 항공화물운송장에 보험금액(insurance amount)과 보험료(insurance premium) 등의 필요한 사항을 기재하여 항공사에 접수함으로써 송화인을 피보험자로 하여 부보된다. 보험료는 항공운임의 정산 시에 운임과 함께 납부하며, 운임이 도착지공항에서 착지급되는 조건의 운송인 경우에는 착지급조건으로 보험료를 지급할 수 있다. 그리고 송화인은 보험회사로부터 별도의 증권을 발급받는 것이 아니라 항공사에서 발급하는 송화인용 항공화물운송장의 원본을 보험증권으로 사용한다.

2.3 항공화물배상책임보험

항공화물배상책임보험(freight legal liability insurance)은 항공운송인이 과실책임주의에 입각하여 운송약관에 따라 부담하는 책임을 커버하기 위하여 부보하는 계속적 · 포괄적 보험이며, 특약베이스로 행해진다.

즉, 항공운송인은 위탁받은 화물에 대해 발생한 손해가 과실책임의 원칙에 따라 자신 또는 사용인의 과실에 의해서 생긴 경우에는 화주에 대해서 배상책임을 부담해야 한다. 또한 화주가 항공화물에 대하여 항공화물보험이나 화주보험을 부보한 경우에 화물에 손해가 생긴 때에는 화주가 보험금을 수취할 수 있지만, 그 손해가 항공운송인의 과실에 기초한 것일 때에는 보험금을 화주에게 지급한 보험회사는 항공운송인에 대하여 구상권을 행사하게 된다. 이러한 결과를 예상해서 항공운송인은 해상보험회사와 항공화물배상책임보험계약을 체결함으로써 자신이 부담해야 하는 배상책임액을 책임보험회사가 부담하게 한다.

제 7 절 무역관련보험

1. 무역보험

1.1 무역보험의 의의

무역보험은 무역거래에 수반되는 각종 위험 중에서 수출업자가 물품을 수출하고 수출대금을 지급받지 못하거나 수출금융을 제공한 금융기관이 대출금을 회수하지 못하는 경우, 또는 수입업자가 해외수출업자의 계약불이행으로 적기에 화물을 인도받지 못하거나 선지급금을 회수하지 못하는 경우에 발생하는 손실을 보상해 주는 보험으로서, 무역업자가 안심하고 수출 및 수입업무에 전념할 수 있게 하는 등 수출 및 수입진흥을 도모하기 위하여 한국무역보험공사가 무역보험법에 의하여 운영하고 있는 비영리정책보험을 말한다. 이러한 무역보험은 수출보험과 수입보험으로 구분된다.

수출보험은 수출거래에 수반되는 각종 위험 중에서 수입국의 외환거래의 제한이나 금지, 전쟁 등의 비상위험이나 수입업자의 계약파기, 파산, 지급불능 또는 거절 등의 신용위험과 같이 통상의 운송보험으로 담보할 수 없는 위험에 대하여 수출업자, 생산자 또는 수출자금을 대출해 준 금융기관이 입게 되는 불의의 손실을 보상해 주는 보험을 말한다.

수입보험은 수입업자가 해외수출업자의 계약불이행으로 적기에 화물을 인도받지 못하거나 선지급금을 회수하지 못하는 경우에 발생하는 손실을 보상해 주거나, 또는 국내수입업자의 자금조달을 지원하는 보험을 말한다.

1.2 무역보험의 종류

수출보험은 수출거래기간에 따라 단기성보험, 중장기성보험, 환변동보험, 기타보험, 수출신용보증으로 구분할 수 있다. 단기성보험은 결제기간 2년 이내의 수출거래를 대상으로 인수하는 수출보험으로서, 단기수출보험, 농수산물수출보험, 문화수출보험, 해외마케팅보험, 부품 · 소재신뢰성보험이 있다.

중장기보험은 결제기간 2년 초과의 수출거래를 대상으로 인수하는 수출보험으로서, 중장기수출보험, 수출보증보험, 해외공사보험, 해외투자보험, 해외사업금융보험, 서비스종합보험, 이자율변동보험, 수출기반보험이 있다. 이 외에도 환변동보험, 탄소종합보험, 녹색산업종합보험, 해외자원개발펀드보험, 수출신용보증이 있다.

1.3 무역보험의 담보위험

1) 비상위험

비상위험(political risk)은 전쟁, 내란, 혁명, 환거래제한 또는 모라토리엄선언 등과 같이 무역계약당사자에게 책임을 돌릴 수 없는 위험을 말한다.

비상위험이 발생하는 경우에는 국내의 수출업자는 수출불능이나 수출대금 회수불능 등의 손실, 국내의 수입업자는 수입불능이나 선급금 회수불능 등의 손실이 발생할 수 있다.

2) 신용위험

신용위험은 해외수입업자의 계약파기, 파산, 대금지급의 지연 또는 거절 등 수출대금의 지급책임을 부담하는 해외의 수입업자 또는 신용장발행은행 등이 자신들의 귀책사유로 인하여 당연히 이행하여야 할 대금지급의무를 이행하지 않거나 태만히 하는 경우, 또는 해외의 수출업자가 자신의 귀책사유로 인하여 당연히 이행하여야 할 물품인도의무를 이행하지 않거나 태만히 하는 경우에 발생하는 위험을 말한다.

2. 수출보험

2.1 수출보험의 기능

1) 수출거래상의 불안제거기능

수출거래에 따르는 다양한 위험에 대한 부담을 해소시켜 줌으로써 안심하고 수출활동을 할 수 있도록 한다.

2) 금융보완적 기능

수출대금의 미회수위험을 담보함으로써 금융기관이 보다 유리한 조건으로 수출자에게 자금을 지원할 수 있도록 한다.

3) 수출진흥정책수단의 기능

저렴한 보험료와 수출자에게 최대한 유리한 보상제도를 운영함으로써 수출경쟁력을 강화시킨다.

4) 해외수입자에 대한 신용조사기능

보험사고를 방지하기 위해서 해외수입자의 신용상태와 수입국의 정치 · 경제상황을 다각적으로 조사한다.

2.2 수출보험의 운영

1) 운영방법

수출보험은 인수방식에 따라 개별보험과 포괄보험으로 나누어진다. 개별보험은 보험계약자가 보험에 가입할 거래를 임의로 선택하고 보험자는 그 내용을 심사하여 인수 여부를 결정하는 방식을 말한다. 포괄보험은 보험계약자가 일정기간 내 특정상품 및 특정결제조건의 수출을 의무적으로 보험에 가입하고 보험자는 이를 자동으로 인수하는 방식이다.

포괄보험은 개별보험보다 보험료가 저렴하고, 대상물품 전부가 자동적으로 보험에 가입됨으로써 위험을 최소화할 수 있으며, 매 건마다 개별적으로 보험을 들 필요가 없어서 절차가 간소하다.

하지만 포괄보험을 이용하기 위해서는 보험계약자(수출자)의 신용등급이 일정등급 이상이고, 포괄적용대상거래의 수출실적이 일정금액 이상이며 신용장거래의 비율이나 수입자의 신용상태 등이 보험자가 요구하는 조건을 갖추어야 한다.

2) 인수대상거래

수출보험은 국내에서 생산된 물품을 수출하는 일반수출뿐만 아니라 해외에서 생산되거나 가공한 물품을 수출하는 중계무역이나 위탁가공무역의 경우에도 가입할 수 있다.

3) 보험료

보험료는 결제방식, 결제기간, 국가별 신용등급, 보상비율 등을 감안하여 책정하며 수출경쟁력을 지원하는 차원에서 비교적 저렴한 보험료가 적용된다.

3. 단기수출보험[03]

3.1 단기수출보험의 개념

결제기간 2년 이내의 단기수출계약을 체결한 후 그 수출이 불가능하게 되거나 수출대금을 받을 수 없게 된 때에 입게 되는 손실(당해 물품에 발생한 손실은 제외한다)을 보상하는 보험을 말한다.

단기수출보험은 수출기업이 계약에 따라 물품을 선적한 뒤 선적서류를 근거로 수출채권을 은행에 매각할 때 한국무역보험공사가 보증하는 보험이다. 기업은 수출대금이 들어오기 전에 은행에 수출채권을 매각해 먼저 대금을 지급받는다. 이 과정에서 은행이 수입업자로부터 대금을 받지 못할 경우를 대비하는 것이 수출보험

03 한국무역보험공사(https://www.ksure.or.kr/insur/sei_shipment01.do) 참조

이나 수출보증이다. 수출채권만으로 거래가 가능하기 때문에 신용장 없이도 무역보증이 가능한 구조다.

3.2 단기수출보험의 대상

선적 후 단기수출보험 약관 제2조에서는 적용대상수출거래로 국내에서 생산·가공 또는 집하된 물품뿐만 아니라 용역수출까지도 포함하고 있다. 또한 국내기업의 해외지사 또는 해외현지법인이 생산·가공한 물품 또는 국내기업이 위탁하여 외국에서 가공한 물품을 수입자에게 수출하는 거래에도 적용된다.

3.3 단기수출보험의 종류

1) 선적 후 단기수출보험

수출자가 수출대금결제기간이 2년 이내의 수출계약을 체결하고 물품(용역 포함, 이하 동일)을 수출하였으나 비상위험 또는 신용위험으로 인하여 수출대금을 회수하지 못하게 됨에 따라 수출기업이 입게 되는 손실을 보상하는 제도이다.

(1) 기능

① 수출 시 발생하는 수출불능위험 및 수출대금 미회수위험 제거
② 해외시장개척 및 수출 선도기능
③ 수출자의 금융조달 시 담보제공능력 부족 해소
④ 금융기관의 수출금융 대출 시 대출금 미회수위험 제거

(2) 담보하는 위험

구분	내용
비상위험 (political risk)	수입국의 전쟁, 내란, 환거래제한, 모라토리움 등으로 인해 수출대금을 회수하지 못할 위험
신용위험 (commercial risk)	수입자의 지급불능, 지급거절, 지급지체, 파산 등으로 수출대금을 회수하지 못할 위험

(3) 대상거래: 결제기간 2년 이내의 일반수출, 위탁가공무역, 중계무역, 재판매거래

구분	내용
일반수출	국내에서 외국으로의 수출을 말하며, 국내에서 생산 · 가공 또는 집하된 물품을 수출하는 거래(우리나라 선박에 의하여 외국에서 채취 또는 포획한 수산물을 수출하는 거래 포함)
위탁가공무역	국내기업의 해외현지법인이 생산 · 가공한 물품 또는 국내기업이 위탁하여 외국에서 가공한 물품을 수출하는 거래
중계무역	수출을 목적으로 물품을 수입하여 국내에서 통관하지 않고 제3국으로 수출하는 거래
재판매	수출자가 해외지사(현지법인 포함)에 물품을 수출하고, 동 해외지사가 당해 물품을 현지 또는 제3국에 재판매하는 거래

2) 단기수출보험(중소중견Plus+)

보험계약자인 수출기업은 연간 보상한도에 대한 보험료를 납부하며, 보험계약자가 보험계약기간(1년) 중 이행(선적)한 수출거래에 대하여 선택한 담보위험으로 손실이 발생할 때 한국무역보험공사는 연간 책임금액범위 내에서 손실을 보상하는 제도이다.

① 담보하는 위험: 수입국의 비상위험 및 수입자의 신용위험

② 대상거래: 보험계약기간(1년) 중 이행된 수출거래(일반거래, 위탁가공무역, 중계무역), 단 중소기업은 결제기간 1년 이내, 중견기업은 결제기간 180일 이내 거래로 한정

3) 단기수출보험(중소중견Plus+) 단체보험 특약

중소중견Plus+보험에 단체보험 개념을 도입하여 지자체 등 지원기관 또는 단체(협회 등)가 보험계약절차를 진행하여 일괄 보험계약을 체결하고, 수출기업은 단체보험의 피보험자로서 수출대금 미회수위험 발생 시 최대 미화 5만 달러까지 보험금을 수령하는 제도이다.

- 담보하는 위험 및 대상거래는 중소중견Plus+보험과 동일

4) 단기수출보험(중소중견Plus+) 수출안전망 특약

단체보험 대상기업을 세분화하여 연간 수출실적 미화 10만 달러 이하 중소기업 전용으로 운영하는 제도로서 단체가 공사와 보험계약을 체결하고 수출기업은 수출안전망보험의 피보험자로서 수출대금 미회수위험 발생 시 최대 미화 2만 달러까지 보험금을 수령하는 제도이다.

5) 단기수출보험(농수산패키지)

하나의 보험으로 농수산물 수출 시 발생하는 여러 위험(수출대금 미회수위험, 수입국 검역위험, 클레임비용위험)을 간편하게 보장하는 농수산물 수출기업 전용 제도이다.

① 담보하는 위험: 수입국의 비상위험 및 수입자의 신용위험에 따른 수출대금 미회수위험

구분	내용
수입국 검역위험	수입국의 검역과정에서 실제 지급된 소독비용 및 폐기비용을 보상 • 검역: 유해 농수산물의 자국 내 유입을 막기 위해 수입국에서 실시하는 병충해검사, 소독, 폐기 등 일련의 절차 • 소독: 검역과정에서 발견된 병해충 박멸을 위해 실시하는 운증소독(약물처리된 증기를 쐬어 살균하는 소독방법), 열처리소독, 약제살포소독 등 소독처리
무역클레임위험	클레임 해결에 소요된 비용을 보상

② 대상거래: 보험계약기간(1년) 중 이행된 수출거래(일반거래, 위탁가공무역, 중계무역), 단 중소기업은 결제기간 1년 이내, 중견기업은 결제기간 180일 이내 거래로 한정

③ 대상수출품목: 농산물, 수산물, 축산물, 임산물 및 그 가공식품

6) 단기수출보험(포페이팅)

금융기관이 포페이팅 수출금융 취급 후 신용장 개설은행으로부터 만기에 수출

대금을 회수하지 못하여 입게 되는 손실을 보상하는 제도이다.

- 대상거래: 결제기간이 2년 이내 일반수출, 위탁가공무역, 중계무역 수출거래

7) 단기수출보험(수출채권유동화)

은행이 수출업자 간 거래에서 발생한 수출채권을 비소구조건으로 매입한 후 매입대금을 회수할 수 없게 된 경우 입게 되는 손실을 보상하는 제도이다.

- 대상거래: 결제기간 180일(신용장 360일) 이내 일반수출, 위탁가공무역, 재판매(중소중견기업) 수출거래

4. 중장기수출보험

중장기수출보험은 수출대금의 결제기간이 2년을 초과하는 수출거래에서 수출업자의 선적 전의 수출불능위험이나 선적 후의 수출대금 회수불능위험이 발생하는 경우 손실을 보상해 주는 제도이다. 또한 금융기관도 대출자금 원리금의 회수불능위험이 발생하는 경우에 손실의 일정부분(통상적으로 수출대금 미회수금액의 95%)을 보상받을 수 있다.

플랜트와 같은 자본재상품의 수출의 경우 통상적으로 계약금액이 거액이고 대금의 상환기간이 장기적이고, 수입국이 정치 · 경제적으로 불안정한 개발도상국인 경우가 많기 때문에, 수출업자의 입장에서는 수출 자체가 불가능하게 되거나 수출대금을 회수할 수 없게 될 수 있다. 또한 금융기관의 입장에서는 대출자금 원리금을 회수할 수 없게 되는 위험이 상존하게 된다. 중장기수출보험은 자본재상품의 경우에 이러한 위험의 발생으로 인한 손실을 보상받기 위해서 주로 이용된다.

4.1 수출신용보증

수출신용보증은 외국환은행이 무역금융의 대출 시 또는 선적서류의 매입 시 담보가 약한 수출업자에게 담보나 보증을 요구하는 경우, 무역보험공사가 수출신용보증서를 발급하여 금융기관에 대하여 수출업자와 함께 연대보증책임을 부담하는

제도를 말한다.

4.2 수출보증보험

수출보증보험은 국내외 금융기관이 해외공사계약 또는 물품 · 용역의 수출계약 및 이들의 국내 하도급계약과 관련하여 수출보증을 한 경우에 보증 상대방으로부터 이행청구를 받아 이를 이행함으로써 입게 되는 금융기관의 손실을 보상하는 보험을 말한다.

4.3 해외공사보험

해외공사보험은 해외공사계약의 체결 후 그 해외공사에 필요한 물품을 수출할 수 없게 되거나 그 해외공사의 확인대가 또는 지출비용을 회수할 수 없게 된 경우, 또는 해외공사에 사용할 목적으로 공여된 장비에 대한 권리 등의 취득대가 또는 권리상실 취득금을 회수할 수 없게 된 경우에 입게 되는 손실을 보상하는 보험을 말한다.

4.4 해외투자보험

해외투자보험은 해외투자 후 투자대상국에서 ① 보험계약자가 피보험투자를 행한 후 주식 등의 원금, 배당금 또는 취득금 등을 회수할 수 없게 된 경우, ② 보험계약자가 피보험투자를 행한 후 주채무자가 채무를 이행하지 않아 보증채무를 이행한 경우 또는 예치금을 회수할 수 없게 된 경우, ③ 보험계약자가 피보험투자를 행한 후 원리금 또는 예치금을 회수할 수 없게 된 경우, ④ 보험계약자가 금융계약에 따라 대출자금을 공여하였으나 해당 대출원금 및 상환기일까지의 이자를 회수할 수 없게 된 경우에 입게 되는 손실을 보상하는 보험을 말한다.

4.5 해외사업금융보험

해외사업금융보험은 특정해외투자개발형 사업의 전체 소요자금에 대한 금융계약을 지원하기 위하여 도입된 제도로서, 보험계약자가 금융계약에 따라 대출자금을 공여하였으나 해당 대출자금의 원금 및 결제기일까지의 이자(원리금)를 회수할 수 없게 된 경우에 입게 되는 손실을 보상하는 것을 말한다.

4.6 서비스종합보험

서비스종합보험은 연불방식의 서비스수출, 즉 시스템통합(정보시스템을 구축하고 유지 · 보수하는 종합서비스) 수출, 온라인 및 모바일게임, 영화, 캐릭터, 애니메이션, 방송 등의 콘텐츠수출, 소프트웨어수출, 해외엔지니어링수출, 산업재산권, 노하우, 기술서비스 등의 기술수출에서 발생하는 손실을 보상하는 것을 말한다.

4.7 이자율변동보험

이자율변동보험은 한국무역보험공사가 보험증권에 기재된 상환기간 2년 이상의 중장기수출대금 금융계약에 따라 중장기수출금융을 제공한 각각의 금융기관들 또는 금융기관이 이자율 변동에 따라 입게 되는 손실을 보상하고 이익을 환수하는 것을 말한다.

4.8 수출기반보험

수출기반보험은 수출기반조성거래와 관련하여, 보험계약자가 금융계약에 따라 대출자금을 공여하였으나, 차주(금융계약에 따라 대출 원리금을 상환해야 하는 자)의 파산 또는 차주의 상환기일부터 2개월 이상의 상환채무 불이행으로 해당 원리금을 회수할 수 없게 된 경우에 입게 되는 손실을 한국보험공사가 보상하는 것을 말한다.

4.9 환변동보험

환변동보험은 환위험의 헤지(hedge)수단 제공을 통한 안정적인 수출환경을 조성할 목적으로 개발되어, 기업 또는 금융기관이 환율변동으로 입게 되는 손실은 보상하고, 이익은 환수하는 보험제도를 말한다. 이는 수출업자가 수출계약에 따라 외화를 영수하거나, 또는 수출용 원자재 수입계약에 따라 외화를 지급하여야 하는 경우에 갑작스런 환율의 변동으로 입게 되는 손실을 보상하고 이익을 환수하는 보험제도를 말한다.

4.10 해외자원개발펀드보험

해외자원개발펀드보험은 석유 등 에너지 및 자원의 안정적인 공급에 필요한 자원개발을 위한 투자가 필요함에도 이러한 해외자원개발사업에 대한 높은 투자위험도, 미래수익의 불확실성 및 대규모의 장기투자의 특성상 어려움이 예상되는 펀드 조성에 대한 민간자금유입의 활성화 및 주요 전략자원의 장기적이고 안정적인 확보를 도모하기 위하여 도입된 제도이다.

5. 수입보험

수입보험은 국내수입기업이 선급금 지급조건 수입거래에서 비상위험 또는 신용위험으로 인해 선급금을 회수할 수 없게 된 경우에 발생하는 손실을 보상하는 제도이다. 일정한 신용등급을 획득한 국내외의 수입기업은 수입계약금액 중 선급금의 비율을 보험가액으로 하여 부보할 수 있다. 수입보험은 수입자용과 금융기관용으로 나누어지며 수입자용 수입보험의 주요 내용은 다음과 같다.

5.1 대상거래

다음 물품을 선급금지급 후 2년 이내에 선적하여야 하는 수입거래이다.

① 주요 자원: 철, 동, 아연, 석탄, 원유 등

② 오염물질 배출방지 · 처리물품, 폐기물처리물품, 공장자동화물품, 산업기술연구 · 개발용 물품, 첨단제품, 외화획득용 원료

5.2 보상형태

수입기업이 거래하고자 하는 수입계약 상대방별로 보상한도가 기재된 보험증권을 발급받는 방식과 수입기업이 선택하는 책임금액(미화 20만 달러부터 미화 5만 달러단위로 미화 1만 달러까지 선택 시 공사가 지급하는 보험금액)범위 내에서 여러 군데의 수입계약 상대방에 대하여 하나의 보험증권을 발급받는 방식이 있다.

Chapter

09

무역결제

무역거래의 계약조건 중에서 가장 합의하기 힘든 것이 바로 결제방식이다. 실제 협상과정에서 가격을 포함한 모든 계약조건에 합의가 됐는데도 불구하고 결제방식에 대한 합의가 이루어지지 않아서 계약이 무산되는 경우가 허다하다. 특히 거래를 처음 시작하는 경우 결제방식에 합의하기가 쉽지 않다.

따라서 거래내용이나 시장상황, 거래처와의 관계 등을 고려하여 적합한 결제방식에 합의하는 것이 중요하며 그러기 위해서 무역거래에서 사용하는 다양한 결제방식의 내용을 정확히 이해해 둘 필요가 있다.

무역거래에서는 각 거래의 성격에 따라 다양한 결제방법이 활용된다. 이러한 결제방법들의 특징은 모두 은행을 통해 이루어진다는 것이다. 만약 수출업자와 수입업자가 오랫동안 원활하게 거래를 계속해 왔다면 서로 신뢰를 하기 때문에 간단한 방법이 사용되지만 그렇지 못할 경우에는 공신력 있는 은행 등을 활용하여 결제한다.

무역거래에서 사용되는 결제방식으로는 송금방식, 추심방식, 신용장방식 등이 있는데 한국의 경우 전체 수출입대금 중 약 60% 이상이 송금방식으로 결제되고 약 20% 정도가 추심방식으로 결제되고 있다. 또한 17% 정도가 신용장방식에 의하고 있고 나머지는 특수한 방식에 의해 결제된다.

제1절 외국환

1. 환거래의 개념

국내거래의 결제수단으로는 현금, 수표 등이 다양하게 사용되고 있지만 무역거래에서는 현금이나 수표가 사용되는 경우는 드물고, 현금의 이동 없이 결제하는 방식으로 이루어진다.

일반적인 상거래에서는 매도인과 매수인이 한 장소에서 만나 매도인은 물품을 인도하고 매수인은 대금을 지급한다. 그러나 매도인과 매수인이 멀리 떨어져 있는 경우에는 이러한 현금결제가 불가능하기 때문에 환을 이용해서 채권 · 채무관계를 해결한다.

환(exchange)은 채권과 채무를 현금의 이동 없이 결제하는 수표, 어음 등과 같은 수단을 말하는데 주로 은행의 중개에 의해서 환거래가 이루어진다.

1.1 외국환의 특징

현금의 이동 없이 국내의 대차관계를 결제하는 데 이용되는 환을 '내국환(domestic exchange)'이라 하고 국가 간의 결제에 사용되는 환을 '외국환(foreign exchange)' 혹은 '외환'이라 한다. 외국환은 서로 다른 나라에 있는 사람들 간의 경제적 거래에서 발생하는 대차관계를 현금의 이동이 없이 결제해 주는 수단을 말한다. 따라서 무역거래에서는 수출업자(채권자)와 수입업자(채무자) 간에 항상 채권 · 채무관계가 발생하므로 외국환거래가 따르게 된다.

1) 환율의 개입

외국환은 통화를 달리하는 국가 간의 결제수단이므로 서로 다른 통화 간의 교환비율, 즉 환율의 적용문제가 따른다. 또한 환율은 여러 가지 원인에 의하여 변동하기 때문에 항상 환율변동에 따른 환위험(exchange risk)이 존재하게 된다.

2) 이자요소의 개입

외국과의 거래에는 시간적인 요소가 개재되므로 외국환거래에는 이자요소가 개입된다. 즉, 외국환의 수단을 환어음에 의할 경우 외국까지 환어음이 도달하기에는 일정한 우편기간이 소요되므로 해당 기간에 대한 이자를 감안하여야 할 것이다. 이러한 이자요소를 배제하고 신속하게 환을 결제하기 위하여 전신환(telegraphic transfer)을 이용하게 되는데 이 경우에는 당일 중에 결제가 완료되므로 이자요소가 개입되지 않는다.

3) 외국환관리제도의 등장

외국환거래는 일국의 국제수지 및 국내통화가치와 밀접한 관계를 갖기 때문에 외국환관리제도가 존재한다. 즉, 외국환이 무제한으로 해외에 유출되거나 또는 투기성 외화자금이 국내에 유입되어 국내시장을 교란시킬 소지 등을 방지하기 위하여 국가에서 외국환의 지급에 대하여 관리하고 있다.

4) 자금결제방법의 특수성

외국환은 그 거래대상지역이 전 세계에 걸쳐 있음에도 불구하고 내국환에 있어서의 중앙은행과 같은 기능을 담당하는 환의 중앙결제기관이 없을 뿐만 아니라 거래통화 역시 다양하기 때문에 환의 결제구조는 복잡하게 구성되어 있다. 따라서 외국환거래에 따른 자금결제는 각 은행의 독자적인 예치환거래은행을 통해서만 가능하게 되는 특이한 형태를 취하고 있다.

이와 같이 외국환은 거래당사자 중 어느 한쪽이 외국에 소재하고 있을 경우에 발생하는 환거래로 간주할 수 있는데 외국환의 정의에서 생각할 수 있는 것처럼 서로 다른 통화끼리의 교환행위를 추상적으로 가리키기도 하고 구체적으로 대외지급수단 그 자체를 총칭하기도 한다.

1.2 외국환의 종류

외국환이란 대외지급수단, 외화증권 및 외화채권을 말한다(외국환거래법 제3조).

1) 대외지급수단

외국통화, 외국통화로 표시된 지급수단, 기타 표시통화에 관계없이 외국에서 사용할 수 있는 지급수단을 말한다. 예를 들면, 정부지폐, 은행권, 주화, 수표, 우편환, 신용장, 증권에 해당하지 않는 환어음, 약속어음, 우편 또는 전신에 의한 지급지시, 증표 · 플라스틱 카드 또는 전자 또는 자기적 방법으로 재산적 가치가 입력되어 불특정 다수 간에 지급을 위하여 통화에 갈음하여 사용할 수 있는 것으로서, 대금을 미리 받고 발행하는 선불카드 등이 있다.

2) 외화증권

외국통화로 표시된 증권 또는 외국에서 지급받을 수 있는 증권을 말한다. 예를 들면, 외화증권에는 보통채권(Straight Bond: SB), 전환사채(Convertible Bond: CB), 신주인수권부사채(Bond with Warrant: BW), 주식예탁증서(Depositary Receipt: DR), 무기명양도성예금증서(negotiable Certificate of Deposit: CD) 등이 있다.

3) 외화채권

채권은 정부나 기업에서 발행하는 차용증을 말한다. 외화채권은 외국통화로 표시된 채권 또는 외국에서 지급받을 수 있는 채권을 말한다. 예를 들면, 수출환어음은 지급수단이나 선화증권은 선적된 물품에 대한 소유권을 나타내는 채권이며, 예금증서, 보험증서 등은 투자대상으로 유통될 수 없고 단지 그 증서로 인한 청구권만을 가지는 채권이다.

1.3 외국환의 형태

1) 송금환과 추심환

외국환에 의하여 국제 간 채무관계를 해소하는 방법으로 대금을 보내주는 방법을 송금환(remittance)이라 하고, 대금을 청구하는 방법을 추심환(collection)이라 한다. 전자를 순환, 후자를 역환이라고도 한다.

2) 당발환과 타발환

외국으로 자금을 송금하기 위해서는 해당 국가의 은행을 각각 경유하여야 하는데 환거래의 시발점이 되는 은행을 당발은행이라 하고 당발은행에서 취급하는 외국환을 당발환(outward remittance)이라 한다. 그러나 같은 거래가 종결되는 은행측에서 보면 자금을 송금한 은행은 타발은행이 되고, 상대측 송금은행이 취급한 외국환은 타발환(inward remittance)이 된다.

3) 매도환과 매입환

외국환은행의 업무는 외국환과 원화의 교환, 즉 외환매매의 형태로 취급된다. 이때 외국환은행이 원화의 수납을 대가로 외국환을 매각하는 경우 이것을 매도환(selling exchange)이라 하며 수입어음결제가 대표적인 예이다. 반대로 원화의 지급을 대가로 외국환을 받아들이는 것을 매입환(buying exchange)이라 하며 수출환어음매입(negotiation)이 그 한 예이다.

따라서 당발송금환의 취결은 매도환, 타발송금환의 지급은 매입환이 되며 당발추심환의 추심은 매입환, 타발추심환의 지급은 매도환이 된다.

4) 보통환과 전신환

외국환의 결제는 예치환거래은행이 자행예금계좌에서 차기(debit)함으로써 종결되는데, 이 과정에서 예치환거래은행에 자행예금을 인출(debit)하도록 지시하는 방법이 우편으로 전달되면 이는 보통환(ordinary exchange)으로서 환어음과 송금수표가 이용수단이며, 자금이 신속히 전달되어야 하는 경우에는 전신으로 결제를 지시하는 전신환(telegraphic exchange)의 방법이 이용된다.

2. 환율

환율(foreign exchange rate)이란 한 나라의 통화와 다른 나라 통화와의 교환비율을 말하며, 구체적으로 외환시장에서 외국환의 매매가격으로 나타난다. 즉, 일국통화와의 대외가치를 나타내고 있다.

현행 외국환관리규정에 의하면 한국환율은 기준환율, 재정환율 및 외국환매매율로 대별되고, 다시 외국환은행 간 매매율, 한국은행매매율 및 대고객매매율로 구분된다.

2.1 기준환율

자국의 통화와 각국 통화와의 환율을 산정할 때, 그 기준으로 삼는 특정국 통화와의 환율을 기준환율(basic rate)이라고 한다. 기준환율은 외환매매중개기관을 통하여 외국환은행 간 거래가 이루어진 미달러화의 매매에서 형성되는 환율(외국환은행 간 장내거래율)을 거래량으로 가중평균하여 산출되는 환율(시장 평균환율)로 한다.

2.2 재정환율

기준환율을 통해서 간접적으로 계산한 일국 통화와 제3국 통화 사이의 환율을 재정환율이라고 한다. 미달러화 이외 기타 통화의 재정환율은 최근 주요 국제금융시장에서 형성된 미달러화 이외 해당 기타 통화와 미달러화의 매매중간율을 기준환율로 삼아서 재정환율로 한다.

2.3 한국은행매매율

한국은행매매율은 외국환은행 간 매매율과 국제통화시세 등을 감안하여 한국은행 총재가 정한다.

2.4 외국환은행 간 매매율

외국환은행 간 매매율이란 외환시장에서 외국환은행 상호 간의 외환거래에서 자유롭게 형성되는 환율을 말한다.

2.5 외국환은행의 대고객매매율

외국환은행의 대고객매매율이란 외국환은행이 고객과 외국환거래를 하는 데 적용되는 환율로서 전신환매매율, 일람출급환어음매입율, 수입어음결제율, 기한부어음매입율 및 현찰매매율 등이 있다. 외국환은행의 장은 당일의 지분환율(미달러화 이외 통화의 경우에는 재정환율)과 외국환은행 간 매매율을 감안하여 외국환은행의 대고객매매율을 결정한다.

1) 전신환매매율

전신환매매율이란 환어음의 결제를 전신으로 실행하는 경우에 적용되는 환율로서 환어음의 송달이 1일 이내에 완료되므로 우송기간에 대한 금리요인이 개재되지 않는 순수한 의미의 환율이다.

2) 현찰매매율

외화현찰을 매매하는 경우에는 매매의 대상이 되는 외화현찰의 보관비용, 운송비용이 소요될 뿐만 아니라, 외화자산운용 면에서도 외화현금시세액은 비수익적이기 때문에 이와 같은 위험부담과 손실보전 면을 고려하여 현찰매매율을 결정한다. 따라서 현찰매도율과 매입률은 일반적으로 외국환은행의 대고객매매율의 최고율과 최저율이 되고 있다.

3. 외국환의 자금결제방식

3.1 송금환

송금환(remittance)은 당발송금환과 타발송금환으로 분류한다. 당발송금환(outward remittance)이란 국내의 송금인 또는 채무자가 외국의 수취인이나 채권자에게 자금을 송금할 목적으로 외국환은행에 원화 또는 외화로 지급하고 외국에 있는 수취인이나 채권자에게 송금하여 줄 것을 청구함으로써 성립된다.

당발송금환은 주로 해외지사 등의 유지활동비, 무역관련 중개수수료, 해외유학생에 대한 학비송금, 도서구입비, 보험료, 통신료, 해외시험 응시료 등 무역 외 지급거래의 지급수단으로 많이 활용되고 있다.

타발송금환(inward remittance)이란 외국의 송금인 또는 채무자로부터 국내의 수취인이나 채권자에게 자금이 송금되어 온 경우에 외국환은행이 송금되어 온 외화를 매입하고 수취인이나 채권자에게 그 대금을 원화로 지급하는 것을 말한다.

타발송금환은 주로 해외교포의 대본국송금, 해외취업자의 대본국송금, 종교단체의 기부금송금 등에 이용되고 있다.

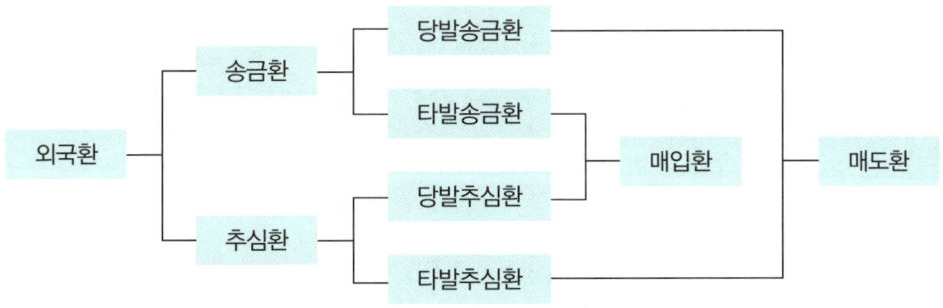

3.2 송금환의 종류

수입업자가 수출업자에게 보내는 송금환은 송금수표(D/D), 우편송금환(M/T) 및 전신송금환(T/T)의 세 가지 종류가 있다.

1) 송금수표(Demand Draft: D/D)

보통 송금환이라고 하는데 수입업자가 거래은행에 수입대금을 송금수표로 교환해 줄 것을 요청하면 수입업자의 거래은행은 해외 본 · 지점 혹은 환거래은행을 지급은행으로 하는 송금수표를 교부해 준다.

수입업자는 송금수표를 수출업자에게 우송함으로써 수입대금을 결제하게 된다. 수출업자는 이 송금수표를 지급은행에 제시하여 수출대금을 회수해 간다. 송금수표로는 통상 은행이 발행하는 은행수표(banker's check)가 이용된다.

2) 우편송금환(Mail Transfer: M/T)

수입업자가 수출업자에게 수입대금을 결제하기 위해 일정금액을 은행에 위탁할 경우 사용되는 환을 말한다. 수입업자가 거래은행에 수입대금을 위탁하면서 수출업자에게 지급해 주도록 요청한다. 수입업자의 거래은행은 수출업자가 소재하는 외국환은행 앞으로 수출업자에게 일정금액을 지급해 주도록 지급지시서(payment order)를 우편으로 보낸다.

지급지시서를 받은 은행은 수출업자의 신분을 확인한 후 수출대금을 지급하고 이 대금은 지급지시를 한 수입국 은행의 예금계정에서 찾아간다. 우편송금환은 수입국 은행이 지급지시서를 우편으로 수출국 은행 앞으로 보내기 때문에 분실, 이자부담 등이 따르게 된다. 따라서 우편송금환은 소액의 송금거래 시 주로 이용되고 있다.

3) 전신송금환(Telegraphic Transfer: T/T)

우편송금환과 같이 지급지시방법에 의하여 송금하나, 다만 지급지시를 전신으로 하는 점이 다르다. 전신송금환은 거액의 송금, 시급을 요하는 송금 등에 많이 이용되며, 현재 가장 보편적으로 이용되고 있는 방법으로서 신속하고 편리하나 전신료가 우편료보다 비싸므로 그만큼 비용부담이 크다.

3.3 송금환의 흐름

① 송금인은 자신의 거래 외국환은행(송금은행)에 송금대금을 입금시키고 송금수표의 발급을 의뢰한다.

② 송금은행은 수취인의 거주지역이나 인근에 소재하는 자신의 환거래은행을 지급은행으로 하는 송금수표를 발행하여 이를 송금인에게 교부한다.

③ 송금은행은 지급은행 앞으로 송금수표의 발행을 통지함과 동시에 결제은행에 송금대금을 차기(借記)하여 지급은행계좌에 대기(貸記)할 것을 지시한다.

④ 한편, 송금인은 교부받은 송금수표를 수취인 앞으로 송부한다.

⑤ 수취인은 그 송금수표를 지급은행에 제시한다.

⑥ 지급은행은 제시된 송금수표와 송금수표 발행통지서를 대조한 후 송금대금을 수취인에게 지급한다.

⑦ 결제은행은 송금은행의 차기지시서(debit authorization)에 의하여 동 은행의 당좌예치계정을 차기하여 지급은행의 계정에 대기한 후, 송금은행에는 차기

통지서(debit advice)를, 지급은행 앞으로는 대기통지서(credit advice)를 각각 송부하여 거래가 종료되었음을 통지한다.

그림 9-1 송금수표의 흐름

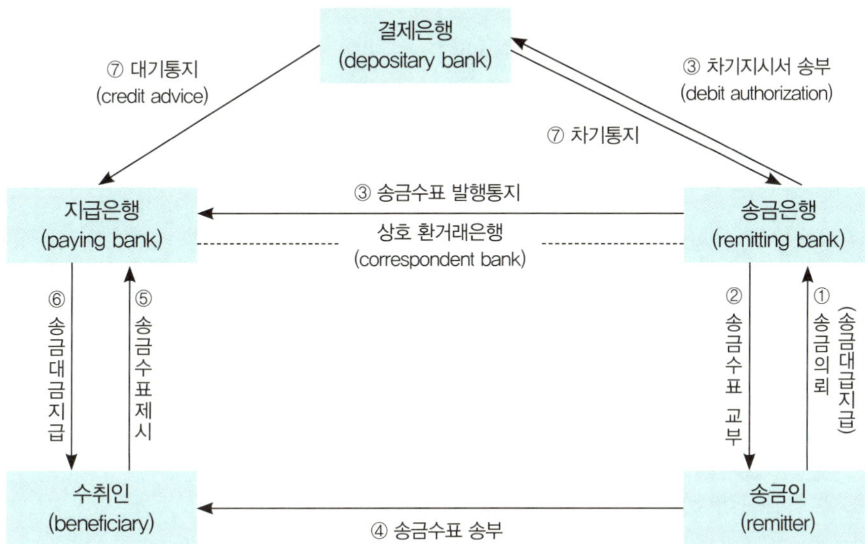

그러나 지급은행이 송금은행의 예치환거래은행(depositary correspondent bank)일 경우에는 결제은행(reimbursing bank)을 별도로 선정할 필요가 없다.

따라서 이 경우에는 자금을 결제하기 위하여 송금수표 발행통지서를 차기지시에 갈음하는 것이 보통이며, 송금액이 소액일 경우에는 지급은행과의 환거래계약에 따라 송금수표 발행통지서마저 생략하는 경우가 많다.

4. 추심환

추심환(collection)이란 송금환과는 반대로 채권자가 대금을 청구하는 역환임은 이미 살펴본 바와 같다. 즉, 지급지가 외국으로 되어 있는 외화수표 또는 어음 등을 고객으로부터 매입하거나 추심을 의뢰받아 직접 지급은행 또는 환거래은행에 대금을 청구하여 지급받는 과정을 말한다.

4.1 추심에 관한 통일규칙

'추심에 관한 통일규칙[Uniform Rules Collection(URC522)]'에서는 추심의 개념을 더욱 구체적으로 설명하고 있다. 즉, 추심이라 함은 은행이 위임을 받아 금융서류 및 상업서류를 인수 또는 지급받기 위하여 또는 인수조건 또는 지급조건으로 상업서류를 인도하기 위하여 취급한다는 것을 의미한다고 정의하고 있다.

4.2 추심환의 종류

추심에는 추심의 방향에 따라 당발추심(outward collection)과 타발추심(inward collection)으로 구분할 수 있다. 전자는 국내은행이 지급지가 외국인 외화수표나 어음을 매입하거나 매입의뢰를 받아 지급은행에 직접 또는 환거래은행을 통하여 대금을 청구하는 것이며, 후자는 이와 반대로 해외은행으로부터 외국환이 우송되어 와 당해 외국환의 채무자, 즉 지급인에게 추심대금을 결제하도록 연락하여 동 대금을 지급받아 해외은행 앞으로 송금해 주는 것을 말한다.

5. 환어음

국내거래에서 사용하는 어음은 통상 돈을 지급할 사람이 받을 사람에게 언제까지 돈을 지급하겠다고 약속하는 의미로 발행한다. 이와 반대로 무역거래에서 사용하는 환어음은 돈을 받을 사람인 수출업자가 돈을 줄 사람인 수입업자 또는 은행 앞으로 발행한다.

여기서 환어음(draft: bill of exchange)이란 채권자가 채무자에게 어음에 기재된 금액을 어음상의 권리자(지명인 또는 소지인)에게 지급할 것을 위탁하는 증권을 뜻한다. 화환어음(documentary bill of exchange)이란 환어음에 화물이 실렸다는 증거인 선적서류를 첨부하여 제출하는 어음을 뜻한다.

환어음은 결제방식이 신용장방식이거나 추심방식일 경우에 발행되며, 송금방식으로 대금을 결제할 경우에는 통상 환어음을 발행하지 않는다.

5.1 환어음의 특징

환어음은 채권자가 채무자에게 일정한 시일 및 장소에서 채권금액을 지명인 또는 소지인에게 무조건적으로 지급할 것을 위탁하는 요식 · 유가증권을 말한다.

환어음과 자주 비교가 되는 약속어음(promissory note)은 채무자가 채권자에게 일정기일에 대금지급을 약속하는 지급증서이다. 따라서 약속어음의 발행인은 채무자가 되고, 약속어음의 소지인이 채권자가 된다.

환어음은 채권자가 채무자에게 결제를 요청하는 것이기 때문에 환의 이동방향으로 보면 추심(collection)의 성격에 해당된다. 반면 약속어음은 채무자가 이를 발행하여 채권자에게 보내기 때문에 송금(remittance)의 성격에 해당된다고 할 수 있다.

환어음은 주로 국가 간의 거래에서 발생하는 채권 · 채무관계를 결제할 경우에만 사용되고 약속어음은 국내거래에서 주로 활용되고 있다. 환어음의 효력에 대한 준거법은 원칙적으로 행위가 일어난 지역의 법에 따른다.

환어음은 은행에 제출 시 통상 2통이 제시된다. 이때에 어음은 'original bill of exchange'와 'duplicate bill of exchange'가 세트(set)로 제시되어야 하며 환어음의 주요 당사자는 다음과 같이 구별할 수 있다.

5.2 환어음의 당사자

1) 발행인(drawer)

환어음을 발행하고 서명하는 자로서 채권자를 말한다. 무역거래에서는 수출업자가 환어음의 발행인이 된다. 환어음의 효력이 발생하기 위해서는 반드시 발행자의 서명이 있어야 한다.

2) 지급인(drawee)

환어음상의 금액을 일정한 시기에 지급할 것을 위탁받은 채무자를 말하며, 무역거래에서는 결제방식에 따라 지급인이 달라진다.

3) 수취인(payee)

환어음금액을 지급받을 자로서 발행인이 될 수도 있고 발행인이 지정하는 제3자가 될 수도 있다. 수취인은 환어음이 정당하게 발행된 것으로 믿고 이를 소지하고 있다 하여 '선의의 소지인(bona-fide holder)'이라 한다.

추심방식의 거래에서는 수출업자가 수취인이 되는 것이 원칙이지만 수출업자의 거래은행에서 추심 전 매입(수입업자의 대금지급을 기다리지 않고 수출업자가 선적서류를 제출하면 바로 대금을 지급해 주는 방식)의 경우에는 매입은행이 수취인이 된다.

5.3 환어음의 종류

1) 화환어음(documentary bill of exchange)

선화증권을 비롯한 운송서류가 첨부된 어음을 화환어음이라 하며 상품대금을 결제하기 위해 사용된다. 환어음에 첨부될 운송서류는 매매계약서나 관계서류에 명시되어 있다.

2) 일람불어음(sight bill)

환어음이 지급인에게 제시되면 즉시 대금결제가 이루어지는 어음을 말한다.

3) 기한부어음(usance bill)

일정기간 후 지급이 이루어지는 어음을 말한다.

5.4 필수기재사항

환어음은 다음 기재사항 중 한 가지라도 누락되면 법적 효력이나 구속력을 갖지 못한다(어음법 제1조).

① 환어음을 표시하는 문자

② 일정금액을 지급할 뜻을 무조건 위탁

③ 지급인의 명칭

④ 만기의 표시

⑤ 지급지

⑥ 지급을 받을 자 또는 지급받을 자를 지시할 자의 명칭

⑦ 발행일과 발행지

⑧ 발행인의 기명날인 또는 서명

5.5 환어음의 인수

인수(acceptance)는 지급인이 만기일에 해당 어음을 결제하겠다고 서면으로 약속하는 어음상의 용어이다. 따라서 기한부어음이 지급인에게 제시되면 지급인은 우선 인수행위를 하고 만기일에 가서 지급을 한다.

인수의 형식은 환어음의 표면에 'accepted'라고 기재하고 서명한다. 이와 같이 환어음을 인수함으로써 지급인(인수인)은 만기일에 환어음에 대해 지급할 의무를 부담한다.

제 2 절 무역결제의 기초

1. 무역결제의 당사자

1.1 채권자

채권자(creditor)는 채무자에게 지급을 청구할 수 있는 자를 말한다. 채권자는 매도인으로서 매수인에게 물품을 인도하고 그 대금을 청구할 수 있는 권리를 가진다. 무역거래에서는 매도인이라는 표현보다 수출업자로서 표현하는 경우가 많다.

1.2 채무자

채무자(debtor)는 매수인으로서 매도인에게 대금을 지급해야 할 의무가 있는 자이다. 매수인은 곧 수입업자로서 수출업자로부터 물품을 인수하기 위해서는 대금을 지급하거나 지급할 것을 약속해야 한다.

2. 무역결제의 시기

2.1 선지급

선지급(advance payment)은 물품이 선적되기 전 수입업자가 수출업자에게 대금을 미리 지급하는 선불방식이다. 이 경우 수출업자는 수출대금을 선적 전에 확보할 수 있어 좋지만 수입업자는 물품을 받지 못하는 경우도 있을 수 있다.

이 방식은 수입업자가 수출업자의 신용을 완전히 믿는 경우나, 수입업자가 수출업자에게 수출자금을 융자해 줄 경우, 본사와 지사 간의 거래 혹은 소액거래인 경우 등에 활용된다.

2.2 동시지급

동시지급(concurrent payment)은 수출업자가 물품을 인도하고 동시에 수입업자는 대금을 지급하는 방식을 말한다. 일반적인 상거래와 달리 무역거래에서는 물품과 대금이 한 장소에서 동시에 교환되는 경우는 드물고 대부분 물품을 찾을 수 있는 운송서류와 상환하여 대금지급이 이루어진다.

2.3 후지급

후지급(deferred payment)방식은 수입업자가 물품을 인수하고 일정기간이 경과된 후 대금을 지급하는 기한부거래, 즉 외상거래를 말한다. 수입업자는 수입자금 없이 수입할 수 있는 장점이 있지만 수출업자의 경우 대금회수불능의 위험이 크다.

이 방식은 불경기로 인해 물품이 잘 팔리지 않을 경우 혹은 수출업자가 수입업자를 완전히 믿는 경우나, 본사와 지사 간의 거래 등에 주로 이용된다.

2.4 혼합지급

혼합지급방식은 선지급, 동시지급, 후지급 중에서 두 가지 이상을 혼합하여 대금을 결제하는 누진지급(progressive payment)방식으로 물품대금을 일시에 지불하지 않고 일정기간 나누어 지급하는 경우를 말한다.

예를 들어, 계약체결시점, 선적완료시점, 도착완료시점 등으로 구분하여 일정금액을 결제한다든지, 공정진행도에 따라 분할해서 지급하는 방식이다. 따라서 이 방식은 플랜트(plant) 등 대형 거래에서 주로 이용된다.

3. 무역결제방법

3.1 송금방식

수입업자가 수출업자의 은행계좌로 물품대금을 송금하는 방식을 뜻하며, 주로 전신환(Telegraphic Transfer: T/T)으로 송금이 이루어지기 때문에 T/T 또는 'wire transfer'라고 부른다. 송금방식으로 물품대금을 주고받는 절차와 방법은 국내에서 돈을 보내고 받는 것과 크게 다르지 않다.

즉, 수출업자는 수입업자에게 자신의 은행과 계좌번호를 알려주면 되고, 수입업자는 자신의 거래은행에 수출업자의 은행계좌로 물품대금을 송금해 달라고 요청하면 된다. 다만 서로 다른 통화를 사용하는 국가 간의 거래이기 때문에 송금 및 입금과정에서 환전과정을 거친다는 점이 국내에서 송금할 때와 다른 점이라고 할 수 있다.

3.2 추심방식

수출업자의 요청에 따라 은행이 수입업자로부터 물품대금을 받아서 전해 주는 방식을 뜻한다. 이때 은행은 단지 수입업자가 지급한 물품대금을 수출업자에게 전달해 주는 역할만 할 뿐 수입업자를 대신해서 대금지급을 약속하지 않는다. 따라서 추심방식의 거래에서 수입업자가 대금을 지급하지 않으면 수출업자는 물품대금을 받을 수가 없다.

3.3 신용장(Letter of Credit: L/C)방식

공신력 있는 은행이 수입업자를 대신해서 수입업자가 거래하는 은행에서 수출업자에게 물품대금을 지급하겠다고 약속하는 증서라고 정의할 수 있다. 즉, 수출업자의 입장에서 수입업자가 물품대금을 지급하겠다고 하는 것을 믿을 수 없기 때문에, 수입업자를 대신해서 믿을 수 있는 은행에서 대금지급을 약속하는 것이다.

제3절 송금결제방식

1. 송금결제방식의 의의

이는 채무자인 수입업자가 채권자인 수출업자에게 수입대금에 상응하는 외국환을 송금해 주는 방식으로 수출입대금을 결제하는 방식을 말한다. 이 방식에는 세 가지 특징이 있다. 첫째, 송금방식에 대해서는 국제규범이 존재하지 않는다. 둘째, 대금결제와 선적서류 · 물품의 인수가 완전히 분리되어 있다. 셋째, 송금시기에 따라 위험부담자가 달라진다.

2 송금방식에 의한 결제과정

무역거래에서 주로 사용되는 송금환은 전신송금환이며 이를 이용해서 결제하는 경우를 실무상 'T/T base'라 한다. 대금결제과정이 단순하기 때문에 최근 무역거래에서 많이 활용되고 있다. 전신송금환에 의한 결제과정을 살펴보면 다음과 같다.

① 수입업자가 수입대금을 결제하기 위해 일정금액을 수출업자에게 송금해 줄 것을 거래은행(송금은행)에 의뢰한다.

② 송금은행은 수출업자가 소재하는 지역의 환거래은행을 지급은행으로 지정하여 수출업자에게 일정금액을 지급할 것을 전신으로 지시한다.

③ 지급은행은 수출업자에게 송금도착통지를 한다.

④ 수출업자는 송금도착통지를 받는 즉시 수출대금을 회수할 수 있다.

3. 송금방식의 종류

사전, 사후의 구분은 수입통관 또는 선적서류의 영수를 기준으로 구분한다.

3.1 사전송금방식(cash in advance)

수입업자가 선적 전에 수입대금 전액을 수출업자에게 송금하는 전불방식을 말한다. 수출물품을 선적하기도 전에 수출대금을 미리 받고 물품은 일정기간 이내에 선적해 주는 거래방식이다. 이와 같은 방식의 거래는 수출업자에게 일방적으로 유리하다.

전신환방식으로 송금받지 않고 송금수표로 송금받는 경우는 위험하므로 거래상대방을 신뢰할 수 없는 경우에는 송금수표를 받고 수출하는 것은 삼가는 것이 좋다. 송금수표를 거래은행에서 추심의뢰하고 대금을 받고 선적한 이후에도 바이어의 거래은행이 송금수표 서명위조 등의 이유로 지급거절하면 수표추심을 의뢰한 수출업자의 거래은행에 대금을 반환해 주어야 하기 때문이다.

사전송금방식은 ① 수출업자와 수입업자 간의 계약, ② 수출업자의 은행계좌로 물품대금송금, ③ 수출업자가 물품을 선적하고 선박회사로부터 선화증권수취, ④ 수입업자에게 서류송부, ⑤ 수입업자가 선박회사에 선화증권을 제시하고 물품인수와 같은 순서로 업무가 진행된다.

사전송금방식의 거래에서 수입업자가 미리 대금을 송금했는데도 수출업자가 물품을 선적하지 않은 경우가 발생할 수 있다. 이 경우 수입업자는 대금만 지급하고 물품을 받을 수 없게 된다. 그러므로 사전송금결제방식은 수입업자에게 가장 위험한 결제방식이며 반대로 수출업자에게는 가장 안전한 결제방식이라고 할 수 있다.

사전송금방식은 거래금액이 작거나 수출업자의 신용이 확실한 경우에 제한적으로 사용되며 거래금액이 크거나 수출업자의 신용이 불확실한 경우에는 사용하기가 곤란한 결제방식이다.

그림 9-2 우편송금(M/T)과 전신송금(T/T)의 결제과정

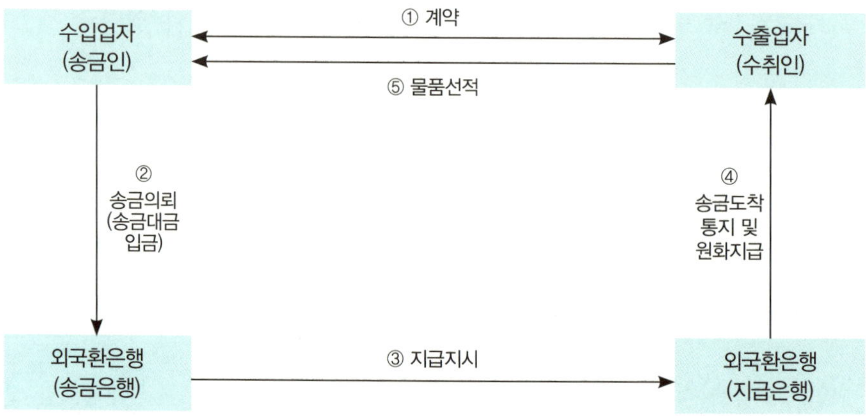

3.2 사후송금방식

물품의 인도와 동시에 또는 인도 후 일정기간 이내에 수출대금 전액을 외국환은행을 통하여 송금받는 거래를 말한다. 즉, 수출업자가 물품매매계약의 조건에 따라 먼저 수출물품의 선적 후 선적서류를 송부하고, 계약에 따라 수입업자가 사후에 결제하는 방식이다. 대금결제기간은 채권확보 차원에서 수출업체가 자율적으로 결정한다. 한국에서는 이를 '대금교환도조건'이라 한다.

대금교환도조건거래는 러시아, 베트남, 중국 등 신용장발행 및 환결제에 어려움이 있는 공산권 지역과 과다한 인지세로 인하여 대금결제 시 환어음의 개입을 꺼리는 유럽지역과의 거래 시에 많이 사용된다. 유럽 등에서는 'net 30days'라는 용어를 사용하는데, 이것은 선적 후 30일이 경과한 날에 대금을 지급하겠다는 '30days open account'의 또 다른 표현이다.

매매계약서의 조건에 따라 수출업자가 선적을 이행한 후 수입업자에게 선적서류를 송부하면 통상 선적일 기준으로 계약에서 정한 일정기간(통상적으로 30일에서 180일)이 경과한 후에 수입업자가 수출업자의 지정은행의 계좌로 대금을 송금하여 결제한다.

사후송금방식은 ① 수출업자와 수입업자 간의 계약, ② 수출업자가 물품을 선적하고 선박회사로부터 선화증권수취, ③ 수출업자가 수입업자에게 서류송부, ④ 수

입업자가 선박회사에 선화증권을 제시하고 물품인수, ⑤ 수입업자가 수출업자의 은행계좌로 물품대금송금과 같은 순서로 업무가 진행된다. 구체적인 송금시점은 계약을 체결할 때 수입업자와 수출업자가 합의하며, '30days after B/L date', '60days after invoice date' 등과 같이 표시한다.

사후송금방식의 거래에서는 수입업자가 물품을 인수한 후 약속한 날짜에 물품대금을 송금하지 않는 경우가 발생할 위험이 있다. 이런 경우 수출업자로서는 물품을 돌려받을 수도 없고 물품대금도 받을 수 없으므로 가장 위험한 결제방식이며 반대로 수입업자에게는 가장 안전한 결제방식이라고 할 수 있다.

사후송금방식이 수출업자로서는 위험한 방식임에 틀림없으나 수입업자와의 관계를 고려하여 받아들일 수밖에 없는 결제방식이기도 하다. 즉, 처음에는 신용장방식으로 거래를 시작했더라도 거래가 지속되면 자연스럽게 수입업자가 사후송금방식의 거래를 요구하기 마련이어서 수출업자로서는 거래관계를 유지하기 위해서 사후송금방식을 받아들여야 하는 상황에 처하게 된다.

이 방식은 대금교환의 대상에 따라 현물상환방식의 수출(Cash On Delivery: COD)과 서류상환방식의 수출(Cash Against Documents: CAD)로 구분된다.

1) 현물상환방식(Cash On Delivery: COD)

현물상환방식은 물품과 현금을 서로 바꾸는 결제방식을 말한다. 수출업자가 물품을 선적한 후 수입업자 소재지에 있는 지사 앞으로 선적서류를 보낸다. 그러면 대리인은 이 선적서류를 받아 상품을 수입통관하고, 수입업자는 현지에서 물품의 품질을 확인한 후 대금을 지급하고 물품을 찾아간다. 수출업자의 대리인은 이 대금을 본국의 수출업자에게 송금하게 된다.

현물상환방식은 ① 수출업자와 수입업자 간의 계약, ② 수출업자가 물품을 선적하고 수입국에 주재하는 자신의 지사나 에이전트에 선적서류송부, ③ 지사나 에이전트가 물품을 수입통관하여 보관하고 수입업자가 물품확인, ④ 수입업자가 대금을 결제하고 물품을 인수, ⑤ 지사나 에이전트가 수출업자에게 대금송금과 같은 순서로 업무가 진행된다.

현물상환방식의 거래에서 선화증권상의 수화인(consignee)은 수입국에 있는 수출업자의 지사나 대리인 또는 그들의 지시식으로 발행되며, 수입업자가 대금을 결제함과 동시에 선화증권(B/L)을 양도함으로써 물품을 인도하게 된다.

현물상환방식의 거래는 물품의 인도와 동시에 대금이 결제되므로 현물상환방식이라고 부르며, 수출업자의 입장에서 보면 물품이 선적된 후에 대금의 결제가 이루어지므로 사후송금방식으로 분류하기도 한다.

현물상환방식은 수입국에 수출업자의 지사나 에이전트가 있고 귀금속과 같은 고가품으로 품질을 직접 확인할 필요가 있는 품목의 거래에 주로 사용된다. 수입업자의 입장에서는 물품을 확인한 후에 대금을 결제하면 되므로 안전하지만 수출업자의 입장에서는 수입업자가 물품인수를 거부할 경우에 손해를 감수해야 한다.

▌그림 9-3 ▌COD의 거래절차

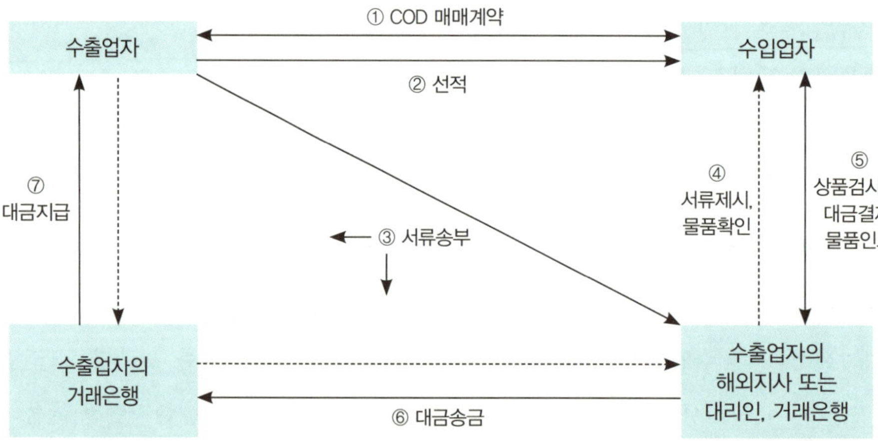

2) 서류상환방식(Cash Against Documents: CAD)

서류상환방식은 물품 대신 물품을 찾을 수 있는 서류와 상환하여 대금을 지급하는 방식을 말한다. 수출업자가 물품을 선적하고 수입업자 또는 수출국에 소재하는 수입업자의 대리인이나 지사에 선화증권 등 운송서류를 제시하면 서류와 상환하여 대금을 결제한다. 통상 수입업자의 지사나 대리인 등이 수출국 내에서 물품의 제조과정을 점검하고 수출물품에 대한 선적 전 검사를 행하며, 대리인 등이 없는 경우

은행을 활용하기도 한다.

서류상환방식은 ① 수출업자와 수입업자 간의 계약, ② 수출국에 주재하는 수입업자의 지사나 에이전트가 선적 전 물품검사, ③ 수출업자가 물품선적, ④ 수입업자의 지사나 에이전트가 대금을 결제하고 선적서류인수, ⑤ 수입업자의 지사나 에이전트가 선적서류를 수입업자에게 송부와 같은 순서로 업무가 진행된다.

서류상환방식의 거래는 서류와 상환하여 대금결제가 이루어지므로 서류상환방식이라고 부르며, 수출업자의 입장에서 보면 물건이 선적된 후에 대금의 결제가 이루어지므로 사후송금방식으로 분류하기도 한다.

서류상환방식의 거래는 수입업자의 입장에서 보면 선적 전에 물품의 품질을 확인할 수 있어서 안전한 방식이나, 수출업자의 입장에서 보면 선적이 이루어진 후에 수입업자가 대금결제를 거부할 경우에 손해를 감수해야 한다.

한편, 수출업자가 선적서류를 수입업자의 지사나 에이전트 대신에 수입업자의 거래은행으로 송부하고 수입업자로 하여금 대금결제와 동시에 선적서류를 인수하도록 하는 방식은 'European D/P'라고 하며, 인지세 부담을 덜기 위해서 환어음을 발행하지 않고 수출업자가 직접 수입업자의 거래은행으로 선적서류를 송부한다.

▮ 그림 9-4 ▮ CAD의 거래절차

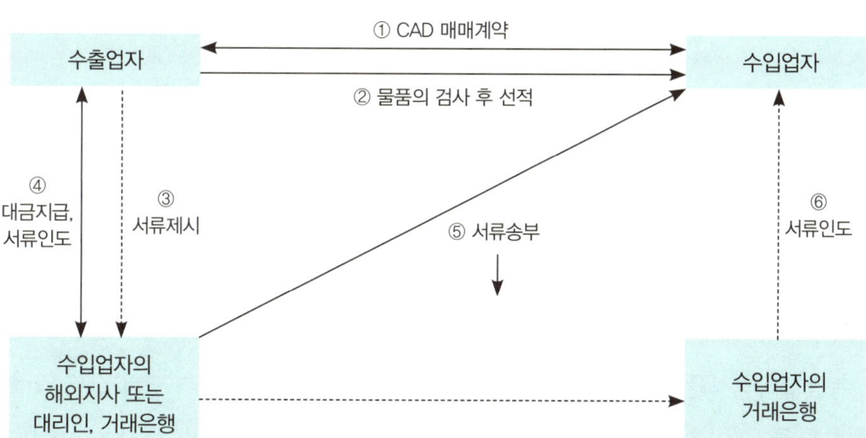

3.3 'Open Account'방식

O/A방식은 지속적으로 수출입거래를 할 때 물품대금을 건별로 계산하지 않고 일정기간 동안의 거래내역을 장부에 기장한 후 장부 마감일에 서로 상계할 것은 상계하고 그 차액만을 지급하는 방식으로서 상호계산방식이라고 부른다.

O/A방식의 거래에서 수출업자가 물품을 선적하고 수입업자에게 선적사실을 통지함과 동시에 외상채권이 성립되며, 수출업자는 은행과 약정을 맺고 수출채권을 매각함으로써 수출대금을 미리 지급받을 수 있다. 이때 선적서류 원본은 수입업자에게 직접 발송하고 약정은행에는 선적서류 사본을 제출한다. 은행의 입장에서 보면 수출채권을 매입하는 것이 일종의 대출에 해당되기 때문에 신용도가 높은 수출업자에 한해서 수출채권을 매입한다.

은행에서 수출채권의 매각을 허용하지 않을 경우 수출업자는 수입업자가 대금을 결제할 때까지 기다릴 수밖에 없으며, 은행에 수출채권을 매각했더라도 약정한 기일에 수입업자가 대금을 결제하지 않으면 이미 지급받은 대금을 은행에 도로 반환해야 한다.

O/A방식의 거래는 수출업자의 입장에서 대금회수에 대한 보장이 없으므로 본사와 지사 간의 거래나 장기간의 거래를 통해서 신용이 확인된 신뢰할 수 있는 수입업자와의 거래에 한하여 제한적으로 활용할 수 있는 결제방식이다.

제4절 추심결제방식

1. 추심결제방식의 의의

추심결제방식은 무신용장결제방식 중 주요한 결제방식으로 수출업자가 수입업자에게 물품을 송부한 후 물품대금에 대한 화환추심어음(bill of documentary collection)을 발행하여 은행을 통하여 추심하여 수출대금을 회수하는 거래방식이다.

추심결제방식의 거래에는 결제기간에 따라 지급인도조건(Documents against Payment: D/P)거래와 인수인도조건(Documents against Acceptance: D/A)거래가 있다.

추심결제는 국제상업회의소(International Chamber of Commerce: ICC)에서 제정한 화환추심어음에 관한 통일규칙(Uniform Rules for Collection of the Commercial Paper: URC)에 따라서 절차를 진행시키고 있다. 현재 시행되고 있는 통일규칙은 1996년 1월 1일부터 제정되어 시행되고 있으며, 3차 개정 추심에 관한 통일규칙 1995년 개정판은 'URC 522'로 통용되고 있다.

2. 추심과정

D/A 또는 D/P에 의한 추심과정을 살펴보면 [그림 9-5]와 같다.

① 무역계약의 체결: 수출업자와 수입업자는 무역계약을 체결하면서 대금결제방법은 D/A 또는 D/P조건으로 하기로 한다.

② 계약물품의 선적과 선화증권의 입수: 수출업자는 수입업자의 선적지시에 따라 계약물품을 선적하고 선박회사로부터 선화증권을 교부받는다.

③ 화환어음의 추심의뢰: 수출업자는 운송서류와 환어음을 발행하여 거래은행(추심의뢰은행)으로 하여금 수입업자로부터 수출대금을 추심해 줄 것을 요청한다.

④ 추심의뢰은행의 서류송부: 추심의뢰은행(remitting bank)은 아무런 책임 없이 수입업자가 소재하는 곳에 있는 추심은행 앞으로 운송서류와 환어음을 송부하면서 추심을 의뢰한다.

⑤ 추심통지: 추심은행(collecting bank)은 수입업자에게 운송서류와 환어음이 도착한 사실을 통지한다.

⑥ 추심완료 및 수출대금의 상환: 수입업자는 수입대금을 즉시 지급할 것으로 약정하였다면 이를 지급하고 운송서류를 입수한다. 만약 일정기간 후 지급할 것으로 약정하였다면, 일정기간(만기일) 후 대금을 지급할 것을 약속하는 서명행위(인수)와 상환으로 운송서류를 입수해 간다. 전자의 경우가 지급인도조

건이며 후자의 경우는 인수인도조건이다.

⑦ 계약물품의 입수: 수입업자는 추심은행으로부터 입수한 운송서류 중 선화증권을 가지고서 계약물품을 찾는다.

그림 9-5 추심과정

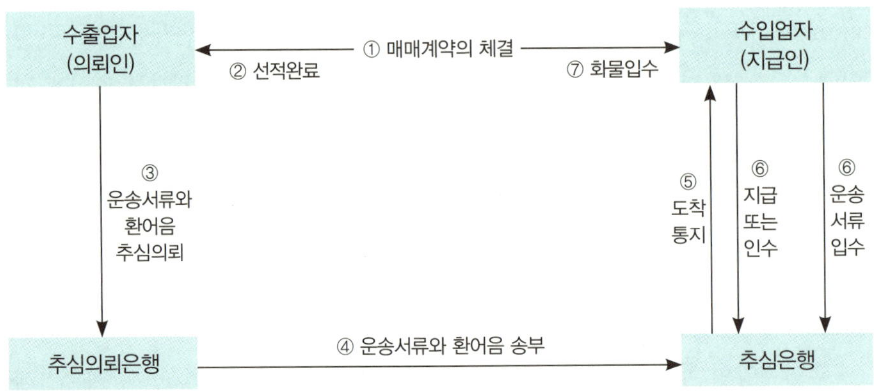

3. 추심과정의 당사자

3.1 추심의뢰인(principal)

추심의뢰인은 거래은행에 수출대금의 추심을 의뢰하는 수출업자를 말한다. 수출업자는 추심을 의뢰하면서 화환어음을 발행하기 때문에 발행인(drawer)이며, 또한 수입업자에 대해서 채권을 주장할 수 있는 채권자(creditor)이기도 하다.

3.2 추심의뢰은행(remitting bank)

이 은행은 수출업자로부터 추심을 의뢰받은 수출국의 은행을 말한다. 이 은행은 관련서류를 수입업자가 소재하는 추심은행 앞으로 송부하면서 추심을 의뢰한다.

3.3 추심은행(collecting bank)

추심은행은 추심의뢰은행으로부터 송부되어 온 운송서류와 추심지시서

(collection order)를 수입업자에게 제시하여 수입대금을 징수하는 은행을 말한다.

3.4 지급인(drawee)

지급인은 수입업자를 말한다. 수입업자는 추심지시서에 따라 어음의 제시를 받게 되며 채무자로서 수출업자가 발행한 환어음에 대해서 지급할 의무가 있다.

4. 추심의 특성

첫째, 추심의뢰은행 및 추심은행은 단지 수출대금을 추심만 할 뿐 지급상의 책임은 지지 않는다. 따라서 D/A, D/P거래는 수입업자의 신용을 바탕으로 모든 거래가 이루어진다고 볼 수 있다.

둘째, 수입업자는 추심은행이 제시한 환어음과 운송서류의 인수를 얼마든지 거절할 수 있다. 이런 점에서 D/A, D/P거래는 수출업자에게 다소 불리한 결제방식이다.

셋째, 화환추심어음은 수입업자가 지급인이 된다.

넷째, 추심이 완료되어야만 대금이 수출업자의 계정에 입금된다.

5. 추심결제방식의 종류

5.1 지급인도조건(Documents against Payment: D/P)

지급인도조건은 수출대금의 지급과 상환하여 운송서류를 수입업자에게 인도하는 어음지급서류인도조건이다. 수입업자는 서류가 있어야만 물품을 찾을 수 있기 때문에 수출업자는 최악의 경우 물품대금을 받지 못하더라도 물품은 확보할 수 있다.

지급인도결제방식은 ① 수출업자가 수출물품을 선적, ② 수입업자를 지급인으로 수출업자를 수취인으로 일람불(at sight)어음을 발행, ③ 선적서류와 함께 거래외국환은행에 추심을 의뢰, ④ 의뢰받은 은행은 이를 수입지의 은행에 추심요청, ⑤ 이의 요청을 받은 추심은행은 어음지급인(수입업자)이 환어음대금을 지급함과 동시에 선적서류를 수입업자에게 인도, ⑥ 그 대금을 추심의뢰은행에 송금, ⑦ 수출업자가 수출대금을 영수하는 거래방식이다.

수입업자는 반드시 대금지급을 완료해야만 운송서류를 찾을 수 있고 화물을 인도받을 수 있으며 대금은 추심은행을 거쳐 수출업자에게 전달된다. 만약 수입업자가 환어음에 대한 지급을 거절하면 관계서류는 수출업자에게 반송된다.

5.2 인수인도조건(Documents against Acceptance: D/A)

인수인도조건은 수입업자가 환어음에 대한 인수(acceptance)만으로 운송서류를 찾아갈 수 있는 어음인수서류인도조건이다. 수출업자가 기한부어음을 발행하고 수입업자는 어음에 대한 지급의 약속으로 'accepted'라고 쓰고 서명날인만 함으로써 운송서류를 인도받을 수 있으며, 수입업자는 만기일에 수입대금을 추심은행에 지급한다.

추심은행은 어음의 지급만기일에 어음지급인(수입업자)으로부터 대금을 지급받아 추심의뢰은행에 송금하면 수출업자가 대금을 영수하는 거래방식이다. D/A방식의 거래에서 수입업자가 물품대금을 지급하는 시기는 수출업자와 수입업자 간의 매매계약 시에 별도로 합의한다.

따라서 인수인도조건은 기한부거래에 해당되며 수입업자는 인도받은 운송서류로 화물을 찾아 판매한 후 그 대금으로 어음 기일 내에 결제하면 된다. 수출업자는 만기일 후 수출대금을 추심은행을 통해서 지급받는다.

D/A방식은 ① 수출업자와 수입업자 간의 계약, ② 수출업자가 물품을 선적하고 선박회사로부터 B/L 수취, ③ 수출업자가 추심의뢰은행에 선적서류를 제출하고 추심의뢰, ④ 추심의뢰은행에서 추심은행에 선적서류를 송부하고 추심의뢰, ⑤ 추심은행에서 수입업자로부터 일정기간 후에 물품대금을 지급하겠다는 약속을 받고 B/L 제공, ⑥ 수입업자가 선박회사에 B/L을 제시하고 물품인수, ⑦ 수입업자가 약속한 기일에 물품대금을 지급하는 순서로 업무가 진행된다.

D/A방식의 거래는 ⑥번까지만 진행되고 끝날 수 있다. 즉, 수입업자가 물품을 인수하고 대금결제를 약속한 날짜에 물품대금을 지급하지 않는 경우다. 이런 경우

은행에서 대금지급을 책임지지 않기 때문에 수출업자로서는 막대한 손해를 감수해야 한다. 따라서 D/A방식은 수입업자의 신용이 확실한 경우나 본사와 지사 간의 거래에만 제한적으로 사용할 수 있다.

제5절 신용장결제방식

1. 신용장의 기본원리와 정의

신용장(letter of credit: banker's commercial credits)은 은행의 지급확약서를 말한다. 무역거래에서 거래당사자들이 서로를 믿지 못하여 공신력이 높은 은행이 관여하여 대금결제를 원활히 하고자 하는 것이 신용장이다.

은행이 수출업자에게 수입업자를 대신해서 수출대금을 확실히 지급할 것을 약속하면, 수출업자는 이런 은행의 약속을 믿고 물품을 선적해 보내게 된다. 이와 같이 은행이 수출대금의 지급을 확약하는 편지를 수출업자에게 보내는데, 이를 '은행의 신용이 담긴 편지'라는 의미에서 신용장이라 한다.

신용장의 기본원리는 [그림 9-6]에 잘 나타나 있는데, 수출업자는 은행의 신용, 다시 말해서 은행의 대금지급확약을 토대로 계약물품을 선적하게 된다. 신용장은 매매당사자들의 신용을 보다 공신력이 높은 은행의 신용으로 전환시켜 수출업자에게는 대금지급을 보장하고, 수입업자에게는 상품입수를 원활히 해주는 수단을 말한다.

그림 9-6 ▌신용장의 기본원리

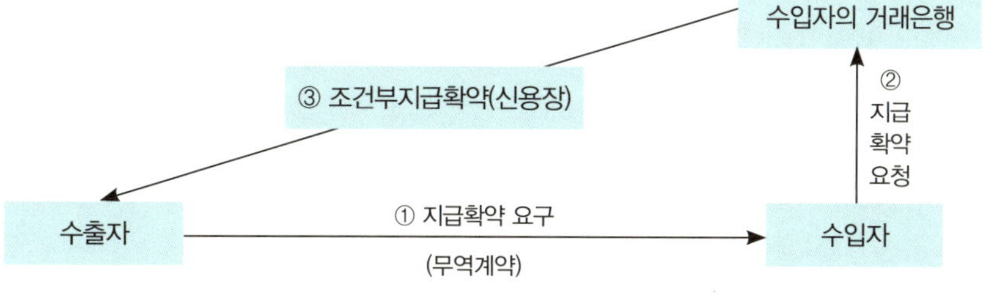

신용장방식으로 결제방법을 정했을 경우 선적서류가 도착했는데도 수입업자가 대금을 지급하지 않는 사건이 발생할 수 있다. 이런 경우 신용장을 발행해 준 은행에서는 수출업자에게 책임을 전가할 수 없기 때문에 자체적으로 물건을 처분할 수밖에 없다. 이때 은행의 입장에서는 물건을 제값을 받고 처분하기가 힘들거나 아예 처분이 불가능한 경우도 있으므로 애초에 신용장을 발행할 때 수입업자로부터 담보를 확보해 두었다가 수입업자가 대금지급을 거절하면 담보를 처분해서 손해를 보전한다.

신용장방식은 다른 결제방식에 비해 수수료 부담이 크고 처리과정이 복잡하다는 단점이 있으나, 은행의 책임 아래 대금지급이 이루어짐으로써 처음 거래를 시작하거나 거래금액이 큰 경우, 수입업자의 신용이 불확실한 경우에 주로 사용하는 방식이다.

2. 신용장에 의한 결제과정

① 매매계약의 약정: 대금결제를 신용장방식에 의할 것을 합의한다.

② 신용장의 발행신청: 수입업자는 매매계약의 약정에 따라 통상 자신이 거래해 오던 외국환은행(신용장발행은행)으로 하여금 신용장을 발행해 줄 것을 신청한다.

③ 신용장의 발행과 통지: 신용장발행은행은 신용장을 발행하고 수출업자가 소재하는 지역에 있는 은행으로 하여금 신용장을 통지해 주도록 요청한다.

④ 계약물품의 선적과 운송서류의 입수: 수출업자는 신용장에 명시된 조건에 따라 계약물품을 선적한 후 선박회사로부터 선화증권을 입수한다.

⑤ 수출대금의 회수: 수출업자는 선화증권을 비롯한 운송서류를 신용장의 조건에 따라 구비하여 거래은행에 가서 수출대금을 회수한다.

⑥ 발행은행의 상환: 자기 자금으로 수출업자에게 대금을 결제한 은행은 운송서류 등을 발행은행 앞으로 송부하여, 발행은행으로부터 대금을 돌려받는다.

⑦ 발행은행의 서류제시: 발행은행은 송부되어 온 운송서류를 수입업자에게 제시하고, 수입업자는 이에 따른 수입대금을 지급한다.

⑧ 계약물품의 입수: 이와 같이 은행을 통해서 서류가 전달되어 오는 동안, 수출항을 출발한 선박은 수입항에 도착해 있다. 수입업자는 발행은행에서 찾아온 서류 중 선화증권을 선박회사에 제시하고 계약물품을 입수한다.

3. 신용장거래의 당사자

3.1 수익자(beneficiary)

발행은행으로부터 신용장을 수취하여 신용장에서 요구하는 모든 조건에 일치하는 서류를 매입은행에 제시함으로써 대금결제를 받는, 신용장발행의 수혜를 받는 수출업자이다.

3.2 발행의뢰인(applicant)

매매계약에 따라 자신의 거래은행에 수출업자 앞으로 신용장을 발행할 것을 의뢰하는 수입업자를 말한다.

그 기능과 보는 각도에 따라 수입업자(importer), 발행인(opener), 매수인(buyer), 대금결제인(accountee), 환어음지급인(drawee), 수화인(consignee) 등과 같이 여러 가지로 불리고 있다.

그림 9-7 신용장에 의한 결제과정

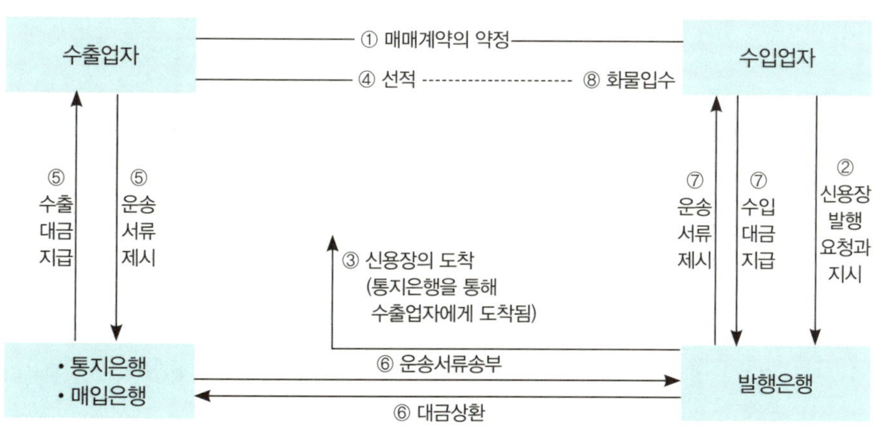

3.3 발행은행(issuing bank)

신용장발행의뢰인의 신청과 지시에 따라 매매계약의 당사자인 수출업자 앞으로 신용장을 발행하는 은행으로서 개설은행(opening bank)이라고도 한다. 신용장 발행은행은 수입업자의 거래은행으로서 수입업자의 요청과 지시에 의하여 수출업자가 물품선적 후 발행하는 환어음을 지급 · 인수 또는 매입할 것을 확약하는 은행이다.

3.4 통지은행(advising bank)

수출국에 있는 수입지발행은행의 본 · 지점이나 환거래약정을 체결한 은행(correspondent bank)으로서 발행은행으로부터 송부된 신용장을 단순히 수익자에게 통지해 주는 은행을 말한다. 통지은행은 거래당사자의 거래에 관해서는 하등의 책임을 지거나 약정을 하는 것이 없다. 그리고 통지은행이 보통 매입은행이 되는 경우가 많다.

3.5 확인은행(confirming bank)

신용장발행은행이 공신력이 약한 경우, 추가하여 신용장의 확인을 해주는 제3의 은행을 말한다. 즉, 신용장발행은행의 지급확약에 추가하여 발행은행의 요청을 받은 제3의 은행이 수출업자가 제시하는 환어음에 대한 지급 · 인수 또는 매입을 틀림없이 이행하겠다는 추가적인 확약을 하는 은행을 말한다.

3.6 지급은행(paying bank)

지급은행은 발행은행과 예치환거래계약(depositary correspondent agreement)을 체결하여 발행은행 명의의 예금계정을 설치하여 두고 신용장의 조건과 일치되는 서류가 제시될 때 또는 그러한 서류가 첨부된 환어음이 이 은행을 지급인으로 하여 제시될 때 발행은행의 예금계정에서 차감하면서 지급을 이행하는 은행을 말한다. 즉, 지급신용장(straight credit)에 의거 신용장발행은행으로부터 지급행위를 위탁받은 은행을 말한다.

3.7 연지급은행(deferred paying bank)

지급은행과 동일한데, 매매거래가 기한부조건으로 계약되었을 경우 수출업자는 일정기간 후 수출대금을 받을 수 있다. 그런데 수입업자는 화물을 즉시 찾아야 하기 때문에 운송서류는 수입지로 보내고 수출업자는 수출대금을 일정기간 후 지급한다는 은행의 연지급약정서를 받게 되는데 이 약정서를 발행하는 은행을 말한다.

3.8 인수은행(accepting bank)

유럽 등지에서는 환어음을 사용하지 않지만 그 밖의 국가들 간 거래에서는 환어음을 사용한다. 어음을 사용하는 기한부거래에서 수출업자가 발행한 환어음에 대해 만기일에 대금을 지급할 것을 약정해 주는 은행이다. 기한부신용장(usance credit)에 의거하여 발행된 기한부어음을 인수하는 은행을 말한다.

3.9 매입은행(negotiating bank)

수출업자가 발행한 환어음과 운송서류를 자신의 자금으로 먼저 매입한 후 이를 발행은행에 송부하여 대금을 지급받는 은행이다. 환어음상으로는 '선의의 소지인(bona fide holder)'이라 한다. 신용장거래에서 가장 많이 사용되는 매입신용장의 경우에 해당된다.

4. 신용장의 거래원칙

4.1 신용장의 독립성

신용장의 독립성은 매매계약과 신용장거래는 아무런 상관이 없다는 뜻이다. 신용장은 대금결제의 수단으로서 매도인과 매수인이 매매계약을 체결할 때 결제방법을 신용장으로 할 것을 약정함으로써 생성된다. 그러나 일단 신용장이 발행되면 이 신용장은 그 근거가 되는 매매계약과는 완전히 독립적이며, 매매계약의 내용이 신용장에 하등의 영향을 주지 못하고, 신용장은 어디까지나 독자적인 법률적 성질을 갖게 되는 것이 신용장의 독립성이다.

4.2 신용장의 추상성

신용장의 추상성은 신용장의 당사자들은 서류상의 거래를 한다는 의미이다. 수출업자와 수입업자는 구체적인 상품을 거래한 것이지만 은행은 상품을 대표하는 서류만 가지고서 모든 판단을 한다는 것이 신용장의 추상성이다. 은행은 상인들 간에 거래되는 상품에 대해서는 전문적인 지식이 없을 뿐만 아니라, 또한 은행이 직접 상품을 확인하고 계약의 이행 여부를 판단하려면 많은 시간과 비용이 들기 때문이다.

4.3 서류거래의 원칙과 심사의 원칙

신용장거래에서 은행은 수익자가 제시한 서류에 대한 지급 여부를 판단하기 위하여 서류를 심사하여야 한다. 일반적으로 서류심사에 적용되는 불일치의 판단기준으로는 신용장통일규칙이 제정되기 이전부터 법원의 판결을 통하여 법률원칙으로 성립되어 온 전통적인 서류심사기준인 '엄격일치의 원칙'과 '상당일치의 원칙'이 있다. 또한 제5차 개정 신용장통일규칙에서부터 서류심사기준으로 도입된 '국제표준은행관행(International Standard Banking Practice: ISBP)'이 있다.

'서류거래의 원칙(principle of documentary transaction)'이란 신용장거래당사자는 서류거래를 하는 것이지 물품거래를 하는 것은 아니라는 원칙을 말하는데, 독립·추상성의 원칙과 유사한 개념이다. 신용장의 독립·추상성의 원칙을 실현시키고 은행의 의무를 신용장에 명시된 서류의 문면(文面)만으로 신용장조건을 만족시키고 있는가를 판단하고 이에 따라 지급을 이행하도록 단순화시킨 특성을 서류거래의 원칙이라 한다.

5. 신용장의 발행방법

5.1 우편에 의한 발행

발행신청서의 내용에 따라 소정의 신용장양식 1세트(set)에 기재사항을 기재하고 발행은행이 서명을 한 후에 원본 신용장 및 사본 1매를 통지은행에 우편으로 발송하여 수익자에게 통지토록 한다. 이와 같이 우편으로 발행된 신용장을 'mail credit'이라 하며 이 신용장에는 발행은행 서명권자의 육필서명이 명기되어 있다. SWIFT(국제은행 간 자금결제통신망)에 가입하지 않은 일부 국가에서 이용된다.

5.2 전신(telex)에 의한 발행

발행은행이 신용장 원본의 내용을 전신(telex)으로 통지은행에 송부하여 수익자에게 통지하는 방식이다. 신용장번호, 발행은행의 명칭, 품목, 수량, 금액, 선적기일 등 극히 필수적인 일부 내용을 먼저 수익자에게 통지하여 수출을 준비하게 하는 통지서를 'short cable'이라 하며 'short cable' 후 수익자가 네고(negotiation)하도록 신용장 원본의 내용을 모두 통지하는 것을 'full cable'이라 한다. SWIFT방식이 이용되기 전에 주로 이용되었던 방식이다.

5.3 SWIFT에 의한 발행

SWIFT는 'Society for Worldwide Interbank Financial Telecommunication(국제은행 간 자금결제통신망)'의 약자이며 EDI(전자자료교환)방식에 의한 문서전달 체제를 말한다. EDI는 케이블(cable)이나 팩스(fax)가 갖추지 못했던 보안유지기능을 갖추어 원본서류를 항공편으로 송부하는 것과 동일한 효과를 가지게 되었다.

대부분의 국가에서 SWIFT에 의하여 신용장을 발행하나 이러한 서류전달체계는 송신기관과 수신기관이 모두 SWIFT시스템을 설치 · 운용하여야 하므로 시스템이 설치되지 않은 일부 저개발국 은행에서는 아직 이용되지 않고 있다. 한국은 1992년부터 이용하고 있다. 신용장과 관련하여 SWIFT로 통지되는 'message type'은 MT 700(발행), MT701(발행보충서류), MT707(변경), MT734(지급거절통지) 등 여러 가지로 구분하여 표시된다.

6. 신용장의 종류

6.1 화환신용장(documentary credit)

이는 물품의 대금을 지급하기 위해서 사용되는 신용장을 말한다. 즉, 수출상이 운송서류를 은행에 제시하고 은행은 동 서류와 상환하여 신용장대금을 지급하는 방식의 신용장을 말한다. 이 신용장상에는 수입업자가 물품을 입수하기 위해 필요한 선화증권, 상업송장, 보험증권, 포장명세서 등의 운송서류가 구체적으로 명시되어 있다.

6.2 확인신용장(confirmed credit)

발행은행 외 제3의 은행이 수출업자 및 그 밖의 당사자에게 지급을 다시 한 번 확약하고 있는 신용장을 말한다. 발행은행의 신용도가 낮을 경우 이용된다.

6.3 지급신용장(straight credit)

수출업자가 발행은행 또는 동 은행이 지정하는 은행(지급은행) 앞으로 운송서류를 제시하면 지급하겠다고 확약하는 신용장을 말한다. 따라서 수출업자는 자신이 구비한 운송서류를 제3자에게 매각할 수 없고, 반드시 신용장에 지정된 지급은행에 가서 지급을 요청해야 한다. 이 지급은행은 발행은행을 대신하여 수출업자에게 수출대금을 지급하게 된다.

6.4 매입신용장(negotiation credit)

이는 신용장하에서 발행되는 환어음이 매입될 것을 예상하고 발행은행이 환어음의 발행인(수출업자)을 비롯하여 모든 소지인에게 지급을 약속하는 신용장이다. 따라서 수출업자는 환어음과 운송서류를 제3자에게 매각할 수 있는데, 이 당사자는 환어음의 '선의의 소지인'으로서 바로 매입은행이 된다. 매입은행은 수출업자가 발행한 환어음을 자신의 자금으로 매입하고, 이를 지급인(통상적으로 발행은행)에게 제시하여 환어음의 지급을 받게 된다.

6.5 일람불신용장(sight credit)

상품대금을 즉시 지급하는 조건의 신용장이며, 수출업자는 환어음을 일람(at sight)조건으로 발행한다. 즉, 수출지에서 매입은행이 선적서류를 송부하면 발행은행은 서류의 하자가 없다면 즉시 신용장대금의 전액을 매입은행 계좌에 입금시켜 주는 형식의 현금거래신용장을 말한다.

6.6 기한부신용장(usance credit)

수입업자가 상품의 대금을 일정기간 후에 지급하는 조건의 신용장이다. 따라서 수출업자는 환어음을 발행할 때, 매매계약에서 약정된 기간 후에 지급을 받을 수 있는 기한부어음을 발행하게 된다.

6.7 상환청구가능신용장(with recourse credit)

상환청구가능신용장은 환어음을 매입한 은행이나 이를 소지하고 있는 선의의 소지인 또는 배서인이 환어음의 지급인, 즉 발행은행에 의하여 어떠한 이유로든 지급이나 인수가 거절될 때는 그 환어음 발행인에게 상환을 청구할 수 있게 되어 있는 신용장을 말한다. 일반적으로 신용장에 상환청구에 관한 별도의 표시가 없거나 'With Recourse'라는 용어가 있으면 모두 상환청구가능신용장으로 인정된다.

6.8 할부선적신용장(installment shipment credit)

할부선적신용장은 일정한 기간 내에 주기적으로 일정량의 상품을 선적하도록 조건을 부여한 신용장이다. 수입업자는 수입대금의 일정금액을 착수금으로 일람출급조건으로 대금의 일부를 사전지급하고 잔액은 당해 선적서류나 물품을 영수한 후

기한부지급으로 일정기간에 나누어 기한부환어음을 받아 지급한다.

6.9 양도가능신용장(transferable credit)

이는 수익자가 신용장의 금액의 전부 또는 그 일부를 제2의 수익자에게 양도할 수 있는 신용장을 의미한다. 양도가능신용장에 의한 양도는 달리 합의된 사항이 없으면 1회에 한하여 양도될 수 있으며, 또한 분할선적을 금지하지 않는 한 신용장 금액을 분할하여 여러 개로 양도할 수 있다. 이런 경우 각 분할양도의 총액이 원신용장의 금액을 초과할 수 없다.

6.10 내국신용장(local credit)

신용장을 접수한 수출업자가 계약물품의 생산에 필요한 원자재 등을 국내에서 조달할 경우 원자재공급업자에게 내국신용장을 발행할 수 있다. 이 신용장은 이미 도착한 신용장을 근거로 하여 동일한 국내에서 발행된다고 하여 내국신용장이라 한다. 그리고 내국신용장의 발급근거가 되는 일반신용장을 원신용장(master credit)이라 한다.

6.11 선대신용장(red clause credit)

선대신용장(先貸信用狀)은 전대신용장(前貸信用狀)이라고도 한다. 신용장발행은 행이 선적서류의 매입은행에 대하여 당해 신용장조건에 따라서 작성된 서류 및 화환어음의 인수와 지급을 확약하는 이외에 신용장의 수익자가 수출에 따른 물품의 생산, 가공 등에 필요한 자금을 선적 전에 미리 융통해 주기 위하여 일정한 조건으로 선지급(advance payment: 수익자 입장에서 선적 전에 일정금액을 먼저 수취한다는 의미)할 수 있도록 수권하는 문언을 신용장상에 기재하고 그 선대금액의 지급을 확약하는 신용장을 말한다.

6.12 회전신용장(revolving credit)

이는 동일 거래선과 동일 품목을 지속적으로 거래할 때 거래 시마다 신용장을 발행하는 불편을 피하고, 발행비용의 절감 및 절차의 간소화를 목적으로 이용되는 신용장이다. 처음 발행한 신용장금액이 지급되면 일정기간이 경과한 후 자동적으로 동액의 신용장금액이 소생되는 방식의 신용장이다.

6.13 보증신용장(stand-by credit)

이는 금융의 담보 또는 채무이행의 보증을 목적으로 발행되는 무화환신용장(clean credit)으로 보증신용장의 발행은행이 상대방으로 하여금 특정인에게 금융지원 또는 채무보증 등을 이행하도록 하고, 특정인이 만기에 채무의 상환을 하지 않을 경우에 지급을 대신 이행하겠다는 내용을 기재한 약속증서로 특수한 무화환신용장을 의미한다. 보증신용장은 주로 무역 외 거래 및 자본거래 등에 대한 보증수단으로 사용된다는 점에서 화환신용장과 차이가 있다.

6.14 스위프트(SWIFT)신용장

스위프트는 국가 간의 대금결제 등 은행 간 업무를 데이터통신망으로 연결하기 위해 1973년에 설립된 국제은행 간 자금결제통신망(Society for Worldwide Interbank Financial Telecommunication)을 말한다.

이 시스템은 기존의 은행 간 통신보다 효율성이 높기 때문에 국가 간 은행업무가 신속 · 정확하게 처리될 수 있다. 한국의 경우도 주요 은행들이 이 통신망에 가입되어 있어 저개발국과의 거래 등 극히 일부를 제외하고 모든 신용장거래는 스위프트를 이용하고 있다. 이 스위프트에 의해 발행된 신용장을 SWIFT신용장이라고 한다.

제6절 신용장통일규칙 및 신용장발행

1. 신용장통일규칙

신용장거래에서는 필연적으로 수출업자와 수입업자인 매매당사자와 은행이 개입되기 때문에, 상호 간의 의무와 권리를 규정해 둘 필요가 있다. 특히 국가 간의 거래에서 문제가 발생할 경우 각 당사자는 자국의 법을 중심으로 이를 유리하게 해결하려는 경향이 있기 때문에 신용장거래에는 반드시 준거법이 있어야 한다.

이에 따라 1933년 국제상업회의소(ICC)에서 처음으로 신용장통일규칙을 제정하였다. 그 후 상관습의 변모에 따라 몇 차례의 개정작업을 거쳐 현재 사용되고 있는 것은 2007년에 개정된 ICC Publication No. 600인 제6차 화환신용장통일규칙(Uniform Customs and Practice for Documentary Credits: UCP)이다.

제6차 신용장통일규칙은 총 39장으로 구성되어 있으며, 주요 내용은 다음과 같다.

조항	주요 내용
제1~5조	신용장통일규칙의 적용범위, 정의 및 해석, 매매계약과 신용장과의 관계
제6~11조	유효기일, 발행은행 및 확인은행의 의무, 신용장의 통지와 조건변경
제12~16조	은행 간 상환약정, 은행의 서류심사기준
제17~28조	선적서류의 수리요건
제29~37조	유효기일의 연장, 과부족 허용, 서류의 유효성, 은행의 면책
제38~39조	양도가능신용장 및 신용장금액의 양도

화환신용장통일규칙은 강행법규가 아닌 임의법규이기 때문에 신용장거래당사자를 구속하기 위해서는 신용장에 화환신용장통일규칙을 적용한다는 준거문언이 삽입되어야 한다.

2. 전자신용장통일규칙

정보통신기술의 발달로 신용장의 발행, 통지, 매입 등 관련 주요 업무가 점차 전자적으로 처리되고 전자신용장시스템을 갖추려는 여러 가지 방법이 시도되고 있다. 그러나 현행 화환신용장통일규칙(UCP)은 주로 종이문서에 기반을 둔 전통적인 신용장을 위한 규정이기 때문에 이런 기술적 변화를 수용하는 데 한계가 있다고 볼 수 있다.

이에 따라 현행 화환신용장통일규칙을 보완하고 전자신용장에 관한 통일규칙을 마련하기 위해 국제상업회의소에서는 '전자적 제시를 위한 UCP의 추록(Supplement to the Uniform Customs and Practice for Documentary Credits for Electronic Presentation–Version 1.0)'으로 소위 'eUCP'를 제정하여 2002년 4월 1일부터 적용될 수 있도록 하였으며 현재 사용되고 있는 것은 2007년도에 개정된 Version 1.1이다. 이 추록은 종이문서 위주의 신용장에 가름하는 전자신용장의 처리에 관한 내용을 주로 규정하고 있으며 현행 화환신용장통일규칙을 보완하고 있다.

전자신용장통일규칙은 화환신용장통일규칙을 보완하는 것으로서 전자신용장에 전자신용장통일규칙을 따른다는 준거문언만 있고 화환신용장통일규칙의 적용 여부에 대해 아무런 언급이 없더라도 화환신용장통일규칙이 자동으로 적용된다. 만일 전자신용장통일규칙과 화환신용장통일규칙의 적용이 상충될 경우에는 전자신용장통일규칙을 우선 적용한다.

한편, ICC에서는 신용장통일규칙과 별도로 신용장에서 제시된 서류의 심사를 위한 국제표준은행관행(International Standard Banking Practice for the Examination of Documents under Documentary Letter of Credit: ISBP)을 규정하고 있다.

ISBP는 신용장통일규칙의 해설서라고 할 수 있으며, 신용장에서 요구하는 서류를 작성하는 수출업자에게 서류작성에 따르는 지침을 제시함과 동시에 서류를 심사하는 은행에 서류의 적격 여부를 판단하는 기준을 제공하는 지침서라고 할 수 있다.

신용장통일규칙에도 불구하고 서류의 적격 여부를 놓고 당사자 간에 해석이 다를 수 있고, 서류상의 사소한 하자를 빌미로 대금지급이 거부당하는 등의 문제가 발생할 수 있기 때문에, 이런 문제를 해결하기 위해서 제정된 것이 ISBP이며 신용장거래에 따르는 분쟁발생 시 서류의 적격 여부를 판단하는 기준으로 사용되고 있다.

3. 신용장의 발행

무역대금결제를 신용장방식으로 체결한 경우에 수입업자는 수입승인을 받은 후 자신의 거래외국환은행에 신용장발행을 신청해야 한다. 신용장발행은행은 신용장을 발행한 후, 이를 수출국에 위치하는 환거래은행(correspondent bank)인 통지은행으로 신용장의 통지를 요청하고, 통지은행은 수익자(수출업자)에게 신용장발행을 통지하여 신용장을 전달하게 된다.

이러한 신용장의 발행은 발행은행이 해외수출업자에게 신용장조건과 일치하는 서류가 제시되면 수입화물의 대금을 지급하겠다는 조건부지급확약으로서, 발행시점부터 결제시점까지 발행은행이 수익자 또는 제3자에게 최종적인 지급책임을 부담하는 일종의 여신행위이다. 따라서 발행은행은 발행의뢰인(수입업자)의 신용도, 수입화물의 환가성 등을 면밀히 검토할 뿐만 아니라 장래에 발생할지도 모르는 채무에 대비하여 수입신용장발행 전에 외화지급보증약정의 체결이나 전액 담보금을 요구하기도 한다.

이러한 절차는 일반적인 신용장거래에 불과하지만 이러한 모델을 기본으로 하여 모든 무역거래에 변형하여 적용되기 때문에 원활한 수입업무의 진행을 위해서는 각 절차별 필요한 실무사항을 사전에 숙지해야 한다.

3.1 신용장발행신청 시 필요한 서류

수입업자는 자신의 거래외국환은행에 수입신용장발행을 신청한다. 신청서류는 각 외국환은행별로 다를 수 있으나, 일반적으로 신용장발행신청서, 외국환거래약정서, 수입승인서, 무역계약서, 그리고 가격조건이 FOB 또는 CFR인 경우에는 수입업자가 수입물품에 대하여 보험계약을 체결한 후 발행된 보험증권을 제출해야 한다.

3.2 신용장발행신청서의 기재내용

신용장발행신청서에 기재되는 내용은 곧 신용장의 조건이 되므로 신청 시에 기재하는 모든 사항은 수출업자와 수입업자 간에 체결한 계약서를 근거로 하여 간단명료하고 정확하게 기재하여야 한다. 이 신청서에는 신용장에 기재된 모든 요건을 기입하여야 하며 매매계약에 약정된 내용 및 수입승인서상 허락된 내용과 반드시 일치하여야 한다.

신용장발행신청서에 기재되는 주요 사항은 다음과 같다.

첫째, 신용장 자체에 관한 사항으로 수익자, 발행의뢰인, 신용장금액 및 유효기간을 기재하여야 한다.

둘째, 환어음에 관한 사항으로는 어음의 종류 및 어음의 지급기일을 기재해야 한다.

셋째, 선적서류에 관한 사항으로 선화증권(또는 항공운송장), 상업송장, 포장명세서, 영사송장, 검사증명서, 그리고 원산지증명서 등 기타 수입통관에 특별히 필요한 서류가 있으면 여기에 표시하여야 한다.

넷째, 상품과 선적에 관한 사항으로 상품명, 단가, 수량, 가격조건, 금액 등 상품의 명세를 기재하고, 선적항, 도착항 및 선적기일, 그리고 분할선적 및 환적의 가능 여부를 표시해야 한다.

3.3 신용장발행신청서 작성 시 유의사항

신용장거래는 매매계약을 기초로 하여 성립되지만 신용장이 발행되고 수익자가 이를 수락하는 순간 매매계약과는 별도의 독립된 계약이 체결된 서류상의 거래라 할 수 있다. 즉, 신용장은 분명히 매매계약 등에 근거를 두고 발행되는 것이다. 하지만 신용장거래 그 자체에 매매계약과는 별개의 독립성을 부여하고 있으며 서류만을 거래대상으로 하는 것이지 상품거래를 대상으로 하는 것이 아니다. 즉, 은행이나 수입업자가 상품의 질이나 계약상의 하자를 구실로 신용장상의 거래를 중지시킬 수 없는 것이다.

지급거절의 이유가 제출된 서류상의 하자에 기인해야지 매매계약이나 다른 이유를 들어 지급거절을 할 수 없다. 그러므로 신용장발행 시 신용장상의 제시서류 및 신용장 그 자체는 완전하고 정확해야 한다. 신용장당사자 간의 해석에 따른 혼동과 오해를 방지하기 위하여 발행은행은 신용장발행의뢰인이 신용장에 지나치게 상세한 내용을 서술하려는 시도를 제지하여야 하며 당사자 간에 혼란이나 오해를 야기시킬 용어는 가능한 한 사용하지 말아야 한다.

4. 신용장서식의 기재요령

수입업자가 외국의 수출업자를 수익자로 하는 신용장을 발행할 때는 자신의 거래은행에 신용장발행신청서를 제출하여야 한다. 이 신청서에는 신용장에 기재될 모든 요건을 기입하여야 하며 매매계약에 약정된 내용과 일치해야 한다. 신용장발행신청양식은 은행마다 다르나 기입해야 할 사항은 동일하다. 각 그룹별 기재사항 및 기재요령은 다음과 같다.

4.1 신용장 자체에 관한 사항

1) 발행일자(date)

신용장발행은행에 신청한 당일 날짜를 기재한다. 그러나 이날이 신용장발행일자가 되는 것은 아니다. 신청을 받은 신용장발행은행은 확인업무절차에 따라 약 1~2일 안에 신용장내용의 전문을 통지은행에 발송하며, 전문발송일이 신용장발행일자가 된다.

2) 통지은행(advising bank)

통지은행은 수입업자가 거주하는 은행 중에 신용장발행은행이 임의로 지정한다. 수출업자와 수입업자의 업무편의에 따라 수출업자가 수입업자에게 자신의 거래은행을 통지은행으로 지정해 줄 것을 요청하면 수입업자가 신용장발행신청서상에 해당 은행을 명시하여 통지은행으로 지정하기도 한다. 그러나 수출업자가 사전에 수입업자에게 신용장통지은행을 요청한 경우에도 통지은행 선택권은 발행은행이 갖는다.

3) 수익자의 성명 및 주소

수익자는 신용장에 의해 이익을 누리는 자이므로, 이 칸에는 물품공급업자인 수익자의 상호, 이름 이외에 주소도 정확하게 표시해야 하며 회사명 등을 기입할 때 약호는 사용하지 않는 것이 좋다.

4) 발행의뢰인의 성명 및 주소

신용장발행을 의뢰한 사람으로 수입업자를 말한다. 따라서 수입업자의 성명과 주소를 명기한다.

5) 신용장금액(amount)

신용장한도금액(available amount of credit)을 표시하며 이 금액 이상으로 환어음을 발행할 수 없다. 금액은 숫자와 문자를 병기해서 기재한다. 금액 앞에 'about', 'circa' 또는 이와 유사한 표현이 있는 경우에는 10%를 초과하지 않는 범위 내의 차이를 인정한다. 예를 들면 다음과 같다.

- US$ 123,456.24[US dollars one hundred twenty three thousand four hundred fifty six (and) cents twenty four]
- US$ 39,600(thirty nine thousand six hundred US dollars only)

6) 신용장유효기간(expiry date)

발행은행은 신용장발행일로부터 명시된 유효기일까지를 포함하는 기일까지 수익자에 대하여 지급확약을 하고 있는 것이다. 이 칸에는 장소까지 표시할 수도 있다. 기일표시는 각국마다 연월일의 표기순서가 달라 해석상 오해의 여지가 있으므로 반드시 '월'표시는 문자로 표시하는 것이 좋다. 날짜표시 앞에 'to', 'until' 등의 표현이 있을 때는 그날 자체도 포함하는 것으로 해석된다. 유효기간은 통상 선적일로부터 약 10~15일가량을 추가한다. 예를 들면 다음과 같다.

- 30th September, 2019
- DEC. 10, 2019
- October 10, 2019 in Seoul, Korea

4.2 환어음에 관한 사항

1) 어음번호

특별한 의미는 없고 다만 후일 참조할 경우가 생길 때 편리하게 하기 위해서 기재한다.

2) 발행일

환어음의 발행일은 외국환은행이 어음과 함께 제시된 선적서류를 매입한 날짜이며 이는 신용장유효기일 이내여야 한다.

3) 발행지

환어음의 효력은 행위지 법률에 의해 처리되므로 발행지를 꼭 표시하여야 한다. 발행지는 도시명까지만 표시해도 되므로 'Seoul, Korea'라고 기재하면 된다.

4) 금액

환어음의 발행금액은 보통 'invoice'금액과 일치하여 'for 100% of invoice value'로 표기하는 것이 원칙이다. 그러나 송금이나 혼합결제방식인 경우에는 'for 60% of invoice value'와 같이 'invoice'금액의 일정률에 대해 어음을 발행토록 하는 경우도 있다.

상업송장금액의 100% 이하로 어음을 발행하도록 신용장에 요구하는 경우에는 그 조건을 충족시켜야 하며 이러한 경우의 신용장문구는 다음과 같다.

즉, 'available by your draft at sight on us for ~% invoice value'에서 '~%' 칸에 '97%' 등과 같이 발행할 수 있는 어음금액을 표시해 주고 있다. 송장금액 전액에 대해 어음을 발행할 경우에는 '100% of invoice value' 또는 'full invoice value' 등과 같이 나타낸다.

한편, 신용장상에 화물의 수량을 5%까지 초과해서 선적하였을 경우에는 송장금액은 신용장금액을 초과하지만 환어음은 신용장금액까지만 발행하여야 한다. 그러나 신용장상에 신용장의 금액이 '5% more or less in quantity and amount to be acceptable'이라고 명시되어 있을 경우에는 환어음의 금액이 신용장의 금액을 초과해서 발행할 수도 있다.

5) 지급만기일의 표시(tenor)

어음상의 문언 중 'at ~ sight of'의 'at ~' 다음에 기재되는 것이 만기일의 표시가 된다. 신용장의 조건에 따라 차이가 있지만 크게 일람출급(sight draft)과 기한부(usance draft)의 2가지로 구분된다.

일람출급일 경우 'at ×× sight of'로 표시되며 기한부일 경우 'at ○○ days after sight' 또는 'at ○○ days after B/L date'의 형식으로 기재하면 된다. 또한 '○월 ○일에 지급하겠다'는 확정일 출급일 경우에는 같은 칸에 지급일자를 적으면 된다.

어음기간의 표시방법은 다음과 같다.

① at sight(일람출급)

- reimburse(상환방식: 개설은행이 지정한 상환은행으로 매입은행이 청구)
- remittance(송금방식: 매입은행이 지정한 은행으로 개설은행이 송금)

② usance at 90days after sight(일람 후 정기출급: 지급인에게 제시된 날로부터)

- at 90days after date(일부 후 정기출급: 환어음의 발행일로부터)
- at 90days after B/L date(특정일자 후 정기출급: 선적일로부터 90일)

③ usance 신용장은 90일 동안의 이자에 대한 신용공여부담을 누가 지느냐에 따라 다음과 같이 구분된다.

- 해외은행에서 신용공여하면 'overseas banker's usance'이다.
- 수출상이 신용공여하면 'shipper's usance'이다.
- 신용장개설은행이 신용공여하면 'domestic banker's usance'이다.

6) 수취인(payee)

환어음의 지급을 받는 자로서 발행인이 될 수도 있고, 발행인이 지정하는 제3자가 될 수도 있다. 어음상의 문언 중 'pay to ~' 다음에 기재되는 것으로 통상 신용장거래 시는 매입은행이 기재된다.

7) 문자금액

어음금액을 아라비아 숫자가 아닌 문자로 표시하는 것으로, 예를 들어 미화 12,345달러일 경우 'Say US dollars twelve thousand three hundred forty five only'라고 기재한다(이때 'Say'는 생략할 수 있으나 'only'는 생략할 수 없음). 문자로 표기된 금액과 숫자로 표시된 금액을 병기하게 되는 경우 양자 간에 차이가 나면 문자가 우선한다. 또한 표시되는 통화의 종류는 완전하게 기재되어야 한다. 막연히 'dollars($)'나 'pound(£)'로 표시되어서는 안 되며 반드시 'US dollars(US$)', 'Sterling pound(Stg £)'로 표시되어야 한다.

8) 'charge the same to account of'

이것은 은행이 수출대금지급인에게 지시하는 내용으로서 당해 환어음이 수출대금지급인에 의하여 결제될 때 그 자금은 'account of ~' 이하에 기재되는 자(수입상)로부터 회수하라는 의미이다. 따라서 'account of ~' 이하는 신용장상의 'accountee'가 기재된다. 이 문구는 법적인 필수문구는 아니나 오랜 상관습상 계속 사용되고 있다.

9) 신용장개설은행

'drawn under ~' 이하에는 환어음의 발행근거를 기재하게 되는데, 먼저 신용장 개설은행(issuing bank)을 기재하며 D/P, D/A 등 무신용장방식의 경우에는 공란 또는 계약서상 지정은행을 기재한다.

10) 신용장번호

이 칸은 신용장번호를 기재하는 곳으로 L/C상에 요구가 있으면 T/S번호도 같이 기재하며, 또한 D/A, D/P인 경우에는 계약서번호를 기재한다. 두 개의 신용장을 근거로 하나의 환어음을 발행해도 좋다는 문구(Combined shipment with other credits are acceptable)가 있을 경우에는 'Drawn Under L/C No. ~ for US$ ~ and Drawn Under L/C No. ~ for US$ ~'와 같이 표시한다.

11) 신용장발행일자

신용장상의 발행일자를 기재한다.

12) 지급인(drawee)과 지급지

지급인과 지급지를 기재하는 곳으로 지급지는 신용장에 별도의 명시가 없는 한 도시명의 표시만으로도 충분하다. 만약 지급지 기재가 없으면 지급인의 표시지로 보충하여 어음 효력을 구제할 수가 있다. 지급인은 신용장의 개설은행이나 개설의뢰인, 즉 수입업자가 될 수도 있고 또 다른 제3의 은행이 될 수도 있다.

통상적으로 신용장이 지급인을 지시하는 문구는 'Documentary credit which is available by negotiation of your draft at sight drawn on ~'이며 이 문구 중에서 'drawn on ~' 이하에 나타나는 것이 바로 지급인이 된다. '~ on us'라고 되어 있으면 신용장개설은행, 'on buyer' 또는 '~ on accountee'인 경우에는 신용장개설의뢰인이 지급인이 되며 'on ~' 이하가 개설은행이 아닌 다른 은행일 경우에는 그곳이 바로 지급은행이 된다.

13) 발행인의 기명날인

환어음을 발행하는 자는 신용장상의 수익자 또는 양도받은 경우에는 양수인이 되며 반드시 기명날인까지 해야 된다. 사용되는 발행인의 서명날인은 화환어음약정 시 은행에 제출된 서명감과 일치하여야 한다.

[양식 9-1]

환어음
Bill Of Exchange

① No. 123456 Bill Of Exchange, ② May 10, 2019 ③ Seoul, Korea
④ For US$ 53,200.−
⑤ At ××××× sight of this original bill of exchange(second of the same tenor and date being unpaid) pay to ⑥ Woori Bank or order the sum of
⑦ Say US dollars fifty three thousand two hundred only:
value received and charge the same to account of ⑧ Tokyo Supply Ltd.
⑨ Drawn Under The Mitsubishi Bank, Ltd. Headoffice Tokyo, Japan
⑩ L/C No. U.1041509 ⑪ Dated April 17, 2019
⑫ To The Mitsubishi Bank, Ltd.
Headoffice, Tokyo

⑬ K.K. Trading Co.

4.3 선적서류에 관한 사항

수입업자가 필요한 선적서류의 종류와 통수 및 요구하는 선적서류의 조건을 명시하면 된다.

기본서류로는 상업송장, 운송서류, 보험서류가 있으며 그 외 부속서류에는 포장명세서(packing list), 원산지증명서(certificate of origin), 영사송장(consular invoice), 검사증명서(inspection certificate) 등이 있다.

1) 운송서류(transport documents)

① 항구 간 운송일 경우에는 'ocean B/L'을 요구해야 하며, 복합운송일 경우에는

'ocean'을 삭제해야 한다.

② 'consignee'는 'to the order of 발행은행'이 가장 일반적으로 기재된다.

③ 운임의 지급 여부는 'FOB → collect', 'CIF → prepaid'로 기재한다.

④ 'notify party'는 대부분 수입업자(accountee)가 기재된다. 그러나 외국인수 수입을 할 경우에는 제3자를 지정할 수도 있으며 2인 이상을 지정할 수도 있다.

⑤ 'consignee'는 해상운송과 달리 'consigned to 발행은행'처럼 기명식으로 발행된다.

2) 보험서류(insurance documents)

가격조건이 CIF/CIP가 아닌 경우에는 보험서류를 요구할 필요가 없다. 이는 수입업자가 자신을 위하여 보험에 가입하기 때문에 수출업자와는 관계가 없다.

3) 상업송장(commercial invoice)

상업송장은 당해 상품의 명세서인 동시에 대금청구의 구실도 겸하고 있다. 이 안에는 수입업자가 필요한 통수를 표시하면 된다.

- 예: in triplicate, in quintuplicate, in six copies

4) 포장명세서(packing list)

포장명세서 칸에는 필요한 통수를 표시하고 특별한 포장방법을 요구할 때는 이 칸에 표시하거나 별도의 지시사항을 표시하기도 한다.

5) 기타 서류

영사송장, 검사증명서, 원산지증명서 등 기타 거래상에 있어서 특별히 요구되는 서류가 있을 때 이 칸에 표시한다.

4.4 상품선적에 관한 사항

1) 상품의 명세(commodity description)

이 칸에는 상품명 및 명세, 수량, 단가, 가격조건, 금액 등을 기재한다. 주의할 것은 선적서류에 명시될 상품의 명세는 신용장조건으로 규정할 수도 있으나, 신용장통일규칙에는 과도한 명세를 신용장에 삽입하려는 시도를 규제하고 있으므로 상품의 명세도 거래상 불가피한 것만 간단하게 기재하는 것이 좋다. 상품명이나 명세가 복잡한 경우에는 대표적인 상품명세만 적고 'Details are as per offer No. 1349 dated June 10, 2019' 등으로 표시할 수도 있다. 그러나 반드시 가격조건과 금액만은 신용장금액과 일치해야 한다.

2) 선적지시사항

(1) 선적항, 도착항 및 선적기일(shipping expiry)

'shipment from' 다음에는 선적항을, 'to' 다음에는 화물의 도착항을 표시하며, 'latest' 다음에는 선적기한, 즉 상품의 최종선적일을 기재한다.

① latest date of shipment: 최종선적일

② shipment from: 선적항

③ shipment to: 도착항

(2) 분할선적(partial shipment)

분할선적 여부를 표시하는 규정으로 분할선적을 허용할 경우에는 'permitted' 또는 'allowed' 등으로 표시하고 금지할 경우에는 'prohibited' 또는 'not permitted' 등으로 표시한다. 분할선적에 대해 신용장에 표시가 없으면 분할선적을 허용하는 것으로 간주하게 되므로 분할선적이 곤란한 거래에서는 반드시 금지한다는 뜻을 명기해야 한다.

(3) 환적규정(transshipment)

환적규정, 즉 환적가부를 표시하는 칸으로 분할선적규정의 표시와 동일하다.

① 환적을 허용하는 경우: 'permitted' 또는 'allowed' 등

② 환적을 불허하는 경우: 'prohibited' 또는 'not permitted' 등

4.5 기타사항

1) 수수료 부담

신용장발행과 관련되어 발행지 이외에서 발생되는 모든 'banking charge'에 대하여 가끔 신용장거래당사자 간에 분쟁의 대상이 되기도 하므로 'banking charge'의 부담자를 명확히 표시할 필요가 있다. 일반적으로는 수익자 부담으로 하는 것이 통례이다.

① 수익자 부담일 경우: for account of beneficiary

② 발행인 부담일 경우: for account of accountee(applicant)

2) 서류제시기간

수출업자가 조기에 선적할 경우나 분할선적이 허용되어 1차로 선적되는 분에 대해서는 항해일수가 짧은 구간에서는 선적서류보다 화물이 먼저 도착하여 수입업자가 이자부담을 지는 경우가 종종 있기 때문에 실제 선적일과 선적서류가 도착되는 시점을 조정하기 위한 조건이다. 서류제시기간은 신용장의 유효기간 이내에서 유효기간보다 우선적으로 적용된다. 일반적으로 항해일수가 짧은 지역은 선적일로부터 7~10일 정도가 서류제시기간으로 지정되고, 그렇지 않은 경우에는 21일이 지정된다. 선적일로부터 21일이 경과되어 제시되는 선적서류는 기간경과 선적서류로 은행이 수리를 거절한다.

3) 선박의 지정

수입업자가 특별한 선박을 지정할 필요가 있을 때는 선박회사명 또는 선박명을

지정하여 기재할 수도 있다. 예를 들면, 'shipment by Sea-Land Line', 'shipment by Korean Airline'과 같이 기재할 수 있으며, 선박의 지정이 없을 때는 수출업자가 선적기일에 맞추어 임의로 선적할 수 있다.

4) 확인신용장 허용 여부(confirmation)

수출업자의 확인신용장발행의 합의가 있을 경우에 표시한다. 확인수수료는 비용이 많이 소요되므로 충분히 합의하지 않으면 후일에 분쟁의 소지가 있으므로 계약체결 시에 수출업자와의 확인수수료를 누가 부담할 것인가에 대해 필히 합의해야 한다.

5) 기타 기재사항(special instructions)

신청서 다른 칸에 기입되지 않은 추가적인 사항을 신청서 여백에 기재한다. 즉, 선적서류발송에 관한 일체의 지시사항, 선화증권에 대한 허용사항, 선적이행과 관련된 'performance bond' 발행요청, 'agent commission'과 관련된 사항, 신용장이 양도가능한 경우에 그 내용을 표시하는 등 기타 특별히 요청하는 조건 또는 내용에 관한 문언을 기재한다.

[양식 9-2]

취소불능화환신용장발행신청서
Application for Irrevocable Documentary Credit

(Reopen 구분: □ 1차 발행 □ 2차 발행)

To: Woori Bank 1. DATE:

※ Advising Bank: (Bic Code:)
※ 2. Credit No.: 용도구분: (예시: NS, ES, NU 등)
3. Applicant:
4. Beneficiary:
5. Amount: 통화 금액 (Tolerance: /)
6. Expiry Date: 7. Latest Date of Shipment:
8. Tenor of Draft □ At Sight (□ Reimburse □ Remittance)
□ Usance days
9. For % of the Invoice Value (Usance L/C only: □ Banker's □ Shipper's □ Domestic)

Documents Required (46A:)

10. □ Full set of clean on board ocean bills of lading made out to the order of Woori Bank mal 'Freight ' and notify(□ Accountee, □ Other:
Air Waybills consigned to Woori Bank marked 'Freight ' and 'notify Accountee'
11. □ Insurance Policy or certificate in duplicate endorsed in blank for 110% of the invoice value, stipulating that claims are payble in the currency of the draft and also indicating a claim setting agent in Korea. Insurance must include: the institute Cargo Clause
12. □ Signed commercial invoice in 13. □ Certificate of analysis in
14. □ Packing list in 15. □ Certificate of weight in
16. □ Certificate of origirn in issued by
17. □ Inspection certificate in issued by
18. □ Other documents(if any)
19. Description of Goods and/or Services(45A:)

(Price Term)

Commodity Description	Quantity	Unit Price	Amount
(HS Code:)			
Country of Origin		Total	

20. Shipment From: Shipment To:
21. Partial Shipment: □ Allowed □ Prohibited 22. Transshipment: □ Allowed □ Prohibited
23. Confirmation: □
Confirmation Charges: □ Beneficiary □ Applicant
24. Transfer: □ Allowed(Transfering Bank:)
25. Documents must be presented within days after the date of shipment of B/L or other transportation documents.

Additional Conditions(47A:)

□ All banking charges(including postage, advising and payment commission, negotiation and reimbursement commission) outside Korea are for account of □ Beneficiary □ Applicant
□ Stale B/L AWB acceptable □ Charter party B/L is acceptable □ Third party B/L acceptable
□ Third party document acceptable □ Combined shipment B/L is acceptable
□ T/T Reimbursement: □ Allowed □ Prohibited
□ Bils of lading should be issued by
□ (House) Air Waybills should be issued by
□ ( ) % more or less in quantity and amount to be acceptable
□ The number of this credit must be indicated in all documents
□ Other conditions:

※ Drawee Bank(42A):
※ Reimbursement Bank(53A):

Except so far as otherwise expressly stated, This documentary credit is subject to the Uniform Customs and Practice for Documentary Credits(1993 Revision) International Chamber of Commerce Publication No. 500

위와같이 신용장발행을 신청함에 있어서 따로 제출한 외국환거래약정서의 해당 조항을 따를 것을 확약하며, 아울러 위 수입물품에 관한 모든 권리를 귀행에 양도하겠습니다.

주소
신청인 (인)

인감 및 원본확인

수입(4040031. 210×297) 수입신용장발행신청서 NCR지 2매 1조(2002. 11. 개정)
상기 □는 선택(✓) 표시를 위한 매크로 기능 추가

[양식 9-3]

신용장발행을 위한 SWIFT Message Type (MT700 Issue of Documentary Credit)

M/O	Tag	Field Name	Content/ Options
M	27	Sequence of Total	1n/1n
M	40A	Form of Documentary Credit	24X
M	20	Documentary Credit Number	16X
O	23	Reference to Pre-Advice	16X
O	31C	Date of Issue	6n
M	31D	Date and Place of Expiry	6n29X
O	51a	Applicant Bank	A or D
M	50	Applicant	4*35X
M	59	Beneficiary	[/34X]4*35X
M	32B	Currency Code, Amount	3a 15number
O	39A	Percentage Credit Amount Toterance	2n/2n
O	39B	Maximum Credit Amount	13X
O	39C	Additional Amounts Covered	4*35X
M	41a	Available with … by …	A or D
O	42C	Draft at …	3*35X
O	42a	Drawee	A or D
O	42M	Mixed Payment Details	4*35X
O	42P	Deferred Payment Details	4*35X
O	43P	Partial Shipment	1*35X
O	43T	Transshipment	1*35X
O	44A	Loading on Board/Dispatch/Taking in Charge at/from …	1*65X
O	44B	For Transportation to …	1*65X
O	44C	Latest Date of Shipment	6n
O	44D	Shipment Period	6*65X
O	45A	Description of Goods and/or Services	50*65X
O	46A	Documents Required	50*65X
O	47A	Additional Conditions	50*65X
O	71B	Charges	6*35X
O	48	Period for Presentation	4*35X
M	49	Confirmation instructions	7X
O	53a	Reimbursement Bank	A or D
O	78	Instructions to the Paying/Accepting/Negotiating Bank	12*65X
O	57a	'Advise Through' Bank	A, B or D
O	72	Sender to Receiver Information	6*35X

[양식 9-4]

수입신용장(SWIFT MT700)발행 사례

Application Header Block :
: Input/Output Identifer : I outgoing message
: Transaction Typer : 700 issue of a documentary credit
: Transaction Prioity : n Normal
: From : Woori Bank, Seoul
: To : Hankook Bank
Hong Kong Branch, Hong Kong

Text Block :
/27: Sequence of Total : 1/1
/40A: Form of Documentary Credit : Irrevocable
/20: Documentary Credit Number : M1234 606NS00018
/31C: Date of Issue : 06/06/19
/31D: Date and Place of Expiry : 06/08/19 Hong Kong
/50: Applicant : Korea Toys Co., Ltd.
159.1 Samsung-dong Kangnam-gu, Seoul, Korea
/59: Beneficiary : China Toys Co., Ltd.
RM 1000 Chai Wan Ind. City
Phase 1, 60 Wing Tairo, Chaiwan H.K.
/32B: Currency Code Amount : USD 119,000.00
/39A: Pct Credit Amount Tolerance : 10/10
/41D: Available with by Name, Address : Any Bank
By Negotiation
/42C: Drafts at : At sight
/42A: Drawee : Hong Kong First Bank Ltd., Hong Kong(ADDR 2007, Jardine House 1 Connaught Place, Central, Hong Kong)
/43P: Partial Shipment : Allowed
/43T: Transshipment : Not Allowed
/44A: On Board/Disp/Taking Charge : Shidao, China
/44B: For Transportation to : Busan, Korea
/44C: Latest Date of Shipment : 06/08/19
/45A: Descr Goods and/or Services 700 Pairs of Chinese Giant Bear Toy
Size: Min 1.5 meters at USD 170.00, FOB Shidao, China
/46A: Documents Required
+Signed commercial invoice in quintuplicate
+Packing list in triplicate
+Full set of clean on board ocean bill of landing made out to the order of Woori Bank marked freight collect and notify applicant
+Certificate of origin
/47A: Additional Conditions
All documents must bear our credit number M1234 606NS00018
T/T reimbursement not allowed
Ouantity 10pct more or less allowed
+Third party documents acceptable
/71B: Charges : All banking commissions and charges including reimbursement charges outside Korea are for account of beneficiary
/49: Confirmation Instructions : Without
/53A: Reimbursement Bank : Hong Kong First Bank Ltd., Hong Kong(2007, Jardine House 1 Connaught Place, Central, Hong Kong)
/78: Instructions to the Pay/Acc/Neg Bk
Drafts must be sent to drawee bank for your reimbursement and all documents to us by courier service in one lot
/72: Sender to Receiver Information : This credit is subject to U.C.P(2007 revision) I.C.C. Publication No. 600

5. 신용장의 양도

5.1 신용장양도의 의의

신용장의 양도(transfer of credit)는 신용장상의 수익자가 향유하는 권리의 전부 또는 일부를 수익자가 지정하는 제3자에게 양도하는 것, 즉 신용장상의 수익자가 신용장상의 권리의 일부 또는 전부를 수익자의 요청에 의하여 제1수익자(first beneficiary)가 지시하는 제2수익자(second beneficiary)에게 양도하는 것을 신용장의 양도라고 한다.

양도가능신용장(transferable credit)은 신용장의 수익자(제1수익자)가 지급, 연지급 약정인수 또는 매입이 수권된 은행(양도은행)에 대하여 신용장금액의 전부 또는 일부를 1인 또는 다수의 다른 수익자(제2수익자)에게 이용될 수 있도록 요청할 수 있는 신용장을 말한다.

5.2 신용장양도의 필요성

원칙적으로 신용장은 그 이용이 원수익자로 한정되어 제3자가 사용하는 것이 불가능하다. 그러나 무역거래에 있어서는 종종 양도가능신용장이 발행되어 제1수익자가 다른 당사자에게 신용장의 수익을 양도하는 경우가 있는데, 이는 다음과 같은 몇 가지 이유가 있기 때문이다.

① 수익자가 상품의 제조업자가 아니어서 생산업자로 하여금 직접 선적과 매입을 하게 하고 수수료 또는 수출마진을 취득하고자 하는 경우

② 다수의 수출상이 관련되어 있으나 모든 수출상 앞으로 각각 신용장을 발행하는 번거로움을 피하고 대리점이나 대표되는 하나의 수출상 앞으로만 발행하여 그들로 하여금 양도하도록 하는 경우

③ 수입상이 수출지에 있는 자신의 에이전트(agent)에게 양도가능신용장을 발행해 두고, 이로 하여금 현지에서 가장 유리한 제조업체를 물색하여 이를 양도해 줌으로써 수입가격과 부대비용을 절감하고자 하는 경우

④ 원수익자가 외국으로부터 수출신용장을 받을 수 있으나, 무역업의 자격을 취

득하지 못하여 자신 명의로 수출이행이 불가능한 경우이거나 또는 원수익자가 정부로부터 수출쿼터를 확보하지 못하여 수출할 수 없는 경우이다.

5.3 신용장양도의 조건

신용장거래란 근본적으로 수출상보다 수입상에게 불리한 조건이 많은 거래이기 때문에 수입상이 안전한 거래를 할 수 있느냐의 여부는 수출상의 성실성 여하에 좌우된다고 해도 과언이 아니다. 그런데 양도에 의해 수입상이 신용이나 성실성을 전혀 파악할 수 없는 인물에게 이 신용장의 이행권리가 넘어간다면 수입상은 그전보다 더욱 불리한 입장에 처하게 될 것이므로 수입상 보호의 측면에서 다음과 같이 여러 가지 제한조치를 강구해 놓고 있다.

첫째, 신용장의 양도는 지급, 연지급 확약, 인수 또는 매입하도록 특별히 수권된 은행(양도은행)만이 취급할 수 있으며 만약 그러한 은행이 지정되어 있지 않은 자유매입신용장인 경우에는 양도은행을 지정하여야 한다.

둘째, 신용장의 양도는 신용장상에 'transferable'이란 용어가 표시된 경우에만 가능하다. 따라서 기타 이와 유사한 'divisible', 'fractionable', 'assignable' 또는 'transmissible' 등과 같은 용어가 사용된 경우는 신용장의 양도표현으로 인정되지 않으며, 만일 이러한 용어가 사용되었다면 은행은 이를 무시한다.

셋째, 신용장은 양도은행이 합의한 범위와 방법에 따라서만 양도될 수 있다. 따라서 양도은행은 자신이 명시적으로 동의한 범위와 방법을 초과하여 신용장을 양도할 의무가 없으며, 원수익자도 당초 신용장조건의 범위를 초과하여 양도를 요청할 권리가 없다.

넷째, 신용장은 1회에 한하여 양도할 수 있다. 그러므로 신용장을 양도받은 제2수익자는 이를 그 이후의 제3수익자에게 다시 양도할 수 없다. 그러나 신용장금액의 한도 내에서 신용장을 서로 다른 일자에 여러 사람에게 독립적으로 분할양도 하는 것은 1회의 양도로 간주하며, 제2수익자가 양도받은 신용장을 다시 제1수익자에게 재양도(retransfer)하는 것은 금지된 양도에 해당하지 않는다.

다섯째, 신용장은 분할선적이 허용된 경우에만 신용장금액의 한도 내에서 별도로 분할하여 양도할 수 있다. 즉, 신용장에 'transferable'이라는 표시가 있어도 분할선적(partial shipment)이나 어음의 분할발행을 금지하고 있는 경우에는, 신용장은 각각 별도로 분할양도할 수 없으며, 이러한 경우에는 전액양도만이 가능하다.

여섯째, 신용장은 오직 원신용장의 조건에 따라서만 양도할 수 있다. 즉, 제1수익자로 하여금 양도에 따른 중간차익을 보장해 주고 제2수익자에게 발행의뢰인을 비밀로 할 수 있게 하기 위하여 제1수익자는 원신용장의 조건을 변경하여 제2수익자에게 양도할 수 없다.

다만, 제1수익자는 다음과 같은 조건은 수정하여 양도할 수 있다. 즉, ① 신용장의 금액 또는 물품의 단가를 감액하거나, 신용장의 유효기일, 서류의 제시를 위한 최종기일 또는 선적기일을 단축할 수 있다. ② 각 양도부분에 대한 부보금액의 백분율을 원신용장만큼 증액할 수 있다. ③ 제1수익자는 발행의뢰인의 명의 대신에 자신의 명의를 기재하여 신용장을 양도할 수 있다. 그러나 원신용장이 신용장발행의뢰인의 명의가 상업송장 이외의 모든 서류상에 기재되도록 특별히 요구한 경우에는 그 요구사항은 반드시 지켜져야 한다.

5.4 신용장양도의 방법

신용장의 양도에서 원수익자는 우선 자신이 받은 신용장상에 'transferable'이란 표시가 있는지 확인하고 또 여러 사람에게 분할양도가 가능한지를 확인하여야 한다. 신용장에서 분할양도를 허용하고 있는가는 분할선적이 허용되어 있는가를 체크하면 된다.

다음에 원수익자는 신용장의 종류를 보고 그것이 지급신용장이면 지급은행에, 인수신용장이면 인수은행에, 그리고 매입은행이 지정된 매입신용장의 경우는 그 지정된 매입은행에 각각 신용장의 양도를 요청한다.

매입신용장에 있어서 매입은행이 지정되지 않은 경우에는 발행은행에 의하여 양도에 관한 수권을 받은 은행에 수익자가 신용장의 양도를 요청할 수 있다. 이때 수익자로부터 신용장의 양도요청을 받고 이를 처리해 주는 지급, 인수 또는 매입은행을 '양도은행(transferring bank)'이라 한다. 즉, 원수익자는 전액양도 또는 분할양도의 각 경우에 따라 각각 '양도통지서발행신청서(application for advice of total/partial transfer)'를 작성하고 이에 원신용장을 첨부하여 양도은행에 제출한다.

한편, 양도은행은 원수익자가 제출한 양도통지서발행신청서의 내용을 검토한 후 양도통지서(advice of total/partial transfer)를 작성한다. 이때 양도은행은 원수익자의 요청이 있으면 발행의뢰인의 명의를 원수익자로 대체하고 신용장금액, 단가, 유효기한 또는 선적기일 등을 수정한 신용장 사본을 첨부하여 양도통지서를 원수익자가 지정한 제2수익자에게 교부한다.

물론 양도은행은 별도의 지시가 없는 한 신용장을 양도하기에 앞서 원수익자로부터 양도수수료를 징수한 후 양도통지서를 발급하는데, 신용장의 양도에 있어서 소요되는 제비용은 원수익자의 부담이며, 양도은행은 양도비용을 받을 때까지 원수익자의 양도지시에 응하지 않을 수 있다. 따라서 양도은행은 이러한 양도수수료가 지급될 때까지 어떠한 양도지시에도 응하여야 할 의무가 없다. 또한 양도은행은 원신용장의 배면에 'This credit has been totally(or partially) transferred to ×× Company(제2수익자) for US$ ×××(양도금액) on ××(양도취급일자) by ABC Bank, ××× Branch(양도취급은행)'라고 명기하여 이것이 양도된 신용장임을 밝혀서 원수익자에게 반환한다.

신용장의 양도가 끝나면 양도은행은 그 양도된 신용장의 원본과 양도통지서의 비본을 원수익자에게 송부하고 발행은행에게도 양도통지서의 사본을 송부하여 양도된 사실을 통지하여야 한다.

제7절 금융기법을 이용한 결제

1. 수출팩토링금융방식

수출팩토링(export factoring)금융방식이란 수출업자가 수입업자에게 무신용장방식(주로 사후송금방식)으로 외상수출을 한 후 수출채권을 팩토링회사에 일괄양도하고 수출대금의 전부 혹은 일부를 미리 지급받는 방식을 말한다. 팩토링회사는 외상수출거래에 의해서 발생된 외상매출채권(account receivable)을 수출기업으로부터 무소구조건(without recourse)으로 매입한다.

팩토링금융을 이용할 경우, 수출기업은 수출이행 즉시 수출입은행으로부터 수출대금을 지급받게 되며, 수출대금은 만기일에 팩터(factor)가 해외수입업자로부터 직접 회수하게 된다.

참고 | 무소구조건

무소구조건(without recourse: 상환청구권)이란 해외수입업자가 만기일에 수출대금을 상환하지 못하더라도 팩터가 수출기업에 수출대금을 청구하지 않는 조건을 말한다. 즉, 수출대금회수위험을 팩터가 부담하는 것을 말한다.

그림 9-8 | 팩토링의 기본원리

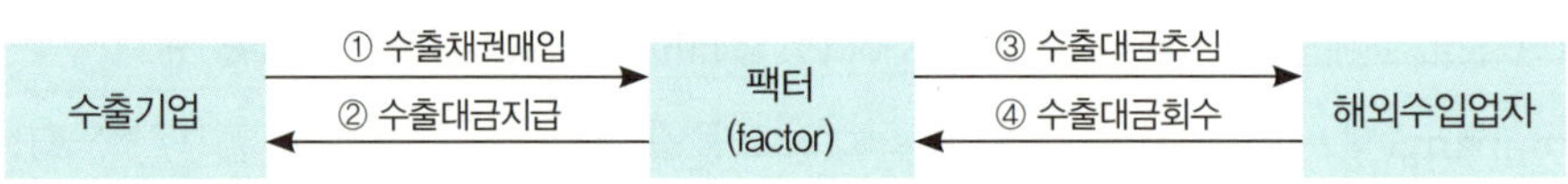

1.1 팩토링금융의 특징

해외수입업자로부터의 수출대금회수는 팩터가 책임지게 되며, 해외수입업자가 만기에 수출대금을 상환하지 못하더라도 팩터는 수출기업에 수출대금상환을 요구하지 않는다.

팩터는 수출채권매입 즉시 해외수입업자를 대신하여 수출기업에 수출대금을 지급하게 되므로 수출기업은 수출이행 후 해외수입업자가 수출대금을 상환할 때까지 기다릴 필요가 없으며, 수출대금 조기회수에 따라 환차손을 예방할 수 있다. 수출기업은 팩터로부터 조기회수한 수출대금으로 수출거래확대에 필요한 운전자금으로 활용할 수 있으며, 고금리 부채를 상환하는 데 사용할 수도 있다.

팩토링금융을 이용할 경우 외상매출채권을 현금으로 전환시키고 차입금으로도 계상되지 않기 때문에 수출기업의 재무구조가 개선된다. 또한 팩터가 팩토링금융으로 제공한 자금은 수출기업 앞 여신관리대상에서 제외되므로 금융기관으로부터

보다 많은 여신한도를 받을 수 있어 자금조달능력을 제고할 수 있다.

전 세계적으로 팩토링시장은 유럽을 중심으로 미국 및 아시아(대만, 인도 등)에서 지속적 성장추세를 보이고 있다.

1.2 수출팩토링금융을 이용할 수 있는 기업

수출팩토링금융은 사후송금방식 결제조건으로 동일 해외수입업자와 고정적 거래관계를 유지하고 있는 수출기업에 유용한 금융수단이다. 수출기업은 수출입은행의 수출팩토링금융을 통하여 안정적인 자금조달이 가능하게 되고 금융비용도 절감할 수 있게 된다.

특히, IT 등 성장잠재력이 높은 수출중소기업으로서 수출주문은 많으나 대부분의 해외수입업자가 사후송금방식을 요구하는 경우에 효과적이다. 수출중소기업은 해외수입업자의 신용위험과 수입국의 국가위험을 판단하는 데 어려움이 있으며, 이에 따라 사후송금방식을 원하는 해외수입업자의 요구를 받아들이기 어려워 수출을 포기하는 경우가 많이 발생하고 있다. 수출중소기업이 수출입은행의 수출팩토링금융을 이용하면 해외수입업자의 신용위험을 제거할 수 있기 때문에 해외수입업자의 요구에 적극적으로 대응할 수 있다.

또한 수출상품의 경쟁력과 기술력을 확보하고 있으나 상업금융기관의 수출금융을 이용하는 데 한계가 있는 수출기업에 유용하다. 수출입은행의 수출팩토링금융은 수출기업의 수출이행능력과 해외수입업자의 대금결제능력을 바탕으로 한 금융상품으로서 신용취약, 담보부족 등으로 상업금융이용이 곤란한 수출기업도 이용할 수 있다.

1.3 팩토링금융의 이용방식

팩토링금융에는 제휴방식(two-factor system)과 직접방식(one-factor system)의 두 가지 지원방식이 있다.

1) 제휴방식

제휴방식은 수출팩터가 수입국팩터를 통해 해외수입업자의 신용위험을 인수하고 해외수입업자로부터 수출대금을 추심하는 방식이다. 제휴방식은 다양한 해외수입업자와 중 · 소규모로 반복적으로 거래하는 수출기업에 적합한 지원방식이다.

2) 직접방식

직접팩토링방식을 이용하면 수출팩터가 직접 해외수입업자의 신용위험을 인수하고 해외수입업자로부터 수출대금을 추심한다. 직접방식은 신용이 우량한 해외수입업자와 대규모로 반복적으로 거래하는 수출기업에 적합한 지원방식이다.

1.4 팩토링금융의 이용절차

1) 제휴방식

팩토링금융의 이용절차 중에서 먼저 제휴방식의 이용절차를 살펴보면 다음과 같다.

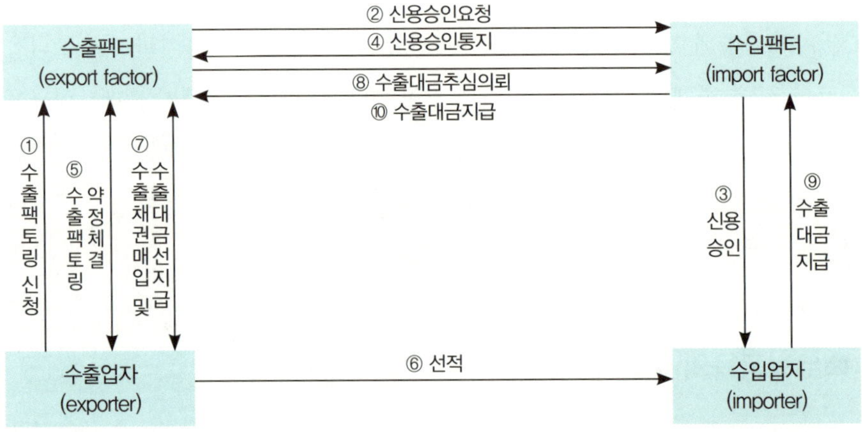

① 수출기업이 해외수입업자와의 사후송금방식 수출거래에 대하여 수출팩터에게 팩토링금융을 신청한다.

②③④ 수출팩터는 수입국 팩토링회사에 해외수입업자의 신용승인을 요청하고, 수입국 팩터(팩토링회사)는 해외수입업자의 신용조사 후 수출팩터에게 신용승인한도를 통지한다.

⑤ 수출팩터와 수출기업 간에 팩토링약정을 체결한다.

⑥ 수출기업이 수출물품을 선적한다.

⑦⑧ 수출기업이 수출채권매입신청서와 함께 상업송장과 선적서류를 제시하면, 수출팩터는 수출대금을 지급하게 되고 수출팩터는 수출채권을 수입국 팩토링회사에 재양도하면서 추심을 의뢰한다.

⑨⑩ 수출팩터가 만기에 수입국 팩토링회사를 통하여 해외수입업자로부터 수출대금을 회수한다.

2) 직접방식

팩토링금융의 이용절차 중에서 직접방식의 이용절차를 살펴보면 다음과 같다.

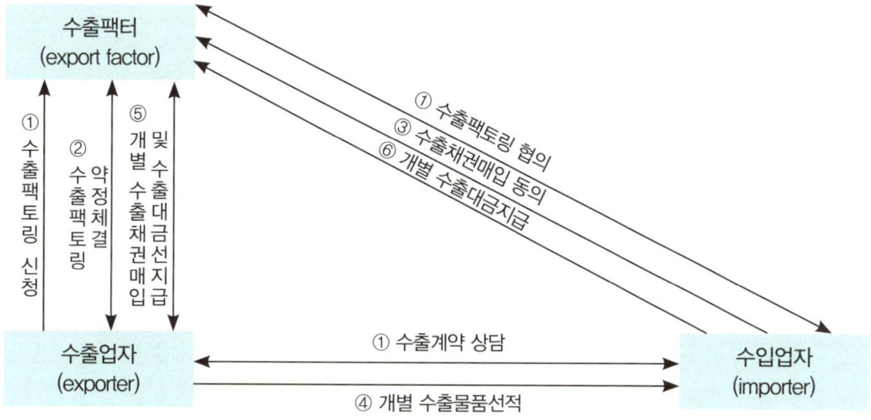

① 수출기업이 해외수입업자와의 사후송금방식 수출거래에 대하여 수출팩터에게 팩토링금융을 신청한다.

② 수출팩터와 수출기업 간에 팩토링약정을 체결한다.

③ 수출팩터는 수출기업을 통해 해외수입업자로부터 수출채권매입동의서를 받는다.

④ 수출기업이 수출물품을 선적한다.

⑤ 수출기업이 수출채권매입신청서와 함께 상업송장과 선적서류를 제시하면, 수출팩터는 수출대금을 지급하게 된다.

⑥ 수출팩터가 만기에 해외수입업자로부터 수출대금을 회수한다.

2. 포페이팅금융방식

포페이팅(forfaiting)은 수출업자가 무역거래에서 발생하는 장기외상채권을 포페이터(forfaiter)에게 할인 · 양도하는 방식으로 대금결제방식이라기보다는 금융기법의 일종이다. 포페이터는 신용장발행은행 또는 수입업자의 거래은행에서 발행된 '취소불능 무조건부 지급보증(aval)'을 믿고, 첨부된 연불수출채권 및 대외채권을 매입한다. 포페이터는 수출환어음이나 약속어음을 받은 수출기업에 수출계약을 성실히 이행한 경우에 한해 상환청구권 없이 고정금리로 할인해 주고, 자신은 채권 만기에 원리금을 지급받는다.

여기서 보증(aval)이란 장기외상채권과 관련하여 수출업자가 발행한 환어음이나 수입업자가 발행한 약속어음의 지급을 보증한다는 의미로 어음의 뒷면에 'aval'이라고 표시하는 것을 뜻한다. 환어음을 포페이팅은행에 매각한 수출기업들은 결제기일 이전에 미리 할인된 수출대금을 받고, 수입국가의 디폴트(default) 등의 사유로 대금회수가 불가능하게 되어도 이미 지급받은 수출대금을 반환할 의무가 없다. 단, 수입지 법원의 지급정지가처분(court injunction)에 의한 만기부도의 경우는 예외로 한다.

포페이팅은 신용장거래의 인수(acceptance)와 유사하나 인수에 비하여 기간이 장기이고 어음소구권이 없다는 점이 다르다. 포페이팅은 100만 달러 이상의 거액이면서 외상기간이 장기(1.10년)인 자본재거래에 주로 사용된다.

2.1 포페이팅금융의 특징

포페이팅은 포페이터가 수출채권을 무소구조건으로 매입하기 때문에 수입국의 채무불이행(default), 채무유예(moratorium), 송금제한 등의 국가위험과 수입업자, 수입업자은행의 대금지급불능으로 인한 신용위험, 금리 및 환율변동에 따른 우발적 위험 등 수출거래와 관련된 모든 대외채권회수위험을 피할 수 있다.

특히 수출업자는 포페이팅수출금융을 이용하면 외상수출 시에도 수출업자가 수출물품을 선적하고 나서 곧바로 포페이터를 통하여 수출대금을 회수할 수 있게 됨으로써 대금회수기간 동안 환율변동에 따른 환차손위험을 회피할 수 있는 이점이 있다.

포페이팅은 수출대금을 미리 확보할 수 있다는 점에서 네고(negotiation)와 매우 유사하나 네고와는 다르다. 네고의 수출채권담보부 대출이 아니라 수출채권을 매입함으로써 일어나는 채권의 양도개념이므로 수출기업의 입장에서 재무제표상에 계상이 되지 않는 이점이 있다.

포페이팅방식은 다음과 같은 순서로 업무가 진행된다.

① 수출업자와 수입업자 간의 계약

② 수출업자와 포페이터의 포페이팅 약정

③ 수출업자가 물품을 선적

④ 수출업자가 포페이팅계약을 체결한 포페이터에게 수출채권양도

⑤ 포페이터가 수출업자에게 수출대금지급

⑥ 포페이터가 만기일에 보증은행에 어음제시

⑦ 보증은행에서 포페이터에게 대금지급

⑧ 보증은행에서 수입업자에게 어음제시

⑨ 수입업자가 보증은행에 대금결제

포페이팅은 특히 국가위험도가 높은 새로운 시장을 개척하려는 수출기업이 널리 활용할 수 있다. 포페이팅을 이용하면 수출품을 선적하자마자 관련서류를 매각해 현금을 확보함과 동시에 수입국의 비상위험이나 발행은행의 미결제위험으로부터 벗어날 수 있다. 수출기업의 신용도와 관계없이 이용이 가능하므로 수출기업은 이로 인해 자금을 원활히 회전시킬 수 있게 된다.

포페이팅의 대상이 되는 어음은 국제무역에서 많이 통용되는 수출환어음이나 약속어음이며 어음은 통상 신용장이 첨부된 'usance 360일' 이내에 매입이 이루어지

▌그림 9-9 ▌ 포페이팅 금융을 이용한 결제과정

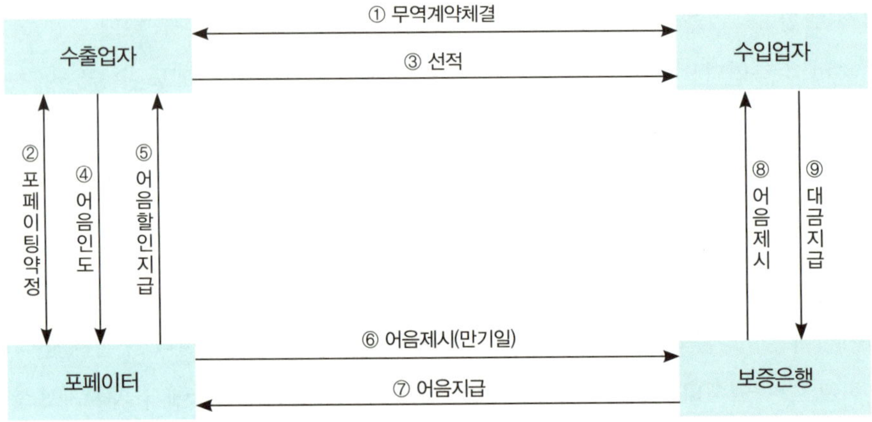

나 경우에 따라 5~10년짜리까지 가능하다. 포페이팅의 요율은 리보금리 Libor(런던은행 간 금리)에 국가 및 신용장발행은행의 신용위험도를 감안한 가산금리가 더해져서 결정된다.

2.2 국내 팩토링과 포페이팅시장의 현황

전 세계 포페이팅시장규모는 2012년도 약 3,000억 달러 이상으로 추정하고 있으며, 국내시장규모는 2016년도 약 300억 달러로 추정하고 있다(김창선, 2018).[01] 한국의 팩토링시장규모는 18조 원인데 수출팩토링이 7조 원을 차지하고 있다. 한국에서는 주로 상환청구권이 있는 거래가 주를 이룬다. 수출팩토링은 수출입은행과 도이치뱅크, HSBC 등 외국계은행이 주로 시장을 점유하고 있다.

국내 포페이팅시장에서 외국계은행은 월등한 자금력으로 금리가 낮아 금리경쟁력으로 국가위험이 낮고 우량한 수출거래를 선별적으로 취급하고 상환청구불능조건 위주로 영입하고 있다. 국내은행은 상대적으로 위험이 높은 개발도상국 수출거래를 중점적으로 지원하고 있다. 포페이팅은 HSBC 등 주로 외국계은행이 경쟁 중이며, 수출입은행도 일부 취급하고 있다. 국제회계기준(IFRS) 도입으로 수출기업

01 김창선, 2018, 국내 외국환은행의 포페이팅 위험관리 비교고찰, 무역학회지 43(5), pp.1~23.

의 재무건전성 문제로 향후 포페이팅, 수출팩토링시장의 규모가 지속적으로 확대될 전망이다.

표 9-1 팩토링거래와 포페이팅거래의 비교

항목	팩토링(factoring)	포페이팅(forfaiting)
금액	제한 없음.	거액(100만 달러 이상)
외상기간	단기(1년 이내, 3개월 미만이 대부분)	장기(2년 이상 10년 이내)
소구권	'with recourse', 'without recourse' 둘 다 가능	'without recourse'만 인정
금리	제한 없음.	고정금리로만 할인
지급근거	팩터(factor)의 신용승인	수입상거래은행의 지급보증(또는 aval)
거래방식	송금방식이 가장 많음.	환어음 또는 약속어음이 매개체
대상채권	현재뿐만 아니라 미래에 발생할 매출채권까지 포함될 수 있음.	개별적으로 확정된 매출채권에 국한
취급은행	수출입은행, 기업은행 및 일부 외국계 은행	일부 외국계은행

제 8 절 무역금융

1. 수출환어음매입

결제기간 2년 미만의 신용장 또는 무신용장방식(D/A, D/P, O/A방식 등)의 수출거래를 근거로 발행된 수출환어음을 매입함으로써 국내수출기업을 지원하는 선적 후 수출금융이다. 매입이란 수출업자가 신용장 또는 계약서조건에 따라 물품선적을 완료하고 화환어음 및 선적서류를 거래은행에 매입하여 줄 것을 요청하면, 당행은 수출대금의 입금 전 수출업자에게 지급 후 수입국은행(신용장, D/A, D/P방식) 또는 수입업자(O/A방식)에게 만기일에 대금을 회수하는 것이다.

참고 | 수출환어음매입의 사례

A기업은 미국 현지 판매법인 앞 D/A 결제조건의 수출거래를 하고 있다. 관련 환어음 및 선적서류를 수출입은행 앞 매입 후 수출대금을 즉시 대출(일정 할인료율 차감)받아 운영자금 등으로 사용할 수 있다.

2. 리파이낸스(refinance)

국내은행이 수출중소기업에 원화무역금융을 제공하면, 수출입은행이 해당 은행에 낮은 금리로 무역금융자금을 제공하는 상품이다.

수출입은행이 높은 신용등급을 바탕으로 낮은 금리에 자금을 조달하여 이를 국내은행에게 제공함으로써, 국내은행이 보다 낮은 금리에 수출중소기업을 지원할 수 있도록 하는 제도이다.

참고 | 리파이낸스의 사례

지방은행인 A은행은 원화를 5% 금리에 빌려올 수 있고, 국책은행인 수출입은행은 3% 금리에 빌려올 수 있다. 수출입은행이 3% 금리로 원화를 빌려와 A은행에 제공함으로써 A은행은 낮은 금리로 보다 많은 수출중소기업에 무역금융을 제공할 수 있게 된다.

3. 보증

수출입은행의 지원대상거래에 대해 대출해 준 국내외 금융기관 앞 채무보증과 국내수출업자의 수출거래 성사 및 해외 프로젝트 수주를 위해 필요한 입찰보증, 선수금환급보증, 계약이행보증, 하자보수보증, 유보금보증 등 이행성보증을 제공하고 있다.

3.1 이행성보증

수출거래계약과 관련하여 사업주(발주자)가 요구하는 은행보증서를 발급해 주는 제도로 선박건조, 해외건설공사, 물품수출 등에 대한 보증 등이 있다.

이행성보증에는 다음과 같은 종류가 있다.

① 입찰보증(bid bond): 입찰 시 제출하는 보증서로 입찰관련규정 위반 시 이에 대한 손해를 보상한다.

② 선수금환급보증(advance payment bond): 선수금을 받기 위해 제출하는 보증서로 수출업자의 귀책사유로 계약조건 미이행 시 이에 대한 손해를 대신 보상한다.

③ 계약이행보증(performance bond): 수출업자의 귀책사유로 계약조건 미이행 시 계약금액의 일정비율만큼 손해를 대신 보상한다.

④ 하자보수보증(warranty bond): 수출이행 후 하자보수기간에 발생한 사업주(발주자)의 손실을 대신 보상한다.

⑤ 유보금보증(retention bond): 사업주(발주자)가 하자보수 등을 위해 유보해 놓은 대금을 받기 위해 제출하는 보증서로 유보금에 대한 계약조건 미이행 시 이에 대한 손해를 대신 보상한다.

사업주(발주자)가 정당한 이유로 보증금액의 지급을 청구(call)하면, 한국수출입은행은 사업주(발주자)에게 대지급금을 지급하며, 수출업자(보증의뢰인)에게 구상권을 행사할 수 있는 권리를 갖는다.

3.2 채무보증

수출입은행 지원대상거래에 대해 자금을 대출한 국내외 금융기관에 차주의 채무불이행 시 수출입은행이 해당 금융기관의 대출금을 대신 상환하여 줄 것을 보증해 주는 제도이다.

중장기 직접대출 및 연불금융에 대한 채무보증 시에는 필요시 이자율지지제도를 통하여 해당 대출취급 금융기관의 고정금리부 대출취급에 따른 이자율 변동위험을 보전해 주고 있다.

Chapter

10

수출통관

제1절 수출통관요건

제2절 수출통관절차

제1절 수출통관요건

수출통관이란 수출신고의 수리를 의미하는 것으로 내국물품을 외국으로 반출하는 것을 허용하는 세관장의 처분을 의미한다. 현재는 전자적 방식의 수출통관절차를 도입하여 시행함으로써 수출물품을 간단하고 신속하게 통관하고 있다.

1. 세관장 확인

수출입을 할 때 법령에서 정하는 바에 따라 허가 · 승인 · 표시 또는 그 밖의 조건을 갖출 필요가 있는 물품은 세관장에게 그 허가 · 승인 · 표시 또는 그 밖의 조건을 갖춘 것임을 증명하여야 한다. 통관할 때 허가 · 승인 · 표시 또는 그 밖의 조건에 대한 세관장의 확인이 필요한 수출입물품에 관하여는 다른 법령에도 불구하고 그 물품과 확인방법, 확인절차, 그 밖에 필요한 사항을 미리 공고하여야 한다.

표 10-1 세관장 확인대상 수출물품

대상법령 및 물품의 범위	구비요건
①「마약류관리에 관한 법률」 해당 물품	식품의약품안전처장의 수출승인(요건확인)서
② 삭제	
③「폐기물의 국가 간 이동 및 그 처리에 관한 법률」 해당 물품	유역(지방)환경청장의 폐기물 수출허가확인서
④「외국환거래법」 해당 물품	• 세관장의 지급수단 등의 수출신고필증 • 한국은행총재 또는 외국환은행장의 지급 등의 방법(변경)신고서 또는 외국환신고(확인)필증
⑤「총포 · 도검 · 화학류 등의 안전관리에 관한 법률」 해당 물품 ㉮ 권총 · 소총 · 기관총 · 포, 화학 · 폭약 ㉯ 그 외의 총 및 그 부분품, 도검, 화공품, 분사기, 전자충격기, 석궁	• 경찰청장의 수출허가증 • 지방경찰청장의 수출허가증

⑥「야생동물 보호 및 관리에 관한 법률」 ㉮ 야생동물 ㉯ 멸종위기에 처한 야생동 · 식물(국제적 멸종위기종 포함) ㉰ 국외반출승인대상 야생동 · 식물	• 시장 · 군수 · 구청장의 야생동물 수출허가증 • 유역(지방)환경청장의 멸종위기 야생동 · 식물(국제적 멸종위기종) 수출허가서 • 유역(지방)환경청장의 생활자원 국외 반출승인서
⑦「문화재보호법」 해당 물품	문화재청장의 문화재 국외반출허가서 또는 비문화재확인서
⑧「남북교류협력에 관한 법률」 해당 물품	통일부 장관의 반출승인서
⑨「원자력안전법」 해당 물품 ㉮ 핵물질 ㉯ 방사성동위원소 및 방사선발생장치	• 원자력안전위원회의 수출요건확인서 • 한국방사선안전재단의 수출요건확인서
⑩「가축전염병예방법」 해당 물품	농림축산검역본부장의 검역증명서
⑪「폐기물관리법」 해당 물품	유역(지방)환경청장의 폐기물 수출신고확인서
⑫「농수산생명자원의 보존 · 관리 및 이용에 관한 법률」상 인삼종자	농촌진흥청장의 수출승인서
⑬「방위사업법」 해당 물품 중 군용 총포, 도검, 화학류	방위사업청장의 수출허가서

2. 원산지증명서

2.1 특혜원산지증명서

다음의 어느 하나의 규정 또는 협정에 해당하는 특혜관세를 적용받으려고 할 때는 수입(반입)신고 시에 특혜원산지증명서를 제출하여야 한다.

① 세계무역기구협정 등에 의한 양허관세 규정 제3조의 세계무역기구협정 개발도상국 간의 양허관세(TNDC)

② 세계무역기구협정 등에 의한 양허관세 규정 제5조의 유엔무역개발회의 개발도상국 간 특혜무역제도의 양허관세(GSTP)

③ 세계무역기구협정 등에 의한 양허관세 규정 제4조의 아시아 · 태평양무역협정에 따른 양허관세(APTA)

④ 최빈개발도상국에 대한 특혜관세

⑤ 남북교류협력에 관한 법률 제26조 제2항 단서에 따라 원산지가 북한인 반입

물품

⑥ 그 밖에 세계무역기구 회원국에 적용할 일반양허관세 등 국제협력관세 또는 편익관세를 적용 신청한 경우로서 세관장이 원산지를 확인할 필요가 있다고 인정하는 물품

2.2 일반원산지증명서

세관장은 다음 어느 하나에 해당하는 품목에 대해서는 일반원산지증명서를 제출하도록 할 수 있다.

① 덤핑방지관세, 상계관세, 보복관세, 긴급관세 등이 적용되는 국가의 인접국에서 수입되거나 적용대상국 생산물품 중 동 관세 비적용 신청물품 또는 낮은 세율 적용 신청물품으로서 우회 수입 등의 가능성이 있어 세관장이 이를 확인할 필요가 있다고 인정하는 물품

② 「대외무역법」, 「식품위생법」, 「검역법」 등에 따라 원산지를 확인하는 품목

2.3 원산지증명서의 발급

원산지증명서는 특혜관세 적용국산 물품이고 원산지 결정기준을 충족하는 물품으로서 원산지 결정기준부호가 기재되어 있어야 하며, 수입신고일로부터 소급하여 1년 이내에 발급된 것이어야 한다. 체약 상대국 특혜원산지증명서 발급기관은 관세청장이 전자통관시스템 또는 관세청 홈페이지에 공지할 수 있다. 원산지증명서는 한국어 또는 영어로 표기한 것이어야 한다. 다만, 다른 언어로 기재된 경우에는 이를 번역하여 원본과 함께 제출할 수 있다.

원산지증명서는 같은 선화증권건에만 사용할 수 있다. 다만, 선복 부족 등 부득이한 사유로 분할 선적한 경우에는 분할하여 사용할 수 있다. 세관장은 원산지증명서상 수입자란에 제3국의 중계인이 기재된 경우 송품장, 선화증권 등 관련 무역서류를 통하여 3자 간 무역거래가 인정되는 때에는 해당 원산지증명서를 인정할 수 있다.

▮ 그림 10-1 ▮ FTA 협정세율 적용을 받기 위한 수출신고절차

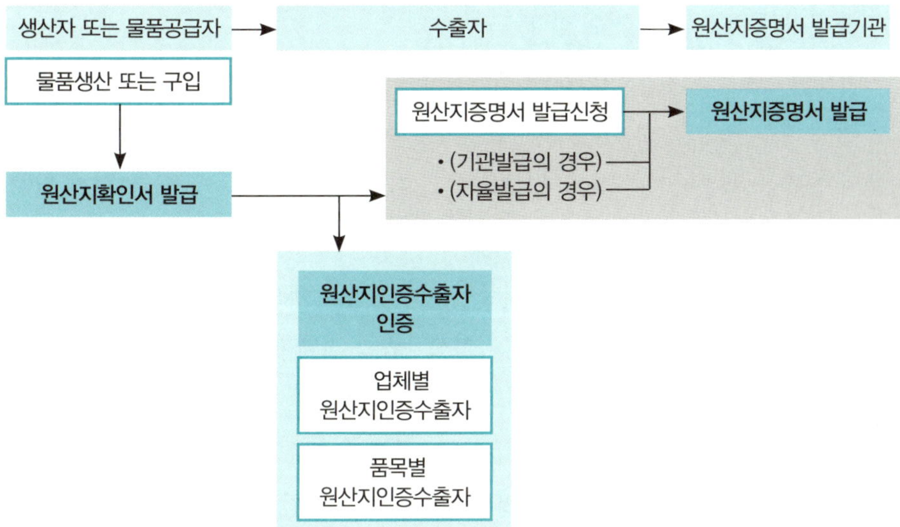

자료: 관세청

3. 지식재산권

산업발전을 진흥하고 정보화사회를 주도하는 지식재산권을 국제적으로 보호하기 위하여 WTO는 TRIPs(Trade Related Aspects of Intellectual Property Rights Including Trade in Counterfeit Goods)협정을 체결하여 지식재산권 보호에 대한 국제적인 통일을 이루고 지식재산권 침해물품의 국제거래를 엄격히 금지하고 있다.

한국에서도 상표권, 저작권과 저작인접권, 품종보호권, 지리적 표시권 또는 지리적 표시, 특허권, 디자인권을 침해하는 물품은 수출하거나 수입할 수 없다. 관세청장은 지식재산권을 침해하는 물품을 효율적으로 단속하는 데 필요한 경우에는 해당 지식재산권을 관계 법령에 따라 등록 또는 설정 등록한 자 등이 해당 지식재산권에 관한 사항을 신고하게 할 수 있다.

세관장은 수출입신고된 물품, 환적 또는 복합 환적신고된 물품, 보세구역에 반입신고된 물품, 보세운송신고된 물품, 일시 양륙이 신고된 물품이 신고된 지식재산권을 침해하였다고 인정될 때에는 그 지식재산권을 신고한 자에게 해당 물품의 수출입, 환적, 복합환적, 보세구역반입, 보세운송 또는 일시 양륙의 신고사실을 통보하여야 한다. 이 경우 통보를 받은 자는 세관장에게 담보를 제공하고 해당 물품의 통관 보류나 유치를 요청할 수 있다.

지식재산권을 보호받으려는 자는 세관장에게 담보를 제공하고 해당 물품의 통관 보류나 유치를 요청할 수 있다. 요청을 받은 세관장은 특별한 사유가 없으면 해당 물품의 통관을 보류하거나 유치하여야 한다. 다만, 수출입신고 등을 한 자가 담보를 제공하고 통관 또는 유치 해제를 요청하는 경우에는 상표권 등을 침해하는 물품을 제외하고는 해당 물품의 통관을 허용하거나 유치를 해제할 수 있다.

세관장은 수출입신고된 물품 등이 지식재산권을 침해하였음이 명백한 경우에는 대통령령으로 정하는 바에 따라 직권으로 해당 물품의 통관을 보류하거나 해당 물품을 유치할 수 있다. 이 경우 세관장은 해당 물품의 수출입신고 등을 한 자에게 그 사실을 즉시 통보하여야 한다. 수출입관련 지식재산권 침해 사범에 대한 수사권이 세관공무원에게 부여되어 있어 지식재산권 침해 사범에 대해 상표법 등 개별법 위반으로 조사하여 처벌하고 있다.

4. 남북한 교역대상물 반출입 승인

다음에 해당하는 모든 물품 등의 반출입은 그 품목, 거래형태 및 대금결제방법 등에 관하여 통일부 장관의 승인을 받아야 한다.

① 남한과 북한 간에 직접 이동하는 물품 등(중계무역을 위해 남한과 북한 간에 이동하는 물품 등도 포함)

② 무역의 형태, 해당 물품 등의 소유권 변동 여부와 관계없이 단순히 제3국(보세구역을 포함)을 거쳐 남한과 북한 간에 이동하는 물품 등

다만, 다음과 같이 포괄적으로 승인한 반출 · 반입에 해당하는 경우에는 그러하지 아니하다.

① 대외무역관리규정 제19조에 따라 세관장이 타당하다고 인정하는 범위 내의 여행자 휴대품 · 별송품 및 북한에서 근무하는 남한 주민이나 외국인의 일상생활에 필요한 물품 등

② 남북당국 합의 및 그 위임에 의한 남북회담 · 행사 · 사무소 운영 등을 지원 · 진행하기 위해 필요한 물품 등

③ 남북의 교류 · 협력의 원활한 추진을 위하여 통일부 장관이 남북교류협력추진협의회의 의결을 거쳐 별도 공고하는 품목, 거래형태, 대금결제방법 등

5. 전략물자의 판정

산업통상자원부 장관은 관계 행정기관의 장과 협의하여 대통령령으로 정하는 국제수출통제체제[01]의 원칙에 따라 국제평화 및 안전유지와 국가안보를 위하여 수출허가 등 제한이 필요한 물품 등을 지정하여 고시하여야 한다. 전략물자는 전략물자로 분리가능한 부분품으로 포함하고 있는 물품 등을 말한다. 이중용도품목과 군용물자품목에 해당하는 물품으로 나뉜다.

전략물자의 판정이란 대상물품 등이 이중용도품목, 상황허가대상품목, 군용물자품목에서 규정하는 물품 등에 해당되는 것인지 여부를 판단하는 것을 말한다. 전략물자 등의 판정은 무역거래자가 자체적으로 판단하는 자가판정과 사전판정기관에 의한 사전판정으로 구분된다.

제 2 절 수출통관절차

수출절차는 수출계약을 체결하고, 수출물품에 관한 기본사항을 관리하는 대외무역법과 통관절차 등을 규정한 관세법에 따른 통관절차를 거쳐 물품을 운송수단에 적재하고, 최종적으로는 물품대금을 회수하는 국제상거래이므로 절차나 내용이 전문적이고 복잡한 일련의 행정적 · 법률적 그리고 상관습적인 흐름으로 전개된다. 그러므로 수출업자는 국내외 무역관련 법규와 국제상관습 등 수출거래의 형태별

01 국제수출통제체제는 바세나르체제(WA), 핵공급국그룹(NSG), 미사일기술통제체제(MTCR), 오스트레일리아그룹(AG), 화학무기의 개발 · 생산 · 비축 · 사용 금지 및 폐기에 관한 협약(CWC), 세균무기(생물무기) 및 독소무기의 개발 · 생산 · 비축 금지 및 폐기에 관한 협약(BWC)을 말한다.

그리고 수출절차별 각 단계에서 필요로 하는 무역실무 지식을 정확하게 숙지하여야 한다.

수출통관절차는 수출신고인이 수출하려는 물품을 세관에 수출신고한 후 신고수리를 받아 물품을 선박에 적재하기까지의 일련의 절차로서, 정식 수출통관절차와 간이 수출통관절차로 구분된다.[02]

① 정식 수출통관절차: 간이통관절차 적용대상 이외의 물품의 수출통관에 적용하는 절차를 말한다.

② 간이 수출통관절차: 개인용품, 무역통계에 계상되지 아니하는 물품 또는 관세환급대상이 아닌 물품으로서 정식 통관절차를 필요로 하지 않는 물품의 수출통관에 적용하는 간이한 절차를 말한다.

1. 정식 수출통관절차

수출통관절차에 대하여 선박 또는 항공기에 물품을 적재하기 전에 수출통관절차를 이행하는 것이 일반적이므로 적재(출항)전 정식 수출통관절차를 중심으로 살펴본다.

수출입통관을 하려면 우선 수출입신고를 해야 한다. 세관에서는 화주 또는 관세사가 수출입신고한 내용을 심사해서 수리 여부를 결정하고 수출입신고필증을 교부해 준다. 수출의 경우에는 수출신고필증이 있어야만 수출물품을 선적할 수 있다.

세관심사는 서류심사와 물품검사로 이루어지며, 서류심사는 수출입물품의 HSK 번호에 해당하는 품목별 수출입요령에 의거 수출입규제 여부 및 허가 · 승인 여부를 확인하는 방식으로 이루어진다.

물품검사는 수출물품에 대해서는 원칙적으로 생략하고, 수입물품에 대해서는 무작위 추출방식에 의하여 검사대상을 선별하며, C/S시스템(Cargo Selectivity System: 우범화물 자동선별시스템)에 사전 등록된 기준에 의하여 우범성이 있는 화물에 대한 검사 여부를 결정한다.

02 관세청, 2019년 12월 31일 개정, 수출통관 사무처리에 관한 고시, 제2조 제3호 및 제4호

▌그림 10-2 ▌ 수출통관절차

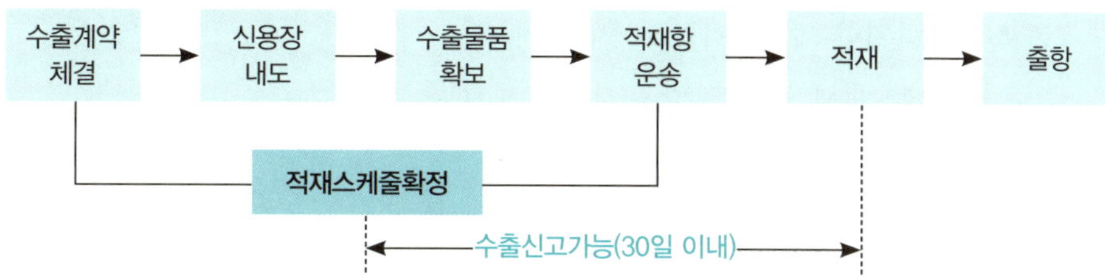

2. 수출신고

2.1 적재 전 수출신고

수출신고는 원칙적으로 수출물품을 선박에 적재하기 전에 행하여야 하는 것으로 선적하기 전 30일 이내에 행하여야 한다. 왜냐하면 수출신고인은 수출신고필증을 받은 후 30일 이내에 선적해야 하기 때문이다. 적재 전 수출신고에 관한 내용은 다음과 같다.[03]

수출신고를 하려는 자는 전자문서로 작성된 수출신고서 등 신고자료와 함께 송품장 등 관련서류를 전자제출하거나 전자이미지로 통관시스템에 전송하여야 한다.[04] 다만, 전자제출 또는 전자이미지로 전송할 수 없는 수출신고건에 대하여는 서류로 제출할 수 있다. 수출신고의 효력발생시점은 전송된 신고자료가 통관시스템에 접수된 시점으로 한다.

전자제출 또는 전자이미지로 전송할 수 없는 수출신고건에 대하여는 신고인은 신고자료 등을 통관시스템에 전송한 후 수출신고서 및 해당 구비서류를 세관장에게 제출하여야 한다.

① 수출신고 전에 요건구비의 증명이 필요한 물품(단, 수출요건내역을 전산망으로 확인할 수 없는 경우에 한함)

② 계약내용과 상이하여 재수출하는 물품 또는 재수출조건부로 수입통관되어 수출하는 물품의 수출

---

03 관세청, 2019년 12월 31일 개정, 수출통관 사무처리에 관한 고시, 제4조부터 제8조

04 관세청, 2019년 12월 31일 개정, 수출통관 사무처리에 관한 고시, 제4조, 제5조, 제7조

③ 수출자가 재수입 시 관세 등의 감면, 환급 또는 사후관리 등을 위하여 서류제출로 신고하거나 세관검사를 요청하는 물품

④ 수출통관시스템에서 서류제출대상으로 통보된 물품

2.2 적재 후 수출신고

수출신고는 수출물품의 특성에 따라 물품의 적재 후에 행해지는 다음의 5가지 경우도 있다.[05]

① 선상수출신고: 수출하려는 물품이 다음 물품의 어느 하나에 해당하는 경우에는 해당 물품을 선적한 후 선상에서 수출신고를 할 수 있다.

- 선적한 후 공인검정기관의 검정서(survey report)에 의하여 수출물품의 수량을 확인하는 물품(예: 산물 및 광산물)
- 물품의 신선도 유지 등의 사유로 선상 수출신고가 불가피하다고 인정되는 물품(예: 내항선에 적재된 수산물을 다른 선박으로 이적하지 아니한 상태로 외국무역선으로 자격변경하여 출항하고자 하는 경우)
- 자동차운반전용선박에 적재하여 수출하는 신품자동차

② 현지수출 어패류신고: 어패류를 출항허가를 받은 운반선에 의하여 현지에서 수출하는 것이 부득이한 경우에는 수출 후 대금결제 전까지 출항허가를 받은 세관장에게 신고자료를 전송하고, 신고서류에 화물수취증(cargo receipt)과 같은 수출실적을 증명하는 서류를 첨부하여 제출하여야 한다.

③ 보세판매장 수출신고: 보세판매장에서 외국인에게 국내에서 생산(제조 · 가공 · 조립 · 수리 · 재생 또는 개조하는 것)된 물품을 판매하는 경우 보세판매장 운영인은 별표 수출신고서 작성요령에 따라 수출신고서 기재항목 중 일부 항목을 기재하지 아니할 수 있다.

④ 원양수산물신고: 우리나라 선박이 공해에서 채포한 수산물을 현지 판매하는 경우에는 수출자가 수출 후 대금결제 전까지 화물수취증, 선화증권(B/L), 최종결제서(final or finish settlement)와 같은 수출사실을 증명하는 서류가 첨

05 관세청, 2019년 12월 31일 개정, 수출통관 사무처리에 관한 고시, 제32조부터 제35조

부된 수출실적보고서를 한국원양산업협회를 경유하여 서울세관장에게 신고자료를 전송하여야 한다.

⑤ 잠정수량신고 · 잠정가격신고 대상물품의 수출신고: 배관 등 고정운반설비를 이용하여 적재하는 경우 또는 제조공정상의 이유 및 국제원자재 시세에 따른 금액이 사후에 확정되어 수출신고 시에 수량이나 가격 확정이 곤란한 물품(가스, 액체, 전기, 직물 및 편물, 전자상거래 수출물품 등)을 수출하려는 자는 수출신고 시에 적재예정수량 및 금액을 신고하고, 적재완료일로부터 수량의 경우 5일, 금액의 경우 180일이 경과하기 전까지 실제 공급한 수량 및 금액을 신고할 수 있다.

그림 10-3 수출신고절차

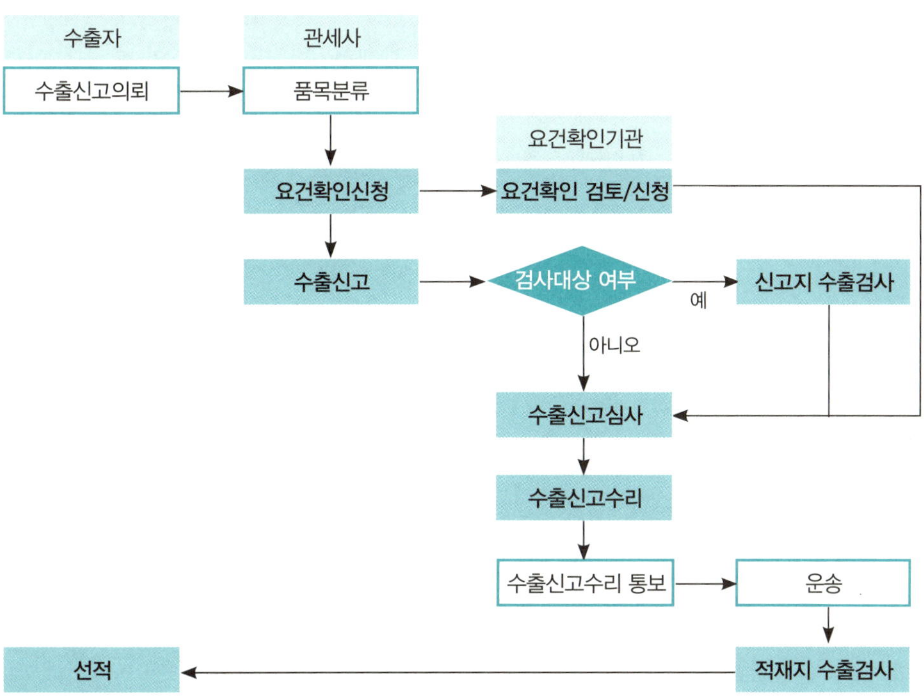

자료: 관세청

3. 수출승인

일반적으로 모든 물품에 대한 수출은 자유롭게 할 수 있지만, 특정물품에 대해서는 수출승인을 반드시 받아야 하는 품목이 있다. 그러므로 당해 품목의 수출승인 이전에 해당 품목의 수출이 규제되었는지 사전에 점검해야 한다. 따라서 수출계약을 체결한 자가 물품을 수출하기 위해서는 우선적으로 수출하고자 하는 품목이 수출입공고 등에서 수출이 제한되는 품목인지를 파악해야 한다. 이 경우, 규제를 해제할 수 있는 요건을 갖추어야 합법적으로 수출승인을 받을 수 있다.

물품의 수출은 무역업고유번호를 부여받은 경우 원칙적으로 자유롭게 할 수 있다. 그러나 대외무역법에서 정하고 있는 특정한 물품의 경우에는 수출 이전에 당해 물품의 수출에 대한 사전허가를 받아야 하는데 이를 수출승인이라 한다.

즉, 대외무역법상 수출입공고, 통합공고에 의해 수출이 제한되는 물품을 수출하고자 하는 경우에는 당해 물품을 관장하는 기관에서 수출승인을 받아 수출을 이행하여야 한다. 다만 대외무역법 이외의 법령에 의해 수출이 금지되거나 제한되는 물품을 수출하고자 하는 경우에는 수출승인과는 관계없이 당해 법령에서 정하고 있는 요건을 충족하여야 한다.

3.1 수출승인기관

수출승인대상물품을 수출하고자 하는 자는 원칙적으로 산업통상자원부 장관으로부터 수출승인을 받아야 한다. 그러나 실제로는 교역상대국에 전쟁 등 특별한 사태가 발생하였거나 섬유류와 같이 국가 간 협정에 의해 사전 규제가 되지 않은 한 대부분 품목의 수출은 자동승인된 것으로 간주하여 사실상 수출승인이 면제된 것과 다름없다. 한편, 수출제한품목에 대하여는 당해 물품을 관장하는 기관이나 단체에 수출승인권한이 위임되어 있다. 수출승인기관은 다음과 같다.

표 10-2 대상품목별 수출승인기관

기관명	대상품목
한국골재협회	모래, 자갈 등
한국기계산업진흥회, 한국플랜트산업협회	산업설비수출
한국수출입은행	산업설비수출(연불금융대상)

자료: 산업통상자원부 수출입공고

3.2 수출승인요건

수출승인기관의 장은 수출승인신청을 받으면 다음 요건을 확인한 후 승인하게 된다.

1) 수출자 및 위탁자 확인

수출을 하려면 대외무역법상의 무역업고유번호를 발급받아야 한다. 수출승인기관은 수출승인신청자가 무역업고유번호를 받았는지 여부를 확인하고, 만약 대행의 경우에는 대행계약서를 첨부하여야 한다.

2) 수출입공고 등에 의한 제한 여부 검토

수출품은 수출입공고 등에서 정하고 있는 제한요건을 충족하여야 한다.

3) 수출대금결제방법 검토

수출대금의 결제방법은 외국환거래법에서 인정하는 방법이어야 한다.

4) 품목분류의 정확성 검토

① 수출하는 물품의 품목분류번호가 HS상품분류상의 분류와 일치하여야 한다.

② 상품분류는 관세율표를 참조한다.

3.3 수출승인의 면제

물품을 수출하려면 대외무역법에 의거 무역업고유번호를 발급받아야 하며, 수출제한품목에 대하여 수출승인기관의 승인을 받도록 되어 있다. 경우에 따라서는 수출승인에 따른 여러 가지 관리나 제한을 두는 것이 오히려 대외무역의 건전한 발전을 저해하고 수출활동을 위축시키는 결과를 초래하는 경우가 있다. 따라서 대외무역법 제14조 단서에 의거 물품의 수출 · 수입의 절차 간소화를 위하여 수출승인을 면제하는 경우도 있다.

수출승인의 면제에 해당하는 거래는 원칙적으로 상거래가 아닌 경우이다. 그 경우를 구체적으로 살펴보면, 첫째 긴급을 요하는 물품으로서 정상적인 수출입절차를 밟기에 부적합한 물품, 둘째 특정용도에 제공해지는 수출, 셋째 견품류수출 등 본 수출거래가 원활히 되기 위하여 사전 · 사후에 이루어지는 부수거래 등이다.

4. 수출신고수리와 수출신고필증 발급

4.1 신고서의 처리

수출신고물품에 대한 신고서는 전자통관심사, 심사(화면심사, 서류심사), 물품검사 중 하나의 방법으로 처리된다. 이렇게 결정된 처리방법은 수출업무 담당자에 의하여 변경될 수 있으며, 이 경우 수출업무 담당자는 변경된 사항을 시스템에 정정 등록한다. 수출업무 담당자는 서류제출 없는 신고물품의 신고사항을 검토한 결과 심사 또는 물품검사가 필요하다고 판단되는 경우에는 서류제출대상으로 선별하고 서류제출을 요구할 수 있다. 수출업무 담당과장은 서류제출 없는 신고물품의 신고사항을 검토한 결과 심사 또는 물품검사가 필요하다고 판단되는 경우에는 서류제출대상으로 선별하고, 서류의 제출을 요구할 수 있다. 다만, 전자제출하였거나 전자이미지 전송한 경우에는 서류제출을 생략할 수 있다.[06]

06 관세청, 2019년 12월 31일 개정, 수출통관 사무처리에 관한 고시, 제10조

4.2 물품검사

물품검사는 수출신고된 물품 이외에 은닉된 물품이 있는지 여부와 수출신고사항과 현품의 일치 여부를 확인하는 것을 말한다. 물품검사는 생략하는 것이 원칙이지만, 예외적으로 수출통관시스템에 제출된 수출신고자료에 의하여 선별되거나 또는 신고서처리방법의 결정 시 물품검사로 선별된다.

한편, 물품검사 생략대상으로 수출신고수리된 물품이라 하더라도, 적재지 관할 세관장이 필요하다고 인정하는 경우에는 컨테이너검색기검사 등의 검사를 실시할 수 있다.

세관장은 제3항에 따른 신고지검사를 완료한 수출물품에 대하여 봉인조치를 하거나 보세운송을 통하여 적재지 보세구역으로 운송하도록 할 수 있다.

세관장은 제2항 및 제3항에 따른 물품검사가 완료되고 적재지 보세구역에 반입된 물품이 적재목적 이외의 사유로 반출되는 경우 해당 물품이 적재지 보세구역에 재반입된 때 물품검사를 다시 할 수 있다. 수출물품에 대한 검사를 실시하는 경우 심사하며, 물품검사의 시기, 장소, 방법 등에 대하여 살펴보면 다음과 같다.[07]

① 검사시기: 수출물품의 검사는 신고수리 후 적재 전에 검사하는 것을 원칙으로 하지만(적재 전 검사), 적재 전 검사가 부적절하다고 판단되는 물품이나 반송물품, 계약상이물품, 재수출물품 및 원상태 수출물품 등은 신고지 세관에서 물품검사를 실시할 수 있다.

② 검사장소: 수출신고물품에 대한 검사는 원칙적으로 해당 물품이 장치되어 있는 장소에서 행해지지만(신고지검사), 부정수출 또는 부정환급 등 우범성 정보가 있거나 물품의 성질, 업체의 성실도 등을 감안하여 물품의 효율적인 검사를 위하여 부득이하다고 인정하는 경우에는 물품을 보세구역에 반입하게 한 후 검사할 수 있다(적재지검사).[08]

07 관세청, 2019년 12월 31일 개정, 수출통관 사무처리에 관한 고시, 제16조, 제17조, 제18조, 제20조

08 '신고지검사'란 수출신고를 한 물품의 소재지에 방문하여 검사하는 것을 말하고, '적재지검사'란 수출물품이 선적되는 적재지 보세구역 또는 적재지 관할 세관장이 별도로 정하는 장소에서 검사하는 것을 말한다.

③ 검사방법: 검사방법으로는 컨테이너검색기 또는 차량이동형 검색기 등을 활용하여 검사할 수 있으며, 물품확인이 필요한 경우 전량검사, 발췌검사 또는 분석검사 등을 실시한다.

4.3 수출신고필증 발급

① 자동수리대상은 통관시스템에서 자동으로 신고수리하고, ② 심사대상은 심사 후 수리하고, ③ 검사대상은 검사 후 수리한다. 다만, 적재지검사대상은 수출물품을 적재하기 전에 검사를 받는 조건으로 신고를 수리할 수 있다.

세관장은 수출신고를 수리할 때 세관특수청인을 전자적으로 날인한 수출신고필증을 교부하되, 적재 전 수출신고필증과 수출이행 수출신고필증을 구분하여 교부할 수 있다. 다만, '수출이행 수출신고필증'은 출항이 완료된 이후에 교부한다. 세관장에 의하여 교부된 신고필증이 통관시스템에 보관된 전자문서의 내용과 상이한 경우에는 통관시스템에 보관된 전자문서의 내용을 원본으로 한다. 수출신고필증이 발급되면 수출통관절차는 완료된다.[09]

5. 물품적재

화주는 수출신고필증을 받은 후 적재항 또는 적재공항까지 물품을 운송한다. 수출신고가 수리된 물품에 대하여는 보세운송절차를 생략한다.[10] 수출물품을 선박이나 항공기에 적재하려는 자는 물품이 선적지공항만 내에 장치된 후 물품을 적재하기 전에 '물품목록'을 출항지 세관장에게 전자문서로 제출하여 적재신고를 하여야 한다.

물품목적의 제출시기는 해상화물의 경우에는 선박적재 24시간 전까지, 근거리 지역은 선박 적재 전으로서 선박 출항 30분 전까지, 산화물이나 환적화물 등은 선박 출항 전까지, 선상 수출신고대상 화물은 선박 출항 다음날 24시까지, 항공화물

09 관세청, 2019년 12월 31일 개정, 수출통관 사무처리에 관한 고시, 제21조, 제22조
10 관세청, 2019년 12월 5일 개정, 보세운송에 관한 고시, 제46조

의 경우에는 항공기 적재 전으로서 항공기 출항 30분 전까지이다.[11]

세관장은 적재신고를 받은 물품에 대하여 전산시스템으로 수출검사대상 여부를 확인 후 자동으로 적재신고를 수리하되, 수출신고사항과의 이상 유무 등에 대하여 세관공무원의 확인이 필요하다고 판단되는 물품은 선별하여 확인할 수 있다.

적화목록 제출의무자는 적재신고 시 신고내역 중 수출검사대상으로 선별된 수출신고건이 있는지를 확인하고, 선별된 물품이 있는 경우 세관공무원의 검사를 받은 후 적재하여야 한다. 이 경우 화주, 적화목록 제출의무자와 하역회사 등은 세관공무원의 물품확인에 적극적으로 협조하여야 한다.[12]

수출업자는 수출신고가 수리된 물품을 수출신고가 수리된 날부터 30일 이내에 한국과 외국 간을 왕래하는 운송수단에 적재하여야 한다. 다만, 출항 또는 적재일정 변경 등 부득이한 사유로 인하여 적재기간을 연장하려는 자는 변경 전 적재기간 내에 통관지 세관장에게 적재기간 연장승인을 신청하여야 한다.[13]

6. 관세환급 및 사후관리

수출을 이행하고 대금을 회수하였다면 실질적인 수출절차는 완료되지만, 수출물품을 생산하기 위해 원자재를 수입하는 경우에 수출용 원자재를 수입할 때에 납부한 관세 및 내국세 등을 당해 원자재를 사용하여 제조한 물품을 수출하였을 때 특정한 요건에 해당하는 경우에는 관세환급을 신청하여 그 전부 또는 일부를 되돌려 받는다.

11 관세청, 2018년 12월 26일 개정, 보세화물 입출항 하선 하기 및 적재에 관한 고시, 제37조
12 관세청, 2018년 12월 26일 개정, 보세화물 입출항 하선 하기 및 적재에 관한 고시, 제39조
13 관세청, 2019년 12월 31일 개정, 수출통관 사무처리에 관한 고시, 제45조

▮ 그림 10-4 ▮ 관세환급절차

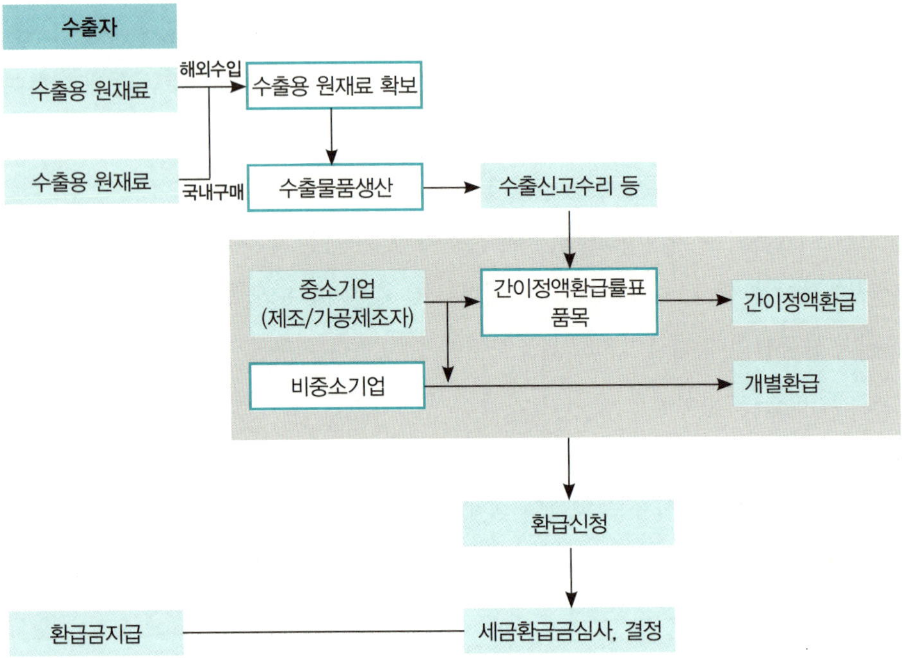

자료: 관세청

7. 수출신고서 작성요령

관세청에서 발급한 수출신고서 [양식 10-1]의 작성요령을 살펴본다.

① 신고자: 신고자 상호와 대표자 성명 및 신고자부호, 연도, 신고서 작성 일련번호를 기재

② 수출업자: 수출업자 상호 또는 성명, 수출업자구분, 위탁자 상호(수출대행인 경우), 무역업고유번호, 주소, 대표자, 통관고유부호, 사업자등록번호 기재

③ 제조자: 수출물품을 제조 가공한 자의 상호, 통관고유부호, 제조장소 산업단지부호 기재

④ 구매자: 상업송장에 명시된 외국의 구매회사 영문이름과 관세청에서 부여하는 해외공급자 부호 기재

⑤ 신고번호: 통관지 세관부호 및 과부호, 연도를 기재

⑥ 신고일자: 신고자가 신고서를 접수하고자 하는 날짜를 YYYY/MM/DD(연월일)로 기재

⑦ 신고구분: P/L, 서류제출, 반송 등 해당 코드를 기재

⑧ C/S구분: 세관기재(검사생략 등)란으로 기재 생략

⑨ 거래구분: 일반형태 수출 등 해당 코드를 기재

⑩ 종류: 일반 · 보세공장수출 등 해당 코드를 기재

⑪ 결제방법: L/C, 단순송금 등 해당 코드를 기재

⑫ 목적국: 수출물품의 최종 도착국가에 대한 약어를 기재

⑬ 적재항: 수출물품이 적재되는 항구 · 공항명을 기재

⑱ 운송형태: 운송수단 및 운송용기 코드를 기재

⑲ 검사방법 선택: 희망하는 검사방법 및 세관검사 희망일을 YYYY/MM/DD로 기재

⑳ 물품소재지: 수출물품이 장치되어 있는 소재지의 우편번호 앞 3자리와 소재지명칭(업체상호) 및 주소를 기재

㉑ L/C번호: 신용장거래방식에 의한 수출인 경우에는 L/C번호를 기재하고, 그 외의 경우에는 은행참조번호 또는 계약서번호를 기재

㉒ 물품상태: 수출물품이 신품인지 중고품인지 기재

㉓ 사전 임시개청통보 여부: 야간 또는 공휴일에 신고서를 전송하는 경우 사전에 임시개청을 통보한 신고서인지 아닌지 여부를 기재

㉔ 반송사유: 반송절차에 관한 고시의 규정에 의한 반송물품의 경우에는 반송사유부호를 기재

㉕ 환급신청인: 수출물품이 환급대상인 경우 환급신청인을 수출업자와 제조자 중 해당하는 번호를 기재하고 수출신고에 의한 자동 간이정액환급 신청 여부를 기재

㉖ 품명: 당해 물품을 나타내는 관세율표상의 품명을 영문으로 기재

㉗ 거래품명: 실제 상거래 시 상업송장 등 무역서류에 기재하는 품명을 기재

㉘ 상표명: 상표가 있는 경우 실제 사용하는 하나의 상표명을 기재

㉙ 모델 · 규격: 해당 품목의 세부 모델 및 규격을 기재

㉚ 성분: 품목분류, 법령에 의한 세관장 확인대상물품, 관세환급 심사에 영향을 미치는 성분 및 함량을 기재

㉛ 수량: 당해 품목의 모델 · 규격별 수량을 기재

㉜ 단가: 당해 품목의 모델 · 규격별 수량을 기재

㉝ 금액: 당해 품목의 모델 · 규격별 수량을 기재

㉞ 세번부호: 관세율표에 기재된 세번을 10단위까지 기재

㉟ 순중량: 물품의 포장용기를 제외한 순중량을 기재

㊱ 수량: HS별 표준수량 · 중량 단위표에 게기된 단위로 환산하여 기재

㊲ 신고가격: FOB기준의 원화가격을 원단위까지 기재, 송장상 결제조건이 FOB가 아닌 경우 FOB가격으로 산정하여 기재(결제조건이 CIF인 경우 운임, 보험료를 공제한 금액)

㊳ 송장부호: 상업송장부호를 기재

㊴ 수입신고번호: 재수출조건부 수입물품의 수출신고 시 기재

㊵ 원산지: 수출물품의 원산지, 원산지결정방법, 원산지표시 여부를 기재

㊶ 포장개수(종류): 해당 물품의 외포장 개수 및 포장종류 코드를 기재

㊷ 수출요건확인: 수출요건확인 일련번호, 구분, 요건승인번호, 발급서류명, 발급일자, 법령부호 기재

㊸ 총중량: 수출신고물품의 총중량(용기 포함)을 기재

㊹ 총포장 개수: 포장명세서상의 총외포장 개수를 기재

㊺ 총신고가격: 수출신고가격의 합계를 원단위까지 기재(원단위 이하는 절사)하고 총신고가격을 미화($)로 환산하여 기재($ 이하는 반올림)

㊻ 운임: 결제금액에 운임이 포함된 경우 운임을 원화로 기재

㊼ 보험료: 결제금액에 보험료가 포함된 경우 보험료를 원화로 기재

㊽ 결제금액: 송장의 내용을 근거로 하여 인도조건, 통화종류, 금액 순으로 기재

㊾ 수입화물관리번호: 반송절차에 관한 고시의 규정에 의한 반송물품의 경우에 당해 수입화물관리번호 및 전량, 분할, 여러 건 반송 등의 구분 기재

㊿ 컨테이너번호: 컨테이너 적입 및 컨테이너번호 확인 여부를 'Y' 또는 'N'으로 기재하고 수출신고시점에서 컨테이너에 적입되어 있고 컨테이너번호가 확인

된 경우 해당 컨테이너번호를 기재

㉛ 세관기재란: 세관에서 사용하는 특기사항(예: 선적확인사항 등) 기재란으로 신고 시 기재할 필요 없음

㉜ 운송(신고)인: 보세운송대상물품인 경우 해당 보세운송신고인의 상호와 성명을 한글로 기재하고, 일반수출물품인 경우 복합운송주선업자 등 당해 수출물품의 운송인의 상호와 성명을 한글로 기재

㉝ 기간: 보세운송 대상물품인 경우 보세운송신고수리일자 및 종료일자를 YYYY/MM/DD로 기재

㉞ 적재의무기간: 신고수리일로부터 기산된 최초 적재 의무기한이 시스템에서 자동으로 기재되므로 신고인이 기재할 필요 없음

㉟ 신고수리일자: 세관에서 신고수리한 일자가 기재되므로 신고 시 기재할 필요 없음

[양식 10-1]

수출신고서

※ 처리기간: 즉시

제출번호	⑤ 신고번호	⑥ 신고일자	⑦ 신고구분	⑧ C/S구분
① 신고자				

② 수출대행자 (통관고유부호) 수출자구분 수출화주 (통관고유부호) (주소) (대표자) (소재지) (사업자등록번호)	⑨ 거래구분	⑩ 종류	⑪ 결제방법
	⑫ 목적국	⑬ 적재항	⑭ 선박회사 (항공사)
	⑮ 선박명(항공편명)	⑯ 출항예정일자	⑰ 적재예정보세구역
	⑱ 운송형태	⑲ 검사희망일	
	⑳ 물품소재지		

③ 제조자 (통관고유부호) 제조장소 산업단지부호	㉑ L/C번호	㉒ 물품상태
	㉓ 사전 임시개청통보 여부	㉔ 반송사유

④ 구매자 (구매자부호)	㉕ 환급신청인 (1: 수출대행자/수출화주, 2: 제조자) 간이환급

• 품명 • 규격(칸번호/총칸수: 999/999)

㉖ 품명 ㉗ 거래품명	㉘ 상표명

㉙ 모델 · 규격	㉚ 성분	㉛ 수량	㉜ 단가	㉝ 금액
모델 · 규격의 개수 및 길이에 따라 세로길이 가변적				

㉞ 세번부호		㉟ 순중량		㊱ 수량		㊲ 신고가격(FOB)	₩
㊳ 송품장번호		㊴ 수입신고번호		㊵ 원산지		㊶ 포장개수(종류)	

㊷ 수출요건확인 (발급서류명)				

㊸ 총중량		㊹ 총포장개수		㊺ 총신고가격 (FOB)	
㊻ 운임(₩)		㊼ 보험료(₩)		㊽ 결제금액	
㊾ 수입화물관리번호				㊿ 컨테이너번호	

※ 신고인기재란	51 세관기재란

52 운송(신고)인 53 기간 YYYY/MM/DD부터 YYYY/MM/DD까지	54 적재의무기한		55 담당자		56 신고수리일자	

* 수출신고수리일로부터 30일 내에 적재하지 아니한 때에는 수출신고수리가 취소됨과 아울러 과태료가 부과될 수 있으므로 적재사실을 확인하시기 바랍니다(관세법 제251조 · 제277조). 또한 휴대탁송 반출 시에는 반드시 출국심사(부두, 초소, 공항) 세관공무원에게 제시하여 확인을 받으시기 바랍니다.

Chapter

11

수입통관

제1절 수입통관절차

1. 수입통관 준비

수입통관절차는 수입신고인이 수입하려는 물품을 보세구역에 장치하고 세관에 수입신고한 후 신고수리를 받아 보세구역으로부터 물품을 반출하기까지의 일련의 절차로서, 일반 수입통관절차, 간이 수입통관절차, 특정물품 수입통관절차로 구분된다.

① 정식 수입통관절차: 간이 통관절차 적용대상 이외의 물품의 수출통관에 적용하는 절차를 말한다.

② 간이 수입통관절차: 개인용품, 무역통계에 계상되지 아니하는 물품 또는 관세환급대상이 아닌 물품으로서 정식 통관절차를 필요로 하지 않는 물품의 수출통관에 적용되는 간이한 절차를 말한다.

③ 특정물품의 수입통관절차: 고철 및 비금속, 해체용 선박, 수입 외국간행물, 공동어업사업에 의하여 반입되는 수산물, 외국무역선에서 수거된 폐유, 수입 쇠고기 및 관련제품, 그 밖의 특정물품(선박 · 항공기, 액체화물, 연속공급물품)의 수입통관에 적용하는 절차를 말한다.

수출입통관을 하려면 우선 수출입신고를 해야 한다. 세관에서는 화주 또는 관세사가 수출입신고한 내용을 심사해서 수리 여부를 결정하고 수출입신고필증을 교부해 준다. 수입인 경우에는 수입신고수리 후 관세를 납부해야만 수입신고필증을 교부받을 수 있다.

세관심사는 서류심사와 물품검사로 이루어지며, 서류심사는 수출입물품의 HSK 번호에 해당하는 품목별 수출입요령에 의거 수출입규제 여부 및 허가 · 승인 여부를 확인하는 방식으로 이루어진다.

물품검사는 수출물품에 대해서는 원칙적으로 생략하고, 수입물품에 대해서는 무작위추출방식에 의하여 검사대상을 선별하며, C/S시스템(Cargo Selectivity System: 우범화물 자동선별시스템)에 사전 등록된 기준에 의하여 우범성이 있는 화물에 대한 검사 여부를 결정한다.

수입의 경우에는 수입신고필증이 있어야만 수입물품을 인수할 수 있다.

▮ 그림 11-1 ▮ 수입통관절차

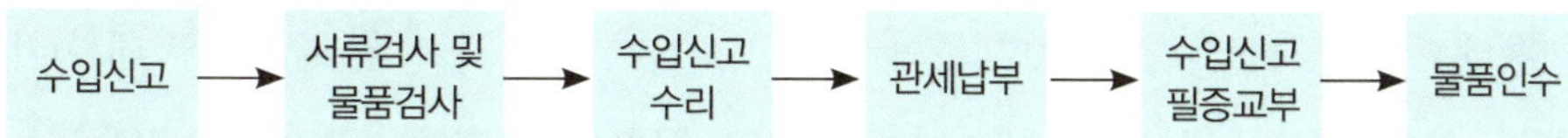

1.1 적화목록의 제출

선장 또는 기장 등은 외국무역선 또는 외국무역기가 입항하였을 때 선용품 또는 기용품목록, 여객명부, 승무원명부, 승무원 휴대품목록과 적화목록을 첨부하여 세관장에게 입항보고를 하여야 한다. 적화목록이란 선사 또는 항공사가 Master B/L의 내역을 기재한 선박 또는 항공기의 화물 적재목록을 말하며, 화물운송주선업자가 House B/L의 내역을 기재한 경우에는 혼재화물 적화목록이라 한다.

적화목록(manifest)은 외국무역기의 경우에는 항공기가 입항하기 전까지 항공기 입항예정지 세관장에게 전자문서로 제출되어야 하고, 외국무역선의 경우에는 적재항에서 화물이 선박에 적재되기 24시간 전까지 선박 입항예정지 세관장에게 전자문서로 제출되어야 한다. 적화목록을 제출받은 화물관리 세관공무원은 적화목록 기재사항에 관한 형식적 요건을 심사한다.[01]

1.2 수입물품의 양륙

운항선사 또는 그 위임을 받은 하역업체가 화물을 하선하려면 Master B/L단위의 적화목록을 기준으로 하선장소를 기재한 하선신고서를 세관장에게 전자문서로 제출하고, 세관은 하선신고내용이 적화목록과 일치하는지 여부 및 하선장소의 적정성 여부 등을 심사한 후 세관화물정보시스템에 하선신고수리사실을 등록하고 신고인, 관련하역업자 및 보세구역 등에 전자문서로 통보한다.

01 관세청, 2018년 12월 26일 개정, 보세화물 입출항 하선 하기 및 적재에 관한 고시, 제2조, 제8조, 제10조

하선신고를 한 자는 입항일로부터 컨테이너화물의 경우에는 3일, 원목, 곡물, 원유 등 산물의 경우에는 10일 이내에 해당 물품을 하선장소로 반입하여야 한다. 하선장소는 컨테이너화물의 경우에는 컨테이너를 취급할 수 있는 시설이 있는 부두 내 또는 부두 밖 컨테이너 보세장치장(CFS를 포함하는 CY), 냉동컨테이너화물의 경우에는 냉동시설을 갖춘 보세구역, 산물 등 기타 화물의 경우에는 부두 내 보세구역, 액체, 분말 등의 형태로 본선에서 탱크, 사일로 등 특수저장시설로 직송되는 물품의 경우에는 해당 저장시설을 갖춘 보세구역에 한하며, 부두 내에 보세구역이 없는 세관의 경우에는 관할구역 내 보세구역 중 세관장이 지정하는 장소로 한다.

하선신고를 한 자는 하선결과 물품이 적화목록과 상이할 때는 하선작업 후 다음 날까지 전자문서로 작성된 하선결과보고서를 작성하여 세관장에게 전자문서로 제출한다. 이 경우 선사와의 계약에 의거 검수(검정)업자가 물품검수(검정)를 한 경우에는 검수(검정)업자가 전자문서로 작성된 하선결과보고서를 세관장에게 제출한다.[02]

1.3 보세운송

물품이 부두 밖 ODCY(Off Dock Container Yard)로 이송되고, 그 일부가 다시 일반보세창고로 이송되어 통관되는 경우에는 부두에서 보세구역(ODCY 또는 보세창고)까지 보세운송(수입통관 미필상태로 운송)하여야 한다.

따라서 보세운송신고 또는 승인신청은 보세운송하려는 화물이 장치되어 있거나 입항예정인 보세구역을 관할하는 세관(발송지 세관)장 또는 보세운송물품의 도착지보세구역을 관할하는 세관(도착지 세관)장에게 한다. 보세운송물품은 신고수리(승인)일로부터 해상화물의 경우 10일 이내(항공화물을 5일 이내)에 목적지에 도착하여야 한다.[03]

한편, 입항 전 또는 하선(기) 전에 수입신고가 되거나 보세운송신고가 된 물품은

02 관세청, 2018년 12월 26일 개정, 보세화물 입출항 하선 하기 및 적재에 관한 고시, 제15조부터 제19조

03 관세청, 2019년 12월 5일 개정, 보세운송에 관한 고시, 제2조, 제6조

보세구역에 반입함이 없이 부두(본 · 부선[04]) 내 또는 공항 내에서 보세운송 또는 통관절차 및 검사절차를 취한다.

2. 수입신고

2.1 수입신고시기

수입신고는 통상적으로 수출물품을 적재한 선박 또는 항공기가 입항한 다음 보세구역에 물품을 장치한 후 수입신고를 해야 하지만, 예외적으로 보세구역에 물품을 장치하기 전에 출항 전 수입신고, 입항 전 수입신고, 보세구역 도착 전 수입신고를 행할 수 있다. 즉, 수입하려는 자는 출항 전 신고, 입항 전 신고, 보세구역도착 전 신고, 보세구역장치 후 신고 중에서 필요에 따라 신고방법을 선택하여 수입신고할 수 있다.[05]

① 출항 전 수입신고: 수입물품을 적재한 선박 또는 항공기가 해당 물품을 적재한 항구 또는 공항에서 출항하기 전에 수입신고를 하는 것으로서, 항공기로 수입되는 물품 전부와 선박으로 수입되는 물품 중 일본 · 중국 · 대만 · 홍콩에서 수입되는 물품은 운송기간이 짧아 입항 전 수입신고를 할 기간이 없기 때문에 해당 물품을 적재한 항구 또는 공항에서 해당 물품을 적재한 선박 또는 항공기가 출항하기 전에도 수입신고를 할 수 있도록 규정한 것이다.

② 입항 전 수입신고: 수입하려는 물품의 신속한 통관이 필요한 경우에 해당 물품을 적재한 선박 또는 항공기가 해당 물품을 적재한 항구 또는 공항에서 출항한 후 입항(항공화물은 적화목록 제출시점, 해상화물은 하역신고시점을 기준으로 함)하기 전에 수입신고를 하는 것을 말한다.

입항 전 수입신고는 수입물품을 적재한 선박 등의 입항예정지를 관할하는 세관장에게 해당 물품을 적재한 선박 또는 항공기가 그 물품을 적재한 항구 또는 공항에서 출항하여 한국에 입항하기 5일 전(항공기의 경우 1일 전)부터 할 수 있으나, 다음의 물품은 해당 물품을 적재한 선박 등이 한국에 도착된 후에

04 관세청, 2019년 12월 20일 개정, 보세화물 관리에 관한 고시, 제4조
05 관세청, 2019년 5월 30일 개정, 수입통관 사무처리에 관한 고시, 제3조, 제6조, 제7조

수입신고하여야 하는 물품, 즉 출항 전 또는 입항 전 수입신고가 불가능한 물품이다.

- 세율이 인상되거나 새로운 수입요건을 갖추도록 요구하는 법령이 적용되거나 적용될 예정인 물품
- 농 · 수 · 축산물 또는 그 가공품으로서 수입신고하는 때와 입항하는 때의 물품의 관세율표번호 10단위가 변경되는 물품
- 농 · 수 · 축산물 또는 그 가공품으로서 수입신고하는 때와 입항하는 때의 과세단위(수량 또는 중량)가 변경되는 물품

③ 보세구역도착 전 수입신고: 수입물품을 선(기)적한 선박(항공기) 등이 입항하여 해당 물품을 통관하기 위하여 반입하려는 보세구역(부두 밖 컨테이너 보세창고 및 컨테이너 내륙통관기지를 포함)에 도착하기 전에 수입신고를 하는 것으로서, 해당 물품이 도착할 보세구역을 관할하는 세관장에게 수입신고를 하여야 한다.

④ 보세구역장치 후 수입신고: 수입물품을 보세구역에 장치한 후 수입신고를 하는 것으로서, 해당 물품이 장치된 보세구역을 관할하는 세관장에게 수입신고를 하여야 한다.

수입화주 또는 관세사는 원칙적으로 그 자신의 명의로 전자문서로 작성된 신고자료와 '전자신고 등으로 처리할 수 없는 서류(송품장, 선화증권(B/L) 또는 항공화물운송장(AWB), 원산지증명서, 포장명세서, 그 밖에 통관에 필요한 서류)'를 전자자료교환(EDI) 또는 인터넷방식으로 관세청 통관시스템에 전자제출하거나 전자이미지로 전송하여 수입신고하는 'P/L신고(Paperless신고: 전자서류에 의한 수입신고)'를 원칙으로 한다. 수입신고의 효력발생시점은 전송된 신고자료가 통관시스템에 접수된 시점을 원칙으로 한다.[06]

전자통관심사란 일정한 기준에 해당하는 성실업체가 수입신고하는 특정물품에 대하여 전자통관시스템에서 전자적 방식으로 심사하는 것을 말한다. 전자통관심사

06 관세청, 2019년 5월 30일 개정, 수입통관 사무처리에 관한 고시, 제9조부터 제12조, 제63조

그림 11-2 수입신고절차

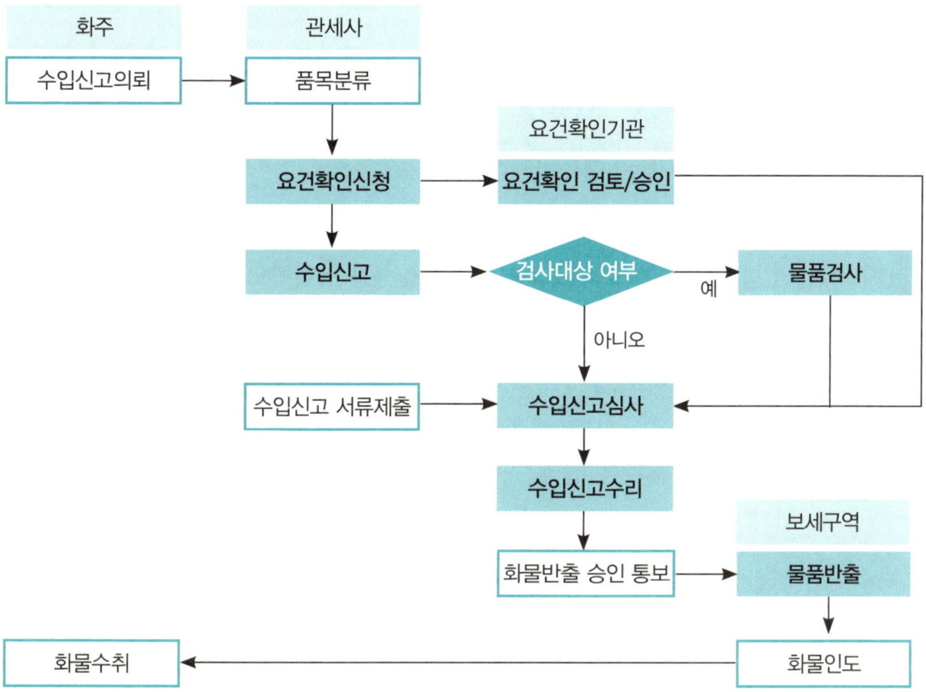

자료: 관세청

는 종합인증우수업체(Authorized Economic Operator: AEO)로 공인받은 수입업체가 수입하는 물품(서류제출대상물품, 세관장확인대상물품 및 그 밖에 세관장이 전자통관심사가 적합하지 않다고 인정하는 물품 제외)으로서 해당 수입물품과 관련된 ① 신고인(관세사), ② 물류업체(화물운송주선업자, 선박회사 · 항공사, 하역업자, 보세운송업자), ③ 보세구역운영인 · 화물관리인, ④ 해외공급자(한국과 상호인정한 상대국가의 종합인증우수업체인 경우)가 모두 종합인증우수업체로 공인받은 경우에 적용하는 것을 원칙으로 한다. 다만, 종합인증우수업체 공인인증현황 등을 고려하여 필요하다고 인정하는 경우에는 관세청장이 별도로 '전자통관심사 적용기준'을 정하여 적용할 수 있다.[07]

07 관세청, 2019년 5월 30일 개정, 수입통관 사무처리에 관한 고시, 제3조, 제14조

2.2 수입신고수리 여부 결정

1) 신고서의 처리

수입신고된 물품에 대한 신고서의 처리방법, 신고사항의 검토, 신고사항의 통보 및 제출서류에 대한 규정은 다음과 같다.[08]

수입신고된 물품에 대한 신고서는 ① 물품검사 및 심사, ② 심사, ③ 전자통관심사 중 하나의 방법으로 처리된다. 이와 같이 결정된 처리방법 중 ① 물품검사 및 심사와 ② 심사에 해당하는 신고서에 대하여는 수입신고처리 주무 또는 담당과장이 신고물품에 대한 검사정보 등을 고려하여 신고서처리방법을 변경할 수 있다. 또한 세관장은 P/L신고물품의 신고사항을 검토한 결과 신고서에 의한 심사 또는 물품검사가 필요하다고 판단되는 경우에는 서류의 제출을 요구할 수 있다. 이 경우 서류제출대상으로 변경된 사실을 신고인에게 통보한다. 또한 세관장은 이상 없이 전송된 신고자료에 대하여는 수입신고일에 다음의 사항을 신고인에게 통보한다.

① 접수 여부 및 서류제출대상 여부

② 통관시스템에 의한 검사대상 여부

③ 신고납부대상물품의 경우 납부서번호

④ 자동배부의 경우 신고서처리 담당직원의 부호(P/L신고건의 경우 해당되지 않음)

한편, 수입신고인은 서류제출대상으로 지정된 수입신고건에 대하여는 수입신고서에 다음의 서류를 첨부하여 세관장에게 제출하여야 한다. 이들 서류는 수입화주가 원본 대조필한 사본을 제출할 수 있으며 세관장이 필요로 하는 경우 신고수리 전 또는 신고수리 후 원본의 제출을 요구할 수 있다.

① 송장. 다만, 잠정가격으로 수입신고할 때 송장이 해외에서 도착하지 아니한 경우에는 계약서(송장은 확정가격신고 시 제출)

② 가격신고서(해당 물품에 한정)

08 관세청, 2019년 5월 30일 개정, 수입통관 사무처리에 관한 고시, 제12조

③ 선화증권(B/L) 부본 또는 항공화물운송장(AWB) 부본

④ 포장명세서[포장박스별로 품명(규격) · 수량을 기재해야 하며, 세관장이 필요 없다고 인정하거나 전자적인 방법으로 제출한 경우 제외]

⑤ 원산지증명서(해당 물품에 한함)

⑥ 허가, 승인 등의 증명 및 확인에 따른 세관장확인물품 및 수입요건 구비서류

⑦ 관세감면(분납)/용도세율적용신청서(해당 물품에 한함)

⑧ 합의에 의한 세율적용승인(신청)서

⑨ 납세담보확인서

⑩ 킴벌리프로세스증명서(국제평화 및 안전유지 등의 의무이행을 위한 무역에 관한 특별조치 고시 제2조)(다이아몬드 원석에 한함)

⑪ 할당 · 양허관세 및 세율추천 증명서류 및 종축 · 치어의 번식 · 양식용 해당 세율 증명서류

2) 심사, 분석 및 보완요구

수입신고의 심사, 신고물품의 분석 및 보완요구에 관한 내용은 다음과 같다.[09]

① 심사: 심사는 신고된 세번 · 세율과 과세가격 등 신고사항의 적정 여부, 법령에 의한 수입요건의 충족 여부 등을 확인하기 위하여 다음의 사항을 심사한다.

- 제출서류의 구비 및 신고서의 기재사항과 일치하는지 여부
- 신고서를 수입신고서 작성요령에 따라 정확하게 작성하였는지 여부
- 분석의뢰 필요성 유무
- 사전세액심사대상물품의 품목분류, 세율, 과세가격, 세액, 감면 · 분납신청의 적정 여부
- 탄력관세율, 국제협력관세율, 일반특혜관세율을 적용받는 물품의 품목분류 및 관세율 적용의 적정 여부
- 용도세율 적용신청물품의 품목분류 및 용도세율 적용신청의 적정 여부
- 세관장이 수입요건을 확인하는 물품의 품목분류의 적정 여부, 용도의 신고

09 관세청, 2019년 5월 30일 개정, 수입통관 사무처리에 관한 고시, 제22조, 제23조

여부 및 수입요건의 구비 여부

- 원산지표시대상물품의 원산지표시 및 지식재산권 침해 여부
- 감면신청서 및 세율적용추천서의 구비 여부
- 전산에서 제공하는 화물정보 및 C/S정보와 수입신고내역의 비교 · 확인
- 검사대상물품의 품목분류 및 세율의 적정 여부
- B/L분할신고된 물품이 징수금액 최저한도 미만인지 여부
- 그 밖에 수입신고수리 여부를 결정하기 위하여 필요한 사항

② 분석: 신고물품이 물리적 · 화학적 실험에 의하여 그 내용을 확인하여야 하는 등 전문적인 지식과 기술을 요하는 경우에는 세관분석실에 분석을 의뢰한다.

- 관세채권의 확보가 곤란할 것으로 예상되는 경우
- 물품의 특성상 수입제한품목일 가능성이 있는 경우
- 사전세액심사대상물품으로서 세액심사를 위하여 분석이 필요한 경우

③ 보완: 수입과장은 다음의 하나와 같이 신고인이 제출한 서류 및 자료에 의하여 심사사항의 확인이 곤란한 경우에는, 보완 요구할 사항을 통관시스템에 입력하고 보완요구서를 신고인에게 전자문서로 통보하여야 한다.

- 신고서항목의 기재사항이 미비된 경우(정정보완 요구)
- 신고서 심사결과 첨부서류가 누락되었거나 증빙자료의 보완이 필요한 경우(서류보완 요구)
- P/L신고를 서류제출신고로 변경하고자 하는 경우(서류제출 변경 요구)

3) 물품검사

물품검사는 수입신고된 물품 이외에 은닉된 물품이 있는지 여부와 수입신고사항과 현품의 일치 여부를 확인하는 것으로서, 수입신고자료 접수 시 통관시스템에 의하여 물품검사로 선별되거나, 신고서처리방법 결정 시 세관공무원에 의하여 물품검사로 선별되거나 또는 수입신고 전 물품 반출신고하는 물품은 반출신고 시 물품검사대상으로 선별된다. 물품검사의 장소 및 방법을 살펴보면 다음과 같다.[10]

10 관세청, 2019년 5월 30일 개정, 수입통관 사무처리에 관한 고시, 제28조, 제32조

① 검사장소: 출항 전 신고 · 입항 전 신고 또는 보세구역도착 전 신고물품의 경우로서, 정부에서 직접 수입하는 군수품, 물자수급계획상 긴급도입물품과 선상에서의 검사가 가능하다고 세관장이 인정하는 물품(예: 곡물 · 원유 · 광물 등)은 선상에 적재한 상태로 검사(선상검사)할 수 있다.

② 검사방법: 검사방법에는 전량검사, 발췌검사, 분석검사 또는 과학장비에 의한 검사가 있다. 우범성 정보가 있는 물품, 전량 검사대상물품 또는 기타 수량과다 등으로 과장이 복수검사를 지시한 경우에는 2인 이상의 검사자를 지정하여 검사를 실시할 수 있다. 한편, 전자통관심사대상물품에 대한 검사는 무작위선별검사를 원칙으로 한다.

| 그림 11-3 | FTA 협정세율 적용을 받기 위한 수입신고절차

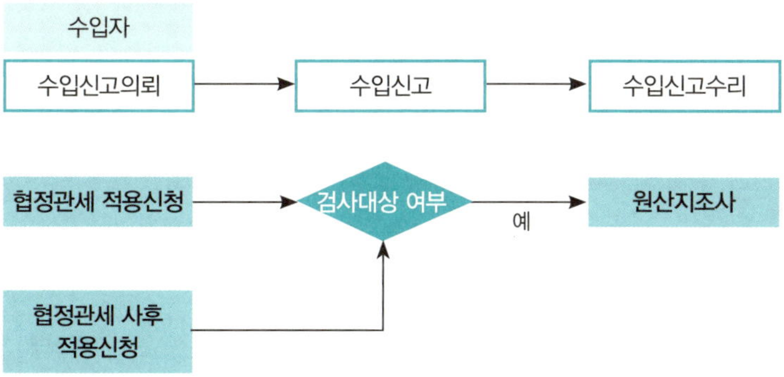

자료: 관세청

3. 수입승인

만약 수입하고자 하는 물품이 수입제한품목인 경우에는 별도의 수입승인을 얻어야 한다. 그러나 수출입공고 및 통합공고 등에 제한이 없다면 별도의 수입승인이 필요 없다. 또한 특정거래형태의 수입에 대하여는 종전과 동일하게 시행하고 있음에 유의하여야 한다.

3.1 수입승인의 의의

대외무역법상 수출입공고, 통합공고 등에 의해 수입이 제한되는 물품을 수입하고자 하는 경우에는 당해 물품을 관장하는 기관에서 수입승인를 받아 수입하여야 한다. 수입승인에 관한 권한은 원칙적으로 산업통상자원부 장관에게 있으나 실제로는 대부분 당해 물품을 관장하는 기관의 장에게 위탁되어 있으며 승인사항의 변경에 관한 권한 역시 위탁되어 있다.

또한 결제방법 등이 외국환거래법령에 의하여 인정된 거래이어야 하고, 정상 거래형태가 아닌 경우에는 대외무역법상 특정거래인정을 받아야 한다.

이렇게 수입승인받은 후 수입자는 수입승인 유효기간 내에 수입대금을 지급하고 당해 물품을 수입하여야 하나, 상대방과의 계약변경이나 기타 사유로 인하여 승인내용을 변경할 필요가 있을 경우에는 변경승인신청으로 수입승인사항을 변경할 수 있다.

수입승인절차가 끝나면 수입승인기관의 장은 수입승인내용에 따라 이행하였는지 여부를 사후관리하게 된다.

1) 물품매도확약서 검토

수입승인신청서에는 반드시 물품매도확약서(offer sheet) 또는 계약서를 첨부하여야 하는데 offer sheet는 원칙적으로 국외의 물품공급자가 직접 발급한 것이어야 한다. 그 외에 국내의 무역업자가 거래상대국 물품공급자와 체결한 offer sheet 발행에 관한 합의서 또는 계약서에 따라 국내에서 발행한 것도 인정된다.

2) 상품분류의 정확성 검토

수입하고자 하는 물품의 분류는 HS 10단위로 분류되어야 한다. 만약 관세율표상 HS 10단위 분류가 불분명한 경우에는 관세청장에게 그 물품에 적용될 품목분류에 관하여 사전에 질의하여(품목분류 사전회시) 그 결과에 따라야 한다.

3) 원산지 검토

자국에서 생산한 원자재를 사용하여 제조, 가공한 물품 등 국제적으로 인정되는 원산지기준에 해당하는지 여부를 확인하여야 한다.

4) 결제방법에 대한 검토

수입대금결제방법은 외국환관리법령에서 인정하는 방법에 따라야 한다.

3.2 품명표시

품명표시에 대해서는 다음의 사항을 검토해야 한다. 즉, 수입승인신청 시 품목명은 관세청장이 상품명을 표준화하여 공고한 품명인 경우에는 원칙적으로 같은 품명이 표시되어야 한다. 그리고 품목명은 애매모호하게 표시되어서는 안 되며, 품목명은 해당 품목에 대해 가장 좁은 의미로 표현하여야 한다.

3.3 품목분류

품목분류에 대하여는 다음의 사항을 확인해야 한다.

첫째, HS번호는 현행 관세율표상의 세번분류(10단위)와 일치 여부를 확인해야 한다.

둘째, 품목분류가 확실하지 않는 경우는 수입물품의 용도설명서, 카탈로그 등을 참조하여 정확하게 분류되었는지 확인해야 한다.

셋째, 용도별 구분은 세관의 사실판단에 따라 한다.

넷째, HS분류가 애매한 품목과 신규개발품목은 관세청에서 품목분류공고가 되었는지를 확인하고, 고시되지 아니한 경우는 관세청 또는 통관예정 세관에 분류를 의뢰해야 한다.

다섯째, 기타 일반적인 사항은 관세청의 물품분류공고를 참고해야 한다.

3.4 신고수리 및 신고필증발급

세관장은 수입신고를 수리하고 수입신고필증을 교부하는데, 그 내용을 살펴보면 다음과 같다.[11]

① 신고수리: 세관장은 수입신고한 내용을 심사한 후 신고수리하는 것을 원칙으로 한다. 다만, ㉮ 출항 전 또는 입항 전 신고물품은 적화목록 심사가 완료된 때, ㉯ 보세구역도착 전 신고물품은 보세운송도착 보고된 때(하역절차에 따라 하역장소로 반입되는 때에는 반입 보고된 때) 신고수리한다.

② 담보제공: 세관장은 관세법 제248조 제2항 및 관세 등에 대한 담보제공과 정산제도 운영에 관한 고시에 따라 관세 등에 상당하는 담보를 제공하여야 하는 물품에 대하여는 담보가 제공된 경우에 수입신고를 수리한다.

③ 신고필증교부: 세관장은 수입신고를 수리한 때에는 세관특수청인을 전자적으로 날인한 신고필증을 교부하되, ㉮ 부득이한 사정으로 신고필증을 전자적으로 교부할 수 없는 경우에는 수입신고서에 세관특수청인을 직접 날인하여 교부하고, ㉯ 신고물품의 규격수가 50개를 초과하여 전산으로 입력하지 않고 신고 시 및 신고필증에 상세내역사항을 별도의 붙임서류로 첨부하여 신고하는 경우에는 세관특수청인을 전자적으로 날인한 신고필증과 붙임서류의 신고서 처리담당자 인장을 날인하여 교부한다. 세관장에 의하여 교부된 신고필증이 통관시스템에 보관된 전자문서의 내용과 상이한 경우에는 통관시스템에 보관된 전자문서의 내용을 원본으로 한다.

④ 신고수리의 효력: 신고수리의 효력발생시점은 통관시스템을 통하여 신고인에게 신고수리가 되었음을 통보한 시점으로 하지만, 수작업에 의하여 신고수리할 때는 신고인에게 신고필증을 교부한 시점으로 한다.

4. 관세납부

수입신고한 물품의 수입화주는 그 물품에 대한 관세 등의 납세의무자가 된다. 관

11 관세청, 2019년 5월 30일 개정, 수입통관 사무처리에 관한 고시, 제35조, 제36조, 제37조

세 등의 납부를 신고납부와 부과고지로 구분하여 살펴보면 다음과 같다.[12]

① 신고납부: 납세신고를 한 자(납세의무자)는 수입신고가 수리된 날로부터 15일 이내에 통관시스템에서 부여한 납부서번호와 세액을 기재한 납부서와 함께 관세 등을 국고수납은행 또는 우체국에 납부하여야 한다. 납세의무자는 수입신고가 수리되기 전에도 '수입신고가 수리된 후의 관세납부'와 동일한 절차에 따라 납부서를 출력하여 세액을 납부할 수 있다.

② 부과고지: 납세의무자는 세관장으로부터 납부고지서를 받은 날로부터 15일 이내에 당해 세액을 국고수납기관 또는 우체국에 납부하여야 한다.

5. 물품반출

수입신고인이 수입신고필증을 보세구역에 송부하면, 보세구역에서는 신고수리 여부를 전산조회한 후 물품을 반출하게 된다. 즉, 보세구역에 반입된 물품이 수입신고가 수리된 때에는 원칙적으로 그 수리일로부터 15일 이내에 해당 보세구역에서 반출하여야 한다(위반 시 해당 수입화주 조사 후 과태료에 처함). 따라서, '운영인(특허보세구역 운영인, 지정보세구역 화물관리인, 보세구역외장치의 허가를 받은 자, 검역물품의 관리인)'은 수입신고수리된 물품의 반출요청을 받은 때에는 '세관화물정보시스템(적화목록, 적재 · 하선(기), 보세운송신고, 보세구역 반출입 등의 자료를 관리하는 세관운영시스템)'의 반출승인정보를 확인한 후 이상이 없는 경우 반출 전에 반출신고서를 전자문서로 제출하여야 한다. 다만, 자가용보세창고에 반입되어 수입신고수리된 화물은 반출신고를 생략한다.[13]

12 관세청, 2019년 5월 30일 개정, 수입통관 사무처리에 관한 고시, 제2조, 제45조, 제56조

13 관세청, 2019년 12월 20일 개정, 보세화물관리에 관한 고시, 제4조, 제10조

참고 | 보세운송

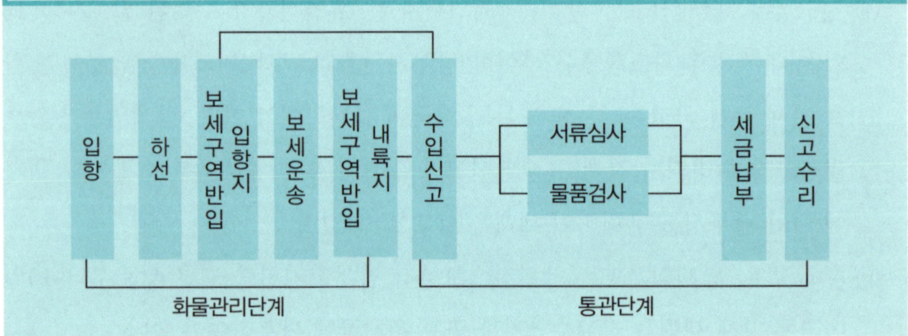

6. 수입신고의 취하와 각하

한편, 수입국에 도착한 외국물품을 국내로 수입하지 않고 그대로 외국으로 반출하는 것을 반송이라고 하며, 주문이 취소되었거나 잘못 반입된 경우, 계약과 상이한 물품을 되돌려 보내는 것은 물론 중계무역이나 위탁가공무역으로 외국에서 생산 또는 가공된 물품을 보세구역에 반입하여 외국으로 반출하는 경우도 반송에 해당된다.

그림 11-4 수입물품 반송절차

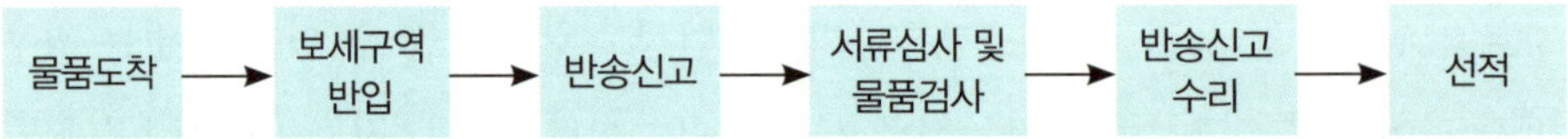

7. 수입신고서 작성요령

① 신고번호: 신고자부호, 연도, 일련번호, 구분을 기재

② 신고일: 신고일자를 기재

③ 세관 · 과: 통관지 세관 및 과부호를 기재

④ B/L(AWB)번호: House단위의 B/L(AWB)번호 및 분할수입신고 여부 기재

⑤ 화물관리번호: 적화목록상의 화물관리번호 기재

⑥ 입항일: 입항일자를 기재. 출항 전 · 입항 전 신고 시는 입항예정일을 전송

⑦ 반입일: 장치장소 반입일자를 기재

⑧ 징수형태: 통계부호표상의 징수형태부호를 기재

⑨ 신고자: 신고자 상호와 대표자 성명을 기재

⑩ 수입자: 수입자 상호 또는 성명, 무역업고유번호, 수입자 구분번호를 기재

⑪ 납세의무자: 납세의무자 소재지부호, 주소, 상호, 성명, 통관고유부호 사업자 등록번호를 기재

⑫ 무역대리점: 무역대리점 상호 및 등록번호를 기재

⑬ 공급자: 공급자 상호, 국가부호(ISO코드) 및 관세청장이 지정한 해외공급자 부호를 기재

⑭ 통관계획: 통관계획부호 및 코드설명(신고서 출력 시) 기재

⑮ 신고구분: 신고구분부호 및 코드설명(신고서 출력 시) 기재

⑯ 거래구분: 거래구분부호 및 코드설명(신고서 출력 시) 기재

⑰ 수입종류: 수입종류부호 및 코드설명(신고서 출력 시) 기재

⑱ 원산지증명서 유무: 원산지증명서 구비 여부를 기재

⑲ 가격신고서 유무: 가격신고서 제출(EDI 전송) 여부를 기재

⑳ 총중량: 신고물품의 총중량(용기포함)을 기재(소수점 이하 둘째자리에서 반올림)

㉑ 총포장 개수: 신고물품의 외포장 개수 및 포장종류부호를 기재

㉒ 국내도착항: 한국의 도착항(공항 및 항구)부호 및 명칭 기재

㉓ 운송형태: 운송수단 및 운송용기부호 기재

㉔ 적출국: 수입신고물품의 적출국부호 및 해당 국가명 약어 기재

㉕ 선(기)명: 수입물품을 적재한 선(기)명 및 국적 및 국가부호 기재

㉖ Master B/L번호: 선사 또는 항공사가 발행한 Master B/L(AWB)번호 기재

㉗ 운수기관부호: 세관에 신고된 운항선사 또는 항공사부호를 기재

㉘ 검사(반입)장소: 검사 또는 반입장소의 보세구역부호와 화물의 장치 위치를 18자리 이내로 기재

㉙ 품명: 당해 물품을 나타내는 관세율표상의 품명을 영문으로 기재

㉚ 거래품명: 실제 상거래시 송품장 등 무역서류에 기재되는 품명을 기재. 학명

을 병기하여 기재할 수 있음

㉛ 상표: 상표코드 및 상표명을 기재

㉜ 모델 · 규격: 해당 품목의 세부 모델 및 규격을 기재

㉝ 성분: 세관심사에 필요한 성분 및 함량 기재

㉞ 수량: 모델 · 규격별 수량(소수점 이하 넷째 자리까지) 및 수량단위를 기재

㉟ 단가: 해당 품목의 모델 · 규격별 단가를 결제통화단위로 기재

㊱ 세번부호: 관세율표에 기재된 H.S.K. 10단위 품목번호를 기재

㊲ 과세가격: 해당 품목의 과세가격을 미화(CIF기준 US$) 및 원화로 기재

㊳ 순중량: 물품의 포장용기를 제외한 순중량 및 단위(KG)를 기재

㊴ 수량: 관세율표에 게기된 수량단위로 환산 기재

㊵ 환급물량: 환급에서 사용하는 물량(소수점 이하 셋째 자리) 및 단위 기재

㊶ C/S검사: C/S결과 검사구분 부호설명(출력 시) 기재

㊷ 검사방법변경: C/S검사방법, 변경부호 및 검사구분부호 설명(출력 시) 기재

㊸ 사후확인기관: 수입물품이 사후확인대상인 경우 당해 수입요건확인기관의 부호를 3개까지 기재

㊹ 원산지표시: 법령에 의한 원산지표시대상 물품의 원산국(생산, 제조국) 국가부호, 원산지표시 유무, 원산지표시방법, 원산지표시형태부호를 기재

㊺ 특수세액 계산근거: 특수세액 계산근거 기재

㊻ 수입요건확인: 타법령에 의한 수입요건확인 관련사항을 구분, 요건승인번호, 발급서류명, 발급일자, 법령부호로 나누어 기재

㊼ 세종: 관세와 각종 내국세의 종류를 순차적으로 기재

㊽ 세율: 관세율(단위당 세액), 관세구분, 관세액기준, 내국세율 내국세구분, 세율구분을 기재

㊾ 감면율: 해당 세목의 감면율을 기재

㊿ 세액: 각 품목별 해당 세액을 기재

(51) 감면분납부호: 감면분납부호, 부가세 감면부호, 특소세 면세부호, 과세보류, 감면액을 기재

(52) 결제금액: 송품장 등의 내용에 근거하여 인도조건, 통화종류, 결제금액, 결제

방법 순으로 기재

㊼ 총과세가격: 신고서 총과세금액을 미화 및 원화로 기재

㊽ 환율: 52번 항목의 통화종류에 대한 관세청 고시환율을 기재

㊾ 운임: 운임에 대한 통화종류 및 금액을 기재

㊿ 보험료: 보험료에 대한 통화종류 및 금액을 기재

57 가산금액: 품목 전체에 영향을 미친 가산금액을 원화로 환산하여 기재

58 공제금액: 품목 전체에 영향을 미친 공제금액을 원화로 환산하여 기재

59 세종(합계): 관세 및 내국세의 종류(출력 시)를 기재

60 세액(합계): 세종별 세액합계를 기재

61 총세액 합계: 총세액 합계를 기재

62 납부(고지)서번호: 세관에서 접수 통보 시 부여한 납부(고지)서번호를 기재

63 총부가세 과표: 총부가세과세 과표 및 총부가세 과세면제 과표를 기재

64 세관기재란: 의무이행요구사항 등 세관에서 필요한 사항 기재

65 담당자: 세관 심사담당자 성명 및 직원부호를 기재

66 접수일시: 세관에서 접수 통보한 접수일시를 기재

[양식 11-1]

수입신고필증

(갑지)

※ 처리기간: 3일

① 신고번호	② 신고일	③ 세관 · 과	⑥ 입항일	⑦ 전자인보이스 제출번호
④ B/L(AWB)번호	⑤ 화물관리번호		⑧ 반입일	⑨ 징수형태

⑩ 신고인 ⑪ 수입자 ⑫ 납세의무자 (주소) (상호) (전화번호) (이메일주소) (성명) ⑬ 운송주선인 ⑭ 해외거래처	⑮ 통관계획	⑲ 원산지증명서 유무	㉑ 총중량
	⑯ 신고구분	⑳ 가격신고서 유무	㉒ 총포장개수
	⑰ 거래구분	㉓ 국내도착항	㉔ 운송형태
	⑱ 종류	㉕ 적출국	
		㉖ 선기명	
	㉗ Master B/L번호		㉘ 운수기관부호

㉙ 검사(반입)장소

• 품명 · 규격(란번호/총란수: 999/999)

㉚ 품명 ㉛ 거래품명	㉜ 상표

㉝ 모델 · 규격	㉞ 성분	㉟ 수량	㊱ 단가	㊲ 금액

㊳ 세번부호		㊵ 순중량		㊸ C/S검사		㊺ 사후확인기관
㊴ 과세가격 (CIF)		㊶ 수량		㊹ 검사변경		
		㊷ 환급물량		㊻ 원산지	㊼ 특수세액	
㊽ 수입요건확인 (발급서류명)						

㊾ 세종	㊿ 세율(구분)	51 감면율	52 세액	53 감면분납부호	감면액	*내국세종부호

54 결제금액(인도조건-통화종류-금액-결제방법)		56 환율	

55 총과세가격		57 운임		59 가산금액		64 납부서번호	
		58 보험료		60 공제금액		65 총부가가치세 과표	

61 세종	62 세액	※신고인기재란	66 세관기재란
관세			
특소세			
교통세			
주세			
교육세			
농특세		– 전화번호	
부가세		– 이메일주소	
신고지연가산세			
미신고가산세			
63 총세액합계		67 담당자	68 접수일시 / 69 수리일자

[양식 11-2]

수입신고서

(갑지)

※ 처리기간: 3일

① 신고번호	② 신고일	③ 세관 · 과	⑥ 입항일	⑦ 전자인보이스 제출번호
④ B/L(AWB)번호	⑤ 화물관리번호		⑧ 반입일	⑨ 징수형태

⑩ 신고인 ⑪ 수입자 ⑫ 납세의무자 (주소) (상호) (전화번호) (이메일주소) (성명) ⑬ 운송주선인 ⑭ 해외거래처	⑮ 통관계획	⑲ 원산지증명서 유무	㉑ 총중량
	⑯ 신고구분	⑳ 가격신고서 유무	㉒ 총포장개수
	⑰ 거래구분	㉓ 국내도착항	㉔ 운송형태
	⑱ 종류	㉕ 적출국	
		㉖ 선기명	
	㉗ Master B/L번호		㉘ 운수기관부호

㉙ 검사(반입)장소
• 품명 · 규격(칸번호/총칸수: 999/999)

㉚ 품명 ㉛ 거래품명	㉜ 상표

㉝ 모델 · 규격	㉞ 성분	㉟ 수량	㊱ 단가	㊲ 금액

㊳ 세번부호		㊵ 순중량		㊸ C/S검사		㊺ 사후확인기관	
㊴ 과세가격 (CIF)		㊶ 수량		㊹ 검사변경			
		㊷ 환급물량		㊻ 원산지		㊼ 특수세액	

㊽ 수입요건확인 (발급서류명)				

㊾ 세종	㊿ 세율(구분)	51 감면율	52 세액	53 감면분납부호	감면액	* 내국세종부호

54 결제금액(인도조건-통화종류-금액-결제방법)		56 환율	

55 총과세가격		57 운임		59 가산금액		64 납부서번호	
		58 보험료		60 공제금액		65 총부가가치세과표	

61 세종	62 세액	※ 신고인기재란	66 세관기재란
관세			
특소세			
교통세			
주세			
교육세			
농특세			
부가세		- 전화번호 - 이메일주소	
신고지연가산세			
미신고가산세			

63 총세액합계		67 담당자		68 접수일시		69 수리일자	

[양식 11-3] (별지 제2호)

외국선(기)용품 및 판매용품 적재허가(신청)서
Application for License of Loading of Goods for Use of Sales in Foreign Vessel/Aircraft

① 신청번호 [Filing No.]	② 신청일자 [Filing Date]	③ 신청세관/과 [Filing Customs(Section)]
④ 신청업체명 [Company Name of Applicant]	⑤ 대표자 [Representative]	⑥ 사업자등록번호 [Business License Number]
⑦ 주소 [Address]		⑧ 전화번호 [Telephone No.]
⑨ 최종입항신고번호 [Final Port-Entry Report No.]	⑩ 선(기)명 [Name of Vessel/Aircraft]	⑪ 등록기호 [Registration No.]
⑫ 목적항 [Port of Destination]	⑬ 국적 [Nationality]	⑭ 승무원수 [Number of Crew]
⑮ 항해예정일수 [Expected Days of Voyage]	⑯ 적재예정일 [Expected Days of Loading]	⑰ 승객 수 [Number of Passengers]
⑱ 장치장소 [Point of Storage]	⑲ 정박위치 [Place of Mooring]	⑳ 총품목수 [Total Number of Items]
㉑ 물품구분 [Type of Goods]	X ('A' 반입등록물품 [Goods Registered for Carrying-In] 'B' 하선물품 [Goods for Unloading] 'C' 본선보세운송물품 [Goods under Bonded-Transportation] 'D' 조건부하선물품 [Goods for Conditional Unloading])	
㉒ 보세운송신고/하선신청번호 [Bonded-Transportation/Unloading filing No.]		
㉓ 수량합계 [Total Weight]	㉔ 중량합계 [Total Value]	㉕ 금액합계 [Total Number]

란번호	㉖ 화물관리번호 [Cargo Control No.]	㉗ 품목번호 [Items' No]	㉘ 수량 [Quantity]	㉙ 단위 [Unit]	㉚ 중량(KG) [Weight]	㉛ 금액(US $) [Value]	
	㉜ 품명 및 규격 [Item Description]					㉝ HS부호 [H.S. Code]	㉞ 선내장치장소 [Place of Keeping]

㉟ 적재승선자 성명 [Name of Crew in Charg of Loading]	㊱ 주민등록번호 [Resident Registration No.]	㊲ 주소 [Address]	㊳ 운송차량번호 [Vehicle Number]

선(기)장 물품인수 확인란 [Crew Chief's Confirmation of Receipt of Goods]

본선 스탬프 SHIP'S STAMP	직 책 [DUTIES]	
	성 명 [NAME]	
	서 명 [SIGNATURE	
	인수일시 [DATE]	

세관확인란 [Confirmation of Customs]

구 분 [Division]	적 재 확 인 [Confirmation of Loading]	서 면 확 인 [Confirmation of Paper]
일 시 [Date]		
일 시 [Date]		
성 명 [Name]		
직원부호 [Officer's ID]		

㊴ 담당자 [Officer in Charge]	㊵ 접수일시 [Date and Time of Receipt]	㊶ 허가일자 [Date of Permission]	㊷ 대행업체 [Agent Company]

○ ○ 세 관 장

[양식 11-4] (별지 제3호)

외국선(기)용품 및 판매용품 하선(기)허가(신청)서
Application for License of Unloading of Goods for Use of Sales in Foreign Vessel/Aircraft

<table>
<tr><td colspan="2">① 신청번호</td><td colspan="4">② 신청일자</td><td colspan="2">③ 신청세관/과</td></tr>
<tr><td colspan="2">④ 신청업체명</td><td colspan="4">⑤ 대표자</td><td colspan="2">⑥ 사업자등록번호</td></tr>
<tr><td colspan="6">⑦ 주소</td><td colspan="2">⑧ 전화번호</td></tr>
<tr><td colspan="2">⑨ 최종입항신고번호</td><td colspan="4">⑩ 선(기)명</td><td colspan="2">⑪ 등록기호</td></tr>
<tr><td colspan="2">⑫ 국적</td><td colspan="4">⑬ 하선예정일</td><td colspan="2">⑭ 정박위치</td></tr>
<tr><td colspan="2">⑮ 하선장소</td><td colspan="4">⑯ 물품구분 : X ('A' 보세구역반입
'B' 조건부하선
'C' 하선즉시보세운송
'D' 선박폐기물)</td><td colspan="2">⑰ 재적재기한</td></tr>
<tr><td colspan="6">⑱ 하선장소명</td><td colspan="2">⑲ 총품목수</td></tr>
<tr><td colspan="2">⑳ 수량합계</td><td colspan="4">㉑ 중량합계</td><td colspan="2">㉒ 금액합계</td></tr>
<tr><td rowspan="2">란번호</td><td>㉓ 화물관리번호</td><td>㉔ 품목번호</td><td>㉕ 관리구분</td><td>㉖ 수량</td><td>㉗ 단위</td><td>㉘ 중량(KG)</td><td>㉙ 금액(US $)</td></tr>
<tr><td colspan="6">㉚ 품명 및 규격</td><td>㉛HS부호</td></tr>
<tr><td colspan="8"></td></tr>
<tr><td colspan="3">㉜ 하선승선자 성명</td><td colspan="2">㉝ 주민등록번호</td><td colspan="3">㉞ 주소</td></tr>
</table>

<table>
<tr><td colspan="3">선(기)장 하선(기)확인란</td></tr>
<tr><td rowspan="4">본선 스탬프
SHIP'S STAMP</td><td>직 책
(DUTIES)</td><td></td></tr>
<tr><td>성 명
(NAME)</td><td></td></tr>
<tr><td>서 명
(SIGNATURE)</td><td></td></tr>
<tr><td>인수일시
(DATE)</td><td></td></tr>
</table>

<table>
<tr><td colspan="5">하선(기)확인란</td></tr>
<tr><td>확인일시</td><td colspan="4">년 월 일</td></tr>
<tr><td>소 속</td><td>직급</td><td>성 명</td><td>서 명</td><td>직원부호</td></tr>
<tr><td></td><td></td><td></td><td></td><td></td></tr>
<tr><td></td><td></td><td></td><td></td><td></td></tr>
</table>

<table>
<tr><td>㉟ 담당자</td><td>㊱ 접수일시</td><td>㊲ 허가일자</td><td>㊳ 대행업체</td></tr>
<tr><td colspan="4">○ ○ 세 관 장</td></tr>
</table>

제2절 수입화물 인수지연과 무역금융

수입물품은 도착항에 도착하였으나 관련 선적서류의 인도가 지연되는 문제가 발생할 수 있다. 이에 대해 수입화물 선취보증서와 수입화물 대도 등 무역금융을 이용하여 해결할 수 있다.

1. 수입화물선취보증서

1.1 발생원인

신용장결제 시 매입은행이 발행은행으로 보내는 서류는 항공편으로 오고 화물은 해상으로 오기 때문에 수입지에서는 화물보다 서류가 먼저 도착하는 것이 원칙이다. 그런데 선박회사로부터 화물도착통지(arrival notice)가 왔는데도 불구하고 발행은행에 아직 서류가 도착하지 않았을 경우에는 수입업자가 도착한 화물을 찾을 수 없게 된다. 이럴 경우 수입업자인 신용장발행의뢰인은 물품을 통관하지 못하므로 체선료, 창고료, 화재보험료 등을 부담해야 하고, 심지어는 물품의 판매시기를 놓칠 수도 있다.

해상운송에서의 운송서류인 선화증권은 유가증권이고 선박회사에서는 상법의 규정에 따라 B/L과 화물을 교환하는 방식으로만 화물을 인도할 수 있기 때문이다. 이와 같은 경우에 수입업자는 선적서류가 도착하기 전에 수입물품을 인도받기 위하여 발행은행으로부터 보증서를 발급받아 선박회사에 선화증권의 원본 대신 제출하고 수입화물을 인도받을 수 있다. 이때 사용되는 발행은행의 보증서가 바로 수입화물선취보증서(Letter of Guarantee: L/G)이다.

즉, L/G의 발급은 선적서류도착 전 물품의 인도로부터 발생하는 모든 문제를 발행은행이 책임지고 차후에 선화증권 원본이 도착하면 이를 선박회사에 제출할 것을 보증하는 발행은행의 보증서이므로 선적서류의 원본을 인도하는 것과 동일한 효과가 있으며, 수입업자는 L/G발급 시 수입보증금으로 L/G금액 전액을 반드시 현금 예치하여야 한다.

특히 여기서 주의할 사항은 외국환은행이 L/G를 발급하게 되면 신용장조건과 일치하지 않는 선적서류가 도착하여도, 화물이 이미 수입자에게 인도된 후이므로 매입은행에 대하여 수입어음의 인수를 거절할 수 없다는 것이다.

1) L/G의 주요 내용

L/G는 발행은행이 선박회사 앞으로 발행하는 지급보증서 또는 각서의 일종으로서 다음과 같은 내용이 기재되어 있다.

① B/L이 도착하면 즉시 선박회사에 제출하겠다는 약속문언

② 화물인도로 인하여 발생되는 모든 책임을 은행이 부담하겠다는 약속문언

③ 양륙지지급운임 및 기타비용과 선적지에 있어서의 미납선임 및 비용 등 일체를 지급할 것을 명시

2) L/G발급으로 인한 효과

(1) 발행은행 측의 클레임 제기권 박탈

L/G로 찾은 화물에 하자가 있거나, 추후 도착하는 선적서류에 하자가 발견되더라도 클레임제기를 할 수 없게 된다.

(2) 일람조건의 외상인 경우 기간계산 기산일 차이 발생

신용장조건이 '90 days after sight'인 경우 수입업자가 발행은행에 신용장대금을 납부하여야 하는 날은 L/G발급일로부터 기산되나, 발행은행이 매입은행 또는 수출업자에게 외상대금을 결제해야 하는 날짜는 실제로 서류가 도착한 익일부터 기산된다.

1.2 발급절차

수입업자로부터 수입화물선취보증의 발급신청이 있을 경우에 신청인으로부터 다음과 같이 제 서류를 징구하고 각 서류의 기재내용의 상호 일관성을 세밀히 검토한 후 L/G를 발급한다.

① 발급은행 소정의 선취보증서 및 보증서발행신청서 각각 1부씩을 작성하여 보증서발급신청서는 은행에서 보관하고, 선취보증서는 수입업자가 선박회사에 제출하여 선착화물을 인도받는다.

② 선화증권 사본은 선취보증서 발행 증빙서류로서 은행에 제출한다.

③ 상업송장 사본은 L/G 등의 내용과 일치하는가를 심사하기 위한 서류로 선취보증서 발급 시 은행에 제출해야 한다.

1.3 수입화물선취보증서 서식 기재사항

① Shipping Co.: 당해 수입물품의 국제운송업자로서 B/L에 기재된 선박회사와 일치해야 한다.

② Shipper: Shipper는 당해 물품을 선적한 자로서 B/L상의 Shipper와 일치해야 하나 L/C상의 Beneficiary와 반드시 일치할 필요는 없다.

③ Invoice Value: 당해 물품의 가격으로 B/L에 표시된 물품의 가격을 말한다. 수입업자가 물품을 우선 선취하기 위해서 은행이 L/G를 발행하는 것이므로 이 송장금액은 수입업자가 제출한 송장의 금액과 반드시 일치해야 한다.

④ Nos. & Marks: 수입물품의 포장 Mark로서 수입업자가 L/G를 받기 위해서 제출한 Commercial Invoice, Packing List, B/L상의 Nos. & Marks와 일치해야 한다.

⑤ Packages: 물품의 포장 개수로서 B/L상에 표시된다. 보증서상의 Packages란에 기재하면 된다.

⑥ Number of Credit: 당해 수입을 위하여 발행된 신용장의 고유번호를 기재한다. D/P나 D/A의 경우에는 해당 계약서의 번호를 기재하여야 한다.

⑦ L/G No.: 은행의 L/G발행에 대한 Reference No.로서 L/G 사후관리에 필요한 번호이다. 이것은 수입업자가 기재하는 사항이 아니고 은행에서 부여하는 번호이다.

⑧ Number of B/L: B/L의 고유번호로서 이 번호를 L/G신청서상에 기재하면 된다.

⑨ Vessel Name: 화물이 선적된 선박의 명칭으로서 B/L상에 기재된 선박명과 일치해야 한다.

⑩ Arrival Date: 화물도착통지서상의 화물이 도착한 일자를 기재한다.

⑪ Voyage No.: 화물을 선적한 선박의 항해번호로서 B/L상에 기재된 번호와 일치되어야 한다.

⑫ Port of Loading: 화물의 선적이 이행된 항구로서 B/L상에 명기되는데 이 선적항은 L/C조건과 일치되어야 한다.

⑬ Port of Discharge: 화물이 도착되는 국내의 항구로서 B/L상에 기재되는데 이 도착항은 L/C조건과 일치해야 한다.

⑭ Description of Goods: 당해 상품을 인도하기 위해서 L/G를 발급받는 것이므로 상품의 명세는 제반 서류상의 기재내용과 일치하여야 함은 물론이고 L/C상에서 요구한 상품인가를 확인하여야 한다. 만일 L/C상의 상품과 불일치할 경우에는 L/C를 반드시 수정해야 한다.

참고 | 병행수입 시 유의사항

1. 상표권침해가 아닌 경우

① 외국상표권자와 국내상표권자 · 전용사용권자가 동일인이거나 계열회사관계(주식의 30% 이상을 소유하면서 최다 출자자인 경우), 수입대리점관계 등 동일인관계인 경우

② 국내외 상표권자가 동일인관계가 아니면서 국내상표권자가 외국에서 생산된 지정상품을 수입하거나 판매하는 경우

③ 국내상표권자가 수출한 물품을 국내로 다시 수입하는 경우

④ 외국상표권자의 요청에 따라 주문제작하기 위하여 견본품을 수입하면서 그에 관한 입증자료를 제출하는 경우

⑤ 상표권자가 처분제한 없는 조건으로 양도담보 제공한 물품을 해당 상표에 대한 권리 없는 자가 수입하는 경우

⑥ 국내상표권자가 통상사용권자 등 해당 상표사용계약을 한 자가 수입하는 진정상품의 수입을 허락하거나 동의하여 수입자가 별지 제1호 서식의 상표사용 허락사항신고서 또는 수입통관 동의서를 세관장에게 제출한 경우

2. 상표권침해인 경우

① 국내외상표권자가 동일인이 아니면서 국내상표권자가 해당 상표가 부착된 지정상품을 전량

국내에서 제조하는 경우

② 국내외상표권자가 동일인이 아니면서 국내상표권자가 해외에서 주문자상표부착방식으로 제조하여 수입하는 경우. 다만, 주문자상표부착방식으로 제조하는 외국제조자가 국외상표권자로부터 해당 상표의 사용허락을 받은 경우에는 그러하지 아니하다.

③ 국내외상표권자가 동일인이 아니면서 국내상표권자가 해당 상표가 부착된 부분품을 수입하여 조립하거나 일부 가공한 뒤 수입된 부분품과 HS 6단위 세번이 다른 완제품을 생산하는 경우

④ 국내상표권자가 해당 상표가 부착된 지정상품을 과거에는 수입만 하였으나 수입을 중단하고 제조만 하는 경우

⑤ 국내상표권자가 해당 상표가 부착된 지정상품을 과거에는 수입과 제조를 병행하였으나 수입을 중단하고 제조만 하는 경우

[양식 11-5]

수입화물선취보증서
Letter of Guarantee

Date:

<table>
<tr><td colspan="2" rowspan="2">① Shipping Co.
Korea Shipping Co.</td><td>⑥ L/C No.
MI701905NS06260</td><td>⑦ L/G No.</td></tr>
<tr><td colspan="2">⑧ B/L No. 74343043</td></tr>
<tr><td colspan="2" rowspan="3">② Shipper
Kobnack Co., Ltd
Tokyo, Japan</td><td colspan="2">⑨ Vessel Name Korea Shipping Co.</td></tr>
<tr><td colspan="2">⑩ Arrival Date Jan. 24, 2019</td></tr>
<tr><td colspan="2">⑪ Voyage No. NYPU013</td></tr>
<tr><td colspan="2" rowspan="2">③ Invoice Value
¥600,000</td><td colspan="2">⑫ Port of Loading Tokyo</td></tr>
<tr><td colspan="2">⑬ Port of Discharge Busan</td></tr>
<tr><td>④ Nos. & Marks
Woojin
Pusan
P/NO.1
Made in Japan</td><td>⑤ Packages
1set</td><td colspan="2">⑭ Description of Goods
Weather Facsimile Receiver
Model: FAX-108
Maker: Furno Electric Co.
Complete set</td></tr>
</table>

Whereas you have issued a Bill of Lading covering the above shipment and the above cargo has been arrived at the above port of discharge(or the above place of dilivery), we hereby request you to give delivery of the said cargo to the above mentioned party without production of the original Bill of Lading.

In consideration of your complying with our above request, we hereby agree as follows:

1. To indemnify you, your servants and agents and to hold all of you harmless in respect of liability, loss, damage or expenses which you may sustain by reason of delivering the cargo in accordance with our request, provided that the undersigned Bank shall be exempt from liability for freight, demurrage or expenses in respect of the contract of carriage.
2. As soon as the original Bill of Lading corresponding to the above cargo comes into our possession, we shall surrender the same to you, whereupon our liability hereunder shall cease.
3. The liability of each and every person under this guarantee shall be joint and several and shall not be conditional upon your proceeding first against any person, whether or not such person is party to or liable under this guarantee.
4. This guarantee shall be governed by and construed in accordance with Korean law and the jurisdiction of the competent court in Korea.
   Should the Bill of Lading holder file a claim or bring a lawsuit against you, you shall notify the undersigned Bank as soon as possible.

Yours faithfully

For and on behalf of [Name of Requestor]	For and on behalf of [Name of Bank]
Authorized Signature	Authorized Signature

수입(4040051, 210×297) NCR 2매 1조(1999. 8 제정)

[양식 11-6]

수입화물선취보증신청서
Application for Letter of Guarantee

(□수입물품대도(T/R)신청 □EDI형 서비스신청)

계	결재

① 선박회사명(Shipping Co.) Korea Shipping Co.		⑥ 신용장(계약서)번호 LC No. MI701905NS06260	⑦ L/G번호(L/G No.)
		⑧ 선화증권번호 (B/L No.)	74343043
② 송화인(Shipper) Kobnack Co., Ltd. Tokyo, Japan		⑨ 선박명 (Vessel Name)	Korea Shipping Co.
		⑩ 도착(예정)일 (Arrival Date)	Jan. 24, 2019
		⑪ 항해번호 (Voyage No.)	NYPU013
③ 상업송장금액(Invoice Value) ¥600,000		⑫ 선적항 (Port of Loading)	Tokyo
		⑬ 도착항 (Port of Discharge)	Pusan
④ 화물표시 및 번호 (Nos. & Marks) Woojin Pusan P/NO.1 Made in Japan	⑤ 포장수(Packages) 1set	⑭ 상품명세(Description of Goods) Weather Facsimile Receiver Model: FAX-108 Maker: Furno Electric Co. Complete set	

□ 본인은 위 신용장의 수입물품을 대도(T/R)신청함에 있어 따로 제출한 외국환거래약정서 및 양도담보계약서의 모든 조항에 따를 것을 확약합니다.

□ 본인은 EDI방식에 의한 수입물품선취보증서(L/G) 발급의 경우 소정의 서비스 이용료를 납부하고 본건이 발급된 후에는 변경 또는 취소가 불가능함을 확약합니다.

본인은 위 신용장 등에 의한 관계선적서류가 귀행에 도착하기 전에 수입화물을 인도받기 위해 수입화물선취보증을 신청하며 본인이 따로 제출한 수입화물선취보증서(Letter of Guarantee)에 귀행이 서명함에 있어 다음 사항에 따를 것을 확약합니다.

1. 귀행이 수입화물선취보증서에 서명함으로써 발생하는 위험과 책임 및 비용은 모두 본인이 부담하겠습니다.
2. 본인은 위 수입화물에 대하여는 귀행이 소유권이 있음을 확인하며 귀행이 수입화물선취보증서에 따른 보증채무를 이행하여야 할 것이 예상될 경우 또는 본인에 대하여 은행여신거래 기본약관 제7조의 사유가 발생할 경우에는 귀행의 청구를 받는 즉시 위 수입화물을 귀행에 인도하겠으며, 수입화물의 인도가 불가능할 경우에는 위 수입물품에 상당하는 대금으로 상환하겠습니다.
3. 본인은 위 수입화물에 관한 관계선적서류를 제3자에게 담보로 제공하지 않았음을 확인하며, 또한 귀행의 서면 동의 없이 이를 담보로 제공하지 않겠습니다.
4. 본인은 위 수입화물에 관한 관계선적서류가 도착할 때에는 신용장조건과의 불일치 등 어떠한 흠에도 불구하고 이들 서류를 반드시 인수하겠습니다.

년 월 일

신청인 홍 길 동 ㊞
주소 서울 강남구 삼성동 159-1
TEL. 6000 - 0114

인감 및 원본확인	

수입(4040051, 210×297) NCR 2매 1조(2002. 12 개정)

2. 수입화물대도

2.1 발생원인

발행은행이 서류도착사실을 수입업자에게 통보하고 신용장대금결제 후 이 서류를 인수할 것을 요구하였으나 수입업자가 결제자금이 없을 때의 문제이다. 이 경우 발행은행은 담보확보를 위하여 돈을 받지 않고 서류를 수입업자에게 넘겨줄 수도 없고, 그렇다고 무작정 선적서류를 자신이 보유하고 있을 수도 없는 지경에 처하게 된다. 왜냐하면 이 경우 도착한 화물의 소유권이 은행에게 귀속되어 화물보관에 따른 비용(창고료 등) 및 위험부담을 은행이 책임져야 하나 은행은 이 화물의 처분경로를 알지 못하여 기간이 경과될수록 손해가 가중되기 때문이다. 이러한 경우의 해결책으로 제시된 것이 바로 국제금융의 일종인 수입화물 대도(Trust receipt: T/R) 제도이다.

은행은 물품의 소유권을 가진 신탁자로서 수입업자를 수탁자로 하여 물품을 은행과 체결한 일정한 계약목적범위 내에서 사용 수익하도록 인도하므로, 수입화물선취보증서 또는 선적서류 인도 후부터 대금결제일까지 기간 동안 신용공여에 대한 담보권을 확보하려는 일종의 신탁계약이라고 할 수 있다.

즉, 수입업자가 발행은행과 T/R약정을 체결하면 은행은 이 약정에 따라 화물의 소유권은 자신이 보유한 채로 화물의 점유권을 수입업자에게 이양하여 줄 수 있고, 수입업자는 수입대금의 결제 없이 선적서류를 받아 화물을 찾은 후 이 화물을 처분한 대금으로 신용장대금을 결제할 수 있기 때문이다.

수입화물대도(T/R)에는 수입결제대금의 적립 없이 수입화물선취보증서(L/G) 발행에 따른 T/R과 기한부 수입에 따른 T/R이 있다.

2.2 T/R의 법적 성격

T/R의 법적 성격을 양도담보, 조건부매매, 대리관계 등 여러 가지로 해석하는 설이 있으나 일반적으로 '화물의 신탁적 양도'라고 해석하는 것이 통설이다. 따라서 은행과 수입업자 간에는 화물처분에 관한 위임계약을 체결한 것으로 간주되기 때

문에 만일 수입업자가 선박회사로부터 화물을 찾아서 그것을 위임계약의 내용대로 처리하지 않고 임의처분을 한다면 이는 형법상의 '배임죄' 성립이 가능하다(예: 화물처분대금으로 신용장대금을 결제하지 않고 유용하는 경우).

은행의 입장으로는 수입업자의 계약위반이 있을 경우 형사처벌을 할 수 있는 근거가 마련되고 이 형사처분의 두려움 때문에 수입업자는 계약내용을 지키려고 노력하게 될 것이다.

2.3 수입화물의 대도 서식 기재사항

① 신용장번호: 수입담보화물 대도(선인도)신청에 해당하는 물품을 수입하기 위해 수입자가 금융기관에서 발행하였던 수입신용장의 번호를 기재하며, 수입담보화물 대도신청의 신용장번호와 선화증권의 본문, 송장, 포장명세서 등에 기재되어 있는 수입신용장의 번호와 일치하여야 한다.

② 선적서류: 신청서에 첨부되는 서류를 기재하며 통상 B/L, Invoice, Parking List가 주로 첨부되며 수입신용장발행 시 특별히 요구한 서류이다.

③ 선화증권: 수입담보화물 대도신청인은 수입담보화물 대도신청을 하고자 하는 물품에 해당하는 선화증권 본문에 기재되어 있는 증권의 번호, 증권발행인과 증권발행일자를 일치하도록 기재하여야 한다.

④ 송장금액: 수입담보화물 대도신청에 해당하는 수입화물에 대한 송장금액을 기재하며 당해 물품에 대해 송장이 여러 장으로 발행된 경우에는 그 합계금액으로 기재한다. 간혹 한 송장에서 선화증권이 여러 장으로 발행되는 경우가 있는데 이 경우에는 선화증권에 해당하는 금액만 기재하는 것이 아니고 송장금액 전액을 기재한다.

⑤ T/R금액: 수입담보화물 대도신청에 해당하는 수입화물의 해당 금액을 말하며 해당 선화증권의 물량에 해당하는 송장의 금액과 일치해야 한다. 금액 기재는 수입외화금액을 기재하며 원화 환산액은 수입담보화물 대도신청 당일의 대고객 전신환 매도율(T/T Selling rate)을 적용한다.

- 예: T/T금액: US$1,000,000(원화 환산액) ₩1,150,000,000 @1,150

[양식 11-7]

수입물품대도신청서

☐ **선적서류수령증**
☐ **수입물품대도(T/R)신청서**

_______________ 은행 앞

☐ 본인은 아래 신용장에 의한 선적서류를 정히 수령하였습니다.
☐ 본인은 아래 신용장의 수입물품을 대도신청함에 있어 따로 제출한 외국환거래약정서 및 양도담보계약서의 모든 조항에 따를 것을 확약합니다.

<table>
<tr><td colspan="2">① 신용장번호</td><td colspan="9">M1701403ES1234</td></tr>
<tr><td rowspan="3">② 선적서류</td><td rowspan="2">종류</td><td rowspan="2">선화증권</td><td rowspan="2">항공화물운송장</td><td rowspan="2">상업송장</td><td rowspan="2">보험서류</td><td rowspan="2">포장명세서</td><td rowspan="2">검사증명서</td><td colspan="3">기타</td></tr>
<tr><td></td><td></td><td></td></tr>
<tr><td>통수</td><td>1</td><td></td><td>1</td><td></td><td>1</td><td></td><td></td><td></td><td></td></tr>
<tr><td colspan="2" rowspan="4">대도(T/R)</td><td colspan="2">③ 선화증권
(항공화물운송장)</td><td colspan="2">번호</td><td colspan="5">KCBU 008M</td></tr>
<tr><td colspan="2" rowspan="2">④ 상업송장</td><td colspan="2">물품명</td><td colspan="5">Raw Hide</td></tr>
<tr><td colspan="2">금액</td><td colspan="5">US$ 100,000.00</td></tr>
<tr><td colspan="4">⑤ 대도(T/R)금액</td><td colspan="5">US$ 100,000.00</td></tr>
</table>

년 원 일

본인 (인)
주소

인감 및 원본확인

수입(4040101, 210×297) 백상지 80g/㎡(2002. 11 개정)

Chapter

12

관세의 확정과 납부

제 1 절 관세의 의의와 종류

1. 관세의 의의

관세(customs, customs duties, tariff)는 관세영역을 출입하는 물품에 대하여 법률이나 조약에 의거하여 징수하는 금전적 급부이다. 관세는 수입물품에 부과되는 세금으로서 원칙적으로 유형의 상품에만 부과되며 서비스나 온라인으로 수입되는 디지털상품에는 부과되지 않는다.

관세는 물품의 가격을 기준으로 부과되는 종가세와 물품의 수량을 기준으로 부과되는 종량세로 구분되지만 촬영된 영화의 필름이나 일부 농산물을 제외한 대부분의 품목은 가격을 기준으로 관세가 부과된다.

관세를 부과하기 위한 수입물품의 과세표준이 되는 가격을 과세가격이라고 하며 수입자가 물품을 수입하기 위해서 실제로 지급하였거나 지급해야 할 가격에 법정가산요소를 더하고 조정해서 과세가격을 산출한다.

따라서 실제 거래에 적용하는 거래조건과 상관없이 CIF조건의 가격에 법정가산요소를 더해서 과세가격을 산출한다. 과세가격을 산출하기 위하여 외국통화로 표시된 가격을 내국통화로 환산할 때는 수입신고일이 속하는 전 주의 외국환매도율을 평균하여 관세청장이 고시하는 과세환율을 적용한다.

2. 관세의 종류

2.1 과세기회에 따른 구분

관세는 과세기회에 따라 수출관세와 수입관세로 구분된다. 수출관세(export duties)는 내국물품이 외국에 수출될 때 부과되는 관세로서, 재정수입확보, 전략물자와 자국산업에 필요한 원료 등의 확보, 국내가격상승의 방지 등을 위하여 부과된다. 브라질의 커피, 스페인의 코르크, 필리핀의 원목 등과 같이 주로 재정수입확보를 목적으로 부과한다.

수입관세(import duties)는 외국물품이 국내로 수입될 때 부과되는 관세를 말한다. 대부분의 국가들이 수입물품에 관세를 부과하며, 한국도 관세법에 의하여 수입물품에는 관세를 부과한다. 통과관세(transit duties)는 관세영역을 통과하는 물품에 대하여 부과되는 관세를 말한다. 현재 GATT협정에 의하여 통과관세의 부과는 금지되어 있다.

2.2 과세목적에 따른 구분

관세는 과세목적에 따라 재정관세와 보호관세로 구분된다. 재정관세(revenue duties)는 국가의 재정수입을 확보하기 위하여 부과되는 관세를 말한다.

보호관세(protective duties)는 국내산업의 보호를 위하여 부과되는 관세로서, 후진국은 유치산업을, 선진국은 사양 및 정책산업을 보호하기 위하여 주로 부과된다. 보호관세는 국내유치산업을 보호 · 육성하기 위하여 수입물품에 부과되는 육성관세, 물가나 외환가치의 하락국이 경제공황을 방지하기 위하여 수입물품에 부과하는 공황관세, 외국물품의 수입을 금지하기 위하여 고율의 관세를 부과하는 금지관세로 구분될 수 있다.

2.3 과세방법에 따른 구분

관세는 과세방법에 따라 종가세, 종량세 및 혼합세로 구분된다. 종가세(ad valorem duties)는 과세물건(수입물품)의 가격을 기준으로 산정된 세액을 말한다. 종량세(specific duties)는 과세물건(수입물품)의 수량을 기준으로 산정된 세액을 말한다. 현행의 관세율은 대부분 종가세율이 적용되고 있지만, 원유, 설탕, 필름 등에 대하여는 종량세율이 적용되고 있다.

구분	종가세	종량세
장점	• 공평한 세부담 • 인플레 시 세율변경 없이도 세율증가	과세방법이 용이하여 부과행정상 용이
단점	과세가격 산출 시 비용이 많이 들고 절차가 복잡	• 과세의 불공평 초래 • 물가상승 시 관세부담이 가볍고, 하락 시 무거움

혼합세는 종가세와 종량세가 동시에 적용되거나 혼합되어 산출된 세액으로 부과하는 방법으로서, 선택세와 복합세로 구분된다. 선택세(selective duties)는 동일한 품목에 대하여 종가세와 종량세를 동시에 적용하여 그중 높거나 또는 낮게 산출되는 세액을 선택하여 부과하는 관세를 말한다. 복합세(compound duties)는 동일한 품목에 대하여 종가세와 종량세를 정한 다음 산출된 세액을 합하여 부과하는 관세를 말한다. 현행의 관세율표상에서는 복합세를 부과하는 품목은 한 품목도 없다.

2.4 과세근거에 따른 구분

1) 국정관세

국정관세는 한국이 독자적으로 정한 세율로서 다음과 같이 구분된다.

① 기본세율: 관세법 [별표] 관세율표상의 기본세율로서, 국회의 입법을 통하여 제정된다.

② 잠정세율: 관세법 [별표] 관세율표상에 기본세율과 함께 표시되어 있는 것으로서, 일시적으로 기본세율을 적용할 수 없는 경우에 적용되며, 국회의 승인을 받아 확정된다. [별표] 관세율표 중 잠정세율의 적용을 받는 물품에 대하여는 대통령령이 정하는 바에 따라 그 물품의 전부 또는 일부에 대하여 잠정세율의 적용을 정지하거나 기본세율과의 세율차를 좁히도록 잠정세율을 올리거나 내릴 수 있다.[01]

③ 탄력관세율: 급변하는 국내외 정치 · 경제적 여건에 신속하게 대처할 목적으로 국회의 심의 · 의결을 거쳐 관세율을 결정 또는 변경하는 것이 아니라 행정부가 세율을 탄력적으로 변경 · 운영할 수 있도록 하고 있는 것이다. 즉, 기본세율을 변경하지 않고 정책목적에 따라 법률에서 정하여진 범위 내에서 세율을 임시적으로 적용하는 것이다. 탄력관세율은 관세법 제51조에서 제77조까지의 규정에 따라 대통령령 또는 기획재정부령으로 정하는 세율로서, 현재 한국에서 시행되고 있는 탄력관세는 덤핑방지관세, 상계관세, 보복관세, 긴급

01 관세법 제50조 제4항

관세, 특정국물품긴급관세, 농림축산물에 대한 특별긴급관세, 조정관세, 할당관세, 계절관세, 편익관세가 있다.

④ 환급에 갈음하여 인하된 관세율(환특세율): 수출용 원재료 중에서 대부분 수출용으로만 사용될 것으로 예상되는 특정물품에 대하여 기본세율보다 낮은 세율을 적용하고, 추후 그 원재료를 가지고 수출을 이행한 후에는 환급을 하지 않도록 하고 있는데, 이러한 품목에 적용되는 세율을 말하며, '환특세율'이라고도 한다.

⑤ 간이세율: 관세 · 임시수입부가세 및 내국세의 세율을 기초로 하여 정한 단일세율을 적용하여 과세의 간소화를 통해 국민의 편의를 도모하기 위하여 여행자 휴대품 또는 우편물 등에 대하여 적용되는 세율이다.

2) 협정관세

특정국가 또는 국제기구와의 협상을 통해서 양허한 관세를 '협정관세'라고 하며, 이때 적용되는 세율을 '협정세율' 또는 '양허세율'이라고 한다.

협정관세에는 세계무역기구협정 일반양허관세(WTO 일반협정관세), 세계무역기구협정 개발도상국 간의 양허관세(WTO 개도국협정관세), 아시아 · 태평양 무역협정 양허관세, 유엔개발회의 개발도상국 간 특혜무역제도의 양허관세(UN 개도국협정관세) 및 전 세계 각국과의 관세협상에 따른 국제협력관세가 있다.

일반특혜관세(최빈개발도상국에 대한 특별관세, Generalized System of Preferences: GSP)란 원산지가 특정개발도상국인 특정물품에 대하여 기본세율보다 낮은 세율을 적용하는 관세이다. 자유무역협정관세(FTA협정관세)는 FTA가 발효된 국가를 원산지로 하는 물품에 대해서 적용되는 관세이다.

국제협력관세는 정부가 한국의 대외무역의 증진을 위하여 필요하다고 인정되는 때에 특정국가 또는 국제기구와 관세에 관한 협상을 수행하여 기본관세율의 50/100의 범위 내에서 관세를 양허하는 것을 말한다.

표 12-1 관세율의 적용순위

순위	종류	비고
1순위	• 덤핑방지관세 • 보복관세 • 긴급관세 • 상계관세	최우선 적용
2순위	• 편익관세 • 국제협력관세	3, 4, 5, 6, 7순위보다 낮은 경우에 우선 적용
3순위	• 조정관세 • 계절관세 • 할당관세	할당관세는 4순위보다 낮은 경우에 우선 적용
4순위	일반특혜관세	
5순위	농축산물 양허관세	WTO협정에 의한 양허관세 규정 [별표 1]의 나 및 [별표 3의4]의 세율
6순위	잠정관세	
7순위	기본관세	

3. 탄력관세제도

3.1 탄력관세제도의 의의와 기능

탄력관세제도는 급변하는 국내외 정치 · 경제적 여건에 신속하게 대처할 목적으로 국회의 심의 · 의결을 거쳐 관세율을 결정 또는 변경하는 것이 아니라 행정부가 세율을 탄력적으로 변경 · 운영할 수 있도록 하고 있는 제도를 말한다.

이러한 탄력관세제도는 다음과 같은 기능을 가지고 있다.

첫째, 수입물품의 가격하락에 따른 수입증대로 인하여 야기되는 국제수지의 악화 및 외국상품의 국내시장확대를 방지함으로써 국내산업을 보호할 수 있다. 덤핑방지관세, 상계관세, 보복관세 등이 국내산업을 보호하기 위한 탄력관세제도라고 할 수 있다.

둘째, 국내공급이 부족하여 국내가격이 폭등하는 경우에 수입을 증가시켜 국내물가를 안정시킬 수 있다. 할당관세, 계절관세 등이 국내물가의 안정을 도모하기 위한 탄력관세제도라고 할 수 있다.

셋째, 수입물품에 기본세율보다 낮은 세율을 부과함으로써 필요한 주요 자원을 안정적으로 확보할 수 있다. 할당관세 등이 주요 자원의 안정적 확보를 위한 탄력관세제도라고 할 수 있다.

넷째, 산업구조의 급격한 변동으로 품목 간의 세율을 조정할 필요가 있을 때 세율의 불균형을 시정할 수 있다. 조정관세, 할당관세 등이 세율의 불균형을 시정하기 위한 탄력관세제도라고 할 수 있다.

3.2 탄력관세제도의 종류

현재 한국의 관세법하에서 시행되고 있는 탄력관세는 다음과 같다.

1) 덤핑방지관세

덤핑방지관세(anti-dumping duties)란 외국의 물품이 정상가격 이하로 수입되어 국내산업에 피해를 야기시킨 경우에 정상가격과 덤핑가격과의 차액에 상당하는 금액 이하의 관세를 추가로 부과함으로써 국내산업을 보호하기 위한 것이다.

정상가격의 판단기준으로서는, 첫째 수출국의 소비용 동종상품의 통상적인 상거래에서 비교가능한 가격, 둘째 전기한 가격이 없을 경우 제3국에 수출되는 동종상품의 통상거래에서 비교가능한 최고가격 또는 원산국에서의 생산비에 합리적인 판매비 및 이윤을 가산한 가격 등을 설정하고 있다.

반덤핑관세의 부과는 덤핑행위로 인해서 수입국의 국내산업이 불공정하게(unfairly) 피해를 입는 것을 막기 위해 정당화되는 것이라고 할 수 있다. 그러나 실제로는 반덤핑관세가 이미 경쟁력을 잃은 국내산업을 보호하기 위한 수단으로 남용될 수 있는 가능성은 항상 존재할 수 있다.

표 12-2 탄력관세제도의 부과요건과 세율변경범위

구분	부과요건	세율변경범위
덤핑방지 관세	• 외국의 물품이 정상가격 이하로 수입된 경우 • 그 수입으로 인하여 국내산업이 '실질적인 피해 등'을 입은 사실이 조사를 통하여 확인된 경우 • 해당 국내산업을 보호할 필요가 있다고 인정되는 경우	기본세율 + 덤핑차액에 상당하는 금액 이하의 금액
상계관세	• 외국에서 제조·생산 또는 수출에 관하여 직접 또는 간접으로 보조금 또는 장려금을 받은 물품이 수입된 경우 • 국내산업이 실질적인 피해 등을 입은 사실이 조사를 통하여 확인된 경우 • 해당 국내산업을 보호할 필요가 있다고 인정되는 경우	기본세율 + 보조금 등의 금액 이하의 금액
보복관세	• 교역상대국이 한국의 수출물품 등에 대하여, 다음의 행위를 하여 한국의 무역이익이 침해되는 경우에 그 나라로부터 수입되는 물품 – 관세 또는 무역에 관한 국제협정이나 양자 간의 협정 등에 규정된 한국의 권익을 부인하거나 제한하는 경우 – 그 밖에 한국에 대해 부당 또는 차별적 조치를 취하는 경우	피해상당액의 범위 내
긴급관세	• 특정물품의 수입증가로 인하여 국내산업이 심각한 피해 등을 입은 사실이 조사를 통하여 확인된 경우 • 해당 국내산업을 보호할 필요가 있다고 인정될 때	피해의 방지·치유 및 조정의 촉진에 필요한 범위 내
특정국 물품 긴급관세	• 국제조약 또는 일반적인 국제법규에 따라 허용되는 한도에서 '특정국물품(홍콩 및 마카오를 제외한 중화인민공화국을 원산지로 하는 물품)'이 다음의 하나에 해당하는 것으로 조사를 통하여 확인된 경우 – 해당 물품의 수입증가가 국내시장의 교란 또는 교란우려의 중대한 원인이 되는 경우 – 세계무역기구 회원국이 해당 물품의 수입증가에 대하여 자국의 피해를 구제하거나 방지하기 위하여 한 조치로 인하여 중대한 무역전환이 발생하여 해당 물품이 한국으로 수입되거나 수입될 우려가 있는 경우	피해를 구제하거나 방지하기 위하여 필요한 범위 내
농림축산물에 대한 특별긴급관세	국제관세협력의 규정에 따라 국내외 가격차에 상당한 세율로 양허한 농림축산물의 수입물량이 급증하거나 수입가격이 하락하는 경우	• 물량기준: 양허세율 + (양허세율 × 1/3) • 가격기준: 양허세율 + 대통령령이 정한 비율에 따른 산출금액

<table>
<tr><td colspan="2">조정관세</td><td>• 산업구조의 변동 등으로 물품 간의 세율 불균형이 심하여 이를 시정할 필요가 있는 경우
• 국민보건 · 환경보전 · 소비자보호 등을 위하여 필요한 경우
• 국내에서 개발된 물품을 일정기간 보호할 필요가 있는 경우
• 농림축산물 등 국제경쟁력이 취약한 물품의 수입증가로 인하여 국내시장이 교란되거나 산업기반이 붕괴될 우려가 있어 이를 시정하거나 방지할 필요가 있는 경우</td><td colspan="2">• 원칙: 기본세율+(100/100−기본세율)
• 예외: 농림축수산물은 국내외 가격차에 상당하는 세율의 범위 내</td></tr>
<tr><td rowspan="2">할당관세</td><td>할인</td><td>• 원활한 물자수급 또는 산업의 경쟁력 강화를 위하여 특정물품의 수입을 촉진할 필요가 있는 경우
• 수입가격이 급등한 물품 또는 이를 원재료로 한 제품의 국내가격을 안정시키기 위하여 필요한 경우
• 유사물품 간의 세율이 현저히 불균형하여 이를 시정할 필요가 있는 경우</td><td colspan="2">기본세율 − 40/100</td></tr>
<tr><td>할증</td><td>특정물품의 수입을 억제할 필요가 있을 경우(일정한 수량을 초과하여 수입되는 분)</td><td colspan="2">• 기본세율+40/100
• 농림축수산물: 기본세율+동종물품 등의 국내외 가격차에 상당한 세율의 범위 내</td></tr>
<tr><td colspan="2" rowspan="2">계절관세</td><td rowspan="2">계절에 따라 가격의 차이가 심한 동종물품 · 유사물품 또는 대체물품의 수입으로 인하여 국내시장이 교란되거나 생산기반이 붕괴될 우려가 있을 때</td><td>인상</td><td>국내외 가격차에 상당한 세율의 범위 내에서 기본관세율보다 높게</td></tr>
<tr><td>인하</td><td>기본세율−기본세율의 40/100의 범위 내의 세율</td></tr>
<tr><td colspan="2">편익관세</td><td>관세에 관한 조약에 따른 편익을 받지 아니하는 나라의 생산물로서 한국에 수입될 때 대통령령으로 그 나라와 물품을 지정한 경우</td><td colspan="2">원칙: 해당 양허표에 규정된 세율</td></tr>
</table>

이러한 반덤핑관세부과의 남용을 비롯한 여러 가지 문제들이 다자간 무역협상들에서 논의되어 왔으며, 그 결과 반덤핑관세의 부과요건을 강화시킨 반덤핑규약(anti-dumping code)이 다자간 무역협상에서 채택되었다. 한국은 1988년에 처음으로 반덤핑제도를 운용하기 시작하였다. 1994년 12월에는 관세법상의 시행령 및

시행규칙을 현행 WTO반덤핑협정의 이행을 위해 개정하였다.

2) 상계관세

상계관세(countervailing duties)란 대통령령이 정하는 자 또는 주무부 장관의 부과요청이 있는 경우로서 '보조금 등(외국에서 제조 · 생산 또는 수출에 관하여 직접 · 간접으로 받은 보조금 또는 장려금)'을 받은 물품의 수입으로 인하여 입은 '실질적인 피해 등(① 국내산업이 실질적인 피해를 받거나 받을 우려가 있는 경우 또는 ② 국내산업의 발전이 실질적으로 지연된 경우의 하나에 해당하는 것)'이 조사를 통하여 확인되고, 해당 국내산업을 보호할 필요가 있다고 인정되는 경우에는 기획재정부령으로 그 물품과 수출상 또는 수출국을 지정하여 그 물품에 대하여 해당 보조금 등의 금액 이하의 관세를 추가하여 부과하는 관세를 말한다.

3) 보복관세

보복관세(retaliatory duties)란 교역상대국이 한국의 수출물품 등에 대하여 관세 또는 무역에 관한 국제협정이나 양자 간의 협정 등에 규정된 한국의 권익을 부인하거나 제한하는 경우, 그 밖에 한국에 대하여 부당 또는 차별적인 조치를 하는 경우에 해당하는 행위를 하여 한국의 무역이익이 침해되는 경우에 그 나라로부터 수입되는 물품에 대하여 피해상당액의 범위에서 부과하는 관세를 말한다.

4) 긴급관세

긴급관세(emergency tariff)란 특정물품의 수입증가로 인하여 동종물품 또는 직접적인 경쟁관계에 있는 물품을 생산하는 국내산업이 심각한 피해를 입거나 입을 우려가 있음이 조사를 통하여 확인되고 해당 국내산업을 보호할 필요가 있다고 인정되는 경우에 해당 물품에 대하여 심각한 피해 등을 방지하거나 치유하고 조정을 촉진하기 위하여 필요한 범위에서 추가하여 부과하는 관세를 말한다.

5) 특정국물품긴급관세

'특정국물품긴급관세'란 국제조약 또는 일반적인 국제법규에 따라 허용되는 한도에서 '특정국물품(홍콩이나 마카오를 제외한 중화인민공화국이 정하는 국가를 원산지로 하는 물품)'이 해당 물품의 수입증가가 국내시장의 교란 또는 교란우려의 중대한 원인이 되는 경우나 세계무역기구 회원국이 해당 물품의 수입증가에 대하여 자국의 피해를 구제하거나 방지하기 위하여 한 조치로 인하여 중대한 무역전환이 발생하는 경우에 부과한다.

해당 물품이 한국으로 수입되거나 수입될 우려가 있는 경우에 해당하는 것으로 조사를 통하여 확인된 경우에 피해를 구제하거나 방지하기 위하여 필요한 범위에서 추가하여 부과하는 관세를 말한다.

6) 농림축산물에 대한 특별긴급관세

농림축산물에 대한 특별긴급관세(special emergency tariff on agricultural, forest and live-stock products)란 국내외 가격차에 상당한 세율로 양허한 농림축산물의 수입물량이 급증하거나 수입가격이 하락하는 경우에 대통령령으로 정하는 바에 따라 양허한 세율을 초과하여 부과하는 관세를 말한다.

7) 조정관세

조정관세(adjusted duties)란 산업구조의 변동 등으로 물품 간의 세율이 현저히 불균형하여 이를 시정할 필요가 있는 경우, 국민보건 · 환경보전 · 소비자보호 등을 위하여 필요한 경우, 국내에서 개발된 물품을 일정기간 보호할 필요가 있는 경우, 농림축수산물 등 국제경쟁력이 취약한 물품의 수입증가로 인하여 국내시장이 교란되거나 산업기반이 붕괴될 우려가 있어 이를 시정 또는 방지할 필요가 있는 경우에 100분의 100에서 해당 물품의 기본세율을 뺀 세율을 기본세율에 더한 세율의 범위에서 부과하는 관세를 말한다.

8) 할당관세

할당관세(quota tariff)란 원활한 물자수급 또는 산업의 경쟁력 강화를 위하여 특정물품의 수입을 촉진시킬 필요가 있는 경우, 수입가격이 급등한 물품 또는 이를 원재료로 한 제품의 국내가격을 안정시키기 위하여 필요한 경우, 유사물품 간의 세율이 현저히 불균형하여 이를 시정할 필요가 있는 경우에 40/100의 범위의 세율을 기본세율에서 빼고 부과하거나, 또는 특정물품의 수입을 억제할 필요가 있는 경우에 일정한 수량을 초과하여 수입되는 분에 대하여 40/100의 범위의 세율을 기본세율에 더하여 부과하는 관세를 말한다(다만, 농림축수산물인 경우에는 기본세율이 동종물품 · 유사물품 또는 대체물품의 국내외 가격차에 상당하는 세율을 더한 세율의 범위에서 관세를 부과할 수 있다).

9) 계절관세

계절관세(seasonal duties)란 계절에 따라 가격의 차이가 심한 물품으로서 동종물품 · 유사물품 또는 대체물품의 수입으로 인하여 국내시장이 교란되거나 생산기반이 붕괴될 우려가 있는 때에 계절에 따라 해당 물품의 국내외 가격차에 상당한 세율의 범위에서 기본세율보다 높게 부과하거나 기본세율에 40/100의 범위의 세율을 기본세율에서 빼고 부과하는 관세를 말한다.

10) 편익관세

편익관세(beneficial tariff)란 관세에 관한 조약에 따른 편익을 받지 아니하는 나라의 생산물로서 한국에 수입되는 물품에 대하여 이미 체결된 외국과의 조약에 따른 편익의 한도에서 관세에 관한 편익을 부여하는 것을 말한다.

제2절 관세의 납부

1. 과세요건

과세요건이란 세금을 부과하는 데 갖추어야 할 몇 가지 조건으로서, 이러한 요건을 갖춘 경우에만 국가는 세금을 받을 수 있는 조세채권이 발생하고, 그 상대방은 세금을 내야 할 조세채무가 발생한다. 관세의 과세요건은 과세물건(과세객체, 과세대상), 납세의무자(과세주체), 세율 및 과세표준의 네 가지가 있다.

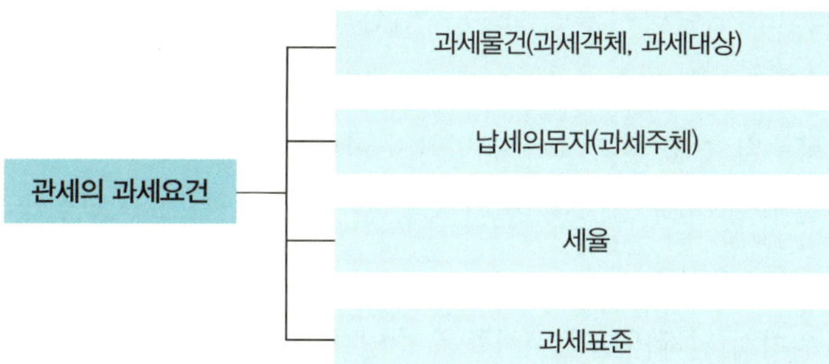

1.1 과세물건

과세물건은 과세의 대상이 되는 것으로서, '과세의 객체'라고도 한다. 관세법 제14조에서는 '수입물품에는 관세를 부과한다'고 규정함으로써, 관세의 과세물건은 수입물품이다. 즉, 우리나라는 수입물품을 과세대상으로 하기 때문에 수입물품에만 관세를 부과하고, 수출물품에는 관세를 부과하지 않는다.

과세물건의 확정시기는 어느 시점에서의 물품의 성질과 수량을 가지고 과세할 것인가 하는 것으로서, 관세는 원칙적으로 '수입신고(입항 전 수입신고를 포함)'를 하는 때의 물품의 성질과 그 수량에 따라 부과한다.[02] 따라서 과세물건의 확정시기는 원칙적으로 수입신고시점이 된다.

02 관세법 제16조

1.2 납세의무자

관세납부의무자는 관세를 납부할 법률상의 의무를 부담하는 자로서, 수입신고를 한 물품에 대하여는 그 물품을 수입한 화주가 관세의 납세의무자가 되지만, 화주가 불분명한 때에는, 수입을 위탁받아 수입업체가 대행수입한 물품인 경우에는 그 물품의 수입을 위탁한 자, 수입을 위탁받아 수입업체가 대행수입한 물품이 아닌 경우에는 대통령령으로 정하는 상업서류(송품장, 선화증권 또는 항공화물운송장)에 기재된 수화인, 수입물품을 수입신고 전에 양도한 경우에는 그 양수인이 관세의 납세의무자가 된다.

그러나 수입신고가 수리된 물품 또는 수입신고수리 전 반출승인을 받아 반출된 물품에 대하여 납부하였거나 납부하여야 할 관세액에 미치지 못하는 경우 해당 물품을 수입한 화주의 주소 및 거소가 분명하지 아니하거나 수입신고인이 화주를 명백히 하지 못하는 경우에는 그 신고인이 해당 물품을 수입한 화주와 연대하여 해당 관세를 납부하여야 한다.[03]

이와 같이 원칙적 납세의무자는 물품을 수입한 화주이며, 연대납세의무자는 물품을 수입신고할 수 있는 관세사, 통관취급법인, 관세법인이 된다. 그러나 화주가 직접 수입신고한 경우에는 수입신고인이 화주이므로 연대납세의무자는 존재할 수 없다. 이 외에도 특별납부의무자와 기타납부의무자가 있다.

1.3 세율

세율은 세액을 결정함에 있어서 과세표준에 대하여 적용되는 비율을 말한다. 즉, 세액은 과세표준에 일정한 비율을 곱함으로써 산출된다. 이때 과세표준에 적용되는 비율을 세율이라고 한다. 납부세액결정의 기초가 되는 관세율표를 관세법의 [별표]로 정해서 운영하고 있다.

03 관세법 제19조 제1항 제1호

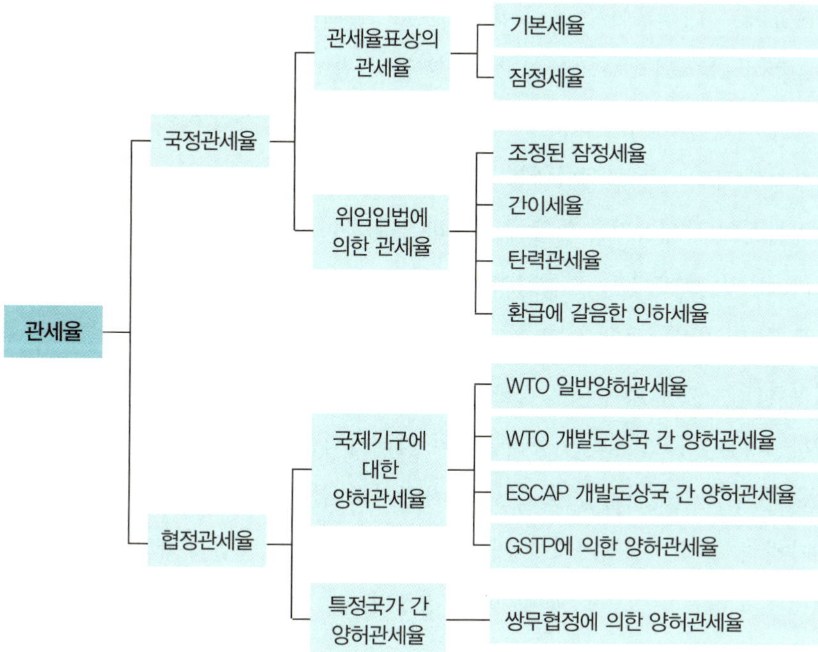

1.4 과세표준

1) 과세표준의 의의

과세표준은 세액결정의 기준이 되는 과세물건의 가격 또는 수량으로서, 세액은 '과세표준(가격 또는 수량)×세율'로 결정되기 때문에 과세표준은 세율과 함께 세액결정의 요인이 된다. 과세물건(수입물품)의 가격을 기준으로 하여 세액이 결정되는 것을 종가세, 과세물건(수입물품)의 수량을 기준으로 하여 세액이 결정되는 것을 종량세라 한다.

종가세 = 수입물품의 가격 × 세율

종량세 = 수입물품의 수량 × 단위수량당 세액

2) 과세가격의 의의 및 결정

과세가격이란 종가세의 표준이 되는 수입물품의 가격을 의미한다. 즉, 현행의 관세율표에는 대부분이 종가세 품목이므로, 관세의 과세표준이란 주로 종가세의 과세표준이 되는 과세가격을 의미한다고 볼 수 있다. 과세가격은 시간, 장소 및 거래수량에 따라 달라지며, 어떤 가격을 표준으로 할 것인가의 어려움이 있기 때문에 과세가격에 대하여는 관세법에서 상세하게 규정하고 있다.

수입물품의 과세가격은 한국에 수출하기 위하여 판매되는 물품에 대하여 구매자가 실제로 지급하였거나 지급하여야 할 가격에 특정금액을 더하여 조정한 거래가격으로 한다. 다만, 금액을 더할 때에는 객관적이고 수량화할 수 있는 자료에 근거하여야 하며, 이러한 자료가 없는 경우에는 이 조에 규정된 방법으로 과세가격을 결정하지 아니하고, '동종 · 동질물품의 거래가격을 기초로 한 과세가격의 결정', '유사물품의 거래가격을 기초로 한 과세가격의 결정', '국내판매가격을 기초로 한 과세가격의 결정', '산정가격을 기초로 한 과세가격의 결정', '합리적 기준에 따른 과세가격의 결정'방법으로 과세가격을 결정한다.[04]

2. 관세의 과세와 징수

2.1 관세의 산정

수입물품에는 관세를 부과한다. 이 경우, 관세액은 수입물품의 가격(종가세), 수입물품의 수량(종량세), 또는 이들을 동시에 적용하는 방법(선택세)으로 산정하며, 관세의 부과 시에는 관세 이외에 부가가치세 · 특별소비세 · 주세 · 교육세 · 교통세 및 농어촌특별세 등의 내국세가 부과된다.

2.2 관세의 납부

1) 신고납부방식

신고납부란 관세의 납세의무자가 수입신고 시에 스스로 과세표준 및 납부세액 등을 결정하여 세관장에게 신고하여 납부하는 제도로서, '자진신고납부제도'라고도 한다. 이 경우, 관세의 납부기한은 납세신고수리일부터 15일 이내이며, 세관장이

04 관세법 제30조 제1항

고지하는 물품, 즉 부과고지대상물품을 제외한 모든 수입물품이 신고납부의 대상 물품이 된다. 관세 등의 납부는 원칙적으로 신고납부방식이 적용된다.

2) 부과고지방식

부과고지란 납세의무자가 세액을 정확하게 결정할 수 없는 물품 등에 대하여 세관장이 세액을 결정하여 고지하고 납세의무자가 고지된 세액을 소정의 기일 내에 납부하는 제도로서, 신고납부방식으로 예외로서 부과고지제도를 이용한다. 이 경우, 관세의 납부기한은 납세고지를 받은 날부터 15일 이내이다.

2.3 세액심사 및 자율심사

1) 세액심사

세관장은 납세신고를 받으면 수입신고서에 기재된 사항과 관세법에 따른 확인사항 등을 심사하되, 신고한 세액에 대하여는 수입신고를 수리한 후에 심사한다. 즉, 신고한 세액에 대하여는 수입신고를 수리한 후에 심사하는 것이 원칙이지만, 관세채권의 확보가 곤란하거나, 수입신고를 수리한 후 세액심사를 하는 것이 적당하지 아니하다고 인정하여 '기획재정부령이 정하는 다음의 물품'의 경우에는 수입신고를 수리하기 전에 이를 심사한다. 다만, 물품의 감면 또는 분할납부의 적정 여부에 대한 심사는 수입신고수리 전에 하고, 과세가격 및 세율 등에 대한 심사는 수입신고수리 후에 한다.[05]

2) 자율심사

세관장은 납세실적과 수입규모 등을 고려하여 관세청장이 정하는 요건을 갖춘 자가 신청할 때에는 '자율심사(납세신고한 세액을 자체적으로 심사)'하게 할 수 있다. 이 경우 해당 납세의무자는 자율심사한 결과를 세관장에게 제출하여야 한다.[06]

05 관세법 제38조 제2항 및 시행규칙 제8조 제1항 및 제2항
06 관세법 제38조 제3항

2.4 세액납부

납세의무자는 납세신고를 한 경우 납세신고수리일부터(납세고지를 한 경우 납세고지를 받은 날부터, 수입신고 전 즉시 반출신고를 한 경우 수입신고일부터) 15일 이내에 해당 세액을 세관장에게 납부하여야 한다. 그럼에도 불구하고 납세의무자는 수입신고가 수리되기 전에 해당 세액을 납부할 수 있다.[07]

2.5 과세 전 적부심사

과세 전 적부심사제도는 납세자의 실질적인 권리구제를 위하여 세관장이 납세액의 부족을 이유로 세액을 경정하여 부족분을 징수하려는 때 사전에 그 사실을 납세자에게 통지하도록 하고, 그 통지를 받은 납세자가 세액경정에 대하여 이의가 있는 경우에는 과세의 적법성 여부를 심사청구할 수 있도록 2000년 1월 1일부터 도입된 제도이다.

2.6 납부세액의 계산

수입품에는 관세 외에 품목에 따라 부과되는 개별소비세, 교통 · 에너지 · 환경세, 주세, 교육세, 농어촌특별세 및 부가가치세 등의 내국세가 부과되며 부과대상 및 세금산출식은 다음과 같다.

세금명	부과대상	세금산출식
개별소비세	사치성 품목, 소비억제품목, 고급 내구성 소비재	(과세가격 + 관세) × 개별소비세율
교통 · 에너지 · 환경세	휘발유, 경유 등 유류	수입물량 × 교통 · 에너지 · 환경세율
주세	주정 및 각종 주류	• 주정: 주정의 수량 × 주세율 • 주류: (과세가격 + 관세) × 주세율
교육세	개별소비세, 교통 · 에너지 · 환경세, 주세 납부품목	개별소비세, 교통 · 에너지 · 환경세, 주세액 × 교육세율

07 관세법 제9조 제1항 및 제2항

농어촌특별세	관세감면물품, 개별소비세 납부물품	(감면세액 또는 개별소비세 납부물품)×농어촌특별세
부가가치세	모든 수입품	(과세가격 + 관세 + 기타 세금)×10%

한편, 수입통관 시 부과되는 모든 종류의 세금을 통합해서 하나의 세율을 적용하는 것을 '간이세율'이라고 하며 다음과 같은 물품을 일정금액 이하로 수입할 때 신속한 통관을 위하여 간이세율을 적용한다.

① 여행자휴대품 또는 별송품

- 여행자가 개인용품이나 선물을 휴대하여 반입하는 경우
- 여행자 개인용품을 화물로 탁송하여 반입하는 경우

② 우편물

- 외국의 친지나 친구로부터 우편물을 통해 송부된 선물
- 국내거주자가 대금을 송부하고자 자가사용으로 구입하여 반입한 우편물(이 경우 일반수입에 제한사항이 있거나 600달러를 초과하는 경우 정식 수입신고절차를 따라야 함)

③ 탁송품 또는 특급탁송품

- 외국의 친지, 친구 및 관계회사에서 기증된 선물 또는 샘플이나 하자보수용 물품 등
- 국내거주자가 개인용으로 사용하기 위하여 인터넷 등 통신을 통하여 대금을 지불하고 구입하여 반입한 화물

3. 관세환급제도

관세환급제도란 수입할 때 납부한 관세 등을 돌려주는 제도를 뜻한다. 여기서 '관세 등'이라 함은 관세뿐만 아니라 개별소비세, 주세, 교통세 등 수입할 때 납부하는 모든 세금을 뜻한다. 수입할 때는 이들 세금 외에도 부가가치세를 납부하지만 부가가치세는 부가가치세법에 따라 별도로 환급이 되므로 관세환급에는 포함되지 않는다.

관세환급의 종류에는 착오로 더 많이 징수한 관세를 돌려주는 과오납환급, 계약 내용과 상이한 물품 등에 대한 관세환급 및 환급특례법에 의한 수출용 원재료에 대한 환급 등이 있다. 일반적으로 관세환급이라고 하면 수출용 원재료에 대한 환급을 뜻하며 그 주된 내용은 다음과 같다.

3.1 환급조건

관세환급을 받기 위해서는 원재료의 수입신고일로부터 2년 이내에 제조 · 가공하여 수출한 후 수출한 날로부터 2년 이내에 환급을 신청해야 한다. 단, 생산기간이 장기간 소요되는 물품의 경우에는 4년의 범위(연장기간 2년) 내에서 수출이행기간을 연장할 수 있다.

관세환급을 받을 수 있는 수출용 원재료라 함은 당해 수출품을 형성하거나 수출품을 형성하는 데 소비되는 것으로서 그 소요량을 객관적으로 산출할 수 있는 원재료를 뜻한다. 따라서 수출품의 생산에 사용되는 기계 및 설비, 공구, 금형, 연료 등은 수출용 원재료에 해당되지 않는다.

수출용 원재료가 수입할 때 관세를 납부한 물품이라면, 물품대금을 지급하는 유환수입물품은 물론 물품대금을 지급하지 않고 수입되는 무환수입물품도 환급대상이 될 수 있다. 또 국내에서 제조 · 가공하지 않고 수입된 상태 그대로 수출한 경우도 수입할 때 납부한 관세를 환급받을 수 있다.

3.2 환급방법

관세환급금의 산출방법은 개별환급과 정액환급으로 나누어진다.

1) 개별환급

개별환급이란 수출품을 제조 · 가공할 때 사용한 원재료를 수입할 때 납부한 관세 등의 세액을 사용한 원재료별로 확인 · 계산하여 환급금을 산출하는 방식을 뜻한다.

개별환급방식은 수출품을 생산하는 데 어떤 원재료가 얼마만큼 사용되었으며 해당 원료를 수입할 때 납부한 관세가 얼마인지를 일일이 확인해서 환급금을 계산하므로 환급금액을 정확하게 산출할 수 있다는 장점이 있으나, 구비서류가 복잡하고 환급금산출에 많은 시간이 소요된다는 문제점이 있다. 대부분의 관세환급은 개별환급방식으로 이루어진다.

2) 간이정액환급

간이정액환급이란 수출품목별로 환급해 줄 금액을 미리 정하여 간이정액환급률표를 작성해 놓고 해당 물품을 수출하고 수출신고필증만 제시하면 소요원재료별 납부세액을 일일이 계산하지 않고 간이정액환급률표에 기재된 환급금액을 그대로 환급해 주는 방식이다.

간이정액환급제도는 중소기업체가 간편하게 관세환급을 받을 수 있도록 운영하는 제도로서 환급금계산이나 관세납부와 관련한 복잡한 절차나 서류의 구비 없이 간편하게 관세환급을 받을 수 있다는 장점이 있으나, 개별환급방식에 비해 환급금이 작을 수 있고 간이정액환급률표에 기재된 품목이 많지 않다는 문제점이 있다.

수출업체의 입장에서 간이정액환급방식에 의한 환급금액이 개별환급방식에 의한 환급액보다 적은 경우에는 정액환급 비적용신청을 할 수 있다. 비적용승인을 받은 수출업체는 간이정액환급률표에 기재된 모든 품목에 대하여 적용이 배제되고 품목별 선별 비적용은 인정되지 않는다.

3) 환급관련서식

개별환급을 받기 위해 제출해야 하는 서류의 종류 및 내역은 다음과 같다.

(1) 소요량계산서

소요량이란 수출품을 생산하는 데 소요되는 원재료의 양을 뜻하며, 생산과정에서 정상적으로 발생하는 손모량을 포함한다. 소요량제도는 대외무역법상의 소요량제도와 관세 등 환급특례법상의 소요량제도로 나누어진다.

대외무역법상의 소요량제도는 수입제한품목을 외화획득용 원료 등으로 수입한 경우 대응수출이행 여부를 확인하기 위한 목적으로 사용되며, 관세 등 환급특례법상의 소요량제도는 수출품생산에 소요된 원재료의 양을 확인함으로써 신속하고 적정한 환급이 이루어지도록 하는 데 목적이 있다.

관세환급을 위한 소요량 확인을 위해서는 환급신청자(수출상 또는 제조자)가 관세청장이 정한 기준과 절차에 따라 수출품에 소요된 원재료의 소요량을 자율적으로 산정하는 기업자율소요량제도를 운영하고 있으며, 이를 위해 환급신청자가 발행하는 서식을 소요량계산서라고 한다.

(2) 분할증명서(분증)

분할증명서란 외국에서 수입한 원료를 제조 · 가공하지 않고 수입한 그대로 수출용 원재료로 국내에서 공급하는 경우 해당 원료를 수입할 때 납부한 관세 등의 세액을 증명하는 서류이다.

분할증명서는 하나의 수입신고필증 또는 기초원재료 납세증명서로 둘 이상의 환급기관에서 동시에 환급을 받을 경우, 기초원재료 납세증명서를 발급받기 위한 경우, 수입 또는 국내거래로 공급받은 원재료의 전부 또는 일부를 추가적으로 가공하지 않고 원상태 그대로 수출용 원재료로 공급하는 경우에 발급한다.

분할증명서에는 수입신고필증을 분할하였음을 증명하는 수입신고필증 분할증명서(수입분증), 기초원재료 납세증명서를 분할하였음을 증명하는 기초원재료 납세증명 분할증명서(기납분증), 평균 세액증명 분할증명서(평세분증) 등이 있다.

(3) 기초원재료 납세증명서(기납증)

기초원재료 납세증명서란 외국에서 수입한 원재료를 가공한 중간원재료를 국내에서 공급받아 수출품을 제조 · 가공하는 경우 수입신고필증 대신에 제출할 수 있도록 중간원재료의 국내공급업자가 원재료를 수입할 때 납부한 관세 및 내국세의 세액을 증명해 주는 서류이다. 중간원재료의 제조과정이 여러 단계일 때는 다음 단계의 중간원재료 생산업체에게도 기초원재료 납부증명서를 발급해 줄 수 있다.

(4) 평균세액증명서

개별환급방식에 의해서 관세환급을 받기 위해서는 원칙적으로 수출품을 제조 · 가공하기 위해서 사용한 원재료와 관세 등을 납부한 수입원재료의 규격이 일치해야 한다. 하지만 품명이나 규격이 다양하게 표기되는 경우 앞서 언급한 원칙에 따라 서류를 준비하는 것이 쉽지 않다.

이와 같은 문제를 해결하기 위해서 수출용 원재료를 HSK 10단위별로 통합함으로써 규격확인을 생략하고 전체 물량의 단위당 평균세액을 산출하여 증명하는 서식이 '평균세액증명서'이며 개별환급절차를 간소히 하기 위해서 고안된 제도이다.

평균세액증명서의 발급대상은 해당 월에 수출용으로 수입하거나 내국신용장이나 구매확인서에 의하여 매입한 전량이 되며 HSK 10단위별로 발급한다. 관세환급 업무는 환급액산정 및 관련서류를 준비하는 과정이 복잡하므로 관세사나 관세환급대행업체에 위임하는 것이 편리하다. 인터넷 검색창에 '관세환급'을 입력하면 관세사나 관세환급대행업체에 관한 정보를 얻을 수 있다.

Chapter

13

클레임 및 상사중재

제1절 클레임

제2절 상사중재

제1절 클레임

1. 클레임의 개요

클레임(claim)이란 당연한 권리로서의 요구, 청구, 주장이나 그러한 청구를 할 수 있는 권리 또는 자격(right of title) 등을 말한다. 무역거래상의 클레임(business claim)이란 매매당사자(수출업자 및 수입업자)의 일방이 계약내용을 이행하지 않았을 때 그로 인하여 입은 손해를 상대방에게 청구하는 것을 말하며, '무역분쟁의 구상(claim for trade dispute)'이라고도 한다. 예를 들어, 운송 중의 사고에 의하여 화물에 손해가 생겼을 때, 피해자가 선박회사 또는 보험회사에 대하여 손해배상을 청구하는 손해화물에 관한 클레임(claim on damaged cargo) 등이 있다.

클레임은 수출업자나 수입업자 양당사자가 모두 제기할 수 있다. 수출업자는 주로 수입불이행, 대금미지급에 대한 이유로, 수입업자는 계약상품과 도착물품 간의 품질, 수량과부족, 내용물 또는 규격상이, 파손, 변질, 선적지연(불이행) 등에 대하여 클레임을 제기한다. 클레임은 상담(business negotiation), 계약의 체결, 신용장(L/C)의 발행, 생산 및 선적 등 무역거래 전 과정에서 발생할 수 있다.

2. 클레임의 제기

무역거래 시 손해를 입은 당사자는 손해를 유발시킨 당사자에게 무역클레임을 제기하고 구상권을 행사할 수 있다. 무역클레임은 쌍무적이고 객관적 타당성을 가져야 하며 세심한 절차 없는 클레임의 처리는 법률적 효력을 보장받을 수 없다.

클레임은 무역계약의 불이행이나 이행지체에 따라 발생되는데 통상 기본계약상 상품 자체에 대한 약정인 품질조건, 수량조건 또는 포장조건 등의 위반이 클레임의 근거가 되며, 계약의 이행에 대한 약정인 선적조건, 보험조건 및 결제조건의 경우는 부수계약인 운송계약, 보험계약 및 환거래계약조건의 위반 여부 등이 클레임의 기초가 된다. 클레임의 사유가 발생하여 클레임을 제기할 때에는, 제기방법에 대하여 당사자 간에 약정이 있는 경우는 약정에 따르고, 약정이 없는 경우는 대체로 다음의 요건을 갖추어야 한다.

2.1 클레임의 제기절차

1) 클레임당사자의 확정

클레임의 사유가 발생되면 우선 누구에게 클레임을 제기해야 할 것인가를 결정해야 한다. 클레임의 당사자는 계약당사자가 되는 것이 보통이지만, 예외로 계약당사자에게 책임이 없는 사유로 인하여 발생된 손해에 대하여는 제3자에게 청구하는 경우도 있다(예: 운송인, 창고업자 등).

2) 클레임의 통지(claim notice)

클레임을 제기할 때에는 먼저 가장 빠른 방법으로 신속하게 클레임이 발생한 사실을 상대방에게 통지한 후 즉시 서면에 의한 정식의 클레임을 제기해야 한다. 클레임의 통지는 모든 증빙자료를 갖추기 전에 먼저 클레임의 발생사실을 통보하는 것이다. 클레임의 통지를 할 경우 가능한 우편이나 팩스를 이용하고 전화나 구두로 된 사항은 서면으로 다시 한 번 확인을 해두는 것이 좋다.

3) 클레임의 청구

클레임의 제기내용을 육하원칙에 따라 작성하되, 양당사자, 거래사실관계, 분쟁발생경위, 청구내용 등을 기재한다. 수출입관련 클레임의 경우 계약번호, 일자, 품명, 수량, 선적항, 도착항, B/L번호, L/C번호 등도 포함한다.

참고 | 클레임조항의 예

Any claim or complain by Buyer of whatever arising under this contract, shall be made in cable within one week after arrival of cargo in destination port. Full particulars of such claim shall be made in writing and forward by airmail to seller within 15 days after cabling.

Buyer must submit with such particulars as (Sworn Public Surveyor's) Report, when the quality and/or quantity of merchandise is in dispute.

2.2 클레임의 제기 시 유의사항

1) 당사자의 확정

누구를 상대로 클레임을 제기할 것인가 하는 것을 먼저 결정해야 한다. 클레임의 상대방은 상황에 따라 거래상대방, 에이전트(agent), 은행, 선박회사, 보험회사 등이 있을 수 있다.

2) 클레임의 제기기한 및 통지방법

국제무역거래의 안전성과 신속성을 위하여 각종 무역계약서에 설정되고 있는 클레임의 제기기한은 '클레임을 제기할 수 있는 권리의 행사 예정기간'이라고 말할 수 있다. 이를 법적으로 분석하여 본다면, ① 제척기간이고, ② 면책의 효과가 발생되는 면책조항이다.

(1) 클레임의 제기기한이 계약서에 명시되어 있는 경우

약정기한 내에 제기하여야 하며, 그 내용은 통상적으로 ① 하자통지(클레임통지) 및 입증자료 제출기간의 설정, ② 동 기간 내에 클레임을 제기하지 않으면 클레임의 제기권리를 포기한 것으로 본다든지 아니면 동 기간이 경과한 후에 제기되는 클레임은 수락할 수 없다는 등의 면책사항을 명시하고 있다.

참고 | 클레임 제기기한 명시의 예문

Claim shall be notified from Buyer to Seller fully by telex or cable in writing within thirty(30) days from actual delivery to Buyer together with a certificate of sworn surveyor or adequate samples, as the case may be. Notwithstanding the foregoing, no claim shall be entertained after changing in the state of the goods.

(2) 클레임의 제기기한이 계약서에 설정되어 있지 않는 경우

각국의 입법이 서로 다르다. 따라서 계약서상의 준거법이 어디로 규정되어 있는가에 따라 달라진다. 어떤 경우이든 매수인은 물품을 수령하자마자 즉시 물품을 검사하여 하자가 있다고 판단되면 그 즉시 가장 빠른 방법으로 매도인에게 하자사실을 통지하고 조속히 검사 등을 거쳐 정확한 하자의 내용과 손해의 내역을 산출하여 객관적인 입증자료를 갖추어 정식으로 클레임을 청구하여야 한다.

한국 상법 제69조에는 매수인의 목적물의 검사와 하자통지의무에 관하여 정의하고 있다. 즉, 매수인은 상품을 수령하면 지체 없이 이를 검사하여야 하며 하자 또는 수량의 부족을 발견한 경우에 즉시 매도인에게 그 사실을 통지하여야 한다. 그렇지 않으면 이로 인한 계약해제, 대금감액 또는 손해배상을 청구하지 못한다. 상품에 즉시 발견할 수 없는 하자가 있는 경우에도 매수인이 6개월 내에 이를 발견하면 클레임을 제기할 수 있다. 하지만 이 규정은 매수인이 악의인 경우에는 적용하지 아니한다.

미국통일상법전(UCC 제2-606조)에서는 '합리적인 기간 내(within a reasonable time)'에 클레임을 제기할 것을 규정하고 있다. 영국물품매매법 제59조에서는 '합리적인 기간은 사건의 사실관계에 따라 다르다(The question what is a reasonable time is a question of fact)'라고 명시하고 있다.

3. 클레임실무

3.1 해상운송클레임

1) 제기주체

화물사고에 근거하여 손해를 입힌 사람에게 배상을 청구하는 것이므로 클레임의 제기주체는 원칙적으로 그 화물의 소유자이어야 한다. 클레임의 제기절차나 방법을 따로 정하는 법규정은 없으며, 선화증권소지인인 수화인이 제기하는 것이 보통이나, 수화인이 지니고 있는 배상청구권을 대위받은 보험회사가 클레임을 제기하는 경우도 있다. 이때 수화인이 직접 클레임을 청구할 때는 B/L 사본의 제시만으로 충분하며, 대리인이 청구할 때는 위임장을 첨부해야 한다. 수화인 외의 자가 클레임을 청구할 때 보험회사는 보험금을 지급하고 청구권을 대위했다는 취지의 '권리이양서(subrogation letter)'를 첨부한다.

2) 제기절차

운송에 따른 손해발생 시 화주는 즉시 그 사실을 선박회사와 보험회사에 통지하는 동시에 손해의 확대방지와 경감을 위한 조치를 강구해야 한다. 배상을 청구하기 위해서는 원칙적으로 먼저 선박회사에 사고통지를 하고, 다음 명세가 밝혀지면 다시 본클레임을 제기해야 한다.

운송클레임 제기시기는 원칙적으로 화물을 인수할 때까지 통지해야 하며, 제기형식은 서면으로 통지해야 하고, 당해 화물이 멸실 혹은 손상이 있었다는 것과 그 일반적 성질을 기재하면 충분하다.

본클레임(final claim)은 사고통지를 한 후 손해의 정도가 산출되면 곧 정식클레임을 제기해야 한다. 'Hague Rules'와 상법은 운송물을 수령한 날로부터 1년 이내에 제기하지 않으면 운송인의 손해배상책임은 소멸시효에 의해 소멸되는 것으로 본다. 제출서류로는 손해배상청구서(claim letter), 송장(송화인의 서명이 있는 사본), 'survey report(공인검정기관에 의해 발행된 것)', 'out turn report' 등이다.

3.2 항공운송클레임

1) 클레임의 제기

클레임의 제기나 클레임의 의사통고는 규정된 기간 내에 서면으로 하여야 한다. 즉, 일부손실을 포함, 파손에 대한 클레임은 화물인수일로부터 14일 이내에 제기해야 한다. 지연에 대한 클레임은 물품이 수화인의 처분에 놓이게 된 날, 즉 화물의 도착통보를 받은 날로부터 21일 이내에 제기해야 한다. 분실에 대한 클레임은 AWB 발행일로부터 120일 이내에 제기해야 한다. 제소기한은 항공기도착일 또는 운송중지일로부터 2년이다.

클레임에 필요한 서류는 항공화물운송장 원본 및 운송인 발생 항공운송장, 상업송장, 포장명세서, 파손, 지연 등에 따른 손실계산서와 클레임이 청구된 총계, 지연 등으로 인한 손해비용명세서, 검사증명서 및 기타 필요서류이다.

2) 이중운송의 운임

분실 · 손상 · 지연된 화물배상방법으로 이중운송(duplicate shipment)에 대한 무임운송은 제공될 수 없다. 즉, 어떠한 경우에도 송화인이나 수화인은 운임을 지불해야 하며, 최초의 물품에 대한 손실의 보상은 오직 클레임을 통해 해결해야 한다.

3) 클레임과 운임

화물이 분실, 손상 또는 목적지에 도착하지 못하더라도 운임, 수수료 및 기타 항공사에 지불해야 할 금액은 선불 또는 후불에 관계없이 전적으로 항공사의 수입으로 간주되며 화물의 분실 및 손상에 대한 클레임은 모든 운임이 지불되어야 손해배상을 청구할 수 있다. 또한 손해배상청구액은 해당 운송요금으로 공제할 수 없으며 손실의 보상은 오직 클레임에 의해서만 해결할 수 있다. 단, 화물이 완전히 분실된 경우에는 운임의 지불과 관계없이 그 클레임을 제기할 수 있다.

3.3 제조물책임

1) 의의

2002년 7월 1일부터 국내에서도 제조물책임(Product Liability: PL)법이 시행됨에 따라 해당 제조 · 가공 또는 수입업체는 제조물결함으로 발생한 사용자의 생명, 신체 또는 재산상의 손해에 대해 손해배상책임을 부담하게 되었다. 이에 따라 특히 외국산제품을 수입 · 판매하는 수입업체의 경우 제조 · 가공업체와 같은 입장에서 PL법의 적용을 받게 된다.

2) 제조물책임법의 주요 내용

제조물책임법은 제조 · 설계 · 표시상 제조물결함으로 발생한 손해에 대한 제조 · 공급 및 수입업체 등의 손해배상책임을 규정함으로써 피해자를 보호하고 있다.

① 제조상 결함: 해당 제품에 대해 통상 기대할 수 있는 안전성의 결여

② 설계상 결함: 제품의 외형 · 품질 · 구조의 설계 자체에 내재하는 결함
③ 표시상 결함: 제품을 부적합하게 사용할 경우 발생하는 위험 등을 경고하지 않아 피해나 위험을 줄이거나 방지하지 못한 경우
④ 적용대상: 제조 또는 가공동산(부동산의 일부를 구성하는 동산 포함)
⑤ 배상책임자: 제물의 제조 · 가공 또는 수입업자, 표시제조업자, 판매업자
⑥ 손해배상범위: 제조물결함으로 발생한 생명, 신체 또는 재산손해

3) 수입업체의 대응방안

① PL보험가입: PL법에 따라 수입품에서 발생한 사고에 대한 1차적인 보상책임자는 수입업체이므로 반드시 PL보험에 가입
② 구상권을 확보: 수입품이 PL사고를 일으킬 것에 대비해 계약을 맺을 때 수출자로 하여금 자국에서 PL보험에 들어둘 것을 권유하는 것이 좋다. 만약 사정이 여의치 않다면 계약서에 PL사고가 날 경우 수출자에게 구상권을 행사한다는 내용을 삽입해 두는 것이 안전
③ 수입계약서에 제조물책임에 대한 책임조항 삽입: 수출국에서 제조물책임법이 시행되고 있지 않는 경우 수입자는 국내피해자에게 PL법에 의한 배상책임이 있지만 해외로부터는 일반 민사책임 이외에는 물을 수가 없으므로, 수입계약서 작성 시 국내의 PL에 의한 배상의무발생 시 이를 수출자가 책임진다는 조항을 삽입하는 것이 바람직
④ 수입물품에 대한 시장성 이외에 결함 유무를 철저히 점검
⑤ OEM 수입 시 제품결함에 대한 책임범위를 명확히 설정
⑥ 수출자가 약속하는 제품의 보증사항은 실제로 확인한 후 사용(취급설명서, 광고, 선전, 제품의 설명 등)

4. 클레임의 해결방법

분쟁의 해결방법에는 보편적으로 소송이 있지만, 급격히 증대되는 전문적이고 기술적인 분야의 모든 분쟁을 수용하기에는 한계가 있다. 이 때문에 최근에는 신속

하고 저렴한 소송 외 분쟁해결제도(Alternative Dispute Resolution: ADR)를 활용하는 기업들이 늘어나고 있다. 이렇게 당사자들이 스스로 상거래분쟁을 해결할 수 있도록 도와주는 제도를 '자주적 분쟁해결제도'라 하며 여기에는 화해(和解), 조정(調停), 중재(仲裁) 등이 포함된다. 영국의 Schmithoff는 '중재는 소송보다 좋고, 조정은 중재보다 좋으며, 분쟁의 예방은 조정보다 좋다'고 주장하였다.

4.1 당사자 간 합의

화해는 당사자가 사적 분쟁을 자주적으로 해결하는 전형적인 방식이다. 화해에 대하여는 어떠한 형식으로 어떠한 절차를 밟아서 분쟁을 해결할 것인가에 관하여 특별한 규제가 없다. 분쟁의 해결은 오로지 당사자의 의사가 합치하느냐에 달려 있으므로 일방당사자가 화해를 거부하면 화해를 통한 분쟁의 해결을 단념할 수밖에 없다. 화해에는 민법상의 '제소 전 화해(화해계약)'와 '재판상의 화해'가 있다.

1) 제소 전 화해

제소 전 화해는 분쟁당사자들이 처분가능한 민 · 상사상의 분쟁을 소송으로 비화되기 전에 자신들이 스스로 합의를 하고 그 합의내용대로의 이행을 확실히 해두기 위하여 지방법원 단독판사 앞에서 화해의 내용을 확인받아 두는 것을 말한다.

이 경우 법원은 화해안을 제시하여 이의 승낙을 권고하는 민사조정인으로서의 역할을 하는 것이 아니고 당사자 간에 설립된 합의안에 대하여 공증인적 역할을 하는 것이다. 다만, 공증의 경우 금전채권이나 대체물채권에만 국한하여 채무명의화할 수 있으므로, 채무명의를 만들 수 없는 특정물인도청구 등에 제소 전 화해가 많이 이용된다.

청구권의 포기(waiver of claim)는 피해자가 상대방에게 청구권을 행사하지 않는 경우로서, 이는 대체적으로 상대방이 사전 또는 즉각적으로 손해배상제의를 통해 해결될 경우에 이루어진다. 청구권의 포기는 분쟁해결을 위한 가장 바람직한 방법으로 향후 양당사자 간에 지속적이고 안정적인 거래를 보장받을 수 있다.

2) 재판상 화해

재판상 화해(amicable settlement)는 현재 소송 중에 있는 분쟁에 대하여 당사자가 화해를 한 경우 이 화해안을 조서로서 남기고 화해하는 방식으로 확정판결과 동일한 효력이 있다. 따라서 '화해조서의 작성'이라는 용어를 사용하기도 한다.

당사자 간의 자주적인 교섭과 양보로 분쟁을 해결하는 방법으로서, 당사자가 직접적인 협의를 통하여 상호평등의 원칙상 납득할 수 있는 타협점을 찾는 것이다. 이 경우 대체적으로 화해계약을 체결한다. 화해는 당사자가 서로 양보할 것, 분쟁을 종결할 것, 그 뜻을 약정할 것의 세 가지 요건을 필요로 한다.

4.2 알선

알선(intermediation)이란 공정한 제3자적 기관이 당사자의 일방 또는 쌍방의 의뢰에 의하여 사건에 개입, 원만한 타협이 이루어지도록 협조하는 방법으로 당사자 간에 비밀이 보장되고 거래관계의 지속을 유지할 수 있는 장점이 있다.

알선은 쌍방의 협력이 없으면 실패로 돌아가고 강제력은 없으나, 알선수임기관의 역량에 따라 그 실효성이 나타나 대한상사중재원에 의뢰된 건 중 90% 이상이 알선단계에서 처리된다.

4.3 조정

무역거래자 상호 간 또는 무역거래자와 외국업체 간에 물품 등의 수출 · 수입과 관련하여 분쟁이 발생한 경우 및 선적 전 검사와 관련하여 수출자와 선적 전 검사기관 간에 분쟁이 발생하는 경우에 대한상사중재원에서 조정위원회를 구성하고, 이 조정위원회에서 분쟁에 관한 적절한 조정안을 제시한다.

조정(conciliation)이라 함은 국가기관인 법관과 조정위원회 혹은 조정인이 분쟁당사자를 중개하여 화해의 성립을 원조 · 협력하는 제도를 말한다. 당사자의 일방 또는 쌍방에 요청에 의거, 양당사자가 공정한 제3자를 조정자로 선임하여 분쟁해결방안을 제시해 줄 것을 부탁하고 조정인이 제시하는 조정안에 양당사자가 합의함으로써 분쟁을 해결하는 방식이다. 한국중재규칙상 중재신청 후 양당사자가 요청할 경우 상호협의하에 조정인을 선정, 조정을 시도할 수 있도록 되어 있어 조정안이 성립되면 조정결정은 중재판정과 동일한 효력을 갖게 되나, 실패하면 30일 이내에 조정절차는 자동적으로 폐기되며, 중재인을 선정, 중재절차가 진행된다. 그러나 당사자의 약정에 의하여 조정기간(30일)을 연장할 수 있다.

조정에 의하여 당사자 사이에 합의가 성립하면 재판상 화해와 동일한 효과가 인정된다. 조정에서의 합의율은 외국의 경우 70~80%에 이르며, 합의는 당사자의 입장을 수용하여 이루어지므로 합의안에 따른 자발적 이행률이 상당히 높다. 현재 대한상사중재원에서는 대외무역법에 따른 무역분쟁조정과 부품 · 소재전문기업 등의 육성에 관한 특별조치법에 따른 신뢰성분쟁조정을 시행하고 있다.

조정제도와 대한상사중재원의 알선은 그 진행방법이나 효력 면에 있어서 서로 상이한 제도라고 할 수 있다. 현재 한국뿐만이 아니고 세계적으로도 조정이라는 제도(중재를 제외한 ADR제도)는 다양한 방식과 다양한 명칭으로 운영이 되고 있다.

한국에서의 조정제도는 대부분의 조정이 미리 구성된 조정위원회에 분쟁이 회부되고, 그 조정위원회에서 심리를 거쳐 조정안을 제시하면 당사자들이 이를 수락하면 조정이 성립되고 재판상 화해와 동일한 효력을 부여하고, 만일 당사자들이 거부하면 조정절차가 종료되는 형식을 취하고 있다.

그러나 외국의 조정제도 중 미국의 'Mini-Trial' 및 'Rent-a-Judge'라는 제도의 경우에는 법원의 법관이 조정인으로 참여하여 한국의 민사조정제도와 흡사하게 이루어지고 있다. 또 중국의 조정제도 중에는 양당사자들이 각자 변호사를 대리인으로 선임하여 선임된 두 대리인이 협상을 통하여 합의에 이르는 방법이 있으나 이는 엄밀한 의미에서는 조정이라기보다는 당사자 간 합의로 보아야 할 것이다.

그 이외의 대부분의 조정제도는 먼저 조정인의 선정절차가 중재와 유사한 절차로 이루어진다. 그리고 대부분의 경우에 중재인과 조정인은 동일사건에 중복되어 선임이 될 수 없다. 또한 당사자 간에 합의된 조정안은 오로지 당사자 간의 합의로서만의 효력을 가질 뿐이다.

조정의 방법에 있어서는 한국의 조정제도와 같이 조정인이 조정안을 제시하는 방법이 있고, 다른 방법으로는 조정인이 조정안을 제시하는 것이 아니고 당사자들이 스스로 합의에 도달될 수 있도록 조정인은 조력만 하는 역할을 맡게 된다. 후자가 전자에 비하여 당사자들의 자율이 더 많이 개입된 절차이며, 더 발전된 조정절차라 할 수 있다.

1) 법원의 민사조정제도

사법적 조정은 분쟁당사자 일방의 신청에 의하여, 혹은 법원의 직권에 의하여 조정에 회부되며 특별히 구성된 조정위원회가 조정안을 작성 · 제시하여 당사자들이 이를 수락하는 경우에는 화해가 성립이 되고 이 경우 성립된 화해안은 법원의 확정판결과 동일한 효력을 발생한다.

2) 중재법상의 조정

1999년 12월 31일부터 시행된 개정 중재법상에는 화해판정에 관한 규정만 있을 뿐 조정에 관한 규정은 없다. 또한 대한상사중재원의 중재규칙에는 제18조에 조정에 의한 해결을 규정해 놓고 있으나 구체적인 조정절차에 관하여는 상세한 규정을 가지고 있지 않다. 그러나 조정결과에 대하여는 판정과 동일한 효력을 부여하고 있다. 즉, 중재법에서 화해판정의 형식과 별로 다를 것이 없으며 당사자들로 하여금 구태여 조정절차를 더 거쳐야 하는 번거로움을 끼칠 필요가 없다. 미국이나 ICC 등에 별도의 조정규칙이 마련되어 있는 것에 비하면 아직 한국의 조정제도는 발전이 안 되고 있다고 볼 수 있다.

3) 일반 행정법규에서의 조정

한국에서는 각 행정법상에 분쟁조정에 관한 사항을 산발적으로 규정하고 있다. 예를 들면, 소비자보호법의 소비자분쟁조정위원회, 노동법상의 노동중재위원회, 언론중재위원회, 금융분쟁조정위원회 등이 있다.

대부분의 경우 분쟁사건이 접수되면 이미 구성되어 있는 분쟁조정위원회에 회부가 되며 분쟁조정위원회에서는 양당사자들로부터 구두 혹은 서면상의 진술을 듣고 조정안을 제시하고 이 조정안을 당사자들이 수락하면 조정이 성립되는 방식으로 진행이 된다. 조정이 성립되면 대부분 재판상 화해와 동일한 효력, 즉 법원의 확정 판결과 동일한 효력을 부여한다.

4) 신뢰성분쟁조정

신뢰성분쟁은 부품 · 소재전문기업 등의 육성에 관한 특별조치법에 따라 신뢰성 인증을 받은 부품 · 소재를 이용하여 제품을 생산하거나 생산된 제품을 사용한 자가 그 부품 · 소재의 하자로 인하여 손해를 입은 경우, 신뢰성보장사업자, 피보험자, 지정인증기관, 지정평가기관 혹은 그 밖의 이해관계자 간에 발생하는 신뢰성보장사업과 관련한 분쟁을 말한다.

신뢰성분쟁이 발생한 경우, 전문적 지식을 갖춘 공정한 조정인이 분쟁에 대한 의견, 조언, 대안모색, 조정안 제시 등의 방법을 통해 신속하게 당사자들이 분쟁해결에 이르도록 도와주는 절차이다. 이를 위해 부품 · 소재전문기업 등의 육성에 관한 특별조치법 제33조에서는 신뢰성보장사업과 관련한 분쟁에 대하여 대한상사중재원에서 분쟁조정을 담당하도록 규정하고 있다.

제 2 절 상사중재

1. 상사중재의 의의

중재(arbitration)란 분쟁당사자 간의 중재계약에 따라 사법상의 법률관계에 관한 현존 또는 장래에 발생할 분쟁의 전부 또는 일부를 법원의 판결에 의하지 아니하고 사인인 제3자를 중재인으로 선정하여 중재인의 판정에 맡기는 동시에 그 판정에 복종함으로써 분쟁을 해결하는 자주법정제도이다. 아울러 국가공권력을 발동하여 강제집행할 수 있는 권리가 법적으로 보장된다.

무엇보다도 이러한 장점이 많은 중재제도를 활용하기 위해서는 계약체결 시 당사자 간에 중재합의(계약)가 있어야 한다. 중재제도가 미국 등 서방 선진국에서는 정착되어 있으나 한국에서는 그 인식의 부족으로 아직까지 활용이 미흡한 실정이다.

중재와 조정제도는 많은 비용과 장시간을 요하는 소송에 의한 분쟁해결을 피하고, 적은 비용으로 신속하고 간편한 절차에 의해 비밀이 보장되는 장점을 가지고 있다. 조정은 당사자 일방의 요청이 있을 때에도 가능한 데 반하여 중재는 반드시 양당사자의 합의가 있어야 하며, 조정은 양당사자의 자유의사에 따른 해결이나, 중재는 중재인의 중재판정에 절대복종해야 하는 강제성을 가질 뿐만 아니라 그 효력이 법원의 확정판결과 동일하며 외국에서도 집행이 보장되어 소송보다 효력의 범위가 더 넓다.

1.1 중재의 특징

① 단심제: 중재판정은 확정판결력이 있어 법적으로 더 다툴 수 없다.
② 신속성: 집중심리, 예비회의제도, 신속절차
③ 국제성: 국경을 초월하여 강제집행이 보장된다.
④ 비공개: 중재심리절차의 공개금지
⑤ 전문가 판단: 법조계, 학계, 업계 인사들이 학식 · 경륜을 토대로 판정한다. 공정성이 보장된다.
⑥ 중재인 선정권: 분쟁당사자가 직접 중재인을 선정한다.
⑦ 충분한 변론보장: 실체적 진실이 파악될 때까지 변론기회가 보장된다.
⑧ 저렴성: 신속성 · 단심제 등으로 정신적 · 금전적 비용이 절약된다.
⑨ 민주적 · 비관료적: 선서불요, 간편한 절차, 당사자 의사존중, 우호적 분위기

1.2 중재계약

중재계약(중재합의)의 형식은 사전에 계약서상에 중재조항(arbitration clause)을 삽입하는 방식과 실제로 분쟁이 발생한 후에 당사자 간에 분쟁의 해결을 중재에 부탁한다고 합의하여 부탁계약(submission to arbitration)을 체결하는 방식이 있다. 대부분의 경우 분쟁이 발생된 후에는 불리하다고 판단하는 쪽에서 중재부탁계

약의 체결에 동의하지 않거나, 동의하는 데 장기간을 지체하는 것이 보통이므로 당초의 계약체결 시 중재조항에 의하여 합의하여 두는 게 좋다.

분쟁을 중재에 의해 해결하기로 하는 합의를 '중재계약'이라 한다. 이 중재계약이 있어야 중재신청이 가능하다. 중재합의는 분쟁에 대한 법원의 재판관할권을 배제하고 중재인에게 제한적인 관할권을 줌으로써 중재인이 당사자들의 주장과 증거에 입각하여 최종적인 결정을 내리는 자주적 분쟁해결방식이기 때문에, 중재합의가 있는 경우에는 일반적으로 그 분쟁에 대하여는 법원에의 직소가 금지된다.

1) 방식

① 서면주의: 반드시 계약서나 메모지 등에 쓰고 서명이 있어야 한다.
② 사전중재합의: 분쟁이 발생하기 전에 합의해 두는 방식이다.
③ 사후중재합의: 이미 발생되어 있는 분쟁을 사후에 중재로 해결하기로 합의하는 방식이다. 현실적으로 이해대립, 감정대립으로 쉽지 않다.

2) 효력

① 직소금지: 법원에 직접 소송을 제기할 수 없다(중재법 제9조).
② 최종해결: 불복항소가 불가능하다(중재법 제35조).
③ 국제적 효력: 뉴욕협약(한국 포함 146개국 가입)에 따라 한국에서 내려진 중재판정이 외국에서 강제집행되는 것이 절대보장되며 반대의 경우(외국판정의 국내강제집행)도 동일하다.

1.3 중재판정의 효력

1) 외국판결의 효력(민사소송법 제217조)

외국중재판정의 승인 및 집행에 관한 국제연합협약(The United Nations Convention on the Recognition and Enforcement of Foreign Arbitral Awards: 일명 뉴욕협약)이 UN경제사회이사회의 주도 아래 1958년 6월 10일 미국 뉴욕

(New York)에서 채택됨으로써 각 체약국 내에서는 외국중재판정의 승인 및 집행을 보장받게 되었다.

한국도 1973년 2월 8일 가입, 동년 5월 9일부터 그 효력이 발효됨에 따라 국내 유일한 상설중재기관인 대한상사중재원의 중재판정도 본 협약체약국 간에서는 그 승인 및 집행을 보장받게 되었다. 특히 2003년부터 대한상사중재원의 중재판정이 중국에서 집행되는 것이 용이해졌으므로 중국과의 계약 시 대한상사중재원의 중재를 따를 것을 약정하는 것이 바람직하다.

외국법원의 확정판결은 다음의 요건을 모두 갖추어야 효력이 인정된다.

① 대한민국의 법령 또는 조약에 따른 국제재판관할의 원칙상 그 외국법원의 국제재판관할권이 인정될 것

② 패소한 피고가 소장 또는 이에 준하는 서면 및 기일통지서나 명령을 적법한 방식에 따라 방어에 필요한 시간 여유를 두고 송달받았거나(공시송달이나 이와 비슷한 송달에 의한 경우를 제외한다) 송달받지 아니하였더라도 소송에 응하였을 것

③ 그 판결의 효력을 인정하는 것이 대한민국의 선량한 풍속이나 그 밖의 사회질서에 어긋나지 아니할 것

④ 상호보증이 있을 것

2) 외국판결에 의한 강제집행

외국법원의 판결에 기초한 강제집행은 대한민국 법원에서 집행판결로 그 적법함을 선고하여야 할 수 있다.

집행판결을 청구하는 소는 채무자의 보통재판적이 있는 곳의 지방법원이 관할하며, 보통재판적이 없는 때에는 민사소송법 제11조의 규정에 따라 채무자에 대한 소를 관할하는 법원이 관할한다.

표 13-1 뉴욕협약 가입국 현황

(2020년 4월 22일 현재 163개국)

Afghanistan	Czech Republic	Lebanon	Rwanda
Albania	Democratic Republic of	Lesotho	San Marino
Algeria	the Congo	Liberia	Sao Tome and Principe
Andorra	Denmark	Liechtenstein	Saudi Arabia
Angola	Djibouti	Lithuania	Senegal
Antigua and Barbuda	Dominica	Luxembourg	Serbia
Argentina	Dominican Republic	Madagascar	Seychelles
Armenia	Ecuador	Malaysia	Singapore
Australia	Egypt	Maldives	Slovakia
Austria	El Salvador	Mali	Slovenia
Azerbaijan	Estonia	Malta	South Africa
Bahamas	Fiji	Marshall Islands	Spain
Bahrain	Finland	Mauritania	Sri Lanka
Bangladesh	France	Mauritius	St.Vincent and the
Barbados	Gabon	Mexico	Grenadines
Belarus	Georgia	Monaco	State of Palestine
Belgium	Germany	Mongolia	Sudan
Benin	Ghana	Montenegro	Sweden
Bhutan	Greece	Morocco	Switzerland
Bolivia(Plurinational	Guatemala	Mozambique	Syrian Arab Republic
State of)	Guinea	Myanmar	Tajikistan
Bosnia and Herzegovina	Guyana	Nepal	Thailand
Botswana	Haiti	Netherlands	Trinidad and Tobago
Brazil	Holy See	New Zealand	Tunisia
Brunei Darussalam	Honduras	Nicaragua	Turkey
Bulgaria	Hungary	Niger	Uganda
Burkina Faso	Iceland	Nigeria	Ukraine
Burundi	India	North Macedonia	United Arab Emirates
Cabo Verde	Indonesia	Norway Oman	United Kingdom of
Cambodia	Iran(Islamic Republic of)	Pakistan	Great Britain and
Cameroon	Ireland	Palau	Northern Ireland
Canada	Israel	Panama	United Republic of
Central African Republic	Italy	Papua New Guinea	Tanzania
Chile	Jamaica	Paraguay	United States of
China3	Japan	Peru	America
Colombia	Jordan	Philippines	Uruguay
Comoros	Kazakhstan	Poland	Uzbekistan
Cook Islands	Kenya	Portugal	Venezuela(Bolivarian
Costa Rica	Kuwait	Qatar	Republic of)
Côte d'Ivoire	Kyrgyzstan	Republic of Korea	Viet Nam
Croatia	Lao People's Democratic	Republic of Moldova	Zambia
Cuba	Republic	Romania	Zimbabwe
Cyprus	Latvia	Russian Federation	

자료: 뉴욕협약 홈페이지(http://www.newyorkconvention.org/countries)

3) 뉴욕협약

국제적인 상거래 활성화의 목적으로 중재판정의 강제집행요구를 받는 국가 이외의 국가영토 내에서 내려진 중재판정, 즉 외국의 중재판정의 구속력을 승인하고 강제집행을 보장하기 위하여 UN 주도하에 국제적으로 체결한 다자간 조약이다. 2011년 9월 현재 146개국이 가입하고 있으며 16개 조문으로 구성되어 있다.

2. 중재절차

2.1 중재신청의 접수 및 통지

1) 중재신청

중재신청서가 제출되면 중재합의서, 중재신청서, 중재신청의 취지를 입증하는 서류의 유무, 대리인이 선임된 경우 위임장 등의 적합 여부를 확인하고 적합한 경우 접수하며 소정의 중재비용을 예납받는다.

2) 접수통지

신청서의 접수와 비용이 예납되면 사무국 직원 중 중재서기가 지명되고, 양당사자에게 중재신청이 접수되었음을 통지함과 동시에 중재인 선정을 의뢰한다.

2.2 피신청인의 답변

1) 답변서 제출

피신청인은 중재신청 접수통지의 발신일로부터 국내중재의 경우 15일(국제중재: 30일) 이내에 답변서를 제출해야 한다.

2) 반대신청

동일사안에 대해 피신청인이 중재신청을 하는 것을 '반대신청'이라 하는데, 피신청인이 스스로 판단하여 신청하는 방법과 답변의 취지나 이유가 반대신청의 내용을 포함하고 있다고 판단할 경우 그 부분에 대하여 중재판정부의 요구에 의해 행하는 방법이 있다.

2.3 중재판정부의 구성

중재사건을 심판할 중재인은 분쟁당사자가 직접 선정하거나 상사중재원에서 추천한 중재인 후보자 중에서 선임하게 된다.

1) 중재인의 자격

법조계, 학계, 업계 등 각계의 권위자로서 최소한 20년 이상 해당 분야에 경험이 있는 권위자이고 전문성, 신뢰성, 성실성, 판단력 등이 갖추어진 인사라야 한다.

2) 중재인의 선정

당사자 간의 약정으로 중재인을 당사자가 직접 선정하거나 또는 선정방법을 정하였을 경우, 선정의뢰일로부터 15일(국제중재: 30일) 이내에 중재인 취임수락서를 중재인으로부터 받아 제출할 수 있다. 또는 사무국에서 중재인 명부 중에서 5~10인의 후보자를 선정한 후 당사자에게 명단을 보내고, 당사자는 동 명단에 자신이 희망하는 순위를 의장중재인과 기타 중재인 칸에 번호를 기재하여 선정할 수 있다. 사무국은 양당사자의 순위를 집계한 후 희망순위가 가장 높은 사람부터 취임수락서를 받아 선정한다.

2.4 중재심리

1) 심리일시 및 장소의 결정과 통지

중재판정부는 심리의 일시, 장소와 방식을 결정하며, 심리의 일시와 장소가 결정되면 사무국은 당사자에게 심리개시 10일 전(국제중재: 20일)까지 통지해야 한다.

2) 심리준비

중재판정부는 양당사자에게 심리를 시작하기 전에 주장, 증거방법, 상대방 주장에 대한 의견을 기재한 준비서면을 제출하게 할 수 있다.

3) 심리절차

① 심리는 사건번호와 당사자의 호명으로 개시된다.

② 심리절차는 비공개를 원칙으로 한다.

③ 당사자의 일방이 증거물을 제출하는 경우 판정부는 이를 증거로 접수할 수 있다.

④ 판정부는 필요하다고 인정할 경우 절차를 변경할 수 있다.

⑤ 당사자는 사무국이나 판정부가 요구하는 서면, 증거 또는 기타 문서의 번역문을 제출해야 한다.

⑥ 판정부는 당사자를 직접 심리한다.

⑦ 심리 시에 판정부에 제출하지 못하고 심리 당시의 합의나 그 이후의 합의 및 판정부의 요구에 의해 제출하는 모든 서류는 사무국이 접수하여 판정부 및 타방당사자에게 송달하여야 한다.

⑧ 판정부가 판정에 필요하다고 인정하는 증거의 조사를 직접 할 수 없는 것은 직권 또는 당사자의 요구에 의해 관할법원에 이를 신청할 수 있다.

⑨ 당사자의 일방이 정당하게 통지 또는 고지되었음에도 불구하고 출석하지 아니하거나 출석하여도 심리에 응하지 아니하는 경우에도 중재는 그대로 진행시킬 수 있다.

⑩ 중재서기는 매 심리 시마다 심리의 장소, 일시, 중재인, 당사자, 대리인의 성명 또는 증인 등이 있는 경우 그 성명과 주소, 양당사자 및 대리인의 진술 또는 심문내용의 요지를 기재한 심리조서를 작성 · 비치해야 한다.

4) 심리의 종결

판정부는 당사자가 주장 및 입증을 모두 하였다고 인정할 때 심리의 종결을 선언

하여야 한다.

2.5 중재판정

1) 범위 및 기간

중재합의의 범위 내에서 계약의 현실이행뿐만 아니라 정당한 배상이나 기타의 구제를 명한다. 당사자 간 별도의 약정이 없는 한 중재심리가 종결된 날로부터 30일 이내에 중재인 과반수 찬성으로 판정한다.

2) 형식

판정은 서면으로 작성하고, 당사자의 성명 또는 명칭과 주소, 대리인이 있는 경우 그 대리인의 성명과 주소, 판정주문, 판정이유, 작성일자, 중재지를 기재한 후 중재인이 서명하여야 한다. 판정은 한국어로 함이 원칙이다. 다만, 당사자의 요청이 있으면 영어로 판정문을 작성할 수 있다.

3) 송달

사무국은 판정문의 정본을 당사자 또는 대리인에게 최후로 알려진 주소에 등기우편으로 발송 또는 직접 교부한다. 정본을 당사자에게 송달한 후 이의 수령을 확인하는 우편물 배달증명서가 도착하면 사무국은 판정문 원본에 송달의 증서를 첨부하여 관할법원에 이송보관한다.

4) 효력

당사자 간에 있어서는 법원의 확정판결과 동일한 효력(불복항소가 불가능)이 있고, 외국에서는 뉴욕협약에 따라 중재판정의 승인 및 강제집행이 보장된다.

2.6 신속절차

중재제도의 강점인 신속성을 최대한 살려 국내외 상사분쟁을 신속 · 저렴하게 해결함으로써 이용자들에게 편익을 제공하는 제도이다. 당사자 간에 신속절차에 따르기로 하는 별도의 합의가 있는 중재사건 또는 당사자 간 합의가 없더라도 신청금액이 2천만 원 이하인 국내중재는 신청이 가능하다. 중재인 선정은 당사자 간 별도의 합의가 없는 경우 사무국이 중재인 명부 중에서 1인을 선정한다. 심리는 1회로 종결함을 원칙으로 한다. 피신청인은 심리종결 전까지 반대신청을 할 수 있다.

그림 13-1 ▮ 중재절차

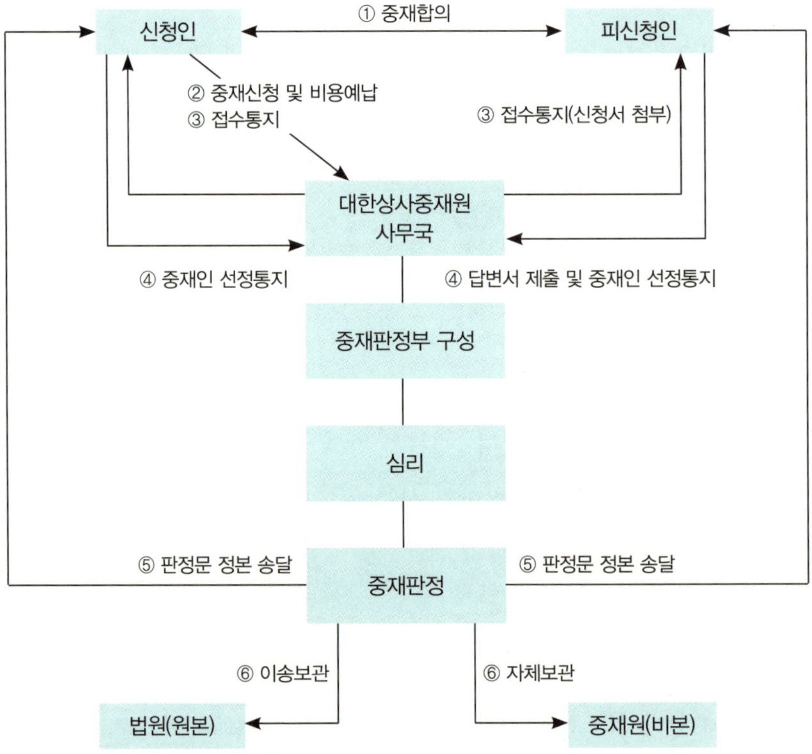

2.7 중재판정의 이행과 강제집행

중재판정이 내려진 후 패소자가 그 판정에 불복하여 구제받을 수 있는 유일한 수단이 '중재판정취소의 소'라고 한다면, 상대방이 중재판정에 따라 이행하지 않는 것에 대해 승소자가 구제받을 수 있는 수단은 '중재판정의 승인 또는 집행의 소'이다.

중재판정은 법원의 확정판결과 동일한 효력이 있으므로 당사자들은 판정내용을 이행해야 한다. 그러나 판정은 외국판결과 같이 그 자체로서 집행력이 없으므로 강제집행을 허용하는 법원의 집행판결로 그 적법함을 선고받아야 한다. 그리고 집행판결에 관한 소에 대하여 중재계약에서 합의한 때에는 그 지방법원 또는 동 지원이 관할하고, 그러하지 아니한 때에는 민사소송법이 적용된다. 또한 중재판정에 의하여 확정된 청구권 내지 권리관계는 집행판결절차에서 다툴 수 없고 그것에 관한 항변도 제출할 수 없다. 따라서 중재판정의 취소사유가 없는 한, 중재판정에 대한 집행판결은 어떠한 저항도 받지 않고 그대로 인용된다. 집행판결이 내려지면 그것이 미확정인 때에는 가집행의 선고에 의하여, 확정이 된 때에는 그 확정판결에 기하여 강제집행을 할 수 있다.

3. 계약서상 중재조항

3.1 표준중재조항

표준중재조항의 예를 들면 '이 계약으로부터, 또는 이 계약과 관련하여, 또는 이 계약의 불이행으로 말미암아 당사자 간에 발생하는 모든 분쟁, 논쟁 또는 의견차이는 대한민국 서울에서 대한상사중재원의 중재규칙 및 대한민국 법에 따라 중재에 의하여 최종적으로 해결한다. 중재인(들)에 의하여 내려지는 판정은 최종적인 것으로 당사자 쌍방에 대해 구속력을 가진다'와 같이 기재할 수 있다.

참고 | 표준중재조항의 예문

All disputes, controversies or differences which may arise between the parties, out of or in relation to or in connection with this contract, or for the breach thereof, shall be finally settled by arbitration in Seoul, Korea in accordance with the Commercial Arbitration Rules of The Korean Commercial Arbitration Board and under the Laws of Korea. The award rendered by arbitrator(s) shall be final and binding upon both parties concerned.

3.2 신청인 국가 중재기관을 이용하는 조항

중국과 거래하는 예를 든다면 '이 계약과 관련하여 발생하는 모든 분쟁은 신청인의 국가에서 중재로 최종해결한다. 만일 신청인이 한국기업일 경우 한국의 법에 따라 대한상사중재원에서, 만일 신청인이 중국기업일 경우 중국의 법에 따라 중국 국제경제무역중재위원회에서 진행한다'와 같은 조항을 기재할 수 있다.

참고 | 신청인 국가 중재기관을 이용하는 조항의 예문

All disputes in relation to this contract shall be finally settled by arbitration in the country of the claimant. In case the claimant is a Korean enterprise, the arbitration shall be held in accordance with Korean Laws and Rules at The Korean Commercial Arbitration Board. In case the claimant is a Chinese enterprise, the arbitration shall be held in accordance with Chinese Laws and Rules at The International Economic and Trade Arbitration Commission.

3.3 피신청인 국가 중재기관을 이용하는 조항

일본과 거래하는 예를 든다면, '이 계약과 관련하여 발생하는 모든 분쟁은 피신청인의 국가에서 중재로 최종해결한다. 만일 피신청인이 한국기업일 경우 한국의 법에 따라 대한상사중재원에서, 만일 피신청인이 일본기업일 경우 일본의 법에 따라 일본국제상사중재협회에서 진행한다'와 같은 조항을 기재할 수 있다.

참고 | 피신청인 국가 중재기관을 이용하는 조항의 예문

All disputes in relation to this contract shall be finally settled by arbitration in the country of the respondent. In case the respondent is a Korean enterprise, the arbitration shall be held in accordance with Korean Laws and Rules at The Korean Commercial Arbitration Board. In case the respondent is a Japanese enterprise, the arbitration shall be held in accordance with Japanese Laws and Rules at The Japan Commercial Arbitration Association.

3.4 제3국주의

분쟁당사자 소속국가의 중재기관이 아닌 기관에 중재신청을 하는 것이다. 이는 공정성을 우려한 결정이나 중재인을 중재당사자가 직접 선정하는 것이 중재제도의 본질인 것을 모르는 이해부족에서 오는 결과로서 바람직하지 않다.

예컨대, 국제상공회의소(International Chamber of Commerce) 부설 국제중재법원을 활용하기로 하였다면 다음과 같이 표현하면 된다.

참고 | 제3국주의 조항의 예문

All disputes arising out of or in connection with the present contract shall be finally settled under the Rules of Arbitration of the International Chamber of Commerce by one or more arbitrators appointed in accordance with the said Rules.

[양식 13-1]

중재신청서
The Korea Commercial Arbitration Board

43rd Floor, Trade Tower(Korea World Trade Center)
159, Samsung-dong, Kangnam-gu, Seoul 135-729, Korea
Trade Center P.O. Box 50, Cable Arbitration
TEL: 551.2000-19, FAX: (02) 551-2020

To: The Korean Commercial Arbitration Board

Request for Arbitration

1. Full Names and Addresses of Parties:
   (1) Claimant : Name of Corporation (1) ______
   Address (2) ______
   Name of Representative (3) ______
   Name and Address of Agent, if any:
   Name (4) ______
   Address (5) ______

   (2) Respondent : Name of Corporation (6) ______
   Address (7) ______
   Name of Representative (8) ______

2. Purport of Request(Claim or Relief sought: amount , if any):
   (9) As attached

3. Grounds for Request and Method of Proof: As attached
   (10)

   Signature / Name: (11) ______
   Dated: (12) ______

Enclosures: 1. Signed copies of this request for arbitration .... five copies
2. The original or certified copy of the document evidencing agreement on arbitration under the Rules of the Korean Commercial Arbitration Board .... five copies
3. The original or reproduced copy of documentary evidence, if any, proving the claim stated in this Request for Arbitration .... five copies
4. Certificate of Incorporation .... one copies
5. A power of attorney, in case where the request is made by an agent .... one copies

[양식 13-2]

중재신청서

1. 당사자의 성명 및 주소

(가) 신청인

법인	법인명칭		법인주소 전화번호	
	대표자 성명		대표자 주소	
개인	성명		주소 전화번호	
대리인	성명		주소 전화번호	

(나) 피신청인

법인	법인명칭		법인주소 전화번호	
	대표자 성명		대표자 주소	
개인	성명		주소 전화번호	

2. 중재신청의 취지(별지기재):
3. 중재신청의 이유 및 입증방법(별지기재):

20 년 월 일

위 신청인 ________________ 인

(구비서류): 가. 중재신청서 5부
나. 중재합의를 인증하는 서면의 원본 또는 사본 5부
다. 중재신청에 주장하는 청구의 근거를 증명하는 서증의 원본 또는 사본 5부
라. 법인등기부등본(개인인 경우 주민등록등본) 1부
마. 대리인 신청 시는 위임장 및 인감증명서 1부
바. 소정의 중재비용

사단법인 대한상사중재원 귀중

찾아보기

ㅍ

ㅎ

| 저자약력 |

여희정

충남대학교, 인문학사
University of Toulouse 1, 경제학 석사
University of Toulouse 1, 경영학 박사
현재, 계명대학교 국제통상학과 교수로 재직 중

[도서]
- 국제통상학의 이해, 도서출판 청람, 2019
- 무역결제론, 도서출판 청람, 2016

[논문]
- 아시아항만의 효율성 분석에 관한 연구: DEA 방법을 중심으로
- 우리나라 해운산업 안정화를 위한 해운정책보험의 개발
- 유럽행 컨테이너 화물의 철도 운송경로에 관한 연구
- 한국 손해보험사의 해외 재보험거래의 효율성 분석: 프랑스 보험사와의 비교 연구
- Competitiveness of Asian Container Terminals
- Geography of Mergers and Acquisitions in the Container Shipping Industry
- Equity Level and Expatriates of Foreign Subsidiaries: A Case of Korean FDI
- Are Shippers Satisfied with the Diversified Provision of Logistics Service by Shipping Companies? A Study between the UK and South Korea 외 다수

무역실무론

2020년 6월 25일 1판 1쇄 인쇄
2020년 6월 30일 1판 1쇄 발행

저 자 | 여희정
발행인 | 이수영
발행처 | 도서출판 청람
서울시 마포구 독막로 288(대흥동, 세양상가 109호)
전 화 | 02)3272-2601(대)~2
팩 스 | 02)3272~2603
이메일 | crbooks@daum.net
홈페이지 | http://www.crbooks.co.kr
등 록 | 2000년 8월 26일 제6-0509호

ISBN 978-89-5972-760-5 93320 [정가 28,000원]